Lições de
PROCESSO CIVIL
— EXECUÇÃO —

Conselho Editorial

André Luís Callegari
Carlos Alberto Molinaro
César Landa Arroyo
Daniel Francisco Mitidiero
Darci Guimarães Ribeiro
Draiton Gonzaga de Souza
Elaine Harzheim Macedo
Eugênio Facchini Neto
Gabrielle Bezerra Sales Sarlet
Giovani Agostini Saavedra
Ingo Wolfgang Sarlet
José Antonio Montilla Martos
Jose Luiz Bolzan de Morais
José Maria Porras Ramirez
José Maria Rosa Tesheiner
Leandro Paulsen
Lenio Luiz Streck
Miguel Àngel Presno Linera
Paulo Antônio Caliendo Velloso da Silveira
Paulo Mota Pinto

Dados Internacionais de Catalogação na Publicação (CIP)

S2811   Scalabrin, Felipe.
           Lições de processo civil : execução / Felipe Scalabrin, Miguel do Nascimento Costa, Guilherme Antunes da Cunha. 2. ed. rev. e atual. – Porto Alegre : Livraria do Advogado, 2018.
           260 p. ; 25 cm.
           Inclui bibliografia.
           ISBN 978-85-9590-015-8

           1. Processo civil - Brasil. 2. Brasil. Código de Processo Civil. 3. Execuções (Direito). 4. Devedores - Fraude. 5. Sentenças (Processo civil). 6. Tutela antecipada. 7. Defesa (Processo civil). I. Costa, Miguel do Nascimento. II. Cunha, Guilherme Antunes da. III. Título.

CDU 347.952(81)
CDD 347.81077

Índice para catálogo sistemático:
1. Execuções (Direito) : Brasil   347.952(81)

(Bibliotecária responsável: Sabrina Leal Araujo – CRB 10/1507)

Felipe Scalabrin
Miguel do Nascimento Costa
Guilherme Antunes da Cunha

Lições de
PROCESSO CIVIL
— EXECUÇÃO —

2ª EDIÇÃO
revista e atualizada

livraria
DO ADVOGADO
editora

Porto Alegre, 2018

©
Felipe Scalabrin
Miguel do Nascimento Costa
Guilherme Antunes da Cunha
2018

(2ª edição finalizada em outubro/2017)

Capa, projeto gráfico e diagramação
Livraria do Advogado Editora

Revisão
Rosane Marques Borba

Imagem da capa
Stockphoto.com

Direitos desta edição reservados por
Livraria do Advogado Editora Ltda.
Rua Riachuelo, 1300
90010-273 Porto Alegre RS
Fone: 0800-51-7522
editora@livrariadoadvogado.com.br
www.doadvogado.com.br

Impresso no Brasil / Printed in Brazil

Apresentação à 2ª edição

É com elevada satisfação que os autores trazem a público a 2ª edição, revisada e ampliada, de suas *Lições de Processo Civil: Execução*. Evidentemente, é significativo o fato de que a 1ª edição tenha se esgotado nas livrarias em curto espaço de tempo, razão pela qual ora manifestamos nossa gratidão à Livraria do Advogado Editora, mas especialmente aos nossos alunos, amigos, professores, profissionais e a todos aqueles que aceitaram utilizar nossa obra para trilhar o caminho da transição entre o velho e novo Código de Processo Civil.

A 2ª edição, com efeito, surge com o mesmo enfoque da edição anterior, quer seja, trazer as linhas mestras do processo civil e tratar o processo de execução com acuidade técnica e de forma atualizada, sempre voltado à prática e à jurisprudência, utilizando-se de uma linguagem moderna e comprometida com a Teoria do Direito e os princípios basilares do Estado Democrático de Direito.

Diferentemente da primeira edição, publicada num contexto jurídico de passagem do velho para o novo, a obra agora apresentada parte diretamente da redação do Código vigente. Considerando a consolidação deste novel diploma processual, também foram reduzidos os quadros comparativos e as remissões ao Código anterior (CPC/73), bem como os comentários sobre norma agora revogada.

Os capítulos foram individualmente revisados e ampliados, com os ajustes de redação e de remissão legislativa pertinentes. As referências imprescindíveis de diplomas legais pretéritos foram mantidas, mormente para garantir uma análise sistêmica e organizacional da execução, seja ela de título judicial ou de título extrajudicial.

A obra foi igualmente atualizada de acordo com as seguintes normas: Lei 13.256/16, Lei 13.363/16 e Lei 13.465/17. Além disso, foram levados em consideração os Enunciados da I Jornada de Direito Processual Civil realizada pelo Conselho da Justiça Federal em agosto de 2017, bem como as decisões mais atuais do Superior Tribunal de Justiça. Novos temas também foram explorados, tais como as técnicas executórias atípicas, sem descurar do especial destaque aos princípios da execução, à análise dos títulos executivos, aos meios de defesa e impugnação cabíveis, às formas de expropriação, aos procedimentos e ritos executivos previstos em lei, assim como às impenhorabilidades.

A 2ª edição reafirma a comunhão de esforços realizada pelos autores. Nesse sentido, as ideias e posições expostas representam um somatório que nem sempre equivalerá à exata posição individual de cada autor, se isoladamente considerado, muito embora as premissas teóricas e o comprometimento com uma construção hermenêutica e democrática do Direito Processual contemporâneo possam ser consideradas o fio condutor comum dos autores.

Por fim, a nova edição reafirma o objetivo de trazer aos estudantes e profissionais do direito subsídios para uma adequada compreensão acerca dos meios executivos cabíveis no âmbito de um processo civil compatível com o Estado Democrático.

Na expectativa de que o diálogo sobre o processo seja aprofundado, essa obra é um convite à discussão e ao profícuo debate sobre o direito e a sua efetividade.

Felipe Scalabrin
Miguel do Nascimento Costa
Guilherme Antunes da Cunha

Sumário

Capítulo 1 – Notas Introdutórias 13
   1.1. Considerações preliminares. 13
   1.2. Tutela jurisdicional executiva. 16
   1.3. Execução e prestação inadimplida. 17
   1.4. Ação autônoma de execução e processo sincrético. 19
   1.5. Cognição e mérito na execução. 21
   1.6. Execução civil: classificações. 22
   1.7. Execução civil: técnicas executórias típicas. 24
   1.8. Execução civil: técnicas executórias atípicas. 26

Capítulo 2 – Princípios fundamentais da execução civil 28
   2.1. Considerações iniciais. 28
   2.2. Princípio da autonomia. 29
   2.3. Princípio do título. 31
   2.4. Princípio da responsabilidade patrimonial. 32
   2.5. Princípio do resultado. 34
   2.6. Princípio da disponibilidade. 35
   2.7. Princípio da adequação. 37
   2.8. Menor onerosidade para o devedor (menor sacrifício do executado): é um princípio?...38

Capítulo 3 – Requisitos para a execução. 41
   3.1. Considerações preliminares. 41
   3.2. Título executivo. 42
      3.2.1. Noções gerais. 42
      3.2.2. Taxatividade dos títulos executivos. 42
      3.2.3 Atributos (da prestação contida no) do título. 42
      3.2.4. Títulos executivos judiciais. 44
      3.2.5. Títulos executivos extrajudiciais. 47
   3.3. Exigibilidade da prestação devida. 50
      3.3.1. Noções gerais: inadimplemento ou exigibilidade? 50
      3.3.2. Inadimplemento e obrigações bilaterais. 52
      3.3.3. Inadimplemento mínimo e boa-fé. 52

Capítulo 4 – Partes na execução 53
   4.1. Considerações gerais. 53
   4.2. Legitimidade ativa. 53
   4.3. Legitimidade passiva 54
   4.4. Alteração subjetiva: litisconsórcio e intervenção de terceiros. 54

Capítulo 5 – Competência na execução. 56
   5.1. Introdução. 56

5.2. Competência da execução de título executivo judicial..57
    5.2.1. Regras gerais..57
    5.2.2. A opção pelo local dos bens ou pelo domicílio do executado..........................59
5.3. Competência da execução de título executivo extrajudicial.....................................60
    5.3.1. Regras gerais..60
    5.3.2. Algumas particularidades..61

Capítulo 6 – Responsabilidade patrimonial..62
6.1. Introdução...62
6.2. Conceito...62
6.3. Obrigação e responsabilidade...63
6.4. Responsabilidade primária..64
6.5. Responsabilidade secundária..65
    6.5.1. Bens do cônjuge alheio à execução...65
    6.5.2. Bens do sócio da pessoa jurídica...67
        6.5.2.1. Responsabilidade nos termos da lei..67
        6.5.2.2. Desconsideração da personalidade jurídica...68
6.6. Responsabilidade patrimonial e benefício de ordem...69
6.7. Responsabilidade patrimonial do espólio e dos herdeiros..69
6.8. Limites à responsabilidade patrimonial (impenhorabilidades)..............................70
    6.8.1. Limitações gerais..70
    6.8.2. Proteção ao bem de família..76

Capítulo 7 – Fraudes do devedor..81
7.1. Introdução...81
7.2. Fraude contra credores...82
7.3. Fraude à execução..83
7.4. Quadro comparativo..86

Capítulo 8 – Execução do dever de pagar quantia certa..87
8.1. Introdução...87
8.2. Procedimento...87
    8.2.1. Ajuizamento da execução (petição inicial)...91
    8.2.2. Distribuição (ou propositura)..91
    8.2.3. Recebimento pelo juiz da causa...92
    8.2.4. Citação e arresto (pré-penhora)...93
    8.2.5. Atitudes do executado diante da citação..95
    8.2.6. Penhora e Avaliação...96
        8.2.6.1. Penhora (conceito, efeitos, modificação e destino dos bens)............96
        8.2.6.2. Procedimento da penhora..98
        8.2.6.3. Avaliação...99
    8.2.7. Atos expropriatórios...100
        8.2.7.1. Adjudicação..100
        8.2.7.2. Alienação Particular..102
        8.2.7.3. Arrematação (hasta pública)...103
        8.2.7.4. Da penhora de frutos e rendimentos de coisa móvel ou imóvel.............106
    8.2.8. Satisfação da obrigação..107

Capítulo 9 – Execução dos deveres de fazer, não fazer e entregar coisa....................109
9.1. Noções gerais...109
9.2. Do procedimento da execução de título extrajudicial para as obrigações de fazer
    e não fazer..110

9.3. Do procedimento da execução de título extrajudicial para as obrigações de entregar coisa (certa e incerta)..................112
9.4. Inadimplemento do devedor e execução de título executivo extrajudicial das obrigações de fazer, não fazer e entregar coisa..................113

Capítulo 10 – Cumprimento de sentença 115
10.1. Considerações introdutórias..................115
10.2. Da classificação das sentenças..................122
10.3. Da classificação das ações a partir da tutela dos direitos..................130
10.4. Do procedimento para o cumprimento das sentenças..................138
    10.4.1. Tutela específica (fazer, não fazer e entregar coisa)..................139
        10.4.1.1. Da multa cominatória..................143
        10.4.1.2. Das medidas sub-rogatórias..................145
        10.4.1.3. Combinação dos meios de execução..................147
        10.4.1.4. Conversão em perdas e danos..................149
        10.4.1.5. Particularidades entre as obrigações de fazer e não fazer e as obrigações de entrega de coisa..................149
        10.4.1.6. Tutela da obrigação de declarar vontade..................151
    10.4.2. Tutela ressarcitória (quantia certa)..................154
        10.4.2.1. Da constituição de capital na condenação por ato ilícito..................157

Capítulo 11 – Liquidação da sentença 160
11.1. Da fase de liquidação..................160
11.2. Liquidação por arbitramento..................163
11.3. Liquidação pelo procedimento comum (artigos)..................164

Capítulo 12 – Cumprimento provisório da sentença..................166
12.1. Execução provisória e execução definitiva: do CPC de 1973 ao NCPC..................166
    12.1.1. Execução provisória nos títulos executivos extrajudiciais..................166
    12.1.2. Execução provisória nos títulos executivos judiciais..................168
12.2. Do modo e do procedimento da execução provisória..................168
    12.2.1. Da (des)necessidade de caução para a prática de determinados atos executivos na execução provisória..................169
    12.2.2. Do procedimento..................170
12.3. Do regime da execução de natureza provisória: retorno ao estado anterior e responsabilidade objetiva do requerente..................171

Capítulo 13 – Tutela antecipada: do Código de 1973 ao novo Código de Processo Civil..................173
13.1. Do objeto de estudo nas tutelas de urgência..................173
13.2. Da tutela antecipatória específica..................173
13.3. Da tutela antecipatória ressarcitória..................177
13.4. Dos níveis gradativos dos requisitos das tutelas de urgência específica e ressarcitória no CPC de 1973..................180
13.5. Da tutela antecipada (satisfativa) e seus requisitos: do CPC/73 ao NCPC..................181
13.6. Da tutela antecipada de urgência no NCPC..................184
13.7. Da irreversibilidade do provimento tutela antecipada..................186
13.8. Tutela da evidência..................187

Capítulo 14 – Execução de alimentos..................191
14.1. Noções gerais..................191
    14.1.1 Introdução..................191
    14.1.2. Panorama normativo..................191
    14.1.3. Alimentos e prestação alimentícia..................192
    14.1.4. Classificações relevantes..................193

    14.2. Técnicas executórias típicas para a cobrança de alimentos....................194
        14.2.1. Protesto e inscrição em cadastros de inadimplentes 196
        14.2.2. Desconto em folha..196
        14.2.3. Penhora e expropriação em geral..197
        14.2.4. Constituição de capital 197
        14.2.5. Prisão civil..198
            14.2.5.1. Conceito..198
            14.2.5.2. Cabimento..198
            14.2.5.3. Prazo (duração da medida)...199
            14.2.5.4. Regime de cumprimento..200
            14.2.5.5. Renovação da prisão..200
            14.2.5.6. Afastamento da medida...201
            14.2.5.7. Meios de defesa..201
    14.3. Execução de alimentos: procedimentos 202
        14.3.1. Cumprimento da sentença de alimentos...203
        14.3.2. Execução autônoma de alimentos por sub-rogação........................204
        14.3.3. Execução autônoma de alimentos por coerção pessoal..................204

Capítulo 15 – Execução contra a Fazenda Pública 206
    15.1. Noções gerais...206
        15.1.1. Introdução...206
        15.1.2. Fazenda Pública (sujeito passivo da execução)...............................208
        15.1.3. Classificação dos créditos e ordem de pagamento.........................209
    15.2. Execução por "maior quantia" (precatórios)..212
        15.2.1. Cumprimento da sentença 213
        15.2.2. Execução de título extrajudicial 218
    15.3. Execução por "menor quantia" (RPV)...218

Capítulo 16 – Defesas do executado..219
    16.1. Consideração inicial...219
    16.2. Exceção de pré-executividade...220
        16.2.1. Comentário inicial..220
        16.2.2. Do cabimento da exceção de pré-executividade.............................222
        16.2.3. Objeto da exceção de pré-executividade...223
        16.2.4. Procedimento (legitimidade, prazo, efeitos, contraditório)..........224
        16.2.5. Efeitos do acolhimento e da rejeição da exceção............................226
    16.3. Ação de embargos do executado..227
        16.3.1. Natureza jurídica dos embargos do devedor..................................227
        16.3.2. Conceito de embargos à execução..228
        16.3.3. Objeto dos embargos à execução (art. 917, CPC)..........................229
        16.3.4. Do objeto dos embargos oponíveis à adjudicação, à alienação por iniciativa particular e à arrematação...232
        16.3.5. Da disciplina do parcelamento (judicial e limitado) do débito exequendo......232
        16.3.6. Pressupostos processuais da ação de embargos à execução.........235
        16.3.7. Procedimento dos embargos de devedor (petição inicial, causa de pedir, pedido, indicação de provas, efeitos da propositura)...............................239
        16.3.8. Indeferimento (rejeição) liminar dos embargos............................242
        16.3.9. Resposta do embargado..243
        16.3.10. Revelia do embargado...243
        16.3.11. Julgamento dos embargos..243
    16.4. Impugnação ao Cumprimento de Sentença (Impugnação do Executado)..............244

16.4.1. Natureza da impugnação do executado..244
16.4.2. Fundamentos da impugnação do executado..245
16.4.3. Pressupostos gerais e específicos da impugnação....................................247
    16.4.3.1. Prazo...247
    16.4.3.2. Competência..247
    16.4.3.3. Legitimidade..248
    16.4.3.4. Constrição patrimonial..248
16.4.4. Procedimento da impugnação..248
16.4.5. Atitudes do impugnado...249
16.4.6. Efeitos do julgamento da impugnação..250
16.4.7. Objeto da impugnação ao cumprimento de sentença contra a Fazenda Pública (art. 535, CPC em vigor)..251
16.5. Quadro-sinótico: defesas e procedimentos 254
    16.5.1. Execução de título extrajudicial – Quantia certa (arts. 824-909)...................255
    16.5.2. Cumprimento da sentença (arts. 523-527)...256

Referências bibliográficas..257

Capítulo 1 – Notas Introdutórias

1.1. Considerações preliminares

O estudo da *Execução Civil* é, em sentido amplo, o estudo da realização de direitos violados ou ameaçados. Enquanto o processo de conhecimento é destinado a certificar ou reconhecer direitos, é a execução que permite a prática de atos concretos. Assim, por exemplo, o devedor de pensão alimentícia pode ser conduzido à prisão; o autor da ação indenizatória, após a sentença de procedência, poderá requerer o bloqueio de contas do réu; o autor da ação de entrega de medicamentos em que deferida a tutela provisória de urgência poderá requerer a busca e apreensão dos remédios etc. As possibilidades são das mais variadas, e a razão é simples: o próprio direito material enseja complexa cadeia de interesses jurídicos que cobram especificada implementação e proteção. Cabe à tutela jurisdicional executiva tal papel.

O cenário é agravado ainda mais quando considerada a duplicidade das vias executivas: de um lado, a realização do direito que tenha recebido prévio reconhecimento judicial – a chamada *execução de título judicial*, ou *cumprimento da sentença*; de outro, a concretização de direitos violados que, por autorização legal, podem ser imediatamente reivindicados independentemente de prévio pronunciamento de mérito – a chamada *execução de título extrajudicial*, ou *ação de execução*. Essa dicotomia torna dificílima a construção de uma teoria geral da execução civil.

De fato, é preciso assentar, logo de início, que não é adequado considerar a existência de uma teoria geral da execução, tal como ocorre em outros ramos do Direito Processual (como é o caso da teoria geral dos recursos, ou da teoria geral das provas). Além disso, é ainda mais imperioso frisar que a execução, como qualquer manifestação de poder, comporta limites. De fato, o estabelecimento de limites a qualquer manifestação de poder é algo inerente aos avanços conquistados pelo constitucionalismo e pelo Estado Democrático de Direito e que irradia seus efeitos para o Direito Processual.[1]

---

[1] De fato, o perfil do Estado influencia diretamente a forma pela qual o Direito Processual, estrutural e funcionalmente é idealizado e criticado. Nessa linha, uma reflexão séria em torno das categoriais fundamentais do processo civil inevitavelmente passa pela noção de *Estado Democrático de Direito*, alicerçado "nas seguintes premissas: a) o Direito deve ser compreendido com um caráter transformador da realidade; b) a Constituição possui caráter dirigente e compromissório, possuindo, assim, legitimidade material e aplicação imediata; c) na esfera política, o indivíduo é dotado de uma cidadania ampla e com alto grau de participação no múnus

(a) A execução civil não possui uma "teoria geral"

Quanto à primeira questão levantada, não é acertado apontar a existência de uma "teoria geral" da execução. É que (ao menos atualmente e no direito brasileiro), não existe uniformidade quanto ao tratamento do tema, assaz fragmentado e/ou desprovido de legítima cientificidade. Se a ciência do processo é profícua no estudo da Teoria Geral do Processo (apesar de também contar com uma série de pontos polêmicos), a execução frequentemente carece de debate mais profundo.[2] Há, com efeito, uma tendência doutrinária individualista (que confere à execução as posições particulares de cada autor).[3]

Assim, sem uma "teoria geral", resta um estudo dos "temas centrais" em torno de toda e qualquer execução no âmbito do Direito Processual Civil e, ainda assim, a eleição dos temas relevantes é arbitrária, eis que ausentes alguns e presentes outros.[4] Cinge-se, pois, este estudo inicial aos seguintes elementos da execução: a) tutela jurisdicional executiva; b) execução e prestação inadimplida; c) autonomia e sincretismo da execução; d) cognição e mérito em tema de execução; e) classificação das variadas execuções; f) técnicas executórias. Além disso, na pecha dos "temas centrais", outros temas que adiante serão tratados podem ser incluídos, tais como os princípios da execução, a responsabilidade patrimonial, os pressupostos para a execução e a noção de partes na execução.

---

público, sendo insuficiente a representatividade e d) cobra-se uma proteção e realização dos mais variados direitos fundamentais, inclusive aqueles oriundos da relação processual (garantias processuais). Certamente, esta tônica não exclui outras características próprias do Estado Democrático, como apontam Lenio Streck e Jose Luiz Bolzan de Morais. Para eles, tal Estado surge como um *plus* normativo em relação aos demais e teria como vetores o alto grau de constitucionalidade dos direitos, a organização democrática da sociedade, a busca pela correção das desigualdades sociais, a existência de uma igualdade material e não meramente formal, a adequada divisão de poderes e funções do Estado, a proteção à certeza e à segurança jurídica." (SCALABRIN, Felipe. *Causa de Pedir e Atuação do Supremo Tribunal Federal*. Porto Alegre: Verbo Jurídico, 2014, p. 44-45).

[2] Muito embora haja excelentes monografias sobre o tema, o ponto central da problemática é a falta de uma unidade quanto à existência de pressupostos próprios, fundamentos específicos e consenso acerca do que deva ser considerando típico para toda e qualquer execução e o que deva ser considerado como particularidade de determinado procedimento executivo.

[3] Assim, p. ex., Luiz Guilherme Marinoni e Sério Cruz Arenhart criticam a execução ainda calcada no Estado Liberal e defendem a remodelação do sistema para que seja repudiada a visão obrigacional do procedimento (MARINONI, Luiz Guilherme; ARENHART, Sérgio Cruz. *Curso de processo civil: execução*. São Paulo: Revista dos Tribunais, 2007, p. 33 e ss.); Há, em sentido oposto, quem relacione a execução com a noção de prestação inadimplida (DIDIER JÚNIOR, Fredie Souza; CUNHA, Leonardo Carneiro da; BRAGA, Paula Sarno; OLIVEIRA, Rafael Santos de. *Curso de Direito Processual Civil*. v. 5. 4. ed. Salvador: Jus Podivm, 2012, p. 25 e ss.). Cássio Scarpinella Bueno analisa a execução a partir do "modelo constitucional de processo" (*Curso sistematizado de direito processual civil*. v. 3. 3. ed. São Paulo: Saraiva, 2011, p. 39 e ss.). Visão mais tradicional ainda considera a execução como sanção pela violação do direito (DINAMARCO, Cândido Rangel. *Instituições de Direito Processual Civil*. v. IV. 3. ed. São Paulo: Malheiros, 2009, p. 32 e ss.). Ovídio Baptista da Silva, defendendo, em concepção mais ousada, as "execuções reais", inclui no estudo do processo de execução procedimentos normalmente abandonados pela doutrina. Para este último autor, a carga executiva também se faz presente nas ações reais, e a crítica maior reside no excesso de valorização das sentenças condenatórias, chaga de uma época passada (*Curso de Processo Civil*: execução obrigacional, execução real, ações mandamentais. v.2. 5. ed. São Paulo: Revista dos Tribunais, 2002).

[4] A proposta de sistematização da execução em "temas centrais" ganha o mérito de Cândido Dinamarco (*Instituições de Direito Processual Civil*. v. IV. 3. ed. São Paulo: Malheiros, 2009, p. 35).

Além deste verdadeiro pressuposto (a)científico, deve ser acrescentado um pressuposto filosófico-ideológico. É que a execução, enquanto forma de agir do poder estatal, comporta limitações.

(b) A execução civil – como qualquer manifestação de poder – possui limites

Manifesta-se a execução mediante a realização de inúmeros atos concretos. Assim, por exemplo, paredes são demolidas (execução da tutela específica), pessoas são presas (execução de alimentos), aplicações financeiras são bloqueadas (execução por quantia certa e penhora de ativos), patrimônio é transferido em favor do credor (execução por quantia certa e adjudicação). Enfim, os mais variados atos são cumpridos e, até mesmo ilícitos são, de algum modo, removidos, muitas vezes, à força. Realmente, no ambiente da execução (seja cumprimento de sentença, seja processo autônomo), o poder do Estado se torna muito visível.

- **Exemplos**: A Constituição Federal autoriza a prisão do devedor de prestação alimentícia (art. 5º, LXVII, CF) que ocorre na execução de alimentos por prisão (art. 528, § 3º); caso haja embaraços na busca de bens do devedor, pode o Oficial de Justiça solicitar o arrombamento (art. 846, CPC); sempre que não houver proibição, em matéria de execução, o juiz determinará as medidas necessárias ao cumprimento da ordem de entrega de documentos e dados (art. 772, CPC).

Com efeito, como todo poder manifestado, balizas surgem para a sua contenção. Daí por que ser referido pela doutrina, de longa data,[5] que a execução comporta limites naturais e políticos. Além disso, é inegável que a execução possui também um delicado limite social. Confira-se:

- **(a) Limite político**: é a limitação proveniente da política legislativa. Através dela, o legislador elege freios à atuação da função jurisdicional. Nessa linha, a execução dificilmente atingirá a pessoa do obrigado, mas sim os seus bens e, ainda assim, por previsão legal, alguns bens não se sujeitam à execução. Os limites políticos justificam a proteção do sujeito na execução (medidas pessoais) e o limiar da própria execução (*quem* é obrigado e *com o quê* responde). Marcante o fato de que a limitação política não deriva somente da lei,[6] mas sim de uma interpretação adequada do ordenamento jurídico.[7]

- **(b) Limite natural**: algumas limitações derivam do próprio estado de coisas (do mundo natural). Se o objeto pretendido se deteriorou, não é possível a sua restituição; se a obrigação era de fazer e o sujeito a descumpre, ainda que sejam possíveis pressões psicológicas (medidas coercitivas), não é dado ao juiz animar o devedor a realizar os atos necessários, restando somente a alteração da técnica processual (para que um terceiro haja, ou para que seja convertida em perdas e danos a obrigação).[8] Assim, a execução inevitavelmente esbarra nas limitações decorrentes da própria natureza das coisas.

- **(c) Limite social**: há uma terceira limitação nem sempre mencionada. Quando a relação é de crédito, é comum que a execução esbarre em um óbice de cunho social. Do dito popular, "o dinheiro

---

[5] LIEBMAN, Enrico Tullio. *Processo de execução*. São Paulo: Saraiva, 1946.
[6] DINAMARCO, Cândido Rangel. *Instituições de Direito Processual Civil*, op. cit., p. 61.
[7] Ibid., p. 61.
[8] Ibid., p. 62.

não nasce em árvores", essa limitação revela duro dilema do processo executivo, frequentemente incapaz de realizar direitos em virtude da absoluta incapacidade patrimonial do devedor para assegurar o adimplemento. De fato, o juiz não tem poderes para garantir que o executado cumpra determinada *prestação pecuniária* quando a insolvência é evidenciada (quando simplesmente não há patrimônio que possa responder pelo débito do obrigado). Nestes casos, a execução, ainda que intentada, será infrutífera.[9]

Dimensionada a limitação da atuação jurisdicional na execução civil, merece realce o fato de que, mesmo diante de tais contingências, a realização de um direito violado se impõe como um dever estatal proveniente da noção de tutela jurisdicional executiva – tema que será explorado na sequência.

1.2. Tutela jurisdicional executiva

No direito brasileiro, o Poder Judiciário não é apenas um órgão declarativo de direitos. A função jurisdicional vai muito além do mero reconhecimento de interesses jurídicos e funda-se, também, na sua efetivação, isto é, na realização concreta, através de atos práticos na vida. Não é à toa que existe uma cláusula constitucional "geral" de proteção dos direitos através da jurisdição (art. 5º, XXXV, CF).

Realmente, diante da impossibilidade de atuação privada para a solução de interesses, surge um *dever* do Estado em prestar determinada *atividade*. Essa atividade prestada é a tutela jurisdicional. Curiosamente, o resultado desta atividade também se tem denominado de tutela jurisdicional, de modo que o Estado-juiz *realiza* a tutela jurisdicional (ao dar andamento ao processo judicial) e *presta* a tutela jurisdicional (ao equacionar o problema apresentado).

O conceito de tutela jurisdicional, como destacado por Teori Zavascki, "está relacionado com o da atividade propriamente dita de atuar a jurisdição e com o de resultado dessa atividade. Prestar tutela jurisdicional, ou, para usar a linguagem constitucional, apreciar as lesões ou ameaças a direitos, significa, em última análise, formular juízo sobre a existência dos direitos reclamados e, mais do que isso, impor as medidas necessárias à manutenção ou reparação dos direitos reconhecidos".[10] Em termos didáticos, o conceito pode ser apresentado da seguinte forma:

- **Tutela jurisdicional**: É a atividade do Estado-Juiz destinada reconhecer (certificar), proteger (assegurar), realizar (efetivar) direitos em geral. Mas atenção: é também o resultado dessa atividade. A tutela jurisdicional enquanto atividade é *realizada* (desenvolve os atos processuais, impulsiona o processo) e enquanto resposta, é *prestada* (com a entrega do bem da vida ou o reconhecimento de algum interesse jurídico).

---

[9] "A execução infrutífera é aquela que, apesar de fundada em sentença (ou outro título executivo) não contestada, não permite a satisfação do direito em razão da insuficiência de bens no patrimônio do devedor" (MARINONI, Luiz Guilherme; ARENHART, Sérgio Cruz. *Curso de processo civil: execução*. São Paulo: Revista dos Tribunais, 2007, p. 71).

[10] ZAVASCKI, Teori Albino. *Antecipação da tutela*. 7. ed. São Paulo: Saraiva, 2009, p. 06.

Tutela Jurisdicional	Atividade (do Estado) →	*Realizar* (desenvolver e impulsionar os atos processuais)
	Resposta (do Estado) →	*Prestar* (entregar a resposta ou o bem da vida pretendido)

A lição evidencia que a atividade da jurisdição é ampla, compreendendo desde o reconhecimento de direitos até a sua implementação através de atos concretos. O Código de Processo Civil deixa isso claro ao estabelecer que "as partes têm o direito de obter em prazo razoável a solução integral do mérito, incluída a atividade satisfativa" (art. 4º, CPC). Nessa ótica, a despeito de frequentemente criticada, a célebre classificação da tutela jurisdicional resulta em três possíveis espécies: (a) tutela jurisdicional de cognição; (b) tutela jurisdicional de execução e (c) tutela jurisdicional cautelar (de proteção).

A *tutela de cognição* tem por escopo a busca da certeza quanto à existência de um determinado direito. Com ela, fixa-se a regra jurídica individualizada para a regulação do caso levado à apreciação.[11] É, pois, a tutela destinada ao reconhecimento de direitos.

Já a *tutela de execução* é aquela na qual se tomam as providências concretas (práticas) para a realização, no "plano do ser", de um direito reconhecido ou considerado inicialmente existente.[12]

Por fim, a *tutela cautelar*, sem pretensão de ingressar em acirrado debate, é aquela que, para alguns, assegura os efeitos das anteriores tutelas ou que, para outros, surge para proteger um direito aparente ameaçado de lesão.

- **Crítica**: a distinção tripartida da tutela jurisdicional sempre foi criticada, notadamente por não explicar satisfatoriamente a tutela cautelar. Com o advento do atual Código de Processo Civil, tal classificação se torna menos relevante, especialmente porque todas as tutelas podem ser prestadas em uma mesma relação processual. Além disso, foi valorizada a distinção entre tutela jurisdicional definitiva e provisória. Esta última abarca as chamadas tutelas de urgências – incluídas aí a de natureza antecipatória ou cautelar.

Com efeito, as *Lições* aqui expostas serão amplamente dedicadas à manifestação da tutela jurisdicional executiva em seu duplo desdobramento: a) enquanto atividade, serão analisados os procedimentos, as fases e as técnicas executórias; b) enquanto resultado pretendido, serão destacadas as formas de satisfação e/ou realização de um direito violado (através do cumprimento da prestação devida).

1.3. Execução e prestação inadimplida

Há interessante posição doutrinária que segue a ideia segundo a qual a execução, seja ela qual for, se funda no direito a uma prestação que não tenha

---

[11] ZAVASCKI, Teori Albino. *Antecipação da tutela*, op. cit., p. 17.
[12] Idem, ibidem.

sido cumprida. O direito a uma prestação "é o poder jurídico, conferido a alguém, de exigir de outrem o cumprimento de uma prestação (conduta), que pode ser um fazer, um não fazer, ou um dar – prestação essa que se divide em dar dinheiro e dar coisa distinta de dinheiro".[13] Realizar uma conduta é, de fato, produzir atos concretos.

É necessário que o devedor do cheque entregue o dinheiro para o seu credor; é preciso que o sujeito condenado a indenizar pelo dano causado pague o débito; a pessoa contratada para realizar um show deve fazê-lo e assim por diante. Em todos os casos, haverá um dever de cumprimento da prestação pelo sujeito passivo e um direito a que determinada conduta seja realizada para o sujeito ativo. Nem sempre, porém, a prestação devida é realmente cumprida. Por esta razão, a tutela jurisdicional executiva surgiria como forma (técnica) de assegurar a implementação/realização desse direito descumprido.

Se a dívida não foi paga, é possível afetar e vender bens do devedor para que seja cumprida a prestação; se a empresa poluiu, será viável assegurar que ela realize atos para deixar de poluir e, mais, para recompor a degradação (é a busca pelo resultado prático equivalente das obrigações de fazer). Confira-se, a propósito:

> Quando se pensa em tutela executiva, pensa-se na efetivação de direitos a uma prestação; fala-se de um conjunto de meios para efetivar a prestação devida; fala-se em execução de fazer/não-fazer/dar, exatamente os três tipos de prestação existentes. Não é por acaso, nem por coincidência, que a tutela executiva pressupõe inadimplemento (CPC, art. 580) – fenômeno exclusivo dos direitos a uma prestação. É por isso, também, que se pode falar em prescrição da execução (CPC, art. 617 e Súmula 150, STF).[14]

De fato, quando a relação é de crédito, não há qualquer problema com este ponto de vista. É fácil visualizar o direito a uma prestação em uma *relação contratual*. O mesmo não se pode referir, porém, quando se trata de direito potestativo ou, principalmente, quando se trata de direitos absolutos (como os direitos reais e os direitos de personalidade).

Crítica visível ao tema era trazida por Ovídio Baptista da Silva – que esclarecia que nem todas as relações jurídicas podem ser tidas como obrigacionais (não se resumem, pois, a crédito e débito).[15] Luiz Guilherme Marinoni e Sérgio Cruz Arenhart, aderindo a este pensamento, apontam que a execução pode surgir da violação de um direito sem que haja uma "prestação devida" e, portanto, um "direito a uma prestação".[16] A propósito:

---

[13] DIDIER JÚNIOR, Fredie Souza, (*et al.*). *Curso de Direito Processual Civil*, op. cit., p. 25.

[14] Ibid., p. 26.

[15] Com a apresentação das profundas raízes históricas, é possível identificar, Com Ovídio Baptista da Silva, a pessoalização dos direitos reais: "O caráter individual do direito subjetivo, enquanto relação bilateral de poder, torna-se transparente, quando Chiovenda afirma que o processo faz surgir um novo direito 'contra determinada pessoa' quando violado e, em virtude da violação, submetido a uma relação processual. Ora, se o direito será sempre uma relação bilateral, então a noção de direito absoluto ou direito real estará irremediavelmente comprometida" (BAPTISTA DA SILVA, Ovídio A. *Jurisdição e execução na tradição romano--canônica*. 2. ed. São Paulo: Revista dos Tribunais, 1997 p. 139).

[16] MARINONI, Luiz Guilherme; ARENHART, Sérgio Cruz. *Curso de processo civil: execução*, op. cit., p. 38.

Todo direito é inviolável; o conteúdo particular de cada direito é que pode dispensar, ou não, uma colaboração alheia. Os direitos da personalidade, v.g., realizam o seu conteúdo independentemente da colaboração alheia. O titular do direito à imagem não precisa que alguém pratique ou deixe de praticar um ato para ter o seu direito realizado; quando alguém ameaça agredir o seu direito, surge ao titular do direito à imagem a possibilidade de exigir que o eventual agressor se abstenha de praticar o ato, não porque haja uma relação jurídica entre o titular do direito e o eventual agressor e, portanto, uma obrigação, mas sim porque o ordenamento garante a inviolabilidade do direito à imagem, conferindo ao seu titular uma espécie de tutela (a inibitória) que assegura o conteúdo do seu direito.[17]

Merece reflexão, portanto, o fundamento da tutela jurisdicional executiva: se fundada no direito a uma conduta da parte contrária ou se justificada pelo descumprimento (ou violação) do direito alheio. De fato, em sentido mais amplo, não se pode negar que o papel da execução é justamente a realização de atos concretos para que um direito antes violado seja recomposto ou que determinada ameaça a direito seja repelida.[18] Não é à toa que Ovídio Baptista da Silva incluía no estudo da execução diversos procedimentos especiais, na medida em que, através deles, também eram realizados vários atos concretos.[19]

Há uma prevalência doutrinária, porém, em considerar que a execução se funda na busca da realização de um direito a uma prestação. Essa noção (obrigacional), inclusive, ganha reflexo na própria organização do Código de Processo Civil – que distribui os procedimentos executivos conforme a modalidade obrigacional. Assim, por exemplo, existe especial modalidade de execução para as obrigações de entrega de quantia certa ou para a entrega de coisa certa e incerta.

Executar, em síntese, é assegurar a realização/concretização do direito violado.

1.4. Ação autônoma de execução e processo sincrético

Sob o ponto de vista do procedimento da execução, o direito brasileiro já passou por muitas mudanças. Atualmente, a realização de um direito reconhecido e não efetivado que tenha sido reconhecido por sentença, na maioria dos casos, ocorre no próprio processo em que houve tal reconhecimento. Assim, a execução de uma sentença normalmente ocorre na mesma relação processual, numa *nova fase* ou *módulo* desse procedimento.

De outro lado, a realização de um direito reconhecido e não efetivado, cujo reconhecimento decorra de um *título executivo,* poderá fazer com que surja um processo autônomo de execução (sem prévio processo de conhecimento). Noutras palavras, se o direito afirmado é aparelhado através deste especial "bilhete" chamado título executivo, passa a ser possível a imediata execução em ação autônoma de execução.

---

[17] MARINONI, Luiz Guilherme; ARENHART, Sérgio Cruz. *Curso de processo civil: execução*, op. cit., p. 38.
[18] DINAMARCO, Cândido Rangel. *Instituições de Direito Processual Civil*, op. cit., p. 31.
[19] BAPTISTA DA SILVA, Ovídio A. *Curso de Processo Civil*. Volume 2. Execução obrigacional, execução real, ações mandamentais. 5. ed. São Paulo: Revista dos Tribunais, 2002, p. 22-24.

A *ação de execução* é o processo que, fundado em título executivo, possibilita a realização prática de um direito independentemente de prévio reconhecimento judicial. É processo novo voltado ao cumprimento daquele direito reconhecido, porém, violado.

O *cumprimento da sentença*, que, na realidade, é cumprimento de qualquer tipo de pronunciamento judicial, é a *fase* seguinte de um processo já existente, agora voltado à realização prática daquilo que foi reconhecido na sentença. A este fenômeno – que agrega execução e conhecimento – utiliza-se a expressão *processo sincrético*.

Nem sempre foi assim. O Código de Processo Civil de 1973, na sua redação originária, previa que todos os direitos violados – inclusive os reconhecidos por pronunciamento judicial – deveriam ser efetivados através de um novo processo. Assim, mesmo com uma sentença de procedência, a realização prática do direito certificado precisaria de *outra relação processual* para ocorrer. Amplas raízes históricas, cujo aprofundamento escapam à proposta destas *Lições*,[20] justificavam a equivocada concepção importada por Alfredo Buzaid dos direitos italiano, português e germânico.[21]

A crítica especializada e a falência estrutural da execução brasileira contribuíram para que sucessivas reformas legislativas, cada qual a seu modo, conduzissem ao abandono da proposta originária. Assim, a **Lei 8.952/94** inseriu no Código anterior a antecipação da tutela e previu que sua efetivação se daria nos próprios autos (art. 273, § 3º, CPC/73) e, além disso, dispensou a ação de execução para os casos em que havia condenação de obrigação de fazer (art. 461, CPC/73). Após, a **Lei 10.444/02** ampliou a dispensa da ação de execução para os demais casos de tutela específica (obrigações relacionadas com a entrega de coisa – art. 461-A, CPC/73). No seguimento, a **Lei 11.232/05**, ao reorganizar o cumprimento dos pronunciamentos de cunho monetário (obrigações pecuniárias), praticamente sepultou a necessidade de ação de execução para dar efetividade a pronunciamentos judiciais.

Por fim, a **Lei 13.105/15** instituiu o Código de Processo Civil vigente e manteve as conquistas legislativas pretéritas. Houve, com isso, uma redução no formalismo da execução civil e manutenção do binômio cumprimento de sentença e processo de execução. Assim, como regra geral, os pronunciamentos judiciais são efetivados na mesma relação jurídica da cognição mediante *cumprimento da sentença* (arts. 513-538, CPC). A seu turno, a realização de um direito reconhecido e não efetivado, cujo reconhecimento derive de um título executivo, ocorre mediante ação de execução (arts. 771 e seguintes, CPC).

---

[20] A respeito do tema, consultar: BAPTISTA DA SILVA, Ovídio A. *Jurisdição e execução na tradição romano-canônica*. 2. ed. São Paulo: Revista dos Tribunais, 1997; DINAMARCO, Cândido Rangel, *Execução Civil*. 5. ed. São Paulo: Malheiros, 1997; THEODORO JÚNIOR, Humberto. *Curso de Direito Processual Civil*. v. 2. 48. ed. Rio de Janeiro: Forense, 2013; CÂMARA, Alexandre Freitas. *A nova execução de sentença*. 2. ed. Rio de Janeiro: Lumen Juris, 2006.

[21] BUZAID, Alfredo. *Exposição de Motivos*. In: BRASIL. Código de processo civil: histórico da lei. v.1. t.1, Brasília: Senado Federal, Subsecretaria de Edições Técnicas, 1974, p. 23.

1.5. Cognição e mérito na execução

No *processo de conhecimento*, o **mérito** é a peça-chave da estrutura procedimental. Todos os atos convergem para a resolução do mérito. O mérito é o objeto litigioso da relação processual; ele é discutido através do pedido. Na concepção originária do CPC, mérito era sinônimo de lide.[22]

No *processo de conhecimento*, para resolver o mérito, o juiz resolve questões (ponto afirmado pela parte e contestado pela parte contrária). Aliás, o mérito da causa não deixa de ser uma questão: é a questão principal. Note: no processo de conhecimento, o papel do juiz é justamente este: apresentar uma resposta quanto aos pontos controvertidos. Para resolver questões, o juiz exerce um ato de intelectualidade que, na técnica processual, se chama **cognição**.[23] Por isso se diz que, no processo de conhecimento, *o juiz conhece de diversas questões*.

Na execução não é bem assim. Na execução, a função do juiz não é resolver questões nem apresentar uma resolução acerca de uma controvérsia (reconhecer ou criar uma situação jurídica). Muito pelo contrário, o magistrado tem por função justamente *implementar ou efetivar direitos*. Por essa razão, há quem não aceite a análise do mérito (questão a ser resolvida) na execução.[24]

Ocorre que diversos problemas precisam, realmente, ser *resolvidos* ao longo da execução até que a prestação devida seja adimplida; até que o exequente saia satisfeito.

Com efeito, diversas questões (pontos controvertidos) podem surgir ao longo da execução como, por exemplo, a extensão da responsabilidade patrimonial, a viabilidade de se penhorar determinado bem, o emprego adequado dos meios executórios, o debate em torno de quem deve receber primeiro quando há vários credores etc.). Paradigmático é o caso das impenhorabilidades. Se o bem de família é impenhorável (Lei 8.009/90), deverá o juiz avaliar a questão previamente a qualquer ato expropriatório.

Se diversas questões surgem ao longo da execução, é acertado dizer que *há cognição na execução*, ainda que esta cognição tenha uma intensidade muito menor em relação à fase de conhecimento.[25]

Pode-se defender, com certa segurança, que o paradigma de ausência de cognição na execução já foi superado, tendo remanescido como tabu o problema do mérito. Favorável ao exame de questões controvertidas no bojo do procedimento executivo, o Superior Tribunal de Justiça inclusive já assentou que as questões que dispensam provas podem ser discutidas pela chamada exceção de pré-executividade, instrumento de defesa que será tratado em momento posterior. Assim: "A exceção de pré-executividade é admissível na execução fiscal relativamente às matérias conhecíveis de ofício que não demandem dilação probatória". (Súmula 393, STJ).

---

[22] BUZAID, Alfredo. *Exposição de Motivos*, op. cit., p. 13.
[23] WATANABE, Kazuo. *Da cognição no processo civil*. 2. ed. Campinas: Bookseller, 2000, p. 36.
[24] DINAMARCO, Cândido Rangel, *Execução Civil*, op. cit., p. 391.
[25] DIDIER JÚNIOR, Fredie Souza, (*et al.*). *Curso de Direito Processual Civil*, op. cit., p. 42.

Há, também, objeto determinado na execução. Trata-se da busca pela realização//efetivação//implementação do direito violado e, quando restaurado (ou cumprido), *haverá a resolução do mérito da execução*.[26] Por esta razão, a sentença da execução apenas declara o cumprimento da prestação (que necessariamente ocorreu em momento anterior). Tudo isso faz confirmar que, *também na execução existe mérito*. Há, portanto, fundadas razões para aceitar a existência de mérito na execução ainda que não se negue a polêmica em torno do tema.

O ponto que ganha aparência de mera discussão acadêmica reflete em *relevantes consequências práticas*, tais como a existência de *coisa julgada material* na execução e a possibilidade de utilização da *ação rescisória* para combater sentenças proferidas em ação autônoma de execução. Confira-se, a propósito, o seguinte quadro-resumo:

Mérito	
Tutela de cognição: mérito é a certificação de uma situação jurídica; a composição da lide; o reconhecimento de um direito; é o pedido.	**Tutela executiva**: mérito é a realização/efetivação de um direito (a uma prestação). Cumprida a prestação, haverá resolução do mérito (extinção normal da execução).
Sentença de mérito: declaratória, constitutiva, condenatória, mandamental e executiva *lato sensu*.	**Sentença de mérito**: declaratória.
Consequências: (a) há coisa julgada material na execução; (b) é cabível ação rescisória na execução (REsp 666.637, STJ)	

1.6. Execução civil: classificações

Arbitrário e de pouca utilidade prática, o tema das classificações sempre merece secundário realce. De toda sorte, algumas dessas classificações podem trazer relevantes observações práticas, razão pela qual merecem destaque. São as seguintes.

Conforme o procedimento utilizado, a execução pode ser comum ou especial:

(a) *Execução comum*: é utilizada para uma generalidade de direitos e obrigações. Assim, por exemplo, a execução para entrega de coisa pode ser utilizada para qualquer direito relacionado com tal prestação; a execução por quantia certa pode ser utilizada para a cobrança de qualquer obrigação pecuniária.

(b) *Execução especial*: é utilizada para direitos e obrigações específicos. Assim, por exemplo, quando se tratar de prestação alimentícia ou débitos com o Poder Público, haverá regramento próprio (execução de alimentos e execução fiscal).

---

[26] BUENO, Cássio Scarpinella. *Curso sistematizado de direito processual civil*, op. cit., p. 107.

- **Cumulação de Pedidos**: vale ressaltar que é possível a cumulação de pedidos na execução (exemplo: a cobrança de vários cheques através de apenas uma ação de execução). Todavia, nos termos do art. 780 do CPC, somente é possível a cumulação de execuções, ainda que fundadas em títulos diferentes, se para todas elas seja competente o juiz e *idêntica a forma do processo*. Ou seja, não é possível cumular execução comum com execução especial.

- **Crítica à classificação**: ora, se a execução busca atender ao direito material, toda a execução deveria ser particular conforme a situação concreta. Modernamente, toda a execução pode ser considerada específica de modo que a distinção entre execução comum e especial não mais se justifica.

De acordo com a natureza do título executivo, a execução pode ser de título judicial ou extrajudicial:

(a) ***Execução de título judicial***: é a execução cujo título deriva de pronunciamento judicial. Assim, sempre que houver um direito reconhecido judicialmente e que demande posterior efetivação, isto é, a realização de atos práticos, necessária a execução de título judicial. Normalmente, a execução dessa natureza se desenvolve mediante *cumprimento de sentença*.

(b) ***Execução de título extrajudicial***: é a execução cujo título possui executividade por autorização legal. Nestes casos, por expressa previsão, ainda que não haja pronunciamento judicial, o documento possuirá autoridade suficiente para que sejam realizados os atos práticos. A execução de título extrajudicial se desenvolve mediante *ação de execução*.

- **Importante**: esta classificação merece especial destaque, já que, no atual delineamento da execução civil, a principal diferença procedimental está aqui. Há procedimentos próprios para os títulos judiciais e outros únicos para títulos extrajudiciais. Ademais, como na execução de título judicial já houve pronunciamento judicial, as defesas do executado são mais restritas. Também as regras de competência são diferentes a depender do título. Assim, algumas *diferenças iniciais* já podem ser destacadas, sem prejuízo de posterior aprofundamento:

Execução	Procedimento	Competência	Defesas
Título Judicial	Parte Especial, Livro I, Título II (Cumprimento da Sentença)	Absoluta (art. 516, CPC)	Restritas: art. 525, CPC
Título Extrajudicial	Parte Especial, Livro II (Processo de Execução)	Relativa (Art. 781, CPC)	Amplas: art. 914, CPC

A execução também pode ser classificada *conforme a sua estabilidade* como execução definitiva ou provisória:

(a) ***Execução definitiva***: é a execução completa, que se desenvolve até o final (cumprimento da prestação) sem a necessidade de limitações.

(b) **Execução provisória**: é a execução que somente se desenvolve até o final se forem preenchidos determinados requisitos legais (art. 520, CPC), tendo em vista a instabilidade do título executivo (um pronunciamento judicial do qual ainda penda recurso ou o título executivo extrajudicial contestado). A execução provisória será estudada em capítulo posterior.

Por fim, a execução também pode ser classificada *conforme influência na vontade do executado* em execução direta e indireta.

(a) **Execução Direta**: é aquela na qual o Poder Judiciário dispensa da colaboração (vontade do executado) para o cumprimento da prestação devida. *O Estado substitui a vontade do devedor*. Há, pois, sub-rogação.

(b) **Execução Indireta**: nesta, não há substituição na conduta do devedor que irá realizar a prestação voluntariamente após sofrer alguma forma de coerção. *O Estado estimula a vontade do devedor* para que haja *cumprimento espontâneo*.

É esta última classificação, fundada na invasão do *animus* do executado, que permite trazer à baila interessante tema para o estudo da execução civil, a saber, as técnicas executórias (meios executórios).

1.7. Execução civil: técnicas executórias típicas

Como já visto, a execução impõe efeitos práticos para o cumprimento da prestação devida, seja qual for a prestação (fazer, não fazer, dar, dar coisa certa fungível). Meios executórios, ou técnicas executórias, são as medidas adotadas para que a execução seja efetivada. Assim, pode-se destacar que a execução estruturalmente se desenvolve através destes meios (técnicas).

As ***técnicas executórias*** representam a instrumentalização da tutela executiva para a adequada tutela do direito material e, portanto, a sua utilização pode variar conforme a natureza da prestação não cumprida. Tais técnicas independem do procedimento empregado. Dito de outro modo, é possível referir que existe autonomia da técnica em face do procedimento, tema que ainda exige uma reflexão mais profunda dos protagonistas do direito.

A execução indireta se vale de meios executórios que buscam "captar a vontade do devedor/executado" para o cumprimento espontâneo da prestação. Há aqui ***técnicas de coerção***.

A execução direta se vale de meios que substituem a vontade do devedor/executado para que a prestação seja cumprida independentemente da sua postura. Há, portanto, ***técnicas de sub-rogação***. Em síntese, as técnicas previstas são as seguintes:[27]

(a) ***Coerção Pessoal***: é aquela que recai sobre a pessoa do devedor. No ordenamento jurídico brasileiro, manifesta-se através da prisão civil. Há duas formas de prisão civil admissíveis no texto constitucional

---

[27] ASSIS, Araken de. *Manual da Execução*. 13. ed. São Paulo: Revista dos Tribunais, 2010, p. 144-152.

(art. 5º, LXVII, CF): (a) obrigação de prestação alimentícia (art. 528, § 3º, CPC); (b) depósito infiel (art. 652 do Código Civil). Vale lembrar, porém, o paradigmático julgamento do *RE 349.703/RS*, que culminou com a edição da *Súmula Vinculante nº 25* e afastou a possibilidade de prisão civil do depositário infiel. Aliás, em verdadeira atualização do tema, o Código de Processo Civil vigente não mais prevê a prisão civil do depositário infiel, cominando apenas responsabilidade civil, penal e processual pela conduta desleal (art. 161, parágrafo único, CPC).

- **Depositário Infiel**: "o ordenamento jurídico prevê outros meios processuais-executórios postos à disposição do credor-fiduciário para a garantia do crédito, de forma que a prisão civil, como medida extrema de coerção do devedor inadimplente, não passa no exame da proporcionalidade como proibição de excesso, em sua tríplice configuração: adequação, necessidade e proporcionalidade em sentido estrito" (RE 349.703/RS).

(b) *Coerção patrimonial*: é aquela que recai sobre o patrimônio do devedor. Atinge, de algum modo, o patrimônio do devedor para que ele cumpra a prestação. Há inúmeros exemplos no direito brasileiro: a) multa por descumprimento de deveres processuais (art. 77, § 2º, CPC); b) multa para estimular no cumprimento da obrigação de fazer (art. 536, § 1º, e art. 537, CPC) ou na execução para entrega de coisa (art. 806, § 1º,CPC); c) como sanção premial, em casos de anuência da parte com o pedido de desistência (ver, por exemplo, o art. 90 e § 4º, CPC) ou no pagamento no prazo legal da obrigação de pagar quantia certa (art. 827, § 1º, CPC).

- **Protesto**: é possível também que o pronunciamento judicial transitado em julgado seja levado a protesto para que surta seus efeitos jurídicos pertinentes (art. 517, CPC). A possibilidade de protesto inegavelmente é mais uma medida coercitiva que atinge patrimonialmente o executado. Apenas para exemplificar, o protesto demonstra indício de insolvência que pode ser utilizado em posterior pedido de falência (art. 94, Lei 11.101/05).

- **Cadastros de Inadimplentes**: outra inovação surgida, e que já era muito utilizada na prática, é a possibilidade de o juiz da execução determinar a inclusão do nome do executado em cadastros de inadimplentes (art. 782, § 3º, CPC) – o que também causa embaraços econômicos que refletem no patrimônio do executado.

(c) *Sub-rogação por desapossamento*: retira-se a posse do bem jurídico do devedor e se transfere para o credor ou para terceiros (art. 538, CPC; art. 806, CPC).

(d) *Sub-rogação por transformação*: destinada à obrigação de fazer, ela altera a obrigação originária para que o *facere* seja realizado por terceiro ou haja a alteração da obrigação para perdas e danos (art. 817, CPC).

(e) *Sub-rogação por expropriação*: consiste na invasão patrimonial do devedor, afetando parcela de seus bens (penhora) e alienando-os (atos expropriatórios) para que haja o adimplemento (art. 824, CPC). A expropriação busca converter bens em dinheiro (art. 824-909, CPC). Os meios expropriatórios são organizados da seguinte forma (art. 824, CPC): a) adjudicação, que é a possibilidade de o credor ou terceiros legalmente autorizados adquirirem a propriedade do bem como forma de quitar o débito; b) alienação, que consiste na venda judicial do objeto afetado para que, com o produto da venda, o débito seja quitado; c) apropriação de frutos e rendimentos que consiste na aquisição dos frutos e dos rendimentos de determinado objeto sem que este saia da esfera patrimonial do executado. Os atos expropriatórios serão estudados em capítulo próprio.

1.8. Execução civil: técnicas executórias atípicas

Apresentadas as técnicas executórias entabuladas no diploma processual, resta indagar se é possível, pelo órgão judicial, o emprego de outras técnicas executórias (de coerção ou de sub-rogação) não expressamente previstas.

Considera-se *técnica executória atípica* aquela que não foi apontada expressamente pelo legislador para a efetivação de determinado direito violado.[28] O tema é extremamente controvertido, contando com o expresso rechaço de autorizada doutrina[29], especialmente porque, na efetivação dos pronunciamentos judiciais que impõem deveres de fazer ou não fazer, há expressa autorização para que sejam empregadas "as medidas necessárias à satisfação do exequente" (art. 536, CPC). Não há equivalente normativo no âmbito da execução de título extrajudicial, muito embora alguns façam a interpretação conjugada dos artigos 536 e 771, parágrafo único, CPC.[30] O sólido argumento de Marcelo Abelha não pode ser desconsiderado: seria uma incongruência a tutela executiva de uma liminar (título judicial provisório) ser mais intensa do que aquela conferida a documento com eficácia executiva (título extrajudicial definitivo).[31]

De outro lado, há quem considere o art. 139, IV, CPC, autorização suficiente para o emprego de técnicas executórias atípicas de forma generalizada, já que a intenção do preceito é "dotar o magistrado de amplo espectro de instrumentos para o cumprimento das ordens judiciais, inclusive para a tutela de prestações pecuniárias".[32]

---

[28] Assim, por exemplo, a prisão civil não pode ser considerada técnica executória atípica para o dever de prestar alimentos, porque expressamente autorizada pela Constituição brasileira (art. 5º, LXVII, CF), mas poderia sê-lo para outros direitos violados, caso aceita a tese. De outro giro, a multa coercitiva, na execução por quantia certa, não pode ser considerada uma técnica executória típica, já que o procedimento é estruturando unicamente a partir da técnica sub-rogatória (penhora e expropriação).

[29] "O direito brasileiro consagra o princípio da tipicidade dos meios executórios. Não pode ser diferente, porque a CF/1988 tem feição garantista e o art. 5º LIV, exige que a privação de bens obedeça ao devido processo legal". ASSIS, Araken de. Manual da execução. 19. ed. São Paulo: Revista dos Tribunais, 2017, p. 194. Em passagem seguinte, o autor destaca três razões para a inadmissão de técnicas atípicas: a) ausência de exemplos convincentes; b) violação dos valores consagrados na CF/88 e c) dificuldade prática na trabalhosa ponderação de valores que deveria ser realizada pelo juiz no caso concreto (idem, p. 195).

[30] Assim: MONNERAT, Fábio Victor da Fonte. Execução específica das obrigações de fazer e não fazer. In: ALVIM, Arruda; ALVIM, Eduardo Arruda; BRUSCHI, Gilberto Gomes; CHECHI, Mara Larsen; COUTO, Monica Bonetti (Coords.). *Execução civil e temas afins – do CPC/1973 ao novo CPC: estudos em homenagem ao professor Araken de Assis*. São Paulo: Revista do Tribunais, 2015, p. 350.

[31] ABELHA, Marcelo. *Manual da execução civil*. 5. ed. Rio de Janeiro: Forense, 2015, p. 62.

[32] MARINONI, Luiz Guilherme; ARENHART, Sérgio Cruz; MITIDIERO, Daniel. *Novo Código de Processo Civil comentado*. São Paulo: Revista dos Tribunais, 2015, p. 213.

Seriam exemplos de técnicas atípicas, conforme autorizada doutrina: a apreensão da carteira de habilitação para condução de veículos automotores (CNH); a vedação de contratação de novos funcionários por empresa devedoras de verbas salariais; a proibição de empréstimos ou de participação em licitações a devedor inadimplente de financiamento bancário.[33] Já se conhece caso concreto em que o juiz de primeiro grau, para o pagamento de débitos, determinou a suspensão não só da carteira de habilitação, como a suspensão do direito de viajar ao exterior.[34] Esse fato confirma que, ainda que alguns desconsiderem a existência teórica de técnicas atípicas, elas já são empregadas no cotidiano forense.

Em razão disso, ao que tudo indica, a primordial discussão sobre o tema deve ser deslocada para os requisitos que autorizam a utilização dessas técnicas. Dito de outro modo, caberá à doutrina refletir sobre os requisitos de admissibilidade das técnicas executórias atípicas.

Assim, por exemplo, há quem defenda que não é dado ao magistrado adotar *qualquer* medida, quer dizer, os poderes do juiz não são ilimitados. Para alguns, restam afastadas quaisquer medidas que o ordenamento jurídico vede, em especial à luz dos direitos fundamentais (como, por exemplo, a vedação à prisão civil que não seja decorrente de obrigação alimentar). Alguns defendem, ainda, que as providências adotadas devem guardar relação de utilidade, adequação e proporcionalidade com o fim perseguido, não podendo acarretar na esfera jurídica do réu sacrifício maior do que o necessário – e permitido.[35] Nessa esteira, porquanto o manuseio dos meios executivos esteja entregue à "escolha" do magistrado que, diante do caso concreto, poderá utilizar o meio adequado para obter o resultado mais efetivo do provimento jurisdicional, não há qualquer *discricionariedade* judicial, haja vista que a opção deve ser adequada e devidamente fundamentada, tendo limite essa "escolha" no meio mais adequado que venha a acarretar o menor sacrifício possível ao devedor.[36]

De qualquer sorte, o tema é extremamente polêmico, já que envolve temas complexos e habitualmente não trabalhados no âmbito do processo civil, tais como a definição e existência de princípios aplicáveis, bem como a viabilidade de um juízo de proporcionalidade. O tema, portanto, ainda merecerá atenta reflexão futura.

---

[33] NEVES, Daniel Amorim Assumpção. *Manual de Direito Processual Civil: volume único*. 8. ed. Salvador: Juspodivm, 2016, p. 987.
[34] Processo n.º 0009554-84.2014.8.07.0005 – Vara Cível de Planaltina/DF. Sobre o rumoroso caso, merece aqui referência o seguinte noticiário: "Ex-senador tem CNH e passaporte suspensos para quitação de dívida". Disponível em: < http://www.migalhas.com.br/Quentes>. Acesso em 27/11/2016.
[35] Ibid., p. 421.
[36] ABELHA, Marcelo. *Manual de execução civil*. 2. ed. Rio de Janeiro: Forense Universitária, 2007, p. 31.

Capítulo 2 – Princípios fundamentais da execução civil

2.1. Considerações iniciais

De modo geral, a doutrina processual costuma apontar alguns dos princípios (in)formadores do Direito Processual Civil, que, com maior ou menor intensidade, podem ser verificados nos principais sistemas legislativos e servem para auxiliar na organização e validação do respectivo módulo processual.[37] Nesse quadrante, para que se tenha uma melhor compreensão dos institutos específicos e das repercussões trazidas para o processo de execução (a partir da compreensão de que a cognição e a execução, em seu conjunto, formam a estrutura global do processo civil, como instrumento de realização dos direitos),[38] entende-se curial a análise dos princípios jurídicos que norteiam essa disciplina.

Não será escopo dessa lição, todavia, tratar especificamente do conceito jurídico de *princípio*,[39] tampouco trazer investigação acerca de todo o arcabouço principiológico previsto na Constituição.[40] Seja pela proposta do trabalho, seja pelos objetivos traçados no estudo ora empreendido, nesse momento a finalidade é aportar ao leitor os princípios jurídicos que conformam e informam o processo executivo brasileiro, evidentemente, à luz dos direitos fundamentais

---

[37] SILVA, Ovídio Araújo da. *Teoria Geral do processo civil*. Ovídio Araújo Baptista da Silva, Fábio Luiz Gomes; Jacqueline Mielke Silva, Luiz Fernando Baptista, atualizadores de Ovídio Baptista. 6. ed. rev. e atual. São Paulo: Revista dos Tribunais. 2011. p. 43.

[38] THEODORO JÚNIOR, Humberto. *Curso de direito processual civil – Processo de Execução e Cumprimento de Sentença, Processo Cautelar e Tutela de Urgência – vol. II* – Rio de Janeiro: Forense, 2012. p. 121.

[39] Com efeito, para uma análise mais detida desse tema, recomenda-se a leitura da obra de Lenio Streck, para o qual, *"são os princípios que instituem as bases para a normatividade do direito"*, *"são o marco da institucionalização da autonomia do direito"*. Os princípios constitucionais *"introduzem o mundo prático no direito"*, sendo acertado dizer que eles destroem os dualismos presentes nas tradições anteriores e instauram um novo modo para se pensar o significado do termo princípio (tese da descontinuidade). (STRECK, Lenio Luiz. *Verdade e consenso*: constituição, hermenêutica e teorias discursivas. Da possibilidade à necessidade de respostas corretas em direito. 3a ed. Rio de Janeiro: Lumen Juris, 2009. p. 498)

[40] Neste contexto, tem-se presente e claro que os princípios constitucionais têm clara e evidente influência sobre o processo executivo, como por exemplo a inviabilidade da prisão civil por dívida (art. 5°, inc. LXVII) ou o próprio princípio da dignidade da pessoa humana, o qual inspira a regra da impenhorabilidade do bem de família. Todavia, nesse capítulo o objetivo é tratar especificamente dos princípios da execução, ainda que esses sofram necessária influência da norma constitucional.

e dos próprios "princípios constitucionais-processuais", que na lição de Elio Fazzalari "tratam de valores transtemporais, por que ligados a exigência imemoráveis; e transacionais, por que correspondem exigências sem fronteiras".[41]

Serão, portanto, traçadas as linhas nodais principiológicas do processo de execução que, nas palavras de Araken de Assis, "animam e inspiram as notas características dos ritos e institutos".[42] A partir dessa perspectiva é que os princípios da função executiva serão delineados nesse capítulo.

2.2. Princípio da autonomia

Uma das primeiras coisas a se apontar quando se analisa o princípio da autonomia no processo executivo é que o mesmo pode ser analisado a partir de duas perspectivas essenciais: (i) uma *funcional* (finalidades e objetivos da função executiva) e (ii) uma outra *estrutural* (como o processo de execução está posicionado e organizado no sistema legal e processual no Código de Processo Civil e legislação esparsa).

Funcionalmente, a ideia de princípio da autonomia é aquela largamente explicitada por Araken de Assis em seu "Manual da Execução", segundo a qual "corolário da especificidade da própria função executiva, curial se ostenta a autonomia da execução",[43] a qual distinguiria a função executiva das funções de cognição (conhecimento) e cautelar.

A autonomia do processo executivo, analisada do ponto de vista "funcional", seria resultado da especificidade do próprio processo executivo. Isso significaria dizer que a execução possui uma função que lhe é própria e que não se mistura, nem com aquela desempenhada pelo processo de conhecimento; e nem com aquela destinada ao processo cautelar. Assim, a função executiva deveria ser desenvolvida através de um processo próprio, chamado de processo de execução, que não se confunde e nem pode (deve) se confundir com outras modalidades de processo[44] (de conhecimento e cautelar).

De outra parte, falar em uma acepção "estrutural" da autonomia do processo de execução significa compreender que a "execução representava ente à parte dos processos de cognição e cautelar"[45] na estrutura originária do CPC ainda vigente. A autonomia do processo executivo[46] foi, efetiva e originalmente, concebida para ser analisada nos prismas *funcional* e *estrutural*, tanto que o

---

[41] FAZZALARI. Elio. *Valori Permanenti del Processo*. In: Diritto Naturale Verso Nuove Prospettive, Quaderni di Iudistia n° 39, 1977. p. 59.
[42] ASSIS, Araken de. *Manual da Execução*. 14. ed. rev. atual. e ampl. – São Paulo: Revista dos Tribunais, 2012, p.107.
[43] ASSIS, Araken de. *Manual da Execução*, op. cit., p. 109.
[44] BUENO, Cassio Scarpinella. *Curso sistematizado de direito processual civil: tutela jurisdicional executiva*, v. 3. 5. ed. rev. atual. ampl. – São Paulo: 2012. p. 53.
[45] ASSIS, Araken de. *Manual da Execução*, op. cit., p. 109.
[46] Sobre a autonomia do processo de execução, recomenda-se "Títulos Executivos Extrajudiciais e autonomia da Execução". SILVA. Ovídio A. Baptista. *Jurisdição e execução na tradição romano-canônica*. 3. ed. – Rio de Janeiro: Forense, 2007. p. 129/137.

próprio Código de Processo Civil instituído em 1973 trazia claramente a separação "estrutural" do Processo de Conhecimento, do Processo de Execução e do Processo Cautelar. Tal realidade era tão clara e evidente que Alfredo Buzaid, na Exposição de Motivos do CPC 1973, explicitou que "a matéria dos três primeiros livros corresponde à função jurisdicional de conhecimento, de execução e cautelar".[47] Era evidente a opção do legislador em garantir uma previsão legal de autonomia estrutural do processo de execução em face dos módulos processuais de conhecimento e cautelar.

Todavia, essa autonomia estrutural plena, notadamente nos títulos executivos judiciais, é diretamente afetada pelas alterações legislativas ocorridas no processo executivo a partir de dezembro 2005.[48] As ulteriores transformações legislativas do processo de execução, com a inclusão da chamada Fase de Cumprimento de Sentença, além de causar impacto na percepção do procedimento executivo, teve como consequência a necessidade de uma nova análise quanto à tradicional percepção que se tinha do princípio da autonomia. Todavia, é essencial anotar que esse princípio se preserva hígido quando se trata de títulos executivos extrajudiciais.[49]

Modernamente, autores como Humberto Dalla Bernardina de Pinho[50] e Cássio Scarpinella Bueno,[51] ao tratarem do princípio da autonomia, fazem referência expressa ao (também chamado de "princípio" por esses autores) sincretismo processual, ou seja, o processo de execução – do ponto de vista estrutural – já não mais poderia ser considerado autônomo, mas sim imbricado ao processo de conhecimento, especialmente, quando da execução dos títulos executivos judiciais.

Em linhas gerais, o Código de Processo Civil em vigor não trouxe nenhuma alteração que implicasse divergência quanto ao alcance e interpretação do princípio da autonomia no processo de execução. A Exposição de Motivos do

---

[47] Exposição de Motivos do Código de Processo Civil de 1973 (Lei 5.869, de 11 de janeiro de 1973).

[48] Ano da publicação da Lei 11.232/2005, que integrou ao CPC vigente o regramento da Fase do Cumprimento de Sentença, revogando os dispositivos relativos à execução fundada em título judicial.

[49] "Embora modernamente se tenha concebido um sistema processual unitário para a cognição e a execução, em termos de acertamento que culmine por sentença condenatória, continua válida a visão doutrinária em torno da autonomia do processo de execução. O que se dispensou foi o processo de execução para a hipótese de cumprimento forçado da sentença. Esse processo, contudo, continua sendo autônomo plenamente no caso dos títulos executivos extrajudiciais" (THEODORO JÚNIOR, Humberto. *Curso de direito processual civil – Processo de Execução e Cumprimento de Sentença, Processo Cautelar e Tutela de Urgência*, op. cit. 121)

[50] "Hoje, o processo de conhecimento ganhou uma fase, passando a ser composto por cinco fases, que são: postulatória, saneadora, instrutória, provisória e cumprimento de sentença. A partir de 2005, passa-se a falar, no processo civil brasileiro, em princípio do sincretismo. As atividades cognitivas e executivas são ligadas em um único processo por esse princípio." (PINHO, Humberto Dalla Bernardina de. *Direito processual civil contemporâneo: introdução ao processo civil*. Volume II. – São Paulo: 2012. p. 853.)

[51] "No Código de Processo Civil atual, não há mais espaço para entender a aplicação rígida daquele princípio. Pelo contrário, importa colocar em relevo cada vez mais frequente que as atividades jurisdicionais voltadas ao reconhecimento do direito desenvolvam-se sucessivamente e, muitas vezes, concomitantemente, às atividades direcionadas à realização do direito. Não é equivocado, por isto mesmo, dar destaque a um princípio oposto ao da autonomia, que norteia, em certo grau crescente, a tutela jurisdicional executiva, o 'princípio do sincretismo'". (BUENO, Cassio Scarpinella. *Curso sistematizado de direito processual civil*, op. cit., p. 53/54.)

CPC faz referência expressa à forma como os processos e respectivos livros foram distribuídos.

O conteúdo da Parte Geral (Livro I) consiste no seguinte: princípios e garantias fundamentais do processo civil; aplicabilidade das normas processuais; limites da jurisdição brasileira; competência interna; normas de cooperação internacional e nacional; partes; litisconsórcio; procuradores; juiz e auxiliares da justiça; Ministério Público; atos processuais; provas; tutela de urgência e tutela da evidência; formação, suspensão e extinção do processo. O Livro II diz respeito ao processo de conhecimento, incluindo cumprimento de sentença e procedimentos especiais, contenciosos ou não. O Livro III trata do processo de execução, e o Livro IV disciplina os processos nos Tribunais e os meios de impugnação das decisões judiciais".

Outrossim, também na Exposição de Motivos do Código de Processo Civil em vigor consta referência quanto à aceitação pela Comunidade Jurídica, em relação às reformas trazidas ao Processo de Execução, a partir de 2005: "A expressiva maioria dessas alterações, como, por exemplo, em 1994, a inclusão no sistema do instituto da antecipação de tutela; em 1995, a alteração do regime do agravo; e, mais recentemente, as leis que alteraram a execução, foram bem recebidas pela comunidade jurídica e geraram resultados positivos, no plano da operatividade do sistema", de forma que a autonomia funcional do processo executivo resta preservada, assim como mantida a ideia de relativa autonomia estrutural do processo executivo, em face do processo de conhecimento. (Exposição de Motivos do Novo Código de Processo Civil).

2.3. Princípio do título

Trata-se de princípio basilar de todo o processo executivo e que decorre do aforisma romano *nulla executio sine titulo* (art. 803, inc. I do CPC).[52] Com efeito, o processo executivo é literalmente dependente do título (judicial ou extrajudicial), a tal ponto que art. 783 do CPC vigente tem previsão expressa nesse sentido: "a execução para a cobrança de crédito fundar-se-á em título de obrigação certa, líquida e exigível".

Onde há processo executivo, a presença do título é obrigatória. Para dar início ao processo autônomo de execução (título extrajudicial) ou iniciar a fase de cumprimento de sentença (título judicial), o Credor deve invocar e exibir o título executivo, documento incluído no rol dos artigos 515 e 784do CPC vigente.

Ora, "se a sentença condenatória nada mais era do que o primeiro passo na marcha da realização do direito"[53] (título executivo judicial) e se o legislador

---

[52] "A cognição precede à execução (*nulla executio sine titulo*), precisamente por que o magistrado, fiel executor da lei do Estado, não poderá autorizar a prática de atos executivos, se o direito do credor ainda não estiver reconhecido por sentença". (SILVA. Ovídio A. Baptista. *Jurisdição e execução na tradição romano-canônica*, op. cit., p. 135)

[53] SILVA, Ovídio A. Baptista. *Jurisdição e execução na tradição romano-canônica*, op. cit., p. 134.

ordinário "dotou documentos de índole diferente desta mesma condição"[54] executiva (títulos executivos extrajudiciais), é natural que o título (este sempre líquido, certo e exigível) seja a figura central do processo executivo.

Desta forma, a pretensão executiva sempre se baseará no título executivo, cabendo aqui repetir-se a metáfora do "bilhete de ingresso" que deve ser ostentado pelo Exequente para que possa dar início ao procedimento *in executivis*.[55]

De outro lado, revela-se essencial discutir-se sobre a taxatividade do rol dos títulos executivos. Com efeito, uma leitura ampla e sistemática dos artigos 515 e 784 do CPC vigente permite observar que os títulos executivos neles previstos não são os únicos a legitimar a prestação da tutela jurisdicional executiva.[56] Essa observação tem amparo, por exemplo, no inciso XII do art. 784 do CPC, segundo o qual também são executivos os "demais títulos aos quais, por disposição expressa, a lei atribuir força executiva".

Com efeito, outros títulos, ainda que não expressamente previstos na norma processual, podem legitimar o processo de execução, sendo "exemplo marcante dessa realidade" as decisões interlocutórias que veiculam tutelas jurisdicionais preventivas, antecipadas, temporárias e provisórias.[57] Nessas condições, pertinente ampliar o conceito jurídico de título executivo para que o plano infraconstitucional do direito processual, nas palavras de Cássio Scarpinella Bueno, não fique aquém do modelo constitucional do processo civil.[58]

Por fim, conveniente salientar que, atendidos o conteúdo e os efeitos do art. 803, inc. I, do CPC, o título não é "condição" da demanda executiva, tampouco representa fato constitutivo da ação, mas sim representa pressuposto de validade, no sentido de que a lei exige prova preconstituída do crédito,[59] punindo a sua ausência com decreto de inabilidade (nulidade processual absoluta).

2.4. Princípio da responsabilidade patrimonial

Em que pese alguma diversificação doutrinária quanto à sua denominação (princípio da responsabilidade patrimonial,[60] princípio da patrimonialidade[61] ou princípio da realidade da execução),[62] esse princípio, de ordinário,

---

[54] ASSIS, Araken de. *Manual da Execução*, op. cit., p. 111.

[55] Ibid., p. 111.

[56] BUENO, Cassio Scarpinella. *Curso sistematizado de direito processual civil*, op. cit., p. 55.

[57] Ibid., p. 55.

[58] Ibid., p. 56.

[59] ASSIS, Araken de. *Manual da Execução*, op. cit., p. 113.

[60] Denominação utilizada, *e.g.*, por Araken de Assis (ASSIS, Araken de. *Manual da Execução*, op. cit., p. 113.) e por Fredie Didier Jr. (DIDIER JÚNIOR, Fredie Souza; CUNHA, Leonardo Carneiro da; BRAGA, Paula Sarno; OLIVEIRA, Rafael Santos de. *Curso de Direito Processual Civil*. v. 5. 4. ed. Salvador: Jus Podivm, 2012. p. 51)

[61] Denominação utilizada, *e.g.*, por Cássio Scarpinella Bueno (BUENO, Cassio Scarpinella. *Curso sistematizado de direito processual civil: tutela jurisdicional executiva*, op. cit., p. 56.)

[62] Denominação utilizada, *e.g.*, por Humberto Theodoro Júnior (THEODORO JÚNIOR, Humberto. *Curso de direito processual civil – Processo de Execução e Cumprimento de Sentença, Processo Cautelar e Tutela de Urgência*, op. cit. 129).

indica que a atividade jurisdicional executiva incide, "direta e exclusivamente"[63] sobre o patrimônio do devedor. Tal conclusão pode ser atribuída à leitura e interpretação do art. 789 do CPC e do art. 391 do CC:

> Art. 789, CPC. O devedor responde com todos seus bens presentes e futuros para o cumprimento de suas obrigações, salvo as restrições estabelecidas em lei.
>
> Art. 391, CC. Pelo inadimplemento das obrigações respondem todos os bens do devedor.

Nas palavras de Cândido Rangel Dinamarco,[64] de maneira igual ao que ocorre com a teoria do processo de conhecimento, o processo executivo revela temas nodais, em torno dos quais pode ser desenvolvido "um autêntico programa" no trato da teoria geral da execução civil. Dentre esses temas nodais, encontra-se a "responsabilidade patrimonial",[65] cujo núcleo "consiste na determinação dos bens que são suscetíveis de serem atingidos pelas medidas executivas (...)".[66]

Em igual sentido é a lição de Humberto Dalla Bernardina de Pinho, para quem "de acordo com as lições clássicas do direito obrigacional, aquele que tem o débito (*schuld*) responderá com o seu patrimônio para o cumprimento da obrigação (*haftung*)".[67] Para esse autor, a ação de execução representa a atuação do Estado para a satisfação do direito subjetivo – representado no título executivo – da parte credora. Essa satisfação recairia, salvo raras exceções, sobre o patrimônio do devedor.[68]

Outrossim, de forma a não deixar dúvidas quanto à patrimonialidade do processo de execução, o art. 824 do CPC vigente prevê expressamente que "a execução por quantia certa se realiza pela expropriação de bens do executado, ressalvadas execuções especiais".

De outra parte, o que se verifica mais modernamente, especificamente após as reformas legislativas do processo de execução, é um certo mitigar da patrimonialidade,[69] "admitindo-se a prática de atos jurisdicionais executivos voltados não ao patrimônio do executado mas, diferentemente, à sua vonta-

---

[63] THEODORO JÚNIOR, Humberto. *Curso de direito processual civil – Processo de Execução e Cumprimento de Sentença, Processo Cautelar e Tutela de Urgência*, op. cit. 129.

[64] DINAMARCO, Cândido Rangel. *Instituições de Direito Processual Civil*. Execução Forçada. São Paulo: Malheiros, 2004. v. 4. p. 35/36.

[65] "Eis, em resumo, e como resultado de uma colheita inevitavelmente subjetiva, os *temas gerais* que devem integrar a teoria geral da execução civil: a) execução e técnicas executivas, (b) especialmente o *processo* executivo, (c) tutela jurisdicional executiva, (d) jurisdição e competência, (e) meios de coerção e meios de sub--rogação, (f) responsabilidade patrimonial, (g) limites naturais e políticos à tutela jurisdicional executiva, (h) pressupostos da tutela jurisdicional executiva, (i) especialmente, o inadimplemento e o título executivo, (j) liquidação de sentença, (k) espécies de execução, (l) execução provisória e (m) embargos do executado". (DINAMARCO, Cândido Rangel. *Instituições de Direito Processual Civil*, op. cit., p. 36)

[66] DINAMARCO, Cândido Rangel. *Instituições de Direito Processual Civil*, op. cit., p. 36.

[67] PINHO, Humberto Dalla Bernardina de. *Direito processual civil contemporâneo: introdução ao processo civil*, op. cit., p. 909.

[68] Ibid., p. 909.

[69] Fredie Didier Jr refere, por exemplo, que a patrimonialidade, atualmente, tem recebido um "caráter híbrido", compreendendo também atos de coerção pessoal (DIDIER JÚNIOR, Fredie Souza; CUNHA, Leonardo José Ribeiro Coutinho Berardo Carneiro da; BRAGA, Paula Sarno; OLIVEIRA, Rafael Santos de. *Curso de Direito Processual Civil*, op. cit., p. 52).

de, buscando criar para o executado uma situação tal que lhe pareça melhor cumprir as determinações judiciais, do que submeter-se à prática de atos sub-rogatórios praticados pelo magistrado e por seus agentes, é dizer, de atos que substituam sua vontade e o seu comportamento".[70]

Exemplo dessa nova realidade é a multa prevista no § 1º do art. 523 do CPC vigente, a qual tem eminente e evidente caráter coercitivo, mais do que propriamente patrimonial ou a previsão contida no art. 84, § 5º, do Código de Defesa do Consumidor, que autoriza o juiz, "para a tutela específica ou para a obtenção do resultado prático equivalente", de uma obrigação de fazer infungível, a "determinar as medidas necessárias, como busca e apreensão" ou a "remoção de coisas e pessoas".[71]

Nessa senda, o princípio da responsabilidade patrimonial (ou da responsabilidade executiva) traduz um estado de submissão do patrimônio do executado ou terceiros responsáveis, aos desígnios do processo executivo, uma vez que o credor/exequente é titular de obrigação líquida, certa e exigível, estampada em título executivo (judicial ou extrajudicial).

2.5. Princípio do resultado

Também chamado de princípio da primazia da tutela específica[72] ou de princípio do desfecho único,[73] determina que toda execução deve ser específica, devendo buscar a satisfação do direito subjetivo do credor, objeto da prestação inadimplida.

Segundo as palavras de Alexandre Câmara, "esse princípio é, em verdade, corolário da própria finalidade da execução forçada, a satisfação do crédito exequendo, com a realização concreta da vontade do direito substancial".[74] Dessa forma, fácil compreender que o único fim normal do processo executivo é a busca pela satisfação do crédito estampado em um título líquido, certo e exigível.

Com efeito, a execução deve ser específica no sentido de possibilitar ao credor, na medida do possível, precisamente aquilo que se obteria se a obrigação fosse cumprida pessoalmente pelo devedor.[75] A execução existe para a

---

[70] BUENO, Cassio Scarpinella. *Curso sistematizado de direito processual civil: tutela jurisdicional executiva*, op. cit., p. 56

[71] ASSIS, Araken de. *Manual da Execução*, op. cit., p. 113.

[72] DIDIER JÚNIOR, Fredie Souza; CUNHA, Leonardo José Ribeiro Coutinho Berardo Carneiro da; BRAGA, Paula Sarno; OLIVEIRA, Rafael Santos de. *Curso de Direito Processual Civil*, op. cit., p. 53.

[73] CÂMARA, Alexandre Freitas. *Lições de Processo civil*: volume 2 – 21. ed. – São Paulo: Atlas, 2012. p. 169. Também assim denomina esse princípio, PINHO, Humberto Dalla Bernardina de. *Direito processual civil contemporâneo: introdução ao processo civil*, op. cit., p. 852.

[74] CÂMARA, Alexandre Freitas. *Lições de Processo civil*, op. cit., p. 170.

[75] THEODORO JÚNIOR, Humberto. *Curso de direito processual civil – Processo de Execução e Cumprimento de Sentença, Processo Cautelar e Tutela de Urgência*, op. cit. 130.

satisfação dos direitos do credor, sendo esse "o seu único desfecho".[76] Ampara esse entendimento o disposto no art. 797 do CPC vigente, segundo o qual a execução se realiza no interesse do credor.

> Art. 797. Ressalvado o caso de insolvência do devedor, em que tem lugar o concurso universal, realiza-se a execução no interesse do exequente que adquire, pela penhora, o direito de preferência sobre os bens penhorados.

Fica também evidenciada a ideia de desfecho único para o processo de execução na disciplina do CPC.

Isso não significa dizer, todavia, que sempre o desfecho será favorável ao credor. Nas palavras de Alexandre Câmara, "a ação executiva é tão abstrata quanto à ação cognitiva, sua existência independe da existência do direito substancial, podendo ocorrer a instauração legítima da atividade executiva sem que o demandante seja titular do direito material afirmado". Nesse caso, ainda segundo o mesmo autor, "demonstrada a inexistência de tal direito, deve ser extinta a execução".[77]

Dito de outra maneira: pelo princípio do resultado, o processo executivo visa à satisfação do crédito exequendo, todavia, evidentemente, tanto o título, como o próprio feito executivo devem passar pelo crivo jurisdicional, a fim de apurar-lhe os pressupostos processuais de constituição e desenvolvimento válidos.

Uma das consequências da aplicação do princípio do resultado (que determina que o fim último da execução é alcançar a satisfação do crédito exequendo) é que toda execução deve somente admitir atos úteis ao processo. Tanto é assim que não se devem admitir atos inúteis, como a penhora de bens insignificantes,[78] ou mesmo pretender utilizar a execução como "simples castigo ou sacrifício do devedor".[79]

Enfim, pode-se dizer que, na execução, a aplicação do princípio do resultado determina que a atividade jurisdicional é toda exercida em favor do atendimento de um direito já anteriormente reconhecido ao credor no próprio título executivo, daí o seu desfecho único ser a busca pela satisfação.

2.6. Princípio da disponibilidade

Assentado o processo de execução na ideia de prevalência do interesse do credor (vide princípio do resultado), corolário lógico é que este possa dispor da respectiva ação executiva, podendo desistir da mesma sem interferência do devedor, na forma e limites do art. 775 do CPC vigente.

---

[76] PINHO, Humberto Dalla Bernardina de. *Direito processual civil contemporâneo: introdução ao processo civil*, op. cit., p. 852.
[77] CÂMARA, Alexandre Freitas. *Lições de Processo civil*, op. cit., p. 171.
[78] ASSIS, Araken de. *Manual da Execução*, op. cit., p. 114.
[79] THEODORO JÚNIOR, Humberto. *Curso de direito processual civil – Processo de Execução e Cumprimento de Sentença, Processo Cautelar e Tutela de Urgência*, op. cit. 129.

Com efeito, diversamente do que se verifica no processo de conhecimento, em que o requerido detém interesse análogo ao do requerente na justa composição da lide, "a execução almeja o benefício exclusivo do credor",[80] não se observando algum interesse do devedor, especialmente diante de um procedimento judicial cujo rito está voltado à satisfação do interesse do credor. Decorre dessa constatação a previsão legal do art. 775 do CPC em vigor, que torna ineficaz eventual objeção do devedor, quanto à eventual desistência formulada pelo credor.

Reconhece-se, pois, ao credor a livre disponibilidade da execução, no sentido de que "ele não se acha obrigado a executar seu título, nem se encontra jungido ao dever de prosseguir na execução forçada a que deu início, até as últimas consequências".[81] Tal procedimento é diverso daquele observado no processo de conhecimento, no qual o autor até pode desistir da ação (art. 485, inc. VIII, do CPC), todavia, uma vez oferecida a contestação, a desistência somente será admitida mediante consentimento do réu (art. 485, § 4º, do CPC).

Conforme já referido, no processo de execução não mais se questiona sobre a apuração do direito aplicável à controvérsia das partes",[82] sobretudo, por que o crédito do autor já é revestido de liquidez, certeza e exigibilidade, sendo a atuação do Poder Judiciário restrita a buscar a efetividade desse crédito. A atividade jurisdicional é totalmente voltada ao atendimento do direito já reconhecido, decorrendo daí o disposto no art. 775 do CPC, que prevê o direito subjetivo do credor, desistir da execução, independentemente do alvedrio do réu.

Nesse ponto, outrossim, resta relevante assentar que desistência (da ação) não se confunde com renúncia do direito[83]. Para efeitos didáticos, traça-se o seguinte quadro comparativo.

	Previsão Legal	Efeitos
Desistência (da ação)	Art. 485, VIII, CPC	Coisa Julgada Formal
Renúncia (do direito)	Art. 487, III, (c), CPC	Coisa Julgada Material

Na *desistência*, o autor desiste de medida judicial (e dos respectivos atos processuais praticados ou medidas judiciais deferidas), podendo ajuizar nova execução forçada sobre o mesmo título judicial (efeito decorrente da coisa julgada formal). Já a *renúncia* diz respeito ao mérito da causa,[84] fazendo extinguir

---

[80] ASSIS, Araken de. *Manual da Execução*, op. cit., p. 115.
[81] THEODORO JÚNIOR, Humberto. *Curso de direito processual civil – Processo de Execução e Cumprimento de Sentença, Processo Cautelar e Tutela de Urgência*, op. cit. 131.
[82] THEODORO JÚNIOR, Humberto. *Curso de direito processual civil – Processo de Execução e Cumprimento de Sentença, Processo Cautelar e Tutela de Urgência*, op. cit. 129.
[83] "*A extinção decorrente da desistência do exequente não atinge o crédito. Ela se distingue, neste aspecto, da renúncia prevista no art. 794, III e, portanto, nada impede a renovação do processo executivo com base no mesmo título. Extinguindo-se a execução, porém, pela extinção superveniente do crédito, o credor não poderá renovar o processo*" (ASSIS, Araken de. *Manual da Execução*, op. cit., p. 117).
[84] Sendo este, inclusive, um dos argumentos sobre os quais se funda a convicção quanto à existência de mérito na ação executiva. Ora, se o credor renunciar o direito sobre o qual se funda a execução (no caso o crédito)

"o direito sobre o qual se funda a ação", conforme se observa da própria previsão legal. Desaparecido o crédito (o direito em que se funda a ação), não seria mais possível a reabertura da execução pelo renunciante, por força do efeito da coisa julgada material.

Outra questão de essencial observação quando se trata do princípio da disponibilidade é aquela relacionada aos itens I e II do parágrafo único do art. 775 do CPC, especialmente, no que concerne aos Embargos à Execução eventualmente ajuizados pelo devedor. Estabelece esse parágrafo único que, na desistência da execução, I) serão extintos a impugnação e os embargos que versarem apenas sobre questões processuais, pagando o exequente as custas processuais e honorários advocatícios; e que II) nos demais casos, a extinção dependerá da concordância do impugnante ou do embargante.

Com efeito, tal constatação permite concluir que a regra da disponibilidade não é absoluta e permite identificar-se, pelo menos, 3 (três) cenários:

(a) processo de execução em que o devedor não foi citado, ou tendo sido citado, não embargou: nesses casos, o credor pode desistir da ação executiva, sem oitiva do devedor;[85]

(b) processo de execução em que o devedor citado ajuizou Embargos à Execução, versando apenas de questões processuais (tais como pressupostos processuais ou condições da ação): nesse caso, o credor também pode desistir livremente da execução, sem interferência do devedor[86] e os embargos à execução serão extintos;

(c) processo de execução em que o devedor citado ajuizou Embargos à Execução, indicando matéria de mérito (como pagamento, prescrição ou nulidade do título ou mesmo a inexistência dos pressupostos da liquidez, certeza e exigibilidade), naquilo que Humberto Theodoro Júnior chama de "embargos de mérito":[87] nesse caso, a desistência da execução depende da aquiescência do devedor e caso não haja concordância, os embargos à execução seguirão até julgamento final.

2.7. Princípio da adequação

Dos mais relevantes para a correta compreensão do processo de execução, o princípio da adequação determina que o meio executório utilizado pelo

---

e se isso importa em resolução do mérito (art. 487, inc. III, (c) do CPC), também por esse motivo se verifica mérito na execução.

[85] Nessa hipótese, não tendo o devedor constituído advogado e não tendo oferecido embargos, obviamente, inexiste razões para a exigir-se pagamento de honorários advocatícios do credor.

[86] Nesse caso, a consequência é a extinção dos embargos que versarem apenas sobre questões processuais, tocando ao exequente pagar as custas e os honorários advocatícios (MOREIRA, José Carlos Barbosa. *O novo processo civil brasileiro: exposição sistemática do procedimento*. 28. ed. rev. e atual. Rio de Janeiro, Forense, 2010. p. 305)

[87] THEODORO JÚNIOR, Humberto. *Curso de direito processual civil – Processo de Execução e Cumprimento de Sentença, Processo Cautelar e Tutela de Urgência*, op. cit. 132.

credor para satisfação do seu direito estampado no título deve-se revelar adequado em razão do bem que é o objeto da prestação devida.

Com efeito, a ideia aqui é que o procedimento executivo escolhido pelo credor seja adequado à necessidade de satisfação do seu direito.

A adequação do processo, partindo-se da lição de Galeno Lacerda, pode ser compreendida sob os aspectos subjetivo, objetivo e teleológico.[88]

Nesse sentido, por exemplo, o regramento especial da execução por quantia certa contra a Fazenda Pública revela uma adequação procedimental subjetiva. Já a prisão civil como meio de coerção para efetivar a prestação alimentícia, revela-se uma aplicação da adequação objetiva: *"o direito aos alimentos impõe um meio coercitivo mais enérgico"*[89] ao passo que a implementação de um procedimento executivo calcado no interesse do credor, revela a adequação teleológica do processo executivo.

Princípio da Adequação no Processo Executivo		
Aspecto Subjetivo	*Aspecto Objetivo*	*Aspecto Teleológico*
Visa a apontar a adequação do procedimento executivo em face dos sujeitos da execução	Visa a apontar a adequação do procedimento executivo em face da necessidade de se alcançar o escopo final da execução, que é a satisfação do direito	Visa a apontar a adequação do procedimento executivo do ponto de vista da finalidade dos institutos e do próprio processo

2.8. Menor onerosidade para o devedor (menor sacrifício do executado): é um princípio?

Dispõe o art. 805 do CPC que "quando por vários meios o exequente puder promover a execução, o juiz mandará que se faça pelo modo menos gravoso para o executado". O parágrafo único, por sua vez, aponta que: "ao executado que alegar ser a medida executiva mais gravosa incumbe indicar outros meios mais eficazes e menos onerosos, sob pena de manutenção dos atos executivos já determinados".

Para muitos, haveria aí um princípio voltado à proteção do executado em face de possíveis excessos perpetrados pelo exequente no processo executivo. Nesse sentido, pode-se apontar os estudos de Alexandre Freitas Câmara,[90] Cássio Scarpinella Bueno,[91] Fredie Didier,[92] Humberto Dalla Bernardina

---

[88] LACERDA, Galeno. *O Código como Sistema legal de Adequação do Processo*. in: Revista do Instituto dos Advogados do Rio Grande do Sul — Comemorativa do Cinqüentenário. Porto Alegre, 1976. p. 164.

[89] DIDIER JÚNIOR, Fredie Souza; CUNHA, Leonardo José Ribeiro Coutinho Berardo Carneiro da; BRAGA, Paula Sarno; OLIVEIRA, Rafael Santos de. *Curso de Direito Processual Civil*, op. cit., p. 61.

[90] CÂMARA, Alexandre Freitas. *Lições de Processo civil*, op. cit. 166.

[91] BUENO, Cassio Scarpinella. *Curso sistematizado de direito processual civil: tutela jurisdicional executiva*, op. cit., p. 62.

[92] DIDIER JÚNIOR, Fredie Souza; CUNHA, Leonardo José Ribeiro Coutinho Berardo Carneiro da; BRAGA, Paula Sarno; OLIVEIRA, Rafael Santos de. *Curso de Direito Processual Civil*, op. cit., p. 56.

Pinho[93] e Humberto Teodoro Júnior,[94] entre outros. Sobre o assunto, o STJ chegou a ir além e defender que a "menor onerosidade" em favor do executado seria uma verdadeira regra de aplicação do direito. Há, portanto, célebre orientação jurisprudencial no sentido de que o dispositivo (atual art. 805 do CPC e anterior art. 620 do CPC/73) estamparia verdadeira "regra de sobredireito, cuja função é a de orientar a aplicação das demais normas do processo de execução, a fim de evitar a prática de atos executivos desnecessariamente onerosos ao executado" (REsp 695.781/RS, STJ).[95]

A função dessa regra seria, portanto, orientar a aplicação de todas as demais regras da execução, com o fito de atenuar atos demasiadamente onerosos para o devedor. Essa, porém, deve ser interpretada como uma visão conservadora ou clássica da menor onerosidade.

Através dessa visão clássica, especialmente com base nos autores já indicados, a menor onerosidade deveria apontar para procedimentos executivos que evitassem o excesso e causasse o menor prejuízo possível ao devedor, sendo regra frequentemente utilizada para justificar decisões que, antes de posicionados no ordenamento jurídico, fundam-se em uma alegada "injustiça" com o devedor, dando clara e repreensível vazão à *discricionariedade judicial*. É necessário, portanto, refletir sobre o instituto à luz de uma visão contemporânea.

Numa perspectiva contemporânea, a menor onerosidade indica que se deve eleger, entre os meios idôneos, aquele que é menos gravoso para o executado. Evidentemente, se o meio que pode ser empregado não for idôneo, ele não poderá ser escolhido.[96] O critério é mais seguro e objetivo: deve haver possibilidade de escolha para o credor e diante desta escolha ele elegerá o meio menos gravoso quando havia outro legítimo. Assim, se existe um meio idôneo (mais adequado) e um meio inidôneo (menos adequado), não há que se falar em incidência da menor onerosidade.

Essa perspectiva contemporânea da menor onerosidade, que considera o art. 805 do CPC apenas uma regra da tutela executiva, pode ser sintetizada da seguinte forma: "(i) é necessário que existam variadas técnicas executórias à disposição do exequente; (ii) é necessário que tais técnicas sejam igualmente adequadas para a tutela do direito violado; (iii) é necessário que o exequente

---

[93] PINHO, Humberto Dalla Bernardina de. *Direito processual civil contemporâneo: introdução ao processo civil*, op. cit., p. 851.

[94] Para esse autor, a "menor gravosidade" da execução seria entendida também como "princípio da economia da execução. (THEODORO JÚNIOR, Humberto. *Curso de direito processual civil – Processo de Execução e Cumprimento de Sentença, Processo Cautelar e Tutela de Urgência*, op. cit. 130)

[95] (REsp 695781/RS, Rel. Ministro TEORI ALBINO ZAVASCKI, PRIMEIRA TURMA, julgado em 19/02/2008, DJe 05/03/2008).

[96] "Observe-se que a aplicação do art. 620, CPC, pressupõe a existência de várias técnicas processuais igualmente idôneas para a realização do direito do exequente. Obviamente, o juiz não pode preferir técnica processual inidônea, ou menos idônea que outra também disponível para a realização do direito" (MARINONI, Luiz Guilherme. MITIDIERO, Daniel. Código de processo civil comentado artigo por artigo. São Paulo: Revista dos Tribunais, 2012. p. 624).

utilize, dentre elas, a menos invasiva para o executado; (iv) o ônus da prova quanto à existência de outras técnicas igualmente eficazes é do executado."[97]

A aplicação prática dessa concepção, gradativamente, demonstra que a visão moderna passa a ganhar força, pelo que apontamos alguns casos interessantes já decididos pelo Superior Tribunal de Justiça:

- **Bacenjud**: o bloqueio de ativos financeiros, mesmo havendo outros bens, não viola o princípio da menor onerosidade (exemplo: AgRg no REsp 950.571)[98]
- **Penhora do faturamento**: a penhora de uma parcela do faturamento da executada não viola o princípio da menor onerosidade, desde que o percentual fixado não torne inviável o exercício da atividade empresarial (REsp 1.320.996[99] – Informativo 509).
- **Ordem de bens à penhora**: observar a ordem de bens do art. 835 do CPC não viola o princípio da menor onerosidade, pois, "o executado não tem direito subjetivo à aceitação do bem por ele nomeado à penhora em desacordo com a ordem estabelecida". Mas cuidado! *Elementos concretos* podem relativizar a ordem de preferência do art. 655 (Resp. 1.337.790 – 01.08.2013 – Informativo 522).[100] Além disso, já foi assentado que "é lícito ao credor recusar a substituição de penhora incidente sobre bem imóvel por debêntures. Por fim, deve-se ressaltar que a inversão da ordem preferencial de penhora somente poderá ser imposta ao credor em circunstância excepcionalíssima cuja inobservância acarrete ofensa à dignidade da pessoa humana ou ao paradigma da boa-fé objetiva" (REsp 1.186.327-SP, Rel. Min. Nancy Andrighi, julgado em 10/9/2013).[101]

---

[97] SCALABRIN, Felipe; CUNHA, Guilherme Cardoso Antunes da. A menor onerosidade na perspectiva do direito fundamental à tutela executiva. Revista de Processo, São Paulo, n. 271, p. 179-228, set. 2017, p. 225 .

[98] (AgRg no REsp 950571/RJ, Rel. Ministro FRANCISCO FALCÃO, PRIMEIRA TURMA, julgado em 18/09/2007, DJ 22/10/2007, p. 215)

[99] (AgRg no REsp 1320996/RS, Rel. Ministro CASTRO MEIRA, SEGUNDA TURMA, julgado em 04/09/2012, DJe 11/09/2012)

[100] INFORMATIVO 522: Precedentes citados: EREsp 1.116.070-ES, Primeira Seção, DJ 16/11/2010; e AgRg no Ag 1.372.520-RS, Segunda Turma, DJe 17/3/2011. REsp 1.337.790-PR, Rel. Min. Herman Benjamin, julgado em 12/6/2013.

[101] INFORMATIVO Nº 531.. REsp 1.186.327-SP, Rel. Min. Nancy Andrighi, julgado em 10/9/2013.

Capítulo 3 – Requisitos para a execução

3.1. Considerações preliminares

Como toda a relação processual, também a demanda executiva, iniciada pelo pedido de tutela jurisdicional executiva, passa pelo crivo da admissibilidade. Assim, como bem identificado por Dinamarco, é possível tratar de condições da ação e pressupostos processuais na execução civil. Tanto a execução de título judicial como a execução de titulo extrajudicial, para o seu regular desenvolvimento, devem atender ao binômio *legitimidade da parte* e *interesse de agir*.[102] De fato, a ausência de tais requisitos conduz à inadmissibilidade e consequente extinção da relação processual.

Distinção que cobra aprofundamento é que a execução possui requisitos/pressupostos específicos de admissibilidade ditados pelo próprio Código de Processo Civil (art. 786, CPC). E na consagrada lição de Liebman, eles são dois: o pressuposto jurídico, que é o *título executivo*; e o pressuposto prático, que é o *inadimplemento*.[103] É preciso destacar, porém, que não é a existência ou a validade do título executivo que se enquadram no plano das condições da ação (porquanto o seu exame já atingiria ao mérito da execução), mas sim a *apresentação do título executivo*.[104]

De igual modo, o inadimplemento, malgrado inserido nos pressupostos de admissibilidade da execução, não constitui mero requisito processual, mas também toca no mérito da relação processual executiva. Aliás, de fácil ilustração a questão: se houver o pagamento da dívida no curso da execução, ela se encerra com exame de mérito, afinal, houve o cumprimento do direito violado (vide art. 924, CPC). Na maioria dos casos, portanto, bastará a *afirmação do inadimplemento* para que esteja presente o interesse (jurídico) na tutela executiva.

Neste particular, o Código de Processo Civil considera como pressupostos do *processo de execução* o *título executivo* (art. 783, CPC) e a *exigibilidade da obrigação* (art. 786, CPC) o que, de certo modo, permite uma nova reflexão em torno do tema. Cada um deles será tratado pontualmente em seguida.

---

[102] DINAMARCO, Cândido Rangel. *Instituições de Direito Processual Civil*. v. IV. 3. ed. São Paulo: Malheiros, 2009, p. 83 e seguintes.
[103] DINAMARCO, Cândido Rangel. *Instituições de Direito Processual Civil*, op. cit., p. 86.
[104] ASSIS, Araken de. *Manual da Execução*. 13. ed. São Paulo: Revista dos Tribunais, 2010, p. 154.

3.2. Título executivo

3.2.1. Noções gerais

Como já adiantado, a *apresentação* do título executivo é requisito de admissibilidade da execução. O título deve acompanhar a petição inicial quando se tratar de ação autônoma (art. 798, I, a, CPC). É, pois, o "bilhete de ingresso" no procedimento executivo.[105]

Título executivo é o documento que a lei atribui eficácia executiva. Trata-se de prova (pré-constituída) de que o devedor não cumpriu espontaneamente a obrigação (título extrajudicial) ou a decisão (título judicial).

A natureza jurídica do título executivo é tema de ampla controvérsia,[106] mas cujo resultado prático torna o debate despiciendo. Assim, em termos diretos, adota-se aqui a concepção segundo a qual o título deve ser considerado um *documento* indispensável à propositura da ação e ao desenvolvimento válido do processo. Trata-se, portanto, de prova documental que apresenta a pretensão à execução.

3.2.2. Taxatividade dos títulos executivos

Outro ponto relevante no estudo dos títulos executivos diz respeito ao adágio ainda em vigor: *nullus titulus sine legis*. Significa dizer que *somente a lei* pode criá-los ou alterar o seu (amplo) elenco já existente.

Marcante consequência dessa premissa é que *não existe* título executivo por criação da vontade das partes (*pactum executivum*), muito embora "o documento particular assinado pelo devedor e por duas testemunhas" seja considerado título executivo extrajudicial por disposição legal (art. 784, III, CPC). Há, em contrapartida, um vasto rol de títulos executivos no ordenamento jurídico brasileiro.

Com efeito, a chamada "cláusula executiva" (cláusula em contrato que tornaria ou dotaria o documento de eficácia executiva por vontade dos contratantes) sem o amparo de taxatividade do título é *ineficaz*, devendo ser desconsiderada.[107]

3.2.3 Atributos (da prestação contida no) do título

A obrigação contida no título deve possuir três atributos: certeza, liquidez e exigibilidade. De fato, a obrigação deve ser certa, líquida e exigível para que

---

[105] Com referência à Carnelutti: ASSIS, Araken de. *Manual da Execução*, op. cit., p. 157.
[106] Sobre a polêmica, vide as variadas posições em: DINAMARCO, Cândido Rangel, *Execução Civil*. 5. ed. São Paulo: Malheiros, 1997, p. 473 e seguintes.
[107] DINAMARCO, Cândido Rangel, *Execução Civil*. 5. ed. São Paulo: Malheiros, 1997, p. 459.

seja possível a execução (art. 783, CPC). Verifica-se, no ponto, influência do Direito Civil no âmbito da Execução Civil.

(a) **Certeza**: o título deve ser suficiente para evidenciar a *existência da obrigação*: se, pela leitura simples do título, pode-se perceber que há uma obrigação contraída, um credor a receber e um devedor a adimplir, ambos identificáveis, então *há certeza*.[108]

(b) **Liquidez**: diz respeito à determinação do objeto. O crédito é líquido quando dispensa qualquer elemento externo para se auferir o valor ou para determinar o objeto.[109] Constando no título o valor expresso da obrigação, haverá liquidez. Caso necessário meras operações aritméticas para a apuração dos valores, tal fato não afasta a liquidez (art. 786, parágrafo único, CPC). Líquido é o título quantificado ou que dispensa elementos externos para a aferição o valor.

- **Exemplo**: "Na dependência de pronunciamento judicial definitivo acerca do valor da dívida principal, não é possível estabelecer a quantia devida a título de honorários advocatícios de sucumbência fixados sobre o valor da condenação, o que inviabiliza a execução desse numerário, a despeito de constituir direito autônomo do advogado, conforme dispõem os arts. 22 a 24 da Lei 8.906/94", inviável a execução (STJ, REsp 1.292.548/RS)

(c) **Exigibilidade**: o dever de prestar deve ser *atual* (não pode existir eventual termo ou condição suspensiva), podendo ser imediatamente imposta.[110] Vale lembrar que, de regra, a obrigação é exigível *quando o devedor estiver em mora*. A exigibilidade é pressuposto especifico da execução que será tratada em seguida.

- **Elementos acidentais do Negócio Jurídico**: não custa lembrar a regra civilista de que os elementos acidentais modificam os efeitos de um negócio jurídico e interferem diretamente na exigibilidade da obrigação. São elementos acidentais do negócio jurídico:

    (1º) Condição: nesta hipótese, *a eficácia fica presa a evento futuro e incerto*. Trata-se de elemento que subordina os efeitos de um negócio à ocorrência de um fato ou ato futuro e incerto. No período que medeia a realização do negócio e a ocorrência da condição, os efeitos ficam pendentes. Isto quer dizer que, com o implemento da condição, será possível a eficácia do negócio. São duas as suas espécies: a) condição suspensiva: durante a pendência da condição o negócio não produz efeitos, por esta razão, o titular possui apenas uma expectativa de direito (direito eventual); b) condição resolutiva: trata-se de uma hipótese de condição cuja ocorrência permite a cessação, o término, dos efeitos jurídicos, por esta razão, o titular possui um direito resolúvel.

    (2º) Termo: é o elemento acidental que *subordina o negócio a um evento futuro e certo*. Por esta razão, o termo pode ser entendido como o momento de início ou término de um negócio jurídico. O termo suspende apenas o exercício, mas não a aquisição do direito, ao contrário da condição suspensiva. O melhor exemplo de termo é negócio jurídico com data fixada.

---

[108] ASSIS, Araken de. *Manual da Execução*, op. cit., p. 164.
[109] Ibid., p. 165.
[110] Ibid., p. 166.

(3º) Encargo: é um ônus jurídico imposto a uma das partes. O encargo somente afeta o negócio jurídico quando deixa de ser cumprido pelo destinatário; ele não interfere na aquisição do direito.

Conclusão: enquanto a obrigação estiver sujeita a termo ou condição suspensiva, não há exigibilidade (e também não há mora!) e, portanto, não é possível a sua execução forçada.

3.2.4. Títulos executivos judiciais

O Código de Processo Civil arrola os títulos executivos judiciais (art. 515, CPC). Trata-se do rol de decisões que permitem o início da atividade executiva do Estado-juiz. Nem todos os títulos executivos judiciais possuem natureza jurisdicional, mas em todos eles há uma norma individualizada (decisão) que impõe um dever jurídico (fazer, não fazer, entregar coisa ou pagar quantia). Ao estudo de cada um deles, portanto.

⇒ I) As decisões proferidas no processo civil que reconheçam a exigibilidade de obrigação de pagar quantia, de fazer, de não fazer ou de entregar coisa.

Trata-se decisão judicial que reconhece o dever de realizar uma prestação.[111] Não se trata necessariamente de uma decisão condenatória. Nesse sentido, já havia precedente reconhecendo a força de título inclusive para sentenças declaratórias REsp 609.266/RS). A questão, então, foi uniformizada pelo STJ em recurso repetitivo. Assim: "a sentença, qualquer que seja sua natureza, de procedência ou improcedência do pedido, constitui título executivo judicial, desde que estabeleça obrigação de pagar quantia, de fazer, não fazer ou entregar coisa, admitida sua prévia liquidação e execução nos próprios autos" (REsp 1.324.152/SP). É possível afirmar, com isso, que a sentença *não autossuficiente* (isto é, aquela que depende de cumprimento para a realização do direito), constituirá título executivo judicial, porquanto necessitará de atos práticos posteriores para sua efetivação.[112]

⇒ II) a decisão homologatória de autocomposição judicial

A decisão judicial que homologa a conciliação ou a transação também ostenta eficácia executiva, de modo a garantir que, caso descumprida a composição amigável, possa ela ser imediatamente executada. Destaque para o fato de que *inclusive a matéria estranha ao objeto litigioso pode ser incluída na homologação*, desde que o juízo seja competente para o exame.[113] E além de versar sobre relação jurídica que não tenha sido deduzida em juízo (objeto litigioso), ela também poderá "envolver sujeito estranho ao processo" (art. 515, § 2º, CPC). Assim, a resolução por autocomposição judicial, com o novo diploma proces-

---

[111] DIDIER JÚNIOR, Fredie Souza; CUNHA, Leonardo José Ribeiro Coutinho Berardo Carneiro da; BRAGA, Paula Sarno; OLIVEIRA, Rafael Santos de. *Curso de Direito Processual Civil*. v. 5. 4. ed. Salvador: Jus Podivm, 2012, p. 160.

[112] MARINONI, Luiz Guilherme; MITIDIERO, Daniel. Marinoni. *Código de Processo Civil: comentado artigo por artigo*. 3. ed. São Paulo: Revista dos Tribunais, 2010, p. 488.

[113] DIDIER JÚNIOR, Fredie Souza (*et al*). *Curso de Direito Processual Civil*, op. cit., p. 168.

sual, poderá implicar ampliação do objeto e ampliação dos sujeitos do processo. Acrescente-se que, em julgado recente, a 4ª Turma do STJ entendeu que o acordo celebrado no âmbito do Juizado Especial Criminal entre o denunciado e a vítima constitui título executivo e "atende ao espírito da Lei dos Juizados Especiais, que prima pela celeridade e concentração dos atos processuais, assim como pela simplificação dos procedimentos, a fim de incentivar as partes à autocomposição".[114] Essa orientação foi também aceita na I Jornada de Direito Processual Civil realizada pelo Conselho da Justiça Federal, através do seu Enunciado nº 87 ("O acordo de reparação de danos feito durante a suspensão condicional do processo, desde que devidamente homologado por sentença, é título executivo judicial").

⇒ III) A decisão homologatória de autocomposição extrajudicial de qualquer natureza

A decisão judicial que homologa a autocomposição extrajudicial também ostenta eficácia executiva. Trata-se de prestígio aos meios autocompositivos, já que nem sempre a solução consensual decorre do diálogo realizado em juízo.

⇒ IV) O formal e a certidão de partilha, exclusivamente em relação ao inventariante, aos herdeiros e aos sucessores a título singular ou universal

O formal e a certidão de partilha encerram a fase de distribuição do patrimônio no processo de inventário (art. 655, CPC) e permitem a execução contra as pessoas ali indicadas: herdeiros, sucessores e inventariante. Da necessidade de cobrança contra terceiros, porém, será inescapável nova demanda cognitiva, como, por exemplo, a ação reivindicatória para a obtenção de bens.[115]

⇒ V) O crédito de auxiliar da justiça, quando as custas, emolumentos ou honorários tiverem sido aprovados por decisão judicial.

O CPC considerou como títulos judiciais as decisões que aprovam o crédito devido aos auxiliares da justiça em razão das despesas realizadas (custas, emolumentos ou honorários). Assim, se o órgão judicial aprova as despesas surgidas em razão do processo e arcadas pelo auxiliar da justiça, estará constituído o título judicial apto a permitir que o auxiliar legitimamente reivindique o seu crédito devido. É o que ocorre, por exemplo, com os honorários devidos ao perito ou às despesas do leiloeiro oficial pela realização dos atos expropriatórios.

⇒ VI) A sentença penal condenatória transitada em julgado

A sentença penal condenatória impõe ao condenado o efeito reflexo de reparar o dano oriundo do delito praticado (art. 91, I, do Código Penal). Destaque-se: *não cabe execução provisória cível de condenação penal*. Aquele que está sujeito à autoridade da coisa julgada criminal é exclusivamente o réu definitivamente condenado. Essa disposição é idêntica ao diploma processual anterior (art. 475-N, II, CPC/73). Ocorre que, após a aprovação da nova legislação processual, o Supremo Tribunal Federal passou a admitir a *execução provisória*

---

[114] REsp 1123463/DF, Rel. Ministra MARIA ISABEL GALLOTTI, QUARTA TURMA, julgado em 21/02/2017, DJe 14/03/2017
[115] Ibid., p. 182.

penal da condenação criminal, autorizando a prisão do sujeito antes mesmo do trânsito em julgado (ARE 964.246 RG/SP, julgado em 10/11/2016). Ora, se a *execução penal* – que é mais gravosa – é jurisprudencialmente permitida, merece nova reflexão a possibilidade de *execução cível* da sentença penal condenatória.

⇒ VII) A sentença arbitral

Optou-se por equiparar a *sentença arbitral* à *sentença jurisdicional*. Existe hoje acesa polêmica sobre a natureza jurídica da sentença arbitral. Será ela ato de jurisdição? Malgrado o debate, *de lege data*, o rito a ser observado será o da execução de título judicial. A particularidade fica com a necessidade de processo autônomo para cumprimento de título judicial, porque neste caso não houve prévia fase de cognição (art. 515, § 1º, CPC).

- **Arbitragem e Jurisdição**: apesar da discussão na doutrina, o Superior Tribunal de Justiça já reconheceu que a arbitragem tem caráter jurisdicional. Confira-se: "É possível a existência de conflito de competência entre juízo estatal e câmara arbitral. Isso porque a atividade desenvolvida no âmbito da arbitragem tem natureza jurisdicional" (CC 111.230-DF, Rel. Min. Nancy Andrighi, julgado em 8/5/2013).

⇒ VIII) A sentença estrangeira homologada pelo Superior Tribunal de Justiça.

A decisão estrangeira que impõe o dever a uma prestação deve ser chancelada pelo Superior Tribunal de Justiça (art. 105, I, "i", CF). Sem a homologação, a decisão não possui qualquer efeito no ordenamento brasileiro, sendo "integralmente ineficaz".[116] O procedimento está previsto nos artigos 960-965 do CPC e no Regimento Interno do STJ (art. 216-A até o art. 216-N). A competência para processar a causa será da Justiça Federal por previsão constitucional (art. 109, X, CF), mediante carta de sentença expedida pelo Superior Tribunal de Justiça (art. 216-N, RISTJ).

- **Atenção! Documento estrangeiro não judicial:** os documentos que se enquadrem nos tipos legais de títulos extrajudiciais não precisam ser homologados perante o Superior Tribunal de Justiça para ter eficácia executiva. Assim, título executivo extrajudicial estrangeiro não precisa de homologação (art. 784, § 2º, CPC).

- **Protocolo de Las Leñas** (Decreto Legislativo 55/1995): as sentenças de países do Mercosul dispensam o *procedimento* homologação de sentença estrangeira, podendo ser realizado o ato mediante procedimento mais simplificado, a saber *carta rogatória*. De todo modo, é necessário que o pronunciamento estrangeiro passe pela homologação do Superior Tribunal de Justiça.

⇒ IX – A decisão interlocutória estrangeira, após a concessão do exequatur à carta rogatória pelo Superior Tribunal de Justiça

A decisão interlocutória estrangeira que impõe o dever a uma prestação também deve ser chancelada pelo Superior Tribunal de Justiça (art. 105, I, "i", CF). Aplica-se o mesmo regramento relativo à sentença estrangeira. O formal e a certidão de partilha encerram a fase de distribuição do patrimônio no processo de inventário (art. 655, CPC) e permitem a execução contra as pessoas

---

[116] ASSIS, Araken de. *Manual da Execução*, op. cit., p. 164.

ali indicadas: herdeiros, sucessores e inventariante. Da necessidade de cobrança contra terceiros, porém, será inescapável nova demanda cognitiva, como, por exemplo, a ação reivindicatória para a obtenção de bens.[117]

- **Acórdão do Tribunal Marítimo**: O art. 515, X, considerava título judicial "o acórdão proferido pelo Tribunal Marítimo quando do julgamento de acidentes e fatos da navegação". Ocorre que Tribunal Marítimo é exemplo de *órgão administrativo* destinado à resolução de conflitos e considerado "órgão, autônomo, auxiliar do Poder Judiciário, vinculado ao Ministério da Marinha" (art. 1º, Lei 2.180/54). O Tribunal Marítimo é dedicado a julgar acidentes e outras situações decorrentes da navegação, marítima fluvial e lacustre, bem como manter o registro geral da propriedade naval, da hipoteca naval e dos armadores de navios brasileiros. Naufrágios, explosões, colisões relacionadas a tais situações poderão ser objeto de julgamento pelo Tribunal.[118] Como se viu, porém, trata-se de órgão administrativo. Como então atribuir às suas decisões o mesmo peso de um pronunciamento judicial? Por essa razão, a possibilidade de considerar o acórdão do Tribunal Marítimo um título judicial (art. 515, V, CPC) foi objeto de **veto presidencial**, tendo apontado em suas razões o seguinte: "ao atribuir natureza de título executivo judicial às decisões do Tribunal Marítimo, o controle de suas decisões poderia ser afastado do Poder Judiciário, possibilitando a interpretação de que tal colegiado administrativo passaria a dispor de natureza judicial". Assim, o acórdão do Tribunal Marítimo **não é** um título executivo judicial.

3.2.5. Títulos executivos extrajudiciais

Como já adiantado, alguns documentos são, por *autorização legal*, dotados de força executiva. Permite-se, com eles, a invasão da esfera patrimonial do executado-devedor, razão pela qual dependerão, sempre, de previsão legal. De fato, sem título a execução é nula (*nullus titulus sine legis*).

Não é exclusividade do Código de Processo Civil a atribuição de eficácia executiva a determinados documentos. Pelo contrário, o ordenamento jurídico brasileiro conta com amplo rol de títulos extrajudiciais na legislação esparsa.[119] Assim, sem pretensão de exaurir o tema, cumpre destacar aqueles previstos no Código. Com efeito, são títulos executivos extrajudiciais (art. 784, CPC):

⇒ I – a letra de câmbio, a nota promissória, a duplicata, a debênture e o cheque

Os títulos de créditos são títulos executivos por excelência. Vale lembrar que os títulos de crédito possuem não só eficácia executiva, mas também autonomia em relação à causa de sua emissão (*causa debendi*) em razão do princípio da abstração. Vale lembrar que o cheque perde a eficácia executiva seis meses após o esgotamento do prazo de apresentação (art. 59 da Lei 7.357/85), caso em que não será mais possível utilizar o processo de execução para a cobrança. Caberá, porém, ação monitória (Súmula 299, STJ).

⇒ II – A escritura pública ou outro documento público assinado pelo devedor.

---

[117] ASSIS, Araken de. *Manual da Execução*, op. cit., p. 182.
[118] PASSOS DE FREITAS, Dario Almeida. *O que é, qual a atribuição e como funciona o Tribunal Marítimo*. Disponível em < http://www.conjur.com.br/2008-dez-08>. Acesso em 14.03.2015.
[119] Vide o amplo rol em: ASSIS, Araken de. *Manual da Execução*, op. cit., p. 202-203.

Os documentos públicos que contam com a assinatura do devedor são títulos extrajudiciais, e a escritura pública é apenas um exemplo. Para o Superior Tribunal de Justiça, considera-se documento público aquele em que haja a participação de alguma autoridade pública ou, ainda, que possua a sua chancela. (REsp 487.913, STJ).

⇒ III – o documento particular assinado pelo devedor e por 2 (duas) testemunhas.

Os documentos particulares também podem se tornar título executivo extrajudicial. Qualquer documento particular que conte com a assinatura do devedor e mais duas testemunhas igualmente é considerado título executivo extrajudicial. A necessidade das testemunhas se justifica como forma de confirmar, posteriormente, que o devedor assumiu a obrigação de forma livre e consciente, assentido com a formação do título executivo.[120] Nestes casos, porém, não é necessário que haja o reconhecimento de firma pelo devedor e pelas testemunhas.[121]

⇒ IV – O instrumento de transação referendado pelo Ministério Público, pela Defensoria Pública, pela Advocacia Pública, pelos advogados dos transatores ou por conciliador ou mediador credenciado por tribunal.

Os instrumentos de transação que passem por autoridades públicas, como o Ministério Público e a Defensoria Pública, também são títulos extrajudiciais. Também os advogados possuem a atribuição legal de referendar o ato autocompositivo das partes. Trata-se de reconhecimento da advocacia enquanto meio de pacificação entre os litigantes.[122]

⇒ V – O contrato garantido por hipoteca, penhor, anticrese ou outro direito real de garantia e aquele garantido por caução.

Os contratos com garantia (caução) são títulos executivos extrajudiciais. De fato, tanto os contratos com garantia real (hipoteca, penhor ou anticrese) como aqueles com garantia fidejussória (fiança – "caução") autorizam a execução forçada. É frequente que tais contratos sejam celebrados com a participação de terceiros (como, por exemplo, o fiador) que, em razão da relação contratual, passarão a ter responsabilidade patrimonial sobre o débito e poderão ser atingidos pela execução, cabendo ao exequente eleger se a execução será promovida apenas contra o devedor, contra o terceiro responsável ou contra ambos (há, aí, litisconsórcio facultativo).[123]

⇒ VI – O contrato de seguro de vida em caso de morte.

O contrato de seguro de vida é aquele em que, em razão de evento futuro e incerto, uma das partes, mediante o pagamento de um prêmio, indeniza a

---

[120] NEVES, Daniel Amorim Assumpção. *Manual de Direito Processual Civil: volume único.* 5. ed. São Paulo: Método, 2013, p. 909.
[121] ASSIS, Araken de. *Manual da Execução*, op. cit., p. 193.
[122] DINAMARCO, Cândido Rangel. *Instituições de Direito Processual Civil*, op. cit., p. 308.
[123] NEVES, Daniel Amorim Assumpção. *Manual de Direito Processual Civil: volume único.* 5. ed. São Paulo: Método, 2013, p. 911.

outra em razão do prejuízo havido (art. 757, CC). Quando o evento contratualmente previsto é a morte, é possível a utilização do processo de execução para a obtenção do prêmio não entregue. Frise-se que existem inúmeros contratos de seguro, e o único que é considerado, por lei, título executivo é o seguro de vida em caso de morte.

⇒ VII – o crédito decorrente de foro e laudêmio

Em síntese, tanto o foro como o laudêmio são rendas imobiliárias provenientes da enfiteuse. O foro representa a pensão anual, certa e invariável, que deve ser paga ao senhorio direto pelo direito de usar, gozar e dispor do bem objeto da enfiteuse. Por outro lado, laudêmio é a compensação devida ao senhorio direto quando ocorre a transferência do domínio útil. Vale lembrar que a enfiteuse não está mais prevista no Código Civil.

- **Foro, laudêmio, enfiteuse**: a explicação das três figuras deriva do direito material e não da esfera processual. A *enfiteuse* é um direito real que, possibilita que o proprietário atribua a outra pessoa o domínio útil do imóvel sem lhe transferir a propriedade. Considera-se que a enfiteuse está em desuso por estar atualmente proibida (art. 2.038 do CC/02), mas vale lembrar que o contrato é perpétuo (art. 679 do CC/16), pelo que as situações jurídicas assim reguladas poderão se manter por longo período. Na enfiteuse, a pessoa (enfiteuta) irá receber o domínio útil (poderá usar, gozar e dispor do bem) e em contrapartida, deverá pagar "ao senhorio direto uma pensão, ou *foro*, anual, certo e invariável" (art. 678 do CC/16). Como a pessoa que recebe o domínio útil (posse direta do bem), pode inclusive alienar a coisa (vender), caso ela assim o faça, deverá pagar ao senhorio direto determinada quantia prevista no título. Trata-se do *laudêmio* (art. 686 do CC/16). Assim, em termos diretos, enfiteuta é o nome dessa pessoa que adquiriu o domínio útil do imóvel e que agora deverá pagar ao real proprietário (senhorio direto) a anualidade chamada de *foro* ou, caso venda o domínio útil, o *laudêmio*. Não havendo o pagamento, poderá o senhorio direto promover a execução forçada de tais créditos.

⇒ VIII – o crédito, documentalmente comprovado, decorrente de aluguel de imóvel, bem como de encargos acessórios, tais como taxas e despesas de condomínio.

Não é necessário que o crédito decorrente de contrato de aluguel de imóvel seja um contrato escrito para que seja possível a execução. De fato, basta que o negócio jurídico esteja "documentalmente comprovado".

⇒ IX – A certidão de dívida ativa da Fazenda Pública da União, dos Estados, do Distrito Federal, dos Territórios e dos Municípios, correspondente aos créditos inscritos na forma da lei.

A certidão de dívida ativa emitida pela Fazenda Pública é título executivo extrajudicial. A certidão diz respeito a obrigações de pagar quantia certa. A sua natureza pode ser tributária ou não. É que até mesmo contratos ou outras dívidas podem conduzir à inscrição em dívida, sempre dependendo de procedimento administrativo próprio. A execução conduzida pela Fazenda Pública possui regramento específico que está em lei específica – Lei 6.830/80.

⇒ X – O crédito referente às contribuições ordinárias ou extraordinárias de condomínio edilício, previstas na respectiva convenção ou aprovadas em assembleia geral, desde que documentalmente comprovadas.

Na mesma linha do contrato de locação, os créditos provenientes da relação jurídica com o condomínio edilício (contribuições ordinárias ou extraordinárias) poderão ensejar a execução. É indispensável, porém, que estejam: a) aprovadas pela assembleia geral e; b) documentalmente comprovadas.

> ⇒ XI – A certidão expedida por serventia notarial ou de registro relativa a valores de emolumentos e demais despesas devidas pelos atos por ela praticados, fixados nas tabelas estabelecidas em lei.

As serventias notariais – prova inconteste do criticável modelo burocrático brasileiro, já distanciado de qualquer busca por segurança jurídica dos atos e fatos, e tão somente ainda presente como modo de manutenção de uma estrutura protoestatal obnubilada por privilégios e dúbios proveitos pessoais – agora contam com mais um benefício legal. É a possibilidade de emitir certidão em que conste o valor devido a título de emolumentos e outras despesas devidas pelos atos praticados, de modo a autorizar, incontinenti a instauração de execução forçada.

> ⇒ XII – todos os demais títulos a que, por disposição expressa, a lei atribuir força executiva.

São exemplos de títulos executivos extrajudiciais previstos na legislação extravagante os seguintes: a) contrato de honorários advocatícios (art. 24, Lei 8.906/04); b) cédula de crédito rural (art. 41, Decreto-Lei 167/67); c) honorários do árbitro no compromisso arbitral (art. 11, parágrafo único, Lei 9.307/96); d) termo de ajustamento de conduta previsto na Ação Civil Pública (art. 5º, § 6º, Lei 7.347/85); e) cédula de crédito bancário (art. 28, Lei 10.931/04).[124]

3.3. Exigibilidade da prestação devida

3.3.1. Noções gerais: inadimplemento ou exigibilidade?

Não custa lembrar que a execução tem por objetivo a recomposição daquele direito afirmado e descumprido. Realmente, sem o descumprimento, não haveria que se falar em execução. Assim, é necessário que esteja presente o chamado inadimplemento para que se instaure a tutela jurisdicional executiva. Mais: "há inadimplemento sempre que o devedor deixa de cumprir um dever jurídico, seja ele convencionado, legal ou estabelecido numa decisão judicial". É, em sentido amplo, a "inexecução de um dever jurídico", como lecionam Fredie Didier Jr., Leonardo Carneiro da Cunha, Paula Braga e Rafael Oliveira.[125] Ocorre inadimplemento quando o devedor não cumpre voluntária ou involuntariamente a prestação devida.

---

[124] "A Cédula de Crédito Bancário – título executivo extrajudicial, representativo de operações de crédito de qualquer natureza –, quando acompanhada de claro demonstrativo dos valores utilizados pelo cliente, é meio apto a documentar a abertura de crédito em conta-corrente nas modalidades de crédito rotativo ou cheque especial.". REsp 1.291.575-PR, Rel. Min. Luis Felipe Salomão, julgado em 14/8/2013.

[125] DIDIER JÚNIOR, Fredie Souza (et al.). *Curso de Direito Processual Civil*, op. cit., p. 93.

As regras quanto ao cumprimento e inadimplemento das prestações tocam ao *direito material* (arts. 389 e seguintes, Código Civil).[126]

Para que seja possível instaurar a execução é necessário que o credor-exequente *afirme a inadimplência do devedor* em cumprir a prestação. Obviamente, o inadimplemento pode, de fato, não existir. Mas incumbirá ao devedor demonstrar a questão que já não se trata de pressuposto da execução, mas questão de mérito.

Em princípio, não é preciso demonstrar (comprovar) o inadimplemento, excetuando-se as obrigações que contenham *elementos acidentais*. A prova de que se verificou a condição, ou ocorreu o termo, deve instruir a petição inicial da ação de execução (art. 798, I, *b*, CPC).

Havendo o adimplemento satisfatório, obviamente a execução não poderá prosseguir. Obviamente há perda do seu objeto, porquanto a prestação foi realizada. De outro lado, o adimplemento parcial, permite o prosseguimento da execução na busca do remanescente.

Mais: se não há inadimplemento absoluto (a prestação não é cumprida e não poderá mais ser cumprida como deveria), o credor tem direito subjetivo ao cumprimento de forma específica (art. 497, CPC).

O Código de Processo Civil vigente, melhor purificando os conceitos de exigibilidade e inadimplemento, considera como pressuposto da execução a *exigibilidade* da obrigação. Sobre o tema, Cássio Scarpinella Bueno traz com clareza a relação que existe entre inadimplemento e exigibilidade. É que a demonstração do inadimplemento se dá com a exigibilidade do direito controvertido:

> O "interesse de agir" para a prática dos atos jurisdicionais executivos, destarte, é a tradução processual suficiente de que a obrigação retratada no título executivo é exigível a partir do inadimplemento daquela mesma obrigação. Justamente porque a "exigibilidade" e o "inadimplemento" são informações que residem no plano material é que se impõe o seu transporte adequado para o plano processual. Trata-se exata e rigorosamente do mesmo fenômeno que se dá com qualquer ação quando examinada esta sua específica condição.[127]

Para que haja interesse jurídico na tutela jurisdicional executiva, é indispensável, portanto, a exigibilidade, razão pela qual não pode existir eventual termo ou condição suspensiva da obrigação. Tanto é assim que cumpre ao credor, na petição inicial do processo de execução, apresentar a prova de que se verificou a condição ou ocorreu o termo (art. 798, I, *c*, CPC) ou apresentar "a prova, se for o caso, de que adimpliu a contraprestação que lhe corresponde ou que lhe assegura o cumprimento, se o executado não for obrigado a satisfazer a sua prestação senão mediante a contraprestação do exequente" (art. 798, I, *d*, CPC).

---

[126] ASSIS, Araken de. *Manual da Execução*, op. cit., p. 205.
[127] BUENO, Cassio Scarpinella. *Curso sistematizado de direito processual civil*. v. 3. 3. ed. São Paulo: Saraiva, 2011, p. 105.

3.3.2. Inadimplemento e obrigações bilaterais

Nas obrigações bilaterais, é necessário que o credor comprove que adimpliu a sua prestação ao dar início à execução. O regramento das obrigações bilaterais é dado pelo art. 787 do CPC: "Se o devedor não for obrigado a satisfazer sua prestação senão mediante a contraprestação do credor, este deverá provar que a adimpliu ao requerer a execução, sob pena de extinção do processo". Além disso, o executado poderá se eximir da obrigação se depositar o objeto da prestação em juízo (art. 787, parágrafo único, CPC).

3.3.3. Inadimplemento mínimo e boa-fé

Não é nova no Direito Civil a aplicação do princípio da boa-fé para assegurar que, havendo inadimplemento mínimo (ou seja, mais cumprimento do que descumprimento), não seja possível a resolução do contrato, porquanto, sob o ponto de vista substancial, houve o cumprimento da prestação.[128] É a chamada teoria do inadimplemento mínimo ou teoria do adimplemento substancial.

Nessa linha, há quem defenda a possibilidade de aplicação da teoria do adimplemento substancial à tutela executiva, de modo a evitar a tomada de "medidas executivas mais drásticas" em face de executado que já cumpriu, em grande medida, a prestação devida.[129]

No passado, o Superior Tribunal de Justiça havia, inclusive, impedido a busca e apreensão de bem em contrato de alienação fiduciária por reconhecer a insignificância do inadimplemento (Resp 469.577/SC, STJ), precedente que reforçaria a possibilidade de aplicação da teoria ao direito processual. Em posições mais recentes, porém, o Tribunal da Cidadania passou a se orientar no sentido diametralmente oposto. Confira-se, a propósito, trecho de recente julgamento:

> (...) É questionável, se não inadequado, supor que a boa-fé contratual estaria ao lado de devedor fiduciante que deixa de pagar uma ou até algumas parcelas por ele reputadas ínfimas – mas certamente de expressão considerável, na ótica do credor, que já cumpriu integralmente a sua obrigação – e, instado extra e judicialmente para honrar o seu dever contratual, deixa de fazê-lo, a despeito de ter a mais absoluta ciência dos gravosos consectários legais advindos da propriedade fiduciária. A aplicação da teoria do adimplemento substancial, para obstar a utilização da ação de busca e apreensão, nesse contexto, é um incentivo ao inadimplemento das últimas parcelas contratuais, com o nítido propósito de desestimular o credor – numa avaliação de custo-benefício – de satisfazer seu crédito por outras vias judiciais, menos eficazes, o que, a toda evidência, aparta-se da boa-fé contratual propugnada (REsp 1622555/MG, Rel. Ministro MARCO BUZZI, Rel. p/ Acórdão Ministro MARCO AURÉLIO BELLIZZE, SEGUNDA SEÇÃO, julgado em 22/02/2017, DJe 16/03/2017).

---

[128] Enunciado nº 371 das Jornadas de Direito Civil: "A mora do segurado, sendo de escassa importância, não autoriza a resolução do contrato, por atentar ao princípio da boa-fé objetiva".
[129] DIDIER JÚNIOR, Fredie Souza (*et al.*). *Curso de Direito Processual Civil*, op. cit., p. 113.

Capítulo 4 – Partes na execução

4.1. Considerações gerais

Inegavelmente, é o título executivo (sempre representativo de obrigação líquida, certa e exigível) que aponta as partes na ação executiva, identificando os figurantes da relação jurídica de direito material.[130]

Assim sendo, na execução, como em todos os módulos processuais (conhecimento e cautelar), a legitimação é representada pela coincidência entre aquele que afirma o seu direito ou em face de quem ele é afirmado no plano do processo e sua titularidade no plano do direito material.

Evidencia-se a demarcação subjetiva no título executivo, consoante se infere do disposto nos arts. 778 (sujeito ativo) e 779, I (sujeito passivo), do CPC em vigor.

Em termos processuais, o exequente é quem, afirmando-se credor no título executivo (judicial ou extrajudicial) avoca a si a necessidade de uma tutela jurisdicional executiva; ao passo que, executado é aquele em relação ao qual se pretende a realização dos atos expropriatórios tendentes à satisfação da obrigação certa, líquida e exigível.

4.2. Legitimidade ativa

Não há maiores controvérsias doutrinárias ou jurisprudenciais acerca de quem pode ostentar o *status jurídico* de exequente ou parte legitimamente ativa na execução, sendo evidente tratar-se este do credor indicado no título executivo.

Nesse sentido, encaminha-se a redação do art. 778 do CPC, que estabelece que pode promover a execução forçada o credor a quem a lei confere título executivo.

Outrossim, o art. 778, § 1º do CPC em vigor, estabelece que também pode promover a execução forçada, ou nela prosseguir, em sucessão ao exequente originário: (i) o Ministério Público, nos casos previstos em lei; (ii) o espólio, os

---

[130] ASSIS, Araken de. *Manual da Execução*, op. cit., p. 164.

herdeiros ou os sucessores do credor, sempre que, por morte deste, lhes for transmitido o direito resultante do título executivo; (iii) o cessionário, quando o direito resultante do título executivo lhe for transferido por ato entre vivos; (iv) o sub-rogado, nos casos de sub-rogação legal ou convencional.

4.3. Legitimidade passiva

O polo passivo da execução é ocupado pelos sujeitos passivos da obrigação estabelecida no título executivo. São legitimados passivamente a responderem pela execução: (i) o devedor, reconhecido como tal no título executivo; (ii) o espólio, os herdeiros ou os sucessores do devedor; (iii) o novo devedor, que assumiu, com o consentimento do credor, a obrigação resultante do título executivo; (iv) o fiador do débito constante em título extrajudicial; (v) o responsável titular do bem vinculado por garantia real ao pagamento do débito; (vi) o responsável tributário, assim definido em lei, conforme redação do art. 779 do CPC.

4.4. Alteração subjetiva: litisconsórcio e intervenção de terceiros

Diretamente relacionado ao estudo da legitimação ativa e passiva na execução, verificam-se os temas que envolvem a possibilidade de litisconsórcio e de intervenção de terceiros no procedimento executivo.

Com efeito, não existe óbice para que, na execução, haja litisconsórcio ativo ou passivo. Essa possibilidade decorre diretamente do título executivo, ou seja, se o título contemplar, ao mesmo tempo, mais de um devedor ou mais de um credor, a possibilidade de litisconsórcio não será negada e tampouco tornará inviável a propositura da demanda executiva.

Na maior parte das vezes, verificar-se-á um *litisconsórcio facultativo simples*, por que cada um dos exequentes e cada um dos executados terá legitimidade para, isoladamente, requerer ou sofrer os atos executivos na proporção de seu crédito ou débito.[131]

De outro lado, quanto às modalidades de intervenção de terceiros, as mesmas não encontram pertinência na execução, independentemente de ela ser fundada em título judicial ou extrajudicial.[132]

As formas interventivas (assistência, oposição, chamamento ao processo e denunciação da lide), com efeito, têm como objetivo principal viabilizar que um terceiro defenda em nome próprio, direito ou interesse que está sendo posto em juízo por alguma das partes. Nesse cenário, o terceiro age para obter algum reconhecimento de direito a ser feito pelo poder jurisdicional. Ocorre que, na execução, a atividade jurisdicional pressupõe anterior reconhecimento

---

[131] BUENO, Cassio Scarpinella. *Curso sistematizado de direito processual civil: tutela jurisdicional executiva*, op. cit., p. 102.
[132] Ibid., p. 102.

do direito (seja no título judicial, seja no título extrajudicial), razão pela qual se afigura dispensável a intervenção de terceiros.

Tem-se, todavia, como admissível, a respeito das modalidades de intervenção de terceiros, a ocorrência da assistência (simples ou litisconsorcial), a qual não causa nenhum tipo de prejuízo às partes e tampouco provoca morosidade ou desequilíbrio entre as partes no processo executivo.

Capítulo 5 – Competência na execução

5.1. Introdução

Competência é a parcela de poder atribuída a algum ente: é limite no exercício de um poder. A "competência" é uma noção que pode ser extraída da Teoria Geral do Direito e que encontra visualização no processo civil.[133] Em todo o exercício de poder, haverá alguma competência,[134] sob pena de arbitrariedade. Como se trata de noção geral, é possível se falar em competência legislativa, competência administrativa e competência jurisdicional. A competência jurisdicional é a parcela de jurisdição atribuída a algum órgão jurisdicional.

Da premissa básica que a jurisdição é una, "enquanto atividade específica atribuída ao Poder Judiciário",[135] inegável que a competência está compreendia *internamente* à jurisdição. Isto quer dizer, em síntese, que tratar de competência é tratar, também, de jurisdição. Daí a visão clássica e difundida: competência é a medida da jurisdição.[136]

Em tema de competência jurisdicional, sempre haverá algum juiz competente para o processamento da causa. Não há ausência de competência jurisdicional.[137] Trata-se de corolário do *princípio da inafastabilidade* (art. 5º, XXXV, CF).

---

[133] CUNHA, Leonardo José Carneiro da. A competência na teoria geral do direito. In: *Teoria do Processo – panorama doutrinário mundial*. Fredie Didier Jr. E Eduardo Jordão (coord.). Salvador: JusPodivm, 2008, p. 462.

[134] "A competência envolve, por conseguinte, a atribuição de determinadas tarefas bem como os meios de acção ('poderes') necessários para a sua prossecução. Além disso, a competência delimita o quadro jurídico de actuação de uma unidade organizatória relativamente a outra" (CANOTILHO, José Joaquim Gomes. *Direito Constitucional e Teoria da Constituição*. 7. ed. Coimbra: Almedina, 2003, p. 543).

[135] BAPTISTA DA SILVA, Ovídio A. *Curso de Processo Civil*. v. 1. 5. ed. São Paulo: Revista dos Tribunais, 2001, p. 53.

[136] DINAMARCO, Cândido Rangel. *Instituições de Direito Processual Civil*. v. IV. 3. ed. São Paulo: Malheiros, 2009, p. 423. Aliás: "No dizer jocoso do velho Mestre Joaquim Canuto Mendes de Almeida, jurisdição é a caixa dágua e competência é a torneirinha" (idem, op. cit., p. 424, nota 1).Não passou sem crítica, porém, a concepção, de modo que, para Araken de Assis: "a simpática e expressiva fórmula se ostenta um pouco imprópria, na realidade, pois, o poder exercitado por cada órgão timbra pela mesma qualidade e quantidade, ou seja, não se distingue nas 'medidas' conquanto recaia sobre lides diferentes. Na verdade, 'a competência impõe limites ao juiz, para que ele possa legitimamente exercitar seu poder jurisdicional'" (*Manual da Execução*. 13. ed. São Paulo: Revista dos Tribunais, 2010, pp. 413-414).

[137] Tanto é assim que todo juiz tem, no mínimo, competência para o reconhecimento de sua própria (in)competência (MARINONI, Luiz Guilherme; MITIDIERO, Daniel. Marinoni. *Código de Processo Civil: comentado artigo por artigo*. 3. ed. São Paulo: Revista dos Tribunais, 2010, p. 172).

Vale lembrar, ainda, que a competência é fixada no ajuizamento da ação. É a regra da *perpetuatio jurisdictionis* (art. 43, CPC). Além disso, a competência pode ser relativa (prorrogável, estabelecida pelo interesse das partes) ou absoluta (improrrogável, estabelecida em razão de interesse público).

Ora, se a execução é ambiente de constante manejo do poder do Estado-Juiz,[138] também a ela possui regras de competência. A quem compete proceder aos atos de realização do direito violado? Para a resolução de tal indagação, é necessário considerar que, a depender da natureza do título executivo, haverá diferente regramento acerca da competência. Assim, na execução, distingue-se a competência conforme se tratar de título executivo judicial ou extrajudicial.

5.2. Competência da execução de título executivo judicial

5.2.1. Regras gerais

A competência da execução de título executivo judicial está prevista no art. 516 do CPC e traz três hipóteses: a) os tribunais, nas causas de sua competência originária; b) o juízo que decidiu a causa no primeiro grau de jurisdição; c) o juízo cível competente, quando se tratar de sentença penal condenatória, de sentença arbitral, ou de sentença estrangeira. Cada hipótese possui algumas particularidades.

No que diz respeito à competência do juízo que processou a causa originariamente (art. 516, II, CPC), significa que a competência é mantida com o juízo que processou a ação na fase de conhecimento. Por outro lado, caso a ação originária tenha sido processada nos tribunais, a competência para a execução também será dos tribunais (art. 516, I, CPC).

- **Atenção!** A execução da decisão proferida no processo de homologação de sentença estrangeira é uma exceção. É que a competência originária é do Superior Tribunal de Justiça, mas a execução, por previsão constitucional, é feita pelo juízo de primeiro grau da Justiça Federal, mediante carta de sentença (art. 109, X, CF).

- **Delegação de competência**: na prática, é incomum que os tribunais realizem atos executórios (até pela falta de estrutura para tanto). Nada impede, portanto, que a competência para os atos executórios seja delegada para órgãos inferiores. Obviamente que atos decisórios sobre a execução continuarão sendo apreciado pelo tribunal. No ponto, destaque-se que, no âmbito do Supremo Tribunal Federal, há previsão expressa acerca da possibilidade de delegação (art. 102, I, m, CF).

Ainda neste ponto, o art. 516, *caput*, do CPC, traz inegável regra de competência funcional e, portanto, absoluta.[139] Todavia, no que diz respeito à competência do juízo de primeiro grau que processou a fase de conhecimento ou nos casos de juízo cível respectivo, o art. 516, parágrafo único, traz uma curiosa exceção: "o exequente poderá optar pelo juízo do atual domicílio do executado, pelo juízo do local onde se encontrem os bens sujeitos à execução ou pelo juízo

---

[138] Conforme visto no Capítulo 1.
[139] AgRg no REsp 1366295/PE, Rel. Ministro Humberto Martins, 2ª Turma, julgado em 25/03/2014.

do local onde deva ser executada a obrigação de fazer ou de não fazer, casos em que a remessa dos autos do processo será solicitada ao juízo de origem.". Nestes termos, o exequente adquire a *faculdade de escolha* quanto ao juízo competente para processar a execução.[140] Trata-se de uma exceção que merecerá aprofundamento em item próprio.

Por fim, há a *competência do juízo cível respectivo* (art. 516, III, CPC), ou seja, aquele juízo "que seria o competente para conhecer o processo de conhecimento se não existisse título executivo",[141] como é o caso da sentença penal condenatória (em que o título é formado em órgão com competência penal), da sentença arbitral (que advém da disposição da partes) e da sentença estrangeira (em que o título é formado no exterior).

A execução da *sentença penal condenatória* é processada no local do fato delituoso (*forum comissi delictio*),[142] a da *sentença arbitral*, fruto da vontade das partes, poderá ser processada no foro de eleição, no do cumprimento da obrigação ou até no domicílio do réu. Não há necessária relação com o local em que se processou a arbitragem.[143] Por fim, a execução da *sentença estrangeira*, que inevitavelmente ocorrerá perante a Justiça Federal de primeiro grau (art. 109, X, CF) poderá ser processada no foro do domicílio do executado ou no foro no qual se encontram seus bens.[144]

Esta é, em linhas gerais, a competência da execução de título judicial que, pela característica funcional, é, como regra, absoluta. Por este motivo, não há formalidade específica caso a parte queira alegar a incompetência do órgão jurisdicional. É que a incompetência absoluta pode ser alegada a qualquer tempo e em qualquer grau de jurisdição, inclusive na impugnação ao cumprimento da sentença (art. 525, VI, CPC).

Por fim, vale acrescentar que as regras gerais previstas no art. 516 do CPC não afastam a possibilidade de regramento mais detalhado para as execuções especiais, como ocorre com a execução de alimentos.

- **Atenção! Execução de Alimentos**: quando se trata de sentença que condena ao pagamento de prestações alimentares, a jurisprudência estava consolidada (**CC 118.340, STJ**) no sentido de haver *foros concorrentes*, isto é, o alimentando poderia escolher dentre as hipóteses abaixo. Confira-se: "O descumprimento de obrigação alimentar, antes de ofender a autoridade de uma decisão judicial, viola o direito à vida digna de quem dela necessita (art. 1º, III, da Constituição Federal). Em face dessa peculiaridade, a interpretação das normas que tratam de competência, quando o assunto é alimentos, deve, sempre, ser a mais favorável para o alimentando. Em se tratando de

---

[140] Há, aí, delicada e problemática questão a ser enfrentada pela doutrina: pode a competência absoluta ser modificada por vontade da parte? Ou teria o art. 475-P estabelecido uma situação de competência relativa? Para Luiz Guilherme Marinoni e Daniel Mitidiero há competência absoluta que "passa a ser relativa" (*Código de Processo Civil: comentado artigo por artigo*. 3. ed. São Paulo: Revista dos Tribunais, 2010, p. 495).

[141] NEVES, Daniel Amorim Assumpção. *Manual de Direito Processual Civil: volume único*. 5. ed. São Paulo: Método, 2013, p. 855.

[142] Para Araken de Assis, quando se tratar de crime com acidente de trânsito, em razão do art. 100, parágrafo único, CPC, a vítima e os herdeiros poderão escolher o foro do seu domicílio para a execução e liquidação da indenização devida (*Manual da Execução*, op. cit., p. 422).

[143] ASSIS, Araken de. *Manual da Execução*, op. cit., p. 422.

[144] NEVES, Daniel Amorim Assumpção. *Manual de Direito Processual Civil*, op. cit., p. 857.

execução de prestação alimentícia, a aparente antinomia havida entre o art. 475-P e parágrafo único (e também o art. 575, II) e o art. 100, II, todos do CPC, resolve-se em favor do reconhecimento de uma regra de foro concorrente, que permite ao alimentando escolher entre: (I) o foro do seu domicílio ou residência; (II) o Juízo que proferiu a sentença exequenda; (III) o Juízo do local onde se encontram bens do alimentante, sujeitos à expropriação; e (IV) o Juízo do atual domicílio do alimentante".[145] Essa orientação restou consolidada no diploma processual vigente (art. 528, §9º, CPC).

5.2.2. A opção pelo local dos bens ou pelo domicílio do executado

Já foi adiantado, porém, que quando se tratar da competência do juízo de primeiro grau que processou a fase de conhecimento (e que também processará a fase de execução), o credor poderá escolher dentre as seguintes alternativas: a) a localidade do próprio juízo da fase de conhecimento; b) o local onde o devedor possua bens expropriáveis; c) o local do atual domicílio do executado; d) o local onde deva ser executada a obrigação de fazer ou de não fazer (art. 516, parágrafo único, CPC). O tema é controvertido e gera dúvidas.

Primeira questão: como é possível alterar a competência após a sua fixação na fase de conhecimento? Vale lembrar que vigora a regra da *perpetuatio jurisdictionis*, segundo a qual a competência é determinada quando a ação é proposta e as mudanças no estado de fato ou de direito posteriores a este marco são irrelevantes, isto é, não podem alterar a competência (art. 43, CPC). Para responder a dúvida, Daniel Amorim Assumpção Neves apontava, à luz do CPC/73, que a faculdade do credor nada mais é do que uma exceção autorizada pela própria lei à regra geral da *perpetuatio jurisdictionis*.[146] Há, porém, quem defenda que o início da fase de cumprimento da sentença instaura uma nova litispendência, com uma nova demanda na mesma relação processual, dando vazão a nova *perpetuatio jurisdictionis*, razão pela qual não haveria exceção à regra geral.[147]

Segunda questão: quando é possível alterar a competência já estabelecida na fase de conhecimento? A lei é omissa quanto ao momento de escolha do credor, apenas destacando que "a remessa dos autos do processo será solicitada ao juízo de origem". Por tal razão, há quem defenda o surgimento de um verdadeiro **processo itinerante**. Assim, a execução poderia ter início em determinada comarca, mas, se no curso da demanda fossem encontrados bens em outra localidade, o exequente poderia requerer o envio dos autos para o juízo em que localizado o patrimônio.[148] O tema, porém, é polêmico.[149] Bem colocado

---

[145] CC 118.340/MS, Rel. Ministra Nancy Andrighi, 2ª Seção, julgado em 11/09/2013.
[146] *Manual de Direito Processual Civil*, op. cit., p. 854.
[147] DIDIER JÚNIOR, Fredie Souza; CUNHA, Leonardo José Ribeiro Coutinho Berardo Carneiro da; BRAGA, Paula Sarno; OLIVEIRA, Rafael Santos de. *Curso de Direito Processual Civil*. v. 5. 4. ed. Salvador: Jus Podivm, 2012, p. 226.
[148] BUENO, Cassio Scarpinella. *Curso sistematizado de direito processual civil*. v. 3. São Paulo: Saraiva, 2010, p. 76.
[149] Contra: DIDIER JÚNIOR, Fredie Souza (*et al.*). *Curso de Direito Processual Civil*, op. cit., p. 227, NEVES, Daniel Amorim Assumpção. *Manual de Direito Processual Civil*, op. cit., p. 854; RODRIGUES, Marcelo Abelha. *A terceira etapa da reforma processual civil*. São Paulo: Saraiva, 2006, p. 190.

o problema, não há adequada resposta *a priori*. Tudo dependerá do caso e do curso da demanda (se a execução já está em estágio avançado, parece de todo recomendável que *não haja mudança da competência*; se a execução apenas se iniciou e foi constatada a existência de diversos bens noutro local, o prestígio à efetividade evidencia a utilidade da alteração da competência), razão pela qual, na posição aqui defendida, não teve ser descartada a viabilidade de ulterior mudança da competência.

É importante destacar que a inspiração do artigo em comento, que é reprodução do Código anterior, está justamente na busca por maior efetividade. Como a demanda executiva possui nítido caráter patrimonial, o seu desenvolvimento no local em que se situam os bens pode melhor atender aos interesses do credor.[150]

Terceira questão: qual a natureza da competência ora estabelecida? Como há escolha pelo credor, mais um nítido caso de **foros concorrentes**, a regra estampa caso de **competência relativa**. Isto quer dizer que deverá ser impugnada na primeira oportunidade, através de preliminar de incompetência. Caso não haja manifestação da inconformidade na primeira oportunidade, haverá prorrogação da competência.

5.3. Competência da execução de título executivo extrajudicial

5.3.1. Regras gerais

A competência da execução de título extrajudicial foi substancialmente aprimorada em comparação com o CPC/73. Havia apenas uma "preferência" do Código anterior[151] pelo lugar do pagamento ou do domicílio do executado,[152] prevalecendo, porém, o foro convencionado pelas partes. Suprindo a lacônica disposição anterior (art. 576, CPC/73), o Código vigente dissipou as dúvidas acerca da competência na execução fundada em título extrajudicial ao estabelecer o seguinte:

Art. 781. A execução fundada em título extrajudicial será processada perante o juízo competente, observando-se o seguinte:

I – a execução poderá ser proposta no foro de domicílio do executado, de eleição constante do título ou, ainda, de situação dos bens a ela sujeitos;

II – tendo mais de um domicílio, o executado poderá ser demandado no foro de qualquer deles;

---

[150] "A fórmula grotescamente ruim do texto anterior revelava-se contrária a objetivos progressistas, que conduziram à fixação da competência da demanda condenatória. À vítima do ilícito absoluto, ocorrido em acidente de trânsito, interessa propor a ação condenatória no seu domicílio (art. 100, parágrafo único); se o fizer, iludida pelo benefício, terá ulteriores dificuldades na execução, porque os bens aptos à satisfação do crédito se situam, com boa dose de probabilidade, em foro diverso – domicílio do executado –, a exigirem as despesas e os sacrifícios da execução por carta (art. 658)" (ASSIS, Araken de. *Manual da Execução*, op. cit., p. 420).

[151] ASSIS, Araken de. *Manual da Execução*, op. cit.,, p. 425

[152] MARINONI, Luiz Guilherme; MITIDIERO, Daniel. *Código de Processo Civil: comentado artigo por artigo*, op. cit., p. 614.

III – sendo incerto ou desconhecido o domicílio do executado, a execução poderá ser proposta no lugar onde for encontrado ou no foro de domicílio do exequente;

IV – havendo mais de um devedor, com diferentes domicílios, a execução será proposta no foro de qualquer deles, à escolha do exequente;

V – a execução poderá ser proposta no foro do lugar em que se praticou o ato ou em que ocorreu o fato que deu origem ao título, mesmo que nele não mais resida o executado.

Nestes casos, a competência é relativa, derrogável e prorrogável, razão por que incidem também as regras de controle da competência. Eventual impugnação deverá ser suscitada como preliminar de embargos à execução (art. 917, V, CPC).

5.3.2. Algumas particularidades

Como já adiantado, são variadas as regras acerca da competência na execução de título extrajudicial de modo que não há, aqui, pretensão de exaurir a matéria. Buscou-se apresentar de forma didática o panorama geral (acima) que uma vez assentado, permite reflexão em torno de alguns casos particulares:

(a) **competência da execução de títulos de crédito**: Na duplicata, competente é o foro da praça de pagamento, ou o domicílio do comprador; na nota promissória e na letra de câmbio, a competência se fixa pelo local do pagamento; já a debênture, também se executa no local do pagamento, mas se houver nela garantia real, no lugar da coisa gravada.[153] Acrescente-se que a existência de protesto não modifica a competência, pois o protesto é mera providência administrativa.[154]

(b) **competência da execução hipotecária**: há quem defenda se tratar de ação obrigacional[155] e, portanto, observará a regra geral,[156] mas prevalece a noção de que se trata de ação real imobiliária que deverá ser proposta no foro da situação do imóvel.[157]

(c) **competência da execução fiscal**: A execução fiscal deve ser proposta no foro de domicílio do réu, no de sua residência ou no do lugar onde for encontrado (art. 46, § 5º, CPC).

---

[153] ASSIS, Araken de. *Manual da Execução*, op. cit., p. 424.
[154] REsp 782.384/SP, Rel. Ministro Humberto Gomes de Barros, 3ª Turma, julgado em 14/12/2006.
[155] DINAMARCO, Cândido Rangel. *Instituições de Direito Processual Civil*, op. cit., p. 125.
[156] DIDIER JÚNIOR, Fredie Souza (*et al.*). *Curso de Direito Processual Civil*, op. cit., p. 246.
[157] ASSIS, Araken de. *Manual da Execução*, op. cit., p. 424; MARINONI, Luiz Guilherme; MITIDIERO, Daniel. *Código de Processo Civil: comentado artigo por artigo*, op. cit., p. 614.

Capítulo 6 – Responsabilidade patrimonial

6.1. Introdução

A inevitável evolução civilizatória conduziu ao repúdio da possibilidade de cumprimento da prestação devida sobre o *corpo* do devedor. De fato, não é mais possível que diversos credores dividam as partes do sujeito inadimplente para uma (sádica) satisfação da sua pretensão.[158] A humanização da execução, iniciada ainda no período romano,[159] trouxe a noção de que o devedor responde pelas suas obrigações com o seu patrimônio, e não com a sua própria pessoa.[160] É o chamado princípio da responsabilidade patrimonial.

Desse modo, caso haja o descumprimento da prestação devida, o patrimônio do devedor (e, eventualmente, de terceiros previstos em lei) *se torna a garantia para a execução* forçada.[161] O estudo da responsabilidade patrimonial é, pois, dirigido a identificar quais e de quem são os bens que respondem.

6.2. Conceito

Responsabilidade patrimonial é o estado de sujeição do patrimônio do devedor, ou de terceiros, às providências executivas que busquem a satisfação da prestação. Trata-se de sujeição em potencial, genérica e que compreende todos os seus bens, observadas as limitações legais.[162]

É "estado de sujeição", pois, os bens se encontram em latente situação de submissão aos atos realizados no curso da execução. É "sujeição potencial

---

[158] DINAMARCO, Cândido Rangel, *Execução Civil*. 5. ed. São Paulo: Malheiros, 1997, p. 32.

[159] Ibid., p. 33.

[160] No direito romano primitivo, "o vínculo obrigacional caracterizava-se por sua rigorosa e absoluta 'pessoalidade', ou seja, a relação obrigacional era destituída de qualquer caráter de 'patrimonialidade', ao contrário do que se dá no direito moderno, onde o fato patrimonial, definido como responsabilidade, assume enorme, e por vezes exclusiva relevância, em detrimento do *debitum*, enquanto vínculo na natureza pessoal, a ponto de confundirem-se os direitos reais com os direitos de crédito" (BAPTISTA DA SILVA, Ovídio A. *Jurisdição e execução na tradição romano-canônica*. 2. ed. São Paulo: Revista dos Tribunais, 1997 p. 50).

[161] "Daí a antiga e conhecida regra segundo a qual o patrimônio do devedor é a garantia comum de seus credores, presente, com outras palavras, no art. 591 do Código de Processo Civil (..)". DINAMARCO, Cândido Rangel. *Instituições de Direito Processual Civil*. v. IV. 3. ed. São Paulo: Malheiros, 2009, p. 351.

[162] O ponto é pacífico em sede doutrinária. Nesse sentido: DINAMARCO, Cândido Rangel, *Execução Civil*. 5. ed. São Paulo: Malheiros, 1997, p. 244.

e genérica" porque poderá ser mitigada no curso da execução (o credor pode requerer que determinados bens não respondam) e, em razão de atingir indistintamente os bens do executado (não se aponta *qual bem*). Além disso, compreende "todos os bens, observadas as limitações legais", isto é, tudo aquilo que integra a esfera patrimonial do executado se submete à execução a não ser que haja limitação definida. E, de fato, o catálogo de limitações à responsabilidade patrimonial não é pequeno (item 7).

Trata-se de uma sujeição geral, que atinge inclusive os bens que o devedor vier a possuir após o descumprimento da obrigação (art. 789, CPC).

6.3. Obrigação e responsabilidade

Interessante questão diz respeito à distinção entre obrigação e responsabilidade. Explica-se. Há, na relação obrigacional, duas figuras. Uma é o dever de prestar (débito), outra é a vinculação de determinado patrimônio para o cumprimento da prestação (responsabilidade). Por isso que "o crédito encerra um dever para o devedor e uma responsabilidade para o seu patrimônio" (Von Tuhr).[163]

- **Polêmica**: no Direito Civil, há viva polêmica acerca da existência da responsabilidade como elemento externo da obrigação ou como elemento integrante da obrigação. Há, também, grande polêmica acerca da natureza da responsabilidade: se processual (direito processual), material (direito material), ou mista.[164]

Quando se aborda a questão da responsabilidade patrimonial, essa distinção ganha relevo. É que a diferença entre responsabilidade e obrigação explica o porquê de, frequentemente, a execução se voltar *não apenas para os bens do devedor*, mas também *para bens de terceiros*. De fato, é possível que uma pessoa alheia à relação de direito material também seja atingida pela execução: há vinculação ao patrimônio sem que o terceiro tivesse vínculo obrigacional inicial, isto é, não era devedor.[165]

---

[163] Neste sentido, inclusive quanto à citação do renomado civilista alemão citado: BAPTISTA DA SILVA, Ovídio A. *Curso de Processo Civil*. Volume 2. Execução obrigacional, execução real, ações mandamentais. 5. ed. São Paulo: Revista dos Tribunais, 2002, p. 69. Conforme LIEBMAN: "A maior parte da doutrina privatística costuma considerar esta situação dos bens do devedor como elemento integrante da relação obrigacional. É mérito indiscutível de Carnelutti ter demonstrado sua natureza processual, realizando a separação dos elementos material e processual que iam anteriormente confusos na relação jurídica e esclarecendo que a responsabilidade subsiste apenas em face do Estado, único titular do poder de pôr as mãos sobre os bens do executado para os fins da execução, nos limites fixados pelo título" (LIEBMAN, Enrico Tullio. *Processo de execução*. São Paulo: Saraiva, 1946, p. 139).

[164] Inclusive com ampla bibliografia sobre o tema: DIDIER JÚNIOR, Fredie Souza; CUNHA, Leonardo José Ribeiro Coutinho Berardo Carneiro da; BRAGA, Paula Sarno; OLIVEIRA, Rafael Santos de. *Curso de Direito Processual Civil*. v. 5. 4. ed. Salvador: Jus Podivm, 2012, p. 261. Para os autores da obra citada, é o direito material que determina quem é o responsável, já as limitações à responsabilidade patrimonial seriam regras processuais.

[165] ASSIS, Araken de. *Manual da Execução*. 13. ed. São Paulo: Revista dos Tribunais, 2010, p. 227.

Essa concepção permite distinguir responsabilidade primária (que recai sobre os bens do devedor obrigado) e responsabilidade secundária (que recai sobre os bens de terceiro não obrigado).

Como se percebe, a distinção entre débito e responsabilidade é importantíssima para a relação processual executiva – especialmente porque o objeto da execução não é a pessoa do executado, mas sim os seus bens.[166]

6.4. Responsabilidade primária

Como já adiantado, a responsabilidade primária é aquela que recai sobre os bens do devedor obrigado. São os seguintes casos:

(a) *Bens do devedor, presentes e futuros, inclusive em poder de terceiros (art. 789, CPC)*: o devedor responde com todos os seus bens, salvo as restrições legais que serão adiante analisadas. O fato de o bem estar na posse ou detenção de terceiro não afasta a responsabilidade.[167] A incidência de responsabilidade sobre os bens do devedor, aliás, é a regra geral. Bens *presentes e futuros* indica que inclusive os bens adquiridos após a constituição da obrigação podem ser atingidos pela execução.[168]

- **Direitos reais autônomos**: Como no direito brasileiro o domínio pode se desdobrar em diversos e distintos direitos reais que, o Código de Processo Civil estabelece que não serão atingidos pela execução os direitos reais que não possuem como titular o próprio executado. Aí a razão do art. 791, CPC: "se a execução tiver por objeto obrigação de que seja sujeito passivo o proprietário de terreno submetido ao regime do direito de superfície, ou o superficiário, responderá pela dívida, exclusivamente, o direito real do qual é titular o executado, recaindo a penhora ou outros atos de constrição exclusivamente sobre o terreno, no primeiro caso, ou sobre a construção ou plantação, no segundo caso". A mesma proteção é estendida a outros direitos reais, tais como a enfiteuse, a concessão de uso especial para moradia e a concessão de direito real de uso (art. 791, § 2º, CPC). Além disso, o registro de eventual penhora também deve observar cada direito real autônomo (art. 791, § 1º, CPC).

(b) *Bens do sucessor a título singular, quando houver execução fundada em direito real ou obrigação reipersecutória* (art. 790, I, NCPC): quando há execução fundada em direito real ou obrigação para entrega da coisa (reipersecutória), caso o bem objeto do litígio seja transferido (sucessão), *a responsabilidade acompanhará tal bem*. "É que, pendente processo em que se

---

[166] BAPTISTA DA SILVA, Ovídio A. *Curso de Processo Civil*: execução obrigacional, execução real, ações mandamentais. v.2. 5. ed. São Paulo: Revista dos Tribunais, 2002, p. 70.

[167] É possível que o terceiro, porém, proteja a sua posse pela via dos embargos de terceiro.

[168] "São bens presentes os que naquele momento mais remoto (constituição da obrigação) já estivessem no patrimônio do devedor e que em certas circunstâncias permanecem sob a responsabilidade executiva ainda quando alienados (as fraudes do devedor); futuros, os que passaram a integrar esse patrimônio depois da constituição da obrigação e ainda em tempo hábil para serem colhidos pela execução forçada" (DINAMARCO, Cândido Rangel. *Instituições de Direito Processual Civil*, op. cit., p. 358).

discuta uma coisa, com fundamento em direito real ou direito pessoal, a alienação da coisa litigiosa vincula o terceiro adquirente".[169]

- **Ação reipersecutória**: é a ação real ou pessoal na qual se busca a entrega/restituição de coisa certa que esteja em poder de terceiro (exemplo: ação de despejo).[170]

(c) *Bens alienados ou gravados com ônus real em fraude à execução*: os bens que pertenciam ao devedor e foram alienados em fraude à execução também respondem na medida em que, uma vez reconhecida a fraude, ou o negócio é considerando ineficaz perante o credor, ou, pior, é considerado anulado.[171] Portanto, seja qual for a forma de reconhecimento da fraude, sob a perspectiva do credor, os bens continuam na esfera patrimonial do executado (art. 790, V, VI, NCPC). Haverá, portanto, responsabilidade primária.

6.5. Responsabilidade secundária

Como já visto, a responsabilidade secundária é aquela que recai sobre os bens de terceiros que não figuram na relação obrigacional.[172] É nestes casos em que a responsabilidade se desprende da obrigação, demonstrando a utilidade da distinção entre débito e responsabilidade. Dois casos de responsabilidade secundária merecem especial reflexão: aquele que diz respeito aos bens do cônjuge alheio à execução e os bens do sócio da pessoa jurídica.

6.5.1. Bens do cônjuge alheio à execução

A extensão da responsabilidade patrimonial do cônjuge, diante da lacônica previsão do art. 790, IV, CPC, depende do exame do direito material.[173] Trata-se das regras relativas ao patrimônio dos consortes e que encontram posição dogmática no Título II do Livro IV do Código Civil (art. 1.639 e ss.). O tema depende, portanto, do conhecimento acerca dos *regimes de bens* entre os cônjuges e, por via de consequência, submerge no direito de família – ambiente jurídico "das relações existentes entre os seus diversos membros e as influências que

---

[169] À luz do CPC/73: "O fundamento sistemático do inc. I do art. 592 é que, como regra geral, o sucessor é continuador do sucedido com referência aos direitos e obrigações que lhe houverem sido transferidos" (...) (DINAMARCO, Cândido Rangel. *Instituições de Direito Processual Civil*, op. cit., p. 412).

[170] DIDIER JÚNIOR, Fredie Souza, (*et al.*). *Curso de Direito Processual Civil*. v. 5. 4. ed. Salvador: Jus Podivm, 2012, p. 267.

[171] Ver Capítulo 8 – Fraudes na Execução.

[172] ASSIS, Araken de. *Manual da Execução*, op. cit., p. 227.

[173] Para DINAMARCO a questão não diz respeito ao direito processual, mas sim ao direito material: "todo o fenômeno da comunicação dos efeitos dos negócios de uma pessoa casada a seu cônjuge é colocado *no plano jurídico-substancial das obrigações*, não da responsabilidade patrimonial, ou executiva (...)" (grifos no original) (DINAMARCO, Cândido Rangel. *Instituições de Direito Processual Civil*. Volume IV. 3. ed. São Paulo: Malheiros, 2009, p. 419). Tal fato corrobora a necessidade de um exame quanto aos elementos que dizem respeito ao direito material.

exercem sobre as pessoas e bens".[174] Há, ainda, disposição solitária ainda vigorante na legislação extravagante (art. 3º, Lei 4.121/62).

Para evitar maior digressão em torno do tema, o que escapa à proposta destas *Lições*, é possível sistematizar, em linhas gerais, a responsabilidade do cônjuge da forma que segue.

Como *regra geral*: a) os bens próprios respondem pelas dívidas próprias; b) os bens comuns respondem pelas dívidas de somente um dos cônjuges, desde que haja "proveito comum"; c) os bens próprios de um cônjuge respondem pelas dívidas do outro cônjuge, desde que haja "proveito comum".[175] É preciso atenção para o fato de que se presume que as dívidas contraídas após o casamento foram em proveito comum, devendo a parte prejudicada provar o contrário para evitar a sujeição patrimonial.[176] Não se aplica, porém, a presunção quando houver dívida proveniente de ato ilícito[177] ou se tratar de imputação de responsabilidade em execução fiscal.[178] Nestes casos, caberá ao credor demonstrar que as dívidas aproveitaram ao casal para, somente então, ser possível o reconhecimento da solidariedade.

No *regime de comunhão parcial de bens*: a) os bens próprios **respondem** pelas dívidas próprias; b) nas dívidas anteriores ao casamento, os bens comuns **não respondem** pelas dívidas de somente um dos cônjuges, salvo se houver "proveito comum" e, ainda assim, o tema não é pacífico nos tribunais; c) nas dívidas posteriores ao casamento, os bens comuns **não respondem** pelas dívidas de somente um dos cônjuges, salvo se houver proveito comum, imposição legal nesse sentido, ou ato ilícito que tenha beneficiado ambos; d) Os bens próprios de um cônjuge **respondem** pelas dívidas do outro cônjuge, desde que haja "proveito comum". Haveria aí solidariedade. O ponto não é pacífico, pois aqui se aplicou regra geral quando há regra específica (itens "b" e "c").

No *regime de comunhão universal de bens*: a) os bens próprios **respondem** pelas dívidas próprias; b) nas dívidas anteriores ao casamento, os bens comuns **não respondem** pelas dívidas de somente um dos cônjuges, mas a meação do cônjuge devedor pode vir a responder; c) Nas dívidas anteriores ao casamento, os bens comuns **respondem** pelas dívidas de somente um dos cônjuges se houver "proveito comum"; d) nas dívidas posteriores ao casamento, os bens comuns **respondem** pelas dívidas de somente um dos cônjuges; e) Os bens próprios de um cônjuge (são os bens incomunicáveis) **respondem** pelas dívidas do outro cônjuge, desde que haja "proveito comum".

---

[174] WALD, Arnoldo. *O novo direito de família*. 16. ed. São Paulo: Saraiva, 2005, p. 03.

[175] As dívidas contraídas para aquisição das "coisas necessárias à economia doméstica" (art. 1.644, CC) e as dívidas contraídas "no exercício da administração" do patrimônio comum importam em responsabilidade solidária do casal (art. 1663, CC). É dizer que, nestes casos, *o cônjuge responde pelas dívidas alheias com o patrimônio próprio*.

[176] Nesse sentido: REsp 282.753/SP, Rel. Ministro Sálvio de Figueiredo Teixeira, 4. Turma, julgado em 16/11/2000.

[177] EREsp 866.738/RS, Rel. Ministro Hamilton Carvalhido, Corte Especial, julgado em 04/05/2011.

[178] Súmula 251 do STJ: "A meação só responde pelo ato ilícito quando o credor, na execução fiscal, provar que o enriquecimento dele resultante aproveitou ao casal." (DJ 13.08.2001).

No *regime de separação de bens*: a) Os bens próprios **respondem** pelas dívidas próprias; b) Os bens próprios de um cônjuge **respondem** pelas dívidas do outro cônjuge, desde que haja "proveito comum"; c) Os "bens adquiridos por esforço comum" respondem pelas dívidas de somente um dos cônjuges se houver "proveito comum".

Para exemplificar, em cobrança de dívida do marido, havendo penhora de bens que integram o patrimônio comum, se o regime matrimonial for de comunhão parcial, somente a meação dele poderá ser constrita, enquanto a parcela dela do patrimônio não poderá ser objeto de penhora. Se o bem comum for um imóvel indivisível, o imóvel inteiro será penhorado, mas o produto da venda deverá ser repartido, e a meação da esposa deve ser devolvida (art. 841, CPC).

6.5.2. Bens do sócio da pessoa jurídica

Os bens do sócio respondem pela dívida quando houver previsão legal nesse sentido (art. 790, II, CPC). Em linhas gerais, é possível divisar inúmeras situações provenientes do direito material que autorizam a responsabilização de bens do sócio da pessoa jurídica das quais se torna possível estabelecer, em síntese, dois grandes blocos: a) a responsabilidade deriva da própria disciplina legal aplicável àquela pessoa jurídica e das previsões contidas no seu ato de formação (ex: contrato social); b) A responsabilidade surge como sanção pelo cometimento de um abuso da personalidade jurídica pelos sócios.

Vejamos *alguns casos* que exemplificam cada uma das hipóteses citadas.

6.5.2.1. Responsabilidade nos termos da lei

Cabe ao direito material divisar os casos em que o sócio passa a ser atingido pela execução.

Assim, por exemplo, a sociedade não personificada, também chamada de irregular (sociedade de fato) impõe que os sócios respondam de forma solidária e ilimitada pelas dívidas do ente (art. 990, CC). Quando se trata de sociedade simples, a responsabilidade dos sócios é subsidiária e depende de previsão do ato de formação, isto é, o contrato social (art. 997, VIII, CC); na Sociedade de Advogados, a responsabilidade é subsidiária e ilimitada (art. 17, EOAB); na Sociedade Limitada (LTDA), a responsabilidade é limitada ao valor das cotas, ou seja, o sócio só responde pela parcela do capital que integralizou, sendo ainda subsidiária em relação à empresa; na Sociedade Anônima (S/A), a responsabilidade é limitada ao valor (preço de emissão) da ação adquirida ou subscrita (art. 1088, ver, a respeito, a Lei 6.404/76) – e no particular das sociedades anônimas, os controladores podem responder diretamente em caso de abuso de poder (art. 117 da Lei 6.404/76).

6.5.2.2. Desconsideração da personalidade jurídica

Trata-se de medida punitiva que afasta a autonomia da pessoa jurídica, ampliando o espectro de responsáveis para atingir aqueles que a compõem (art. 788, VII, CPC). É também conhecida como *disregard doctrine, disregard of the legal entity* ou *teoria da penetração*.[179]

Nestes casos, a pessoa jurídica não é extinta, mas a personalidade é afastada.[180] Não há despersonificação (extinção da pessoa jurídica). Derruba-se o véu da pessoa jurídica desviante para atingir o patrimônio dos sócios. Exemplos de desconsideração podem ser visualizados no art. 50, CC; no art. 135, CTN, na legislação ambiental (art. 4º, Lei 9.605/98) e na legislação consumerista (art. 28, Lei 8.078/90).

São *requisitos* para que seja afastada a personalidade: (a) abuso da personalidade jurídica (que se revela pelo desvio de finalidade e/ou pela confusão patrimonial); (b) prejuízo ao credor (este requisito pode ser dispensado em alguns casos – como no ambiental e nas relações de consumo).[181] O tema da desconsideração suscita diversas perguntas polêmicas que atingem o processo de execução.

(a) *Quem pode ser alvo da desconsideração?* R: Qualquer pessoa jurídica pode ser atingida, inclusive o empresário individual de responsabilidade limitada (EIRELI).[182] Aliás, a teoria possui tão ampla aceitação no direito pátrio que é pacífico nos tribunais a modalidade inversa (isto é, atingir o patrimônio oculto da pessoa física com a imputação de responsabilidade sobre os bens da sua pessoa jurídica).[183]

(b) *Como é feito o pedido de desconsideração?* R: Há polêmica em doutrina sobre o tema, especialmente porque prevalecia nos tribunais que bastaria um mero requerimento, nos autos da própria execução em curso, com a demonstração (elementos de prova) dos requisitos para a desconsideração.[184] Ocorre que a desconsideração da personalidade jurídica passou a depender, à luz do CPC vigente, obrigatoriamente (art. 795, § 4º, CPC), de *incidente processual autuado em apartado e especificamente destinado à verificação dos pressupostos legais para imputação de responsabilidade* (art. 133-137, CPC). Significa que, aquilo que era feito de forma imediata e sem qualquer dilação, com o novo regramento, padecerá de inevitável período de citação (art. 135, CPC), instrução (art. 135, CPC) e, para piorar, com a suspensão da execução (art. 134, § 3º, CPC).

(c) *Quando pode ser requerida a desconsideração?* R: Não há momento específico para que seja analisada a ampliação da responsabilidade para

---

[179] TARTUCE, Flávio. *Manual de Direito Civil: volume único*. São Paulo: Método, 2011, p. 135.
[180] COELHO, Fabio Ulhoa. *Manual de Direito Comercial*. 21. ed. São Paulo: Saraiva, 2009, p. 126.
[181] TARTUCE, Flávio. *Manual de Direito Civil: volume único*, op. cit., p. 136; REsp 1141447/SP, Rel. Ministro Sidnei Beneti, 3ª Turma, julgado em 08/02/2011.
[182] Enunciado 470 da V Jornada de Direito Civil.
[183] Enunciado 283 da IV Jornada de Direito Civil.
[184] REsp 1326201/RJ, Rel. Ministra Nancy Andrighi, 3ª Turma, julgado em 07/05/2013.

atingir os sócios. Basta que haja elementos aptos a caracterizar os requisitos legais para incidência do instituto. No ponto, é importante destacar que não é necessário demonstrar a insolvência do executado para comprovar o prejuízo ao credor.[185] Questão igualmente controvertida diz respeito ao encerramento irregular. A dissolução irregular da pessoa jurídica pode ser considerada "abuso da personalidade jurídica", autorizando, pois, o redirecionamento da execução.[186]

6.6. Responsabilidade patrimonial e benefício de ordem

Existem casos em que é possível alegar que a responsabilidade patrimonial de um devedor deve prevalecer sobre a de outro. Trata-se da alegação do benefício de ordem (*beneficium excussionis personalis*). O Código de Processo Civil prevê duas hipóteses:

> **(a) Bens do fiador**: o fiador, caso seja executado pelo credor, pode indicar à penhora bens do devedor principal, desde que livres e desembargados. Neste caso, os bens do devedor devem ser excutidos antes. Há benefício de ordem (art. 794, CPC).
>
> • **Renúncia**: o Código de Processo Civil prevê expressamente a possibilidade de renúncia do benefício de ordem pelo fiador. Confira-se: "Art. 794. O fiador, quando executado, tem o direito de exigir que primeiro sejam executados os bens do devedor situados na mesma comarca, livres e desembargados, indicando-os pormenorizadamente à penhora. § 1º Os bens do fiador ficarão sujeitos à execução se os do devedor, situados na mesma comarca que os seus, forem insuficientes à satisfação do direito do credor. § 2º O fiador que pagar a dívida poderá executar o afiançado nos autos do mesmo processo. § 3º O disposto no caput não se aplica se o fiador houver renunciado ao benefício de ordem".
>
> **(b) Bens do sócio**: o sócio, sendo executado em conjunto com a pessoa jurídica, tem direito à penhora de bens da empresa antes da penhora de seus próprios bens. Obviamente devem ser bens livres e desembargados. Há benefício de ordem (art. 795, CPC).[187]

6.7. Responsabilidade patrimonial do espólio e dos herdeiros

A responsabilidade patrimonial do devedor ultrapassa a sua vida. Com a morte, os seus bens continuam afetáveis à execução. O espólio passa a responder pela obrigação. Por sua vez, ocorrendo a partilha dos bens (distribuída

---

[185] Enunciado 281 da IV Jornada de Direito Civil.

[186] Contra: Enunciado 282 da IV Jornada de Direito Civil; Favorável: Súmula 435 do STJ: "Presume-se dissolvida irregularmente a empresa que deixar de funcionar no seu domicílio sem comunicação aos órgãos competentes, legitimando o redirecionamento da execução fiscal para o sócio-gerente"; REsp 1371128/RS, Rel. Ministro Mauro Campbell Marques, 1ª Seção, julgado em 10/09/2014. Destaque-se, porém, que no julgamento dos Embargos de Divergência em Recurso Especial 1.306.553-SC, o STJ considerou que a dissolução irregular, por si só, não autoriza a desconsideração da personalidade jurídica (EREsp 1306553/SC, Rel. Ministra Maria Isabel Gallotti, 2ª Seção, julgado em 10/12/2014).

[187] Há quem diga que não cabe benefício de ordem quando se tratar de desconsideração da personalidade jurídica. Nesse sentido: DIDIER JÚNIOR, Fredie Souza, (et. al.). *Curso de Direito Processual Civil*. v. 5. 4. ed. Salvador: Jus Podivm, 2012, p. 287.

a herança), cada herdeiro se torna responsável na proporção de seu quinhão (art. 796, CPC).

O formal de partilha quantifica quanto é devido. Em não havendo, cabe ao herdeiro comprovar quanto é devido, sob pena de a execução contra ele prosseguir.

6.8. Limites à responsabilidade patrimonial (impenhorabilidades)

6.8.1. Limitações gerais

Não se sujeitam à responsabilidade os bens impenhoráveis e inalienáveis (art. 832, CPC). Cumpre, portanto, um exame de quais bens são considerados impenhoráveis para, então, conhecer os limites da responsabilidade patrimonial. Vale lembrar, antes de tudo, que não se pode alegar a impenhorabilidade de determinado bem à cobrança do crédito concedido para a aquisição do próprio bem (art. 833, § 1º, CPC). A seguir, alguns comentários acerca das impenhorabilidades. Com efeito, "são impenhoráveis" (art. 833, CPC):

⇒ I – os bens inalienáveis e os declarados, por ato voluntário, não sujeitos à execução;

Aqueles bens considerados inalienáveis e/ou declarados como não sujeitos à execução por ato voluntário são impenhoráveis. Não podem ser alvo de execução. São exemplos: os bens públicos (art. 100, CC) e o capital para indenização de ato ilícito (art. 533, CPC). A regra é um tanto óbvia na sua primeira parte: se o bem é inalienável, quer dizer que atos de disposição não podem sobre ele recair, e a penhora, por sua vez, nada mais é do que o ato inicial para a transferência da titularidade do bem.

Além disso: "a inalienabilidade pode ser tanto direta, quando proveniente da lei, como ocorre com os bens fora de comércio e os bens públicos, como indireta, quando decorrente de um acordo de vontade entre as partes e eficaz perante terceiros, como ocorre com os bens doados ou alienados com cláusula de inalienabilidade, comuns em testamentos".[188] Vale lembrar, também, que na falta de outros bens, podem ser penhorados os frutos e rendimentos dos bens inalienáveis (art. 834, CPC).

⇒ II – os móveis, os pertences e as utilidades domésticas que guarnecem a residência do executado, salvo os de elevado valor ou que ultrapassem as necessidades comuns correspondentes a um médio padrão de vida;

Os móveis, pertences e utilidades domésticas que guarnecem a residência do executado, salvo os de elevado valor ou que ultrapassem as necessidades comuns correspondentes a um médio padrão de vida, não podem ser alvo de execução. É preciso atenção para as exceções: a) elevado valor dos móveis;

---

[188] NEVES, Daniel Amorim Assumpção. *Manual de Direito Processual Civil:* volume único. 5. ed. São Paulo: Método, 2013, p. 866.

b) superação do médio padrão de vida dos móveis. Nestes casos, tais bens se sujeitam à responsabilidade, sim.

Mas o que é um bem de elevado valor ou que supera o padrão médio? Somente a casuística responde tal indagação. Assim, por exemplo, já foram considerados impenhoráveis: a) geladeira, TV, freezer, microondas, secadora (STJ, Resp 260502); b) teclado musical (STJ, REsp 218882); c) lava-louças (REsp 167307).

Há interessante corrente doutrinária que defende a possibilidade de se estabelecer uma "média nacional de conforto", com base em estatísticas (IBGE), para que não houvesse excessiva proteção aos executados com alto padrão de consumo.[189]

⇒ III – os vestuários, bem como os pertences de uso pessoal do executado, salvo se de elevado valor;

Os vestuários, bem como os pertences de uso pessoal do executado, salvo se de elevado valor, não são executáveis. A exceção fica por conta do bem pessoal de *elevado valor*. Doutrina registra exemplos curiosos: o relógio Rolex, a roupa de gala, o anel cravejado de diamantes.[190] Tal dispositivo padece da mesma abertura semântica do item anterior: o que será um bem pessoal de elevado valor?

⇒ IV – os vencimentos, os subsídios, os soldos, os salários, as remunerações, os proventos de aposentadoria, as pensões, os pecúlios e os montepios, bem como as quantias recebidas por liberalidade de terceiro e destinadas ao sustento do devedor e de sua família, os ganhos de trabalhador autônomo e os honorários de profissional liberal, ressalvado o §2º do art. 833;

A *remuneração pelo trabalho*, seja qual for, possui natureza alimentar. Assim, os vencimentos, subsídios, soldos, salários, remunerações, proventos de aposentadoria, pensões, pecúlios e montepios; as quantias recebidas por liberalidade de terceiro e destinadas ao sustento do devedor e sua família, os ganhos de trabalhador autônomo e os honorários de profissional liberal são impenhoráveis.

- **Atenção!** Vale destacar que a remuneração pelo trabalho pode ser penhorada se a dívida for proveniente de prestação alimentícia (art. 833, § 2º, CPC).
- **Honorários Advocatícios**: os honorários advocatícios, sejam contratuais, sejam sucumbenciais, possuem natureza alimentar, razão pela qual é possível a penhora dos ganhos pelo trabalho do executado para o pagamento da dívida dessa natureza (Resp 948.492, STJ). Com efeito, a verba honorária equipara-se à prestação alimentícia para fins de penhorabilidade. Essa orientação, aliás, foi também aceita na I Jornada de Direito Processual Civil realizada pelo Conselho da Justiça Federal, através do seu **Enunciado nº 105** ("As hipóteses do art. 833, §2º, do CPC aplicam-se ao cumprimento da sentença ou

---

[189] WAMBIER, Luiz Rodrigues. A crise da execução e alguns fatores que contribuem para a sua intensificação: proposta para minimizá-la, *Revista de Processo*, n. 109, 2003, citado por: NEVES, Daniel Amorim Assumpção. *Manual de Direito Processual Civil: volume único*, op. cit., p. 868.

[190] ASSIS, Araken de. *Manual da Execução*, op. cit., p. 259.

à execução de título extrajudicial relativo a honorários advocatícios, em razão de sua natureza alimentar").

- **Indenização trabalhista aplicada em fundo de investimento**: "o valor obtido a título de indenização trabalhista, após longo período depositado em fundo de investimento, perde a característica de verba salarial impenhorável (inciso IV do art. 649)" (REsp 1.230.060, STJ).[191]
- **Sobras salariais**: A natureza da impenhorabilidade do salário é precária. Decorrido o mês do seu recebimento, adquirido novo salário e havendo "sobra" em conta, a verba perde o seu caráter alimentar e, portanto, pode ser atingida pela execução. Foi essa, em síntese, a posição da 2ª Seção do Superior Tribunal de Justiça (**REsp 1.230.060**).[192]
- **A questão do elevado valor**: a questão do elevado valor da remuneração sempre ostentou sério debate doutrinário e jurisprudencial.[193] É preciso destacar que a Lei 11.382/06 tentou limitar a regra da impenhorabilidade ao estabelecer que até 40% do total recebido acima de vinte salários mínimos poderia ser alvo da responsabilidade patrimonial (art. 649, § 3º, CPC/73). Ocorre que o dispositivo pertinente sofreu o *veto presidencial*. Fredie Didier, Leonardo Carneiro da Cunha, Paula Braga e Rafael Oliveira, com acerto, defendem a possibilidade da penhora do ganho proveniente do trabalho, quando houver desproporcionalidade.[194] Sérgio Cruz Arenhart considera que o veto poderia ser considerado inconstitucional.[195] Realmente, a impenhorabilidade absoluta do salário é dogma a ser enfrentado, notadamente por permitir que o executado, muito além da manutenção da vida digna, possa dispor do patrimônio recém adquirido, frustrando o direito fundamento do credor em ver a prestação adimplida. Há, ainda, flagrante incoerência no sistema jurídico – que fraqueia à pessoa a possibilidade de dispor de até 30% do seu salário para dívidas pessoais (como no empréstimo bancário), mas não permite a execução forçada da mesma verba. Nesse sentido, o Código de Processo Civil vigente, em avanço que merece louvores, *estabelece que a impenhorabilidade não se aplica às importâncias excedentes a cinquenta salários mínimos mensais* (art. 833, § 2º, CPC) pelo que, doravante, o elevado valor está presumido pelo texto legal. Assim, se o executado aufere ganho mensal superior a cinquenta salários mínimos, a quantia excedente poderá ser penhorada.

⇒ V – os livros, as máquinas, as ferramentas, os utensílios, os instrumentos ou outros bens móveis necessários ou úteis ao exercício da profissão do executado;

Os bens inerentes ao exercício da profissão estão protegidos por lei. Percebe-se que o rol não é taxativo: "ou outros bens móveis necessários ou úteis ao exercício de qualquer profissão". Dois são os critérios para aferição da proteção. É necessário que o bem seja útil e necessário para ser impenhorável.[196] Destaque-se, porém, que a palavra profissão permite concluir que o dispositivo somente é aplicável às pessoas físicas, e não às pessoas jurídicas. Exem-

---

[191] REsp 1230060/PR, Rel. Ministra Maria Isabel Gallotti, 2ª Seção, julgado em 13/08/2014.
[192] EREsp 1330567/RS, Rel. Ministro Luis Felipe Salomão, 2ª Seção, julgado em 10/12/2014; no mesmo sentido: REsp 1330567/RS, Rel. Ministra Nancy Andrighi, 3ª Turma, julgado em 16/05/2013.
[193] No julgamento do REsp 1.230.060, já citado, a 2ª Seção considerou que "a remuneração mensal protegida pela impenhorabilidade não deve exceder o limite do teto constitucional imposto aos servidores públicos, a saber, a remuneração de Ministro do Supremo Tribunal Federal (CF, art. 37, XI, XII)".
[194] DIDIER JÚNIOR, Fredie Souza, (*et al.*). *Curso de Direito Processual Civil*, op. cit., p. 568.
[195] ARENHART, Sérgio Cruz. A penhorabilidade de imóvel de família de elevado valor e de altos salários. *Revista Forense*, Rio de Janeiro, v.398, p.617-626, jul. 2008.
[196] ASSIS, Araken de. *Manual da Execução*, op. cit., p. 264 e ss.

plos clássicos são: o veículo do representante comercial ou do taxista (Resp 1.090.192, STJ; Resp 710.716, STJ), a cadeira do dentista, as máquinas de costura da empresa familiar (Resp 755.977, STJ).

- **Microempresa e empresa de pequeno porte:** o Superior Tribunal de Justiça aceita amplamente que a regra também seja aplicada às pequenas empresas (microempresas e empresas de pequeno porte), desde que comprovado que os bens, além de úteis e necessários, sejam indispensáveis para o prosseguimento das atividades empresariais.

Além disso, "os equipamentos, os implementos e as máquinas agrícolas pertencentes a pessoa física ou a empresa individual produtora rural, exceto quando tais bens tenham sido objeto de financiamento e estejam vinculados em garantia a negócio jurídico ou quando respondam por dívida de natureza alimentar, trabalhista ou previdenciária" também estão incluídos na proteção dada aos bens inerentes ao exercício da profissão (art. 833, § 3º, CPC).

⇒ VI – o seguro de vida;

Trata-se do direito expectativo de crédito, e não do resultado do conteúdo do contrato.[197] De todo modo, o seguro de vida é destinado a terceiro e não pertence ao executado, razão pela qual não há incidência da responsabilidade patrimonial.

⇒ VII – os materiais necessários para obras em andamento, salvo se essas forem penhoradas;

Os materiais necessários para obras em andamento, salvo se essas forem penhoradas, não se sujeitam à execução (art. 833, VII, CPC). Há nítido objetivo de estimular a penhora de toda a obra, já que os materiais a ela se acrescem e incrementam o seu valor.[198]

⇒ VIII – a pequena propriedade rural, assim definida em lei, desde que trabalhada pela família;

A proteção da pequena propriedade rural possui *status constitucional* (art. 5º, XXVI, CF). A pequena propriedade rural, assim definida em lei, desde que trabalhada pela família, é impenhorável. O Estatuto da Terra (Lei 8.629/93) traz parte do regime protetivo, e a Lei 8.629/93 (que trata da regulamentação dos dispositivos constitucionais relativos à reforma agrária), em seu art. 4º, conceitua a pequena propriedade rural como aquela que possui de **um a quatro módulos fiscais**. O módulo fiscal, por sua vez, de cálculo complexo, é definido pela municipalidade. Confira-se interessante estudo sobre o tema:

> O tamanho dos módulos fiscais dos municípios brasileiros varia entre 5 e 110 hectares (Figs. 1 e 2; Apêndice I). Como o tamanho depende principalmente da disponibilidade de condições de produção, dinâmica de mercado, infraestrutura instalada, disponibilidade tecnológica e de aspectos naturais, como água e solo, municípios com maior acesso a essas condições demandam o uso de uma área menor para a obtenção de rentabilidade a partir das atividades ali desenvolvidas, apresentando tamanho do módulo fiscal menor. Já municípios com maior carência dessas condições apresentam módulos fiscais de maior dimensão (BRASIL, 2005; SANTILLI, 2012). De maneira

---

[197] ASSIS, Araken de. *Manual da Execução*, op. cit., p. 253.
[198] ASSIS, Araken de. *Manual da Execução*, op. cit., p. 266.

geral, municípios das Regiões Sul e Sudeste, bem como aqueles situados no litoral ou próximos de regiões metropolitanas apresentam módulo fiscal menor que os demais. Os 54 municípios com tamanho de módulo fiscal de 5 ha compreendem as regiões metropolitanas de São Paulo/SP (25 municípios), Rio de Janeiro/RJ (19 municípios), Salvador/BA (2 municípios), Aracaju/SE, Belém/PA, Belo Horizonte/MG, Brasília/DF, Curitiba/PR, Fortaleza/CE, Porto Alegre/RS e Recife/PE. Os municípios com módulo fiscal maior ou igual a 100 ha concentraram-se nos Estados do Acre (18 municípios), Amazonas (39 municípios), Mato Grosso (41 municípios), Roraima (7 municípios) e Mato Grosso do Sul (2 municípios). Corumbá/MS e Ladário/MS foram os únicos municípios que apresentaram módulo fiscal de 110 ha.[199]

A proteção da pequena propriedade rural que não abrange: a) áreas superiores ao legalmente previsto; b) o crédito da sua própria aquisição (art. 833, § 1º, CPC); c) créditos em que bem tenha sido dado em garantia (como, p. ex., a hipoteca); d) a área que tenha sido arrendada, isto é, trabalhada por terceiros que não a família.[200]

⇒ IX – os recursos públicos recebidos por instituições privadas para aplicação compulsória em educação, saúde ou assistência social;

Os recursos públicos recebidos por instituições privadas para aplicação compulsória em educação, saúde ou assistência social são impenhoráveis. Trata-se de regra que limita de forma objetiva e finalística a afetação da execução.

⇒ X – a quantia depositada em caderneta de poupança, até o limite de 40 (quarenta) salários-mínimos;

Até o limite de 40 (quarenta) salários mínimos, a quantia depositada em caderneta de poupança não se sujeita à execução (art. 833, X, CPC). Ainda que haja várias poupanças, deve ser observado o teto legal e, superado o valor, o excedente pode ser atingido pela execução.

Várias cadernetas de poupança não permitem que haja acúmulo, pois deve ser observado o patamar de quarenta salários: "O objetivo do novo sistema de impenhorabilidade de depósito em caderneta de poupança é, claramente, o de garantir um mínimo existencial ao devedor, como corolário do princípio da dignidade da pessoa humana. Se o legislador estabeleceu um valor determinado como expressão desse mínimo existencial, a proteção da impenhorabilidade deve atingir todo esse valor, independentemente do número de contas-poupança mantidas pelo devedor".[201]

• **Outras Aplicações Financeiras**: Para o Superior Tribunal de Justiça, a única reserva financeira do devedor, ainda que não esteja na poupança, é impenhorável: "reveste-se, todavia, de impenhorabilidade a quantia de até quarenta salários mínimos poupada, seja ela mantida em papel-moeda; em conta-corrente; aplicada em caderneta de poupança propriamente dita ou em fundo de investimentos, e ressalvado eventual abuso, má-fé, ou fraude, a ser verificado caso a caso, de acordo com as circunstâncias da

---

[199] LANDAU, Charlotte (et. al.). *Variação geográfica do tamanho dos módulos fiscais no Brasil*. Sete Lagoas: Embrapa, 2012, p. 16.
[200] ASSIS, Araken de. *Manual da Execução*, op. cit., p. 270.
[201] REsp 1231123/SP, Rel. Ministra Nancy Andrighi, 3ª Turma, julgado em 02/08/2012.

situação concreta em julgamento" (Resp. 1.230.060).[202] Isto quer dizer que também são impenhoráveis, desde que observado o patamar, aplicações em CDB, RDB, fundos de investimento, ou até na própria conta-corrente. Posteriormente, a Segunda Seção do STJ pacificou a questão no mesmo sentido: "é possível ao devedor poupar valores sob a regra da impenhorabilidade no patamar de até quarenta salários mínimos, não apenas aqueles depositados em cadernetas de poupança, mas também em conta-corrente ou em fundos de investimento, ou guardados em papel-moeda".[203]

Questão interessante proposta pela doutrina é que a quantia deveria estar aplicada *antes da citação*[204] (ou antes da constituição da obrigação),[205] pois, se o executado, após ser citado, transfere quarenta salários mínimos para outra aplicação financeira distinta, há a realização de ato cujo objetivo é burlar a própria execução e, portanto, a conduta é nitidamente fraudulenta.

⇒ XI – os recursos públicos do fundo partidário recebidos por partido político, nos termos da lei.

A responsabilidade dos partidos não é nacional. Cada órgão responde por suas dívidas. Não se pode, portanto, atingir o patrimônio que é do partido como um todo (fundo partidário) para atacar débitos de um dos órgãos/diretórios partidários. Trata-se, claramente, de privilégio conferido aos partidos políticos.

O fundo partidário é constituído por dotações orçamentárias da União, multas, penalidades, doações e outros recursos financeiros que lhes forem atribuídos por lei. Mensalmente, os partidos políticos recebem recursos públicos provenientes do fundo partidário.

⇒ XI – os créditos oriundos de alienação de unidades imobiliárias sob o regime de incorporação imobiliária, vinculados à execução da obra.

Na incorporação imobiliária, para proteção do adquirente da unidade imobiliária ainda não edificada, a critério do incorporador, a incorporação poderá ser submetida ao regime da afetação patrimonial (art. 31-A, Lei 4.591/64). Nesta hipótese, haverá uma cisão entre o patrimônio do incorporador e o "patrimônio de afetação". Este último é destinado à realização da incorporação correspondente e à entrega das unidades imobiliárias aos respectivos adquirentes. De fato, busca-se assegurar a realização da obra de modo a não prejudicar os adquirentes das unidades imobiliárias.[206]

A proposta de inclusão da referida proteção foi proveniente do parecer apresentado pelo Deputado Federal Benjamim Maranhão que, em síntese, apresentou a seguinte justificativa:

---

[202] REsp 1230060/PR, Rel. Ministra Maria Isabel Gallotti, 2ª Seção, julgado em 13/08/2014.
[203] EREsp 1330567/RS, Rel. Ministro LUIS FELIPE SALOMÃO, SEGUNDA SEÇÃO, julgado em 10/12/2014, DJe 19/12/2014
[204] ASSIS, Araken de. *Manual da Execução*, op. cit., p. 255.
[205] DIDIER JÚNIOR, Fredie Souza, (*et al.*). *Curso de Direito Processual Civil*, op. cit., p. 576.
[206] ROCHA, Mauro Antonio. *O regime da afetação patrimonial na incorporação imobiliária*. Disponível em: <http://www.irib.org.br/html/biblioteca >. Acesso em 28.02.2015.

A incorporação imobiliária é atividade que compreende a construção e venda, durante a construção, de unidades imobiliárias autônomas integrantes de edificações coletivas. Os créditos oriundos dessas vendas são destinados prioritariamente à execução da obra e regularização da construção no Registro de Imóveis, para entrega das unidades aos adquirentes, livres e desembaraçadas de quaisquer débitos ou ônus. Dada a vinculação das receitas de venda à consecução da incorporação, os créditos oriundos das vendas, até o limite do orçamento da construção, são destinados exclusivamente à construção e, por isso, são considerados afetados a essa destinação exclusiva. Em virtude do regime de vinculação de receitas, os créditos correspondentes às prestações devidas pelos adquirentes das unidades em construção devem ser considerados impenhoráveis, como medida de proteção do consumidor.[207]

De fato, dado que os créditos provenientes das unidades imobiliárias deverão ser utilizados para a construção (possuem destinação específica), a proteção do patrimônio da incorporação se justifica como forma de dar maior segurança ao mercado imobiliário e garantir que as unidades sejam concluídas e entregues aos adquirentes.

6.8.2. Proteção ao bem de família

A responsabilidade patrimonial também recebe dura limitação em razão da proteção dada pelo ordenamento jurídico ao chamado bem de família. De fato, o bem de família, em muitos casos, não está sujeito à execução. Noutros casos, porém, pode dela ser alvo (penhora e alienação coativa). A impenhorabilidade é, portanto, relativa.[208]

O ordenamento jurídico prevê o amparo do bem de família em dois diferentes diplomas legais: uma no Código Civil (arts. 1711-1722, CC); outra, na Lei 8.009/90. Esta última traz hipótese legal de instituição e proteção da *residência familiar* – é o chamado bem de família legal. Daí decorre a existência de dois regimes de proteção: a) o bem de família voluntário; b) o bem de família legal. Este último é, bem da verdade, a proteção legal da residência do executado[209] e que possui nítida inspiração constitucional, afinal, a moradia é um direito fundamental social (art. 6º, CF).

Com efeito, o estudo do bem de família voluntário diz respeito ao Direito Civil, porque afeto àquele regime e escapa à proposta das *Lições* aqui expostas.[210] Buscar-se-á, entretanto, apresentar as principais características do bem de família legal previsto na Lei 8.009/90.

Nesse sentido, o único imóvel utilizado pelo casal ou pela entidade familiar para moradia permanente, não responde por qualquer tipo de dívida, salvo aquelas expressamente previstas (art. 3º, Lei 8.009/90). Tutela-se a dig-

---

[207] Disponível em: < www.camara.gov.br/sileg/integras/943062.pdf>. Acesso em 28.02.2015.

[208] ASSIS, Araken de. *Manual da Execução*, op. cit., p. 270.

[209] Ibid.., p. 270.

[210] O bem de família voluntário "é aquele instituído por *ato de vontade* mediante registro cartorário (art. 167, I, 1, da LRP), nos termos dos artigos 1711 e seguintes do Código Civil, e desde que respeitado o limite de 1/3 do patrimônio líquido dos instituidores ao tempo de sua criação" (GAGLIANO, Pablo Stolze; PAMPLONA FILHO, Rodolfo. Novo curso de direito civil: parte geral. v. 1. 16. ed. São Paulo: Saraiva, 2014, p. 359.

nidade da pessoa humana no que diz respeito ao direito à moradia (e não apenas a família), por esta razão, inclusive a pessoa solteira goza dessa vantagem (vide a Súmula 364; REsp 450.989). Extrai-se daí que o *fundamento da proteção* da residência é a família, a moradia e, em última análise, a própria dignidade do executado.

- **Atenção!** Justamente em razão de tutelar a própria dignidade humana, o Superior Tribunal de Justiça já considerou, inclusive, que não é necessário que o executado resida no seu imóvel para que este seja protegido. Assim, se o executado aufere o seu sustento através do imóvel, alugando-o, o bem está igualmente protegido. Confira-se: "É impenhorável o único imóvel residencial do devedor que esteja locado a terceiros, desde que a renda obtida com a locação seja revertida para a subsistência ou a moradia da sua família" (Súmula 486, STJ). No mesmo sentido, a 2ª Turma do STJ avançou nessa compreensão e entendeu que o imóvel comercial diretamente vinculado ao pagamento da locação do imóvel residencial também poderia ser considerado impenhorável (Informativo 591).[211]

- **Moradia e imóvel da sociedade:** noutro julgamento polêmico (Informativo 579), reafirmando jurisprudência, a 4ª Turma do STJ assentou que é "impenhorável a residência do casal, ainda que de propriedade de sociedade comercial". Assim, ainda que a moradia não se formalmente de propriedade da família, ela poderia ser protegida.[212]

Quanto ao seu objeto, a proteção do bem de família não abrange apenas a morada do sujeito. Assim, a impenhorabilidade incide também sobre: (a) o terreno em que situada (art. 1º, Lei 8.009/90); (b) o imóvel propriamente sobre o qual se assentam a construção, as plantações, as benfeitorias de qualquer natureza e todos os equipamentos, inclusive os de uso profissional, ou móveis que guarnecem a casa, desde que quitados (art. 1º, parágrafo único, Lei 8.009/90). Com efeito, a proteção é ampla, mas nem tanto.

Há, porém, alguns *bens móveis excluídos*: os veículos de transporte, obras de arte e adornos suntuosos não são impenhoráveis (art. 2º, Lei 8.009/90); e o *imóvel mais valioso adquirido de má-fé* também não é impenhorável ("Não se beneficiará do disposto nesta lei aquele que, sabendo-se insolvente, adquire de má-fé imóvel mais valioso para transferir a residência familiar, desfazendo-se ou não da moradia antiga" – art. 4º, Lei 8.009/90). Além disso, a vaga de garagem que possui matrícula própria – o chamado "box individualizado" – também não recebe a proteção legal (**Súmula 449, STJ**).

- **Desmembramento do bem de família**: o Superior Tribunal de Justiça tem reiteradamente admitido o desmembramento do imóvel desde que não prejudique a finalidade residencial para efeitos de penhora (REsp 207.693 e 515.122). No *Informativo 456* o tema retornou ao debate: "A Turma, entre outras questões, reiterou que é possível a penhora de parte ideal do imóvel caracterizado como bem de família quando for possível o desmembramento sem que, com isso, ele se descaracterize. Contudo, para que seja reconhecida a impenhorabilidade do bem de família, de acordo com o art. 1º da

---

[211] REsp 1616475/PE, Rel. Ministro HERMAN BENJAMIN, SEGUNDA TURMA, julgado em 15/09/2016, DJe 11/10/2016

[212] EDcl no AREsp 511.486/SC, Rel. Ministro RAUL ARAÚJO, QUARTA TURMA, julgado em 03/03/2016, DJe 10/03/2016

Lei n. 8.009/1990, basta que o imóvel sirva de residência para a família do devedor, sendo irrelevante o valor do bem".[213]

Quanto ao destinatário da proteção legal, a norma é destinada ao proprietário. Aponta-se para a residência "do casal" ou da "entidade familiar". Isto não significa, obviamente, que as pessoas "sozinhas" não recebam o benefício. De fato, há sólida jurisprudência conferindo proteção à residência dos celibatários: "o conceito de impenhorabilidade de bem de família abrange também o imóvel pertencente a pessoas solteiras, separadas e viúvas" (**Súmula 364, STJ**).

Pois bem. Esta é, em linhas gerais, a proteção dada ao bem de família. Cumpre agora apresentar as hipóteses em que a proteção sucumbe e, *a fortiori*, poderá o bem ser atingido pela execução, com a penhora e posterior adjudicação ou expropriação. Desse modo "a impenhorabilidade é oponível em qualquer processo de execução civil, fiscal, previdenciária, trabalhista ou de outra natureza, salvo se movido" (art. 3º, Lei 8.009/90):

⇒ I – em razão dos créditos de trabalhadores da própria residência e das respectivas contribuições previdenciárias. (REVOGADO)

Aqueles créditos que advêm das relações de trabalho relacionadas com a residência, bem como as respectivas contribuições previdenciárias podiam conduzir à perda do imóvel. O *empregado doméstico* é o melhor exemplo de trabalhador que poderia se beneficiar da exceção. Ocorre que a Emenda Constitucional n.º 72/2013 ampliou significativamente os direitos dos trabalhadores domésticos. Malgrado o desinteresse no direito material em tela, fato é que diversos direitos conquistados foram regulamentados pela **Lei Complementar n.º 150/15**. A mesma norma revogou o inciso I do art. 3º da Lei 8009/90. Em termos diretos: o patrão terá mais obrigações, mas não terá o risco de perder a residência.

⇒ II – pelo titular do crédito decorrente do financiamento destinado à construção ou à aquisição do imóvel, no limite dos créditos e acréscimos constituídos em função do respectivo contrato.

Na esteira da regra geral, os créditos decorrentes da aquisição ou construção da residência permitem que ela seja penhorada.

⇒ III – pelo credor da pensão alimentícia, resguardados os direitos, sobre o bem, do seu coproprietário que, com o devedor, integre união estável ou conjugal, observadas as hipóteses em que ambos responderão pela dívida.

O crédito alimentar, sem dúvida o mais privilegiado do direito brasileiro, autoriza a responsabilidade patrimonial da residência do executado. O conflito de valores (subsistência do credor *x* moradia do devedor) foi solucionado no plano legislativo com o prestígio ao credor. Há, no plano jurisprudencial, decisões do Superior Tribunal de Justiça aceitando que, inclusive, *prestações alimentares provenientes de ato ilícito* (o chamado alimento indenizativo[214])

---

[213] REsp 1178469/SP, Rel. Ministro Massami Uyeda, 3ª Turma, julgado em 18/11/2010.
[214] Vide, sobre o tema, o Capítulo XXX.

possam, para sua cobrança, atingir a residência do executado (REsp 1.186.225).[215] Acrescente-se que a Lei 13.144/15 modificou a redação do inciso para proteger o direito do coproprietário que também possui o seu direito de moradia tutelado.

⇒ IV – para cobrança de impostos, predial ou territorial, taxas e contribuições devidas em função do imóvel familiar.

O crédito tributário que deriva do imóvel também pode, para sua cobrança, afastar a proteção do bem de família. Não interessa a natureza do tributo (imposto, contribuição, taxa), mas é indispensável que o crédito seja proveniente do imóvel como é o caso, por exemplo, do Imposto Predial e Territorial Urbano (IPTU).

Como destacado pela doutrina, o termo *taxa* não é aqui empregado em sentido técnico,[216] e abrange inclusive outras despesas provenientes do imóvel, como os preços públicos (a "taxa" de água é o melhor exemplo) e os gastos condominiais (a "taxa de condomínio"). De fato, dívida condominial não paga poderá ensejar a penhora do imóvel (**RE 439.003, STF**).

⇒ V – para execução de hipoteca sobre o imóvel oferecido como garantia real pelo casal ou pela entidade familiar.

Quando a residência é oferecida como garantia real pelo casal ou entidade familiar, não haverá proteção do bem de família. Houve aí disponibilidade do bem pelo próprio beneficiário ao aceitar o gravame. Aliás, a penhora do bem dado em garantia real é preferencial em relação a outros bens (art. 835, § 3º, CPC), razão pela qual autorizada posição considera que "se o executado pagou parcialmente a dívida, por exemplo, e há outros bens suficientes e livres, mostra-se lícito o órgão judiciário ordenar a penhora sobre outro bem, sem gravame, livrando a residência familiar da constrição".[217] Por outro lado, havendo mera indicação do bem à penhora em eventual execução, não sendo o caso de hipoteca, entende o STJ que o devedor possa, *a posteriori*, invocar a proteção do bem de família (REsp 981.532, STJ). Além disso, em posição mais recente, a 3ª Turma do STJ fixou que "a ausência de registro da hipoteca não afasta a exceção à regra de impenhorabilidade" (Informativo 585).[218]

⇒ VI – por ter sido adquirido com produto de crime ou para execução de sentença penal condenatória a ressarcimento, indenização ou perdimento de bens.

Há, neste caso, duas exceções que autorizam a perda da residência: a) caso o imóvel tenha sido adquirido com o produto da infração penal e b) para a execução da sentença penal condenatória quanto ao ressarcimento, indeni-

---

[215] REsp 1186225/RS, Rel. Ministro Massami Uyeda, 3ª Turma, julgado em 04/09/2012.
[216] ASSIS, Araken de. *Manual da Execução*, op. cit., p. 288.
[217] Ibid., p. 289.
[218] REsp 1455554/RN, Rel. Ministro JOÃO OTÁVIO DE NORONHA, TERCEIRA TURMA, julgado em 14/06/2016, DJe 16/06/2016

zação ou perdimento de bens. Trata-se, pois, de efeito anexo extrapenal da sentença condenatória.[219]

- **Sentença civil condenatória decorrente da prática de ato ilícito**: a sentença civil condenatória não autoriza a penhora da residência do executado que tenha praticado o ilícito. Assim, para o Superior Tribunal de Justiça "o caráter protetivo da Lei n. 8.009/1990 impõe sejam as exceções nela previstas interpretadas estritamente. Nesse sentido, a ressalva contida no inciso VI do seu artigo 3º encarta a execução de sentença penal condenatória – ação civil *ex delicto* –; não alcançando a sentença cível de indenização, salvo se, verificada a coexistência dos dois tipos, for-lhes comum o fundamento de fato, exatamente o que ocorre nestes autos" (REsp 1.021.440, STJ).[220]

⇒ VII – por obrigação decorrente de fiança concedida em contrato de locação (incluído pela Lei nº 8.245, de 1991).

O imóvel residencial do fiador, no contrato de locação, não está protegido da execução. Assim, "se o fiador for demandado pelo locador, visando à cobrança dos aluguéis atrasados, poderá o seu único imóvel residencial ser executado, para a satisfação do débito do inquilino".[221] A questão é curiosa na medida em que, se o locatário possui imóvel residencial, a sua residência é protegida, enquanto a morada do fiador poderá ser atingida. Por tal motivo, Pablo Stolze Gagliano e Rodolfo Pamplona Filho afirmam não ser justo, por violação ao princípio da isonomia, que "o garantidor responda com o seu bem de família, quando a mesma exigência não é feita para o locatário".[222]

Ocorre que o dispositivo em comento é legítima manifestação do direito à autonomia privada do sujeito que abdica voluntariamente do benefício ao aceitar a condição de fiador. Assim, a pessoa que aceita a condição de fiador, ciente das condições desfavoráveis que daí advém, também concorda com a perda da proteção da sua residência. De fato, a residência do próprio locatário, caso possua, continua sendo protegida, enquanto a do fiador responderá pela dívida alheia.[223]

- **Constitucionalidade**: o Supremo Tribunal Federal já firmou a jurisprudência no sentido de que é constitucional a "a penhora sobre o bem de família do fiador" (**RE 407.688, STF**). Há, atualmente, novo RE como repercussão geral reconhecida para ratificar a tese e que ainda não foi julgado (RE 612.360).

Não custa lembrar, entrementes, que o fiador possui o benefício de ordem e poderá requerer que a execução, primeiro, atinja o patrimônio do devedor principal (art. 702, CPC).

---

[219] Ibid., p. 289.
[220] REsp 1021440/SP, Rel. Ministro Luis Felipe Salomão, 4ª Turma, julgado em 02/05/2013.
[221] GAGLIANO, Pablo Stolze; PAMPLONA FILHO, Rodolfo. *Novo curso de direito civil: parte geral*, op. cit., p. 363.
[222] Ibid., p. 363-364.
[223] ASSIS, Araken de. *Manual da Execução*, op. cit., p. 290.

Capítulo 7 – Fraudes do devedor

7.1. Introdução

Infelizmente, a execução é ambiente propício para condutas desleais. De fato, dado que o devedor/executado já descumpriu o seu dever e poderá, no máximo, resistir aos atos da execução, a falta de sua colaboração é uma natural tendência no curso do procedimento. Isto não significa, porém, que esteja autorizado a resistir de forma desleal, porquanto o procedimento executivo também é pautado pela boa-fé.

Aliás, a necessidade de **proteção da boa-fé** é uma constante na execução – tanto que o legislador optou por punir severamente a má-fé. Com efeito, a possibilidade de reconhecimento de fraude no curso da demanda é exemplo de que a má-fé da parte não fica indene à atuação jurisdicional.

O presente capítulo será especialmente dedicado ao estudo das possíveis fraudes realizadas pelo devedor, os requisitos para o seu reconhecimento e as suas respectivas consequências. Vale destacar, porém, que não apenas as fraudes são repelidas, mas também, quaisquer atos que afrontem a jurisdição executiva. Tanto é assim que há expressa previsão para a punição de *atos atentatórios à dignidade da jurisdição executiva* (*contempt of court*).

- **Ato atentatório à dignidade da jurisdição executiva**: há especial previsão para que o devedor mantenha uma postura de lealdade no curso da execução. Não se trata de um dever de cooperar com a parte contrária, mas sim uma necessidade de respeito à própria jurisdição executiva. E de fato, caso o devedor não cumpra tais deveres, poderá ser severamente sancionado. São considerados atos atentatórios à dignidade da jurisdição executiva (art. 774, CPC): a) fraudar a execução; b) se opor maliciosamente, empregando ardis e meios artificiosos; c) dificultar ou embaraçar a realização da penhora; d) resistir injustificadamente às ordens judiciais; e) não indicar ao juiz quais são e onde se encontram os bens sujeitos à penhora e seus respectivos valores; f) deixar de exibir a prova da propriedade de bens ou a certidão negativa de ônus.

- **Multa**: caso seja praticado algum ato atentatório, o devedor incorrerá em uma penalidade (multa) de até 20% (vinte por cento) do valor atualizado do débito em execução, que reverterá em favor do credor e será exigível na própria execução (art. 777, CPC). Além disso, a multa por ato atentatório não inibe a imposição de outras sanções de natureza processual ou material (art. 774, parágrafo único, CPC).

Quanto ao regime jurídico das possíveis fraudes, é frequente a diferenciação entre: a) fraude contra credores; b) fraude à execução; c) fraude na alienação de bem constrito judicialmente.[224] Há, porém, polêmica quanto à última (fraude na alienação de bem penhorado) já que, em uma visão mais abrangente, pode ser considerada uma espécie de fraude à execução.[225] Por questão didática,[226] será adotada a visão que reconhece duas espécies de fraude: (a) fraude contra credores e (b) fraude à execução. Não é pretensão destas *Lições* fechar a questão atinente ao regime jurídico das fraudes e que exigirá madura reflexão da doutrina à luz do Código vigente.

Vale lembrar, ainda, que como a execução é pautada pela responsabilidade patrimonial, por mais que o devedor esteja autorizado a dispor do seu patrimônio, os atos de alienação que causem prejuízos a eventuais credores podem ser considerados maliciosamente praticados e, caso preenchidos os requisitos legais, qualificados como fraudulentos. É nessa linha que, ao tratar do tema, Araken de Assis aponta que acontece de os atos de disposição do patrimônio do obrigado "em vez de retratarem alterações normais, revelarem o propósito de frustrar a realização do direito alheio. Neste caso, aparece a pretensão de revogá-los ou desfazê-los".[227]

7.2. Fraude contra credores

A fraude contra credores não é um instituto do direito processual, mas sim do direito material.[228] Ela está prevista no Código Civil (arts. 158-165, CC). Trata-se de vício social, "traduzível pela prática de um ato de disposição patrimonial pelo devedor, com o propósito de prejudicar o(s) seu(s) credor(es), em razão da diminuição ou esvaziamento do patrimônio daquele".[229] Assim, se houve redução patrimonial que conduziu à insolvência (ou agravou o estado), poderá estar caracterizada a fraude (art. 158, CC).

Todavia, como é presumida a boa-fé dos negócios jurídicos, caberá ao interessado ajuizar a respectiva ação desconstitutiva da obrigação. Trata-se da chamada **ação pauliana** ou, também, ação revocatória. Ademais, considera-se

---

[224] Nesse sentido: CAHALI, Yussef Said. *Fraudes contra credores*. 4. ed. São Paulo: Revista dos Tribunais, 2009, p. 444; CÂMARA, Alexandre Freitas. *Lições de Direito Processual Civil*. v.2. 22. ed. Rio de Janeiro: Atlas, 2013, pp. 218-228; DIDIER JÚNIOR, Fredie Souza; CUNHA, Leonardo José Ribeiro Coutinho Berardo Carneiro da; BRAGA, Paula Sarno; OLIVEIRA, Rafael Santos de. *Curso de Direito Processual Civil*. v. 5. 4. ed. Salvador: Jus Podivm, 2012, p. 303-322; NEVES, Daniel Amorim Assumpção. *Manual de Direito Processual Civil: volume único*. 5. ed. São Paulo: Método, 2013, p. 885; em certo sentido, contra: NUNES, Elpídio Donizetti. *Curso Didático de Direito Processual Civil*. 17. ed. São Paulo: Atlas, 2013, p. 945; ASSIS, Araken de. *Manual da Execução*. 13. ed. São Paulo: Revista dos Tribunais, 2010, p. 304.

[225] ASSIS, Araken de. *Manual da Execução*. 13. ed. São Paulo: Revista dos Tribunais, 2010, p. 304.

[226] Também no ponto de vista prático é pouco relevante a discussão: "perde, igualmente, interesse prático a contestação do deslize jurisprudencial que examina a alienação da coisa penhorada sob a perspectiva da fraude de execução, pois lá como aqui o resultado é o mesmo, qual seja, a declaração de ineficácia do ato de disposição" (CAHALI, Yussef Said. *Fraudes contra credores*, op. cit., p. 447).

[227] ASSIS, Araken de. *Manual da Execução*. 13. ed. São Paulo: Revista dos Tribunais, 2010, p. 294.

[228] CAHALI, Yussef Said. *Fraudes contra credores*, op. cit., p. 71.

[229] FARIAS, Cristiano Chaves de; ROSENVALD, Nelson. *Curso de Direito Civil*. v.1. 10. ed. Salvador: Jus Podivm, 2012, p. 650.

que a fraude causa prejuízo ao credor cujo direito de crédito não será adimplido em razão da inexistência de patrimônio do devedor. Assim, o legitimado para ajuizar a ação pauliana é o credor lesado.

Malgrado a polêmica doutrinária,[230] o Código Civil considera anulável o negócio jurídico realizado em fraude contra credores (art. 158, CC). Como se verá, o mesmo não ocorre na fraude à execução.

Dois são os requisitos que devem ser comprovados para caracterização da fraude contra credores. O *primeiro* deles é a situação lesiva ao credor (*eventus damni*). Trata-se de elemento objetivo que diz respeito ao dano causado pelo negócio fraudulento, a saber: a redução patrimonial que conduziu à insolvência (ou a agravou). O segundo é de cunho subjetivo e diz respeito à ciência do terceiro/adquirente quanto ao resultado danoso do negócio, ou seja, "que o terceiro sabia – ou tinha como saber – da redução do alienante (devedor) ao estado de insolvência".[231] É a chamada *scientia fraudis* ou *consilium fraudis*.[232]

Destaque-se que caberá ao credor, na grande maioria das situações (mas nem sempre),[233] demonstrar a presença de ambos os requisitos para que seja anulado o negócio em razão do reconhecimento da fraude.

7.3. Fraude à execução

A ocorrência de fraude à execução é mais gravosa do que aquela estudada anteriormente. É que na fraude contra credores ainda não há demanda pendente. Já na fraude à execução, a litigiosidade em torno de determinado direito já se evidencia e, tentativas de redução patrimonial não prejudicam apenas o credor, mas também a autoridade da jurisdição. Por tal motivo, a fraude à execução – instituto de direito processual brasileiro – também está enquadrada como ato atentatório à dignidade da jurisdição (art. 774, I, CPC).

Nos termos do art. 593, CPC, considera-se em fraude à execução, a alienação ou oneração de bens: (a) quando sobre o bem pender ação fundada em direito real ou com pretensão reipersecutória, desde que a pendência do processo

---

[230] Cândido Rangel Dinamarco, por exemplo, sustenta posição contrária ao Código Civil (*Instituições de Direito Processual Civil*. v. IV. 3. ed. São Paulo: Malheiros, 2009, p. 428).

[231] FARIAS, Cristiano Chaves de; ROSENVALD, Nelson. *Curso de Direito Civil*. v.1. 10. ed. Salvador: Jus Podivm, 2012, p. 653.

[232] Não é necessário, porém, que seja demonstrado o *animus nocendi*, ou seja, a intenção do terceiro/adquirente de prejudicar o credor. Nesse sentido: FARIAS, Cristiano Chaves de; ROSENVALD, Nelson. *Curso de Direito Civil*. v.1. 10. ed. Salvador: Jus Podivm, 2012, p. 653; CAHALI, Yussef Said. *Fraudes contra credores*, op. cit., p.168 ess.

[233] Cristiano Chaves de Farias Nelson Rosenvald apontam as seguintes hipóteses em que se presume a intenção de fraudar e, portanto, é dispensada a sua prova: a) na transmissão gratuita de bens; b) no perdão de dívidas; c) na celebração de contratos onerosos do devedor com terceiros em casos nos quais a insolvência seja notória, pública; d) na antecipação de pagamentos; e) no pagamento de dívida ainda não vencida, por colocar alguns devedores em posição desfavorável, rompendo a igualdade; f) na outorga de direitos preferenciais a um dos credores, como a instituição de hipoteca ou penhor em favor de um dos credores (*Curso de Direito Civil*, op. cit., p. 653).

tenha sido averbada no respectivo registro público, se houver; (b) quando tiver sido averbada, no registro do bem, a pendência do processo de execução, na forma do art. 828 do CPC; (c) quando tiver sido averbado, no registro do bem, hipoteca judiciária ou outro ato de constrição judicial originário do processo onde foi arguida a fraude; (d) quando, ao tempo da alienação ou da oneração, tramitava contra o devedor ação capaz de reduzi-lo à insolvência; (e) nos demais casos expressos em lei. A primeira hipótese (letra a) estampa o direito de sequela. A segunda hipótese trata da averbação decorrente do ajuizamento de processo de execução (art. 828, CPC). A terceira trata da averbação de hipoteca judiciária. A quarta cuida das demais demandas que, de algum modo, atinjam o patrimônio do executado e possam ocasionar a insolvência. O último caso autoriza que a legislação trate amplamente do tema.

Característica marcante da fraude à execução é que o seu reconhecimento dispensa o ajuizamento de demanda própria. Não é necessário ajuizar ação similar à revocatória (*actio pauliana*). Basta que haja requerimento nos autos do processo já em curso. O pedido é incidental, portanto.

A consequência, por sua vez, do reconhecimento da fraude à execução é, sem controvérsias, a ineficácia do ato em relação ao credor, permitindo-lhe buscar o bem no patrimônio do terceiro adquirente.[234] Não há anulação, mas mera declaração de ineficácia (o negócio permanece hígido perante o devedor e o terceiro).

Tal como ocorre com a fraude contra credores, dois requisitos devem ser comprovados para a declaração da fraude à execução. O *primeiro* deles, tal como antes, é o elemento objetivo (*eventus damni*) – que se evidencia com a ocorrência das hipóteses previstas em lei: redução patrimonial com processo pendente ou alienação de bem com ação de direito real pendente. O segundo, igualmente já adiantado, se verifica com o elemento subjetivo da ciência do adquirente quanto à situação danosa. Assim, apesar da polêmica doutrinária,[235] a *scientia fraudis* também é requisito para o reconhecimento da fraude à execução,[236] o que foi consolidado pelo Superior Tribunal de Justiça no julgamento do recurso representativo de controvérsia **REsp 956.943**,[237] mas

---

[234] BAPTISTA DA SILVA, Ovídio A. *Curso de Processo Civil*: execução obrigacional, execução real, ações mandamentais. v.2. 5. ed. São Paulo: Revista dos Tribunais, 2002, p. 88.

[235] Pela necessidade do elemento subjetivo: NUNES, Elpídio Donizetti. *Curso Didático de Direito Processual Civil*. 17. ed. São Paulo: Atlas, 2013, p. 946.

[236] "Por outro lado, observa-se no direito contemporâneo uma tendência muito nítida no sentido de proteção jurídica da aparência e não seria possível, por exemplo, ignorar a legitimidade da tutela de quem, de boa-fé, houvesse adquirido o imóvel penhorado daquele que, anteriormente mas depois da penhora não inscrita, o adquirira do executado" (BAPTISTA DA SILVA, Ovídio A. *Curso de Processo Civil*: execução obrigacional, execução real, ações mandamentais. v.2. 5. ed. São Paulo: Revista dos Tribunais, 2002, p. 89). Na exata posição antevista por Ovídio Baptista da Silva, a Súmula 375 do STJ: "O reconhecimento da fraude à execução depende do registro da penhora do bem alienado ou da prova de má-fé do terceiro adquirente".

[237] Informativo nº 552 de 17/12/2014: "No que diz respeito à fraude de execução, definiu-se que: (i) é indispensável citação válida para configuração da fraude de execução, ressalvada a hipótese prevista no § 3º do art. 615-A do CPC; (ii) o reconhecimento da fraude de execução depende do registro da penhora do bem alienado ou da prova de má-fé do terceiro adquirente (Súmula 375/STJ); (iii) a presunção de boa-fé é princípio geral de direito universalmente aceito, sendo milenar a parêmia: a boa-fé se presume, a má-fé se prova; (iv) inexistindo registro da penhora na matrícula do imóvel, é do credor o ônus da prova de que

merecerá nova reflexão a partir do art. 794, § 3°, do CPC que prevê o seguinte: "o terceiro adquirente tem o ônus de provar que adotou as cautelas necessárias para a aquisição, mediante a exibição das certidões pertinentes, obtidas no domicílio do vendedor e no local onde se encontra o bem". À evidência, existe a necessidade de prévia intimação do terceiro para que seja declarada a fraude (art. 792, § 4°, NCPC).

- **Atenção!** Para o reconhecimento da fraude à execução é preciso que haja litispendência, ou seja, demanda pendente contra o devedor (art. 792, CPC). Mas não é necessário que seja uma ação executória, bastando ter ocorrido a citação em qualquer sorte de processo (isto é, processo de conhecimento ou processo cautelar).[238]

Questão que pode ser levantada diz respeito à utilidade da fraude à execução se os seus requisitos são similares aos da fraude contra credores. Duas vantagens, contudo, confirmam que o instituto da fraude à execução é mais benéfico ao credor: *primeiro*, o procedimento é mais célere, pois dispensa o ajuizamento da ação pauliana, e a medida pode ser requerida nos próprios autos da execução (ou do processo de conhecimento); *segundo*, a prova da má-fé do terceiro (*scientia fraudis*) é presumida e, portanto, dispensada a sua prova quando: a) houver sido averbada a existência da execução no registro do respectivo bem (art. 828, § 4°, CPC); b) houver o registro da penhora (art. 844, CPC); c) especificamente nas execuções fiscais tributárias, houver a inscrição em dívida ativa do crédito tributário (art. 185, CTN; STJ, REsp 1.141.990).[239] Nestes três casos, basta que o credor demonstre o *eventus damni*, pois a *scientia fraudis* será presumida. Aliás, no caso de existir registro da penhora, a presunção é absoluta (art. 844, CPC).

Entrementes, por mais que se trate de mero incidente no curso da demanda em curso, o pleito pela declaração de fraude à execução não escapa da cláusula do devido processo legal, o que significa, na ótica do Estado Democrático de Direito, que as partes envolvidas devem ser ouvidas e *participar* da tomada de decisão.[240] Nessa linha, autorizada doutrina destaca que "o adquirente ou beneficiário do ato reputado fraudulento há de merecer oportunidade para arrazoar acerca da existência da fraude, afastando a pretendida afetação do bem".[241]

---

o terceiro adquirente tinha conhecimento de demanda capaz de levar o alienante à insolvência, sob pena de tornar-se letra morta o disposto no art. 659, § 4°, do CPC; e (v) conforme previsto no § 3° do art. 615-A do CPC, presume-se em fraude de execução a alienação ou oneração de bens realizada após a averbação referida no dispositivo. (...)" (Rel. originária Min. Nancy Andrighi, Rel. para acórdão Min. João Otávio de Noronha, julgado em 20/8/2014).

[238] EREsp 232.363/SP, Rel. Ministro Jorge Scartezzini, 3ª Seção, julgado em 12/05/2004, DJ 01/07/2004, p. 180.

[239] REsp 1.141.990/PR, Rel. Ministro Luiz Fux, 1ª Seção, julgado em 10/11/2010, DJe 19/11/2010.

[240] Sobre o tema: SCALABRIN, Felipe. RAATZ, Igor. O Processo Civil no Estado Democrático de Direito na Superação do Modelo de Processo do Estado Liberal: da Garantia do Devido Processo Legal ao Direito Fundamental ao Processo Justo e Democrático. *Direitos Fundamentais & Justiça*, v. 14, p. 269-296, 2011.

[241] ASSIS, Araken de. *Manual da Execução*. 13. ed. São Paulo: Revista dos Tribunais, 2010, p. 312.

7.4. Quadro comparativo

Fraudes do Devedor	
Fraude a credores	**Fraude à execução**
Direito Material (arts. 158-165, CC)	Direito Processual (art. 792, CPC)
Prejuízo: ao credor	Prejuízo: ao credor e à *jurisdição* (art. 774, I, CPC)
Consequência: o negócio fraudulento é anulável (vício social) = **anulabilidade**	Consequência: negócio fraudulento é ineficaz perante o credor = **ineficácia relativa**
Ação própria (ex: ação pauliana/ ação revocatória)	Pedido nos próprios autos
Requisitos: (a) *eventus damni* (redução patrimonial que agrave ou conduza à insolvência – art. 158, CC) (b) *scientia fraudis* (ciência da redução patrimonial pelo adquirente/terceiro) Observação (1): não é preciso comprovar o conluio entre devedor e terceiro, nem é preciso comprovar a intenção do terceiro em prejudicar o credor. Observação (2): é preciso comprovar a scientia fraudis (elemento subjetivo), mas ela é presumida em alguns casos.	Requisitos: (a) *eventus damni* (redução patrimonial na pendência de ação fundada em direito real ou pendência de demanda capaz de conduzir a insolvência – art. 774, CPC (exemplo: não ter outros bens penhoráveis). (b) *scientia fraudis* (ciência da redução patrimonial pelo adquirente/terceiro) Observação (1): a pendência ocorre com a citação válida do devedor seja qual for o processo (conhecimento ou execução). Observação (2): como regra, é preciso comprovar a scientia fraudis (elemento subjetivo), mas ela é presumida nos seguintes casos: i) averbação da existência da execução no registro do bem (art. 828, §4º, CPC); ii) registro da penhora do bem constrito (art. 844, CPC); ii) inscrição em dívida ativa de crédito tributário (art. 185, CTN; Resp 1.141.990)

Capítulo 8 – Execução do dever de pagar quantia certa

8.1. Introdução

A existência de um título executivo extrajudicial, cujo rol encontra-se apresentado no art. 784 do CPC, que seja certo, líquido e exigível (art. 783 do CPC) e esteja inadimplido (art. 786 do CPC), exige uma atividade jurisdicional específica que vise à satisfação do crédito estabelecido no título. Trata-se da execução de título executivo extrajudicial.

Assim, quando o objeto é a busca pelo cumprimento forçado de obrigação de pagar dinheiro, o sistema processual em vigor estabelece a existência de uma *execução por quantia certa*. Nesta hipótese, o módulo executivo por quantia certa contra devedor solvente, "em princípio, tem por escopo a entrega, ao credor, de uma soma em dinheiro".[242]

Essa espécie executiva, todavia, exige também uma classificação específica, ou seja, de acordo com a capacidade econômica e patrimonial do executado, "falando-se em execução contra devedor solvente ou insolvente, conforme o demandado tenha ou não, em seu patrimônio, bens suficientes para garantir o cumprimento da obrigação".[243]

Por esta razão, esse capítulo fixará suas atenções nas questões relacionadas à execução de título executivo extrajudicial contra *devedor solvente*, tratada com mais especificidade no CPC a partir do art. 824.

8.2. Procedimento

Consoante também se observa nos demais procedimentos executivos, a execução contra devedor solvente, basicamente e conforme determinada posição doutrinária, se divide em três fases distintas: (i) postulatória, (ii) instru-

---

[242] MOREIRA, José Carlos Barbosa. *O novo processo civil brasileiro: exposição sistemática do procedimento*. 28. ed. rev. e atual. Rio de Janeiro, Forense, 2010. p. 234.
[243] CÂMARA, Alexandre Freitas. *Lições de Processo civil*: volume 2 – 21. ed. – São Paulo: Atlas, 2012. p. 294.

tória e (iii) satisfativa,[244] cada uma delas com seu escopo, utilidade e efeitos processuais.

Ainda que não se desconheçam outras classificações, como a emprestada por Humberto Theodoro Júnior, para quem as fases compreenderiam as seguintes: "fase de proposição", "fase de instrução" e "fase de satisfação";[245] ou aquela indicada por Fredie Didier, que divide a execução em "fase inicial" e "fase de execução forçada"[246]. Esse estudo partirá da divisão que aponta as fases postulatória, instrutória e satisfativa.

A *fase postulatória*, com efeito, é iniciada pelo ajuizamento do pedido executivo e pela citação do executado (angularização da relação jurídica processual). Nessa fase, além de chamar o executado ao cumprimento de sua obrigação através da citação válida, iniciam-se as medidas executórias, como a penhora ou a possibilidade de depósito, sendo possível, inclusive, a realização do arresto executivo, conforme regra do art. 830 do CPC em vigor.

Relevante salientar que o pedido executivo, na forma de processo de execução, é originado pela distribuição de uma petição inicial. Todavia, não se pode olvidar que tratar da execução de execução por quantia certa contra devedor solvente, iniciada pelo ajuizamento de uma petição inicial, significa falar-se de uma execução embasada num *título executivo extrajudicial*.[247] A execução de título extrajudicial é processo autônomo que se inicia com o ajuizamento de uma petição inicial, dando início a um procedimento em que as atividades serão realizadas até a satisfação do direito retratado no título executivo (sempre, correspondendo à obrigação líquida, certa e exigível).

- **Atenção!** É preciso cuidado redobrado disposto nos artigos 798 a 801 do CPC, em que essa matéria restou assim tratada:

  Art. 798. Ao propor a execução, incumbe ao exequente:

  I – instruir a petição inicial com:

  a) o título executivo extrajudicial;

  b) o demonstrativo do débito atualizado até a data de propositura da ação, quando se tratar de execução por quantia certa;

  c) a prova de que se verificou a condição ou ocorreu o termo, se for o caso;

  d) a prova, se for o caso, de que adimpliu a contraprestação que lhe corresponde ou que lhe assegura o cumprimento, se o executado não for obrigado a satisfazer a sua prestação senão mediante a contraprestação do exequente;

  II – indicar:

  a) a espécie de execução de sua preferência, quando por mais de um modo puder ser realizada;

---

[244] CÂMARA, Alexandre Freitas. *Lições de Processo civil*, op. cit., p. 295.
[245] THEODORO JÚNIOR, Humberto. *Curso de direito processual civil – Processo de Execução e Cumprimento de Sentença, Processo Cautelar e Tutela de Urgência* – vol. II – Rio de Janeiro: Forense, 2012. p. 270.
[246] DIDIER JÚNIOR, Fredie Souza; CUNHA, Leonardo José Ribeiro Coutinho Berardo Carneiro da; BRAGA, Paula Sarno; OLIVEIRA, Rafael Santos de. *Curso de Direito Processual Civil*. v. 5. 4. ed. Salvador: Jus Podivm, 2012. p. 513.
[247] BUENO, Cassio Scarpinella. *Curso sistematizado de direito processual civil: tutela jurisdicional executiva*, op. cit., p. 243.

b) os nomes completos do exequente e do executado e seus números de inscrição no Cadastro de Pessoas Físicas ou no Cadastro Nacional da Pessoa Jurídica;

c) os bens suscetíveis de penhora, sempre que possível.

Parágrafo único. O demonstrativo do débito deverá conter:

I – o índice de correção monetária adotado;

II – a taxa de juros aplicada;

III – os termos inicial e final de incidência do índice de correção monetária e da taxa de juros utilizados;

IV – a periodicidade da capitalização dos juros, se for o caso;

V – a especificação de desconto obrigatório realizado.

Art. 799. Incumbe ainda ao exequente:

I – requerer a intimação do credor pignoratício, hipotecário, anticrético ou fiduciário, quando a penhora recair sobre bens gravados por penhor, hipoteca, anticrese ou alienação fiduciária;

II – requerer a intimação do titular de usufruto, uso ou habitação, quando a penhora recair sobre bem gravado por usufruto, uso ou habitação;

III – requerer a intimação do promitente comprador, quando a penhora recair sobre bem em relação ao qual haja promessa de compra e venda registrada;

IV – requerer a intimação do promitente vendedor, quando a penhora recair sobre direito aquisitivo derivado de promessa de compra e venda registrada;

V – requerer a intimação do superficiário, enfiteuta ou concessionário, em caso de direito de superfície, enfiteuse, concessão de uso especial para fins de moradia ou concessão de direito real de uso, quando a penhora recair sobre imóvel submetido ao regime do direito de superfície, enfiteuse ou concessão;

VI – requerer a intimação do proprietário de terreno com regime de direito de superfície, enfiteuse, concessão de uso especial para fins de moradia ou concessão de direito real de uso, quando a penhora recair sobre direitos do superficiário, do enfiteuta ou do concessionário;

VII – requerer a intimação da sociedade, no caso de penhora de quota social ou de ação de sociedade anônima fechada, para o fim previsto no art. 876, § 7º;

VIII – pleitear, se for o caso, medidas urgentes;

IX – proceder à averbação em registro público do ato de propositura da execução e dos atos de constrição realizados, para conhecimento de terceiros.

X – requerer a intimação do titular da construção-base, bem como, se for o caso, do titular de lajes anteriores, quando a penhora recair sobre o direito real de laje (Incluído pela Lei nº 13.465, de 2017)

XI – requerer a intimação do titular das lajes, quando a penhora recair sobre a construção-base. (Incluído pela Lei nº 13.465, de 2017)

Art. 800. Nas obrigações alternativas, quando a escolha couber ao devedor, esse será citado para exercer a opção e realizar a prestação dentro de 10 (dez) dias, se outro prazo não lhe foi determinado em lei ou em contrato.

§ 1º Devolver-se-á ao credor a opção, se o devedor não a exercer no prazo determinado.

§ 2º A escolha será indicada na petição inicial da execução quando couber ao credor exercê-la.

Art. 801. Verificando que a petição inicial está incompleta ou que não está acompanhada dos documentos indispensáveis à propositura da execução, o juiz determinará que o exequente a corrija, no prazo de 15 (quinze) dias, sob pena de indeferimento.

A *fase instrutória*, por sua vez, é constituída basicamente pelos atos de garantia da execução (como a penhora, depósito ou caução) e demais atos preparatórios para o pagamento.[248] Tratará das medidas legais processuais que tenderão a obter as garantias necessárias para o adimplemento da obrigação, ou seja, entrega, ao demandante, de uma soma em dinheiro. Nessa fase também se observará os efeitos do não pagamento espontâneo, lembrando que o executado, nesse procedimento executivo (execução contra devedor solvente) será citado para pagar em *três dias*, conforme art. 829 do CPC em vigor.

O não pagamento do débito exequendo no prazo de três dias terá como repercussão o cumprimento da ordem de penhora de tantos quantos bastem para a garantia de todo o crédito sob execução, conforme § 1º do art. 829 do CPC.

É na fase instrutória que todas as discussões acerca do título e do próprio processo de execução são travadas, relevando citar – dentre os atos processuais típicos dessa fase – a contagem do prazo para os embargos à execução, os efeitos do julgamento destes embargos, eventual exceção de pré-executivade, avaliação dos bens penhorados e outras questões incidentais da execução.

Por fim, a terceira e derradeira fase, chamada de *fase satisfativa* é constituída pelo cumprimento da obrigação, ou seja, pelo pagamento ao exequente. Será nesse momento que o exequente, efetivamente, levará adiante o intento de expropriar bens do devedor. Nos artigos 825 e 879 do CPC são descritas as principais medidas expropriatórias possíveis.

Com relação às fases do processo de execução, o quadro abaixo empresta a correta noção das mesmas e de sua utilidade no processo:

Procedimento Executivo		
Fase Postulatória	Fase Instrutória	Fase Satisfativa
Ajuizamento da petição inicial, despacho inicial, fixação dos honorários, expedição de mandado de citação e citação válida do devedor	Realização da penhora (ou arresto), caso não haja pagamento espontâneo, identificação do prazo para embargos de devedor, julgamento dos embargos, avaliação do bem penhorado, eventuais medidas contra a penhora.	Realização das medidas expropriatórias: adjudicação, alienação, alienação por iniciativa particular, leilão judicial eletrônico ou presencial, usufruto/apropriação de frutos ou rendimentos

Nesse quadrante, relevante salientar que, em se tratando de execução para pagamento de quantia certa, esse procedimento executório tem por finalidade a entrega ao demandante de uma soma em dinheiro, o qual somente será possível mediante a expropriação de bens do devedor, conforme se infere do art. 824 do CPC: *A execução por quantia certa realiza-se pela expropriação de bens do executado, ressalvadas as execuções especiais.*

---

[248] CÂMARA, Alexandre Freitas. *Lições de Processo civil*, op. cit., p. 295.

Feitas tais considerações, passa-se a analisar cada um dos elementos, pressupostos e atos processuais que compõem o procedimento executivo, da execução por quantia certa contra devedor solvente.

8.2.1. Ajuizamento da execução (petição inicial)

Conforme se verifica em todas as demais espécies de processos, também o executivo, ainda que se trate de execução de sentença civil condenatória, está sujeito ao princípio da demanda,[249] exigindo provocação pela parte – através do ajuizamento da petição inicial – para que a atuação da função jurisdicional ocorra no objetivo de satisfazer o crédito exequendo.

Ora, se o devedor não cumpre a obrigação certa, líquida e exigível (inadimplemento), consubstanciada em título executivo extrajudicial, incumbe ao credor instaurar o processo executivo, conforme se depreende do art. 786 do CPC em vigor. Tal medida tem por escopo fazer com que o devedor responda para o cumprimento da obrigação através de seu patrimônio, consoante preconiza o princípio da responsabilidade patrimonial (art. 789 do CPC).

Com relação às regras específicas da petição inicial, os artigos 798 e 799 do CPC em vigor informam quais são os seus elementos essenciais.

8.2.2. Distribuição (ou propositura)

Sabidamente, protocolada a petição inicial, considera-se proposta a ação. Em linhas gerais, é a previsão do art. 312 do CPC.

A protocolização ou propositura da petição inicial fará iniciar o processo, regra que, evidentemente, também é aplicável ao processo de execução. Salvo as exceções legais (como por exemplo, o inventário e partilha, exibição de testamento, arrecadação de bens de herança jacente, e arrecadação de bens do ausente), o processo inicia-se por iniciativa das partes – princípio da demandada – conforme se depreende do brocardo *nemo iudex sine actore*.

Medida essencial para a satisfação do crédito exequendo, que guarda total relação com a noção de efetividade da tutela jurisdicional e diz respeito ao momento da distribuição é aquela preconizada no art. 828 do CPC em vigor, segundo a qual: "O exequente poderá obter certidão de que a execução foi admitida pelo juiz, com identificação das partes e do valor da causa, para fins de averbação no registro de imóveis, de veículos ou de outros bens sujeitos a penhora, arresto ou indisponibilidade".

O CPC agora em vigor, no seu art. 828, inovou em relação à antiga previsão contida no art. 615-A do CPC/73 ao indicar que, para averbação do processo, preliminarmente, a execução deve ser *admitida*, e não meramente *distribuída*, consoante constava da redação anterior.

---

[249] CÂMARA, Alexandre Freitas. *Lições de Processo civil*, op. cit., p. 295.

> Art. 828. O exequente poderá obter certidão de que a execução foi admitida pelo juiz, com identificação das partes e do valor da causa, para fins de averbação no registro de imóveis, de veículos ou de outros bens sujeitos a penhora, arresto ou indisponibilidade.

Outra inovação trazida pelo CPC recentemente em vigor diz respeito à previsão de sanção quando da não informação/confirmação junto ao juízo da execução, acerca da efetivação da averbação da execução. Com efeito, o § 1º do art. 828 do CPC estabelece o prazo de dez dias para que o exequente comunique o juízo de primeiro grau sobre a efetivação da medida. Esse mesmo prazo já era observado no art. 615-A do CPC/73. Todavia, a versão em vigor traz como novidade a previsão do § 3º, segundo a qual "o juiz determinará o cancelamento das averbações, de ofício ou a requerimento, caso o exequente não o faça no prazo".

Com relação ao tema, José Carlos Barbosa Moreira já apontava para a necessidade de uma sanção processual (com a desconstituição da anotação, para fins de fraude à execução)[250] caso o credor não cumprisse com o prazo de dez dias, a despeito de não haver previsão legal alguma nesse sentido.[251]

8.2.3. Recebimento pelo juiz da causa

Ao receber a petição inicial da demanda executiva (por quantia certa contra devedor solvente), incumbe ao juiz verificar a existência de título executivo extrajudicial, que seja certo, líquido e exigível.

Todavia, verificando o juiz que a petição inicial está incompleta ou que não está acompanhada dos documentos indispensáveis à propositura da execução, deve determinar que o exequente a corrija (art. 801 do CPC).

O recebimento e admissão da petição inicial pelo juiz será confirmado com a ordem de citação do executado. Assim, determinada a citação do executado, o recebimento da petição inicial executiva interrompe a prescrição, conforme se infere do art. 802 do CPC:

> Art. 802. Na execução, o despacho que ordena a citação, desde que realizada em observância ao disposto no § 2º do art. 240, interrompe a prescrição, ainda que proferido por juízo incompetente.
> Parágrafo único. A interrupção da prescrição retroagirá à data de propositura da ação.

É também no momento da execução que o juiz poderá – inclusive *ex officio* – apontar eventual nulidade na execução, preconizada no art. 803 do CPC.

Acrescente-se que no processo de execução também são devidos honorários, afinal, há necessidade de rompimento da inércia da jurisdição em razão do descumprimento de determinado dever jurídico. Trata-se da regra geral quanto à causalidade da demanda. Anteriormente era dado ao juiz da causa

---

[250] Sobre a fraude à execução, essencial anotar o conteúdo da Súmula 375 do STJ: *DJe* 30/03/2009 – O reconhecimento da fraude à execução depende do registro da penhora do bem alienado ou da prova de má-fé do terceiro adquirente.

[251] MOREIRA, José Carlos Barbosa. *O novo processo civil brasileiro: exposição sistemática do procedimento*, op. cit., p. 235.

fixar os honorários conforme cada caso (art. 652-A, CPC-73). O Código vigente traz regra fixa quanto à verba honorária, e o valor é de dez por cento (10%), podendo ser majorado em duas hipóteses: a) na rejeição dos embargos à execução; b) ao final do procedimento executivo, em razão da atividade desempenhada pelo advogado. A majoração, diferente dos honorários iniciais, dependerá da avaliação do caso concreto (art. 85, CPC) e não pode superar o teto de vinte por cento (art. 825, § 2º, CPC). Além disso, a reprise ao desprestígio da verba honorária – direito autônomo do advogado, consoante ociosa jurisprudência do STJ – foi mantida na tentativa de redução dos procedimentos executivos com a verdadeira sanção premial apresentada no art. 825, § 1º, CPC: é que se o executado efetua o cumprimento do dever no prazo legal de três dias, a verba honorária é reduzida pela metade.

8.2.4. Citação e arresto (pré-penhora)

O exequente, com a apresentação da petição inicial em face da inadimplência do executado, rompe a barreira da inércia da jurisdição e dá início ao processo de execução. Pretende, em suma, a prestação de tutela jurisdicional executiva, para que seu crédito seja satisfeito.

Para que esse processo tenha prosseguimento, à luz dos princípios constitucionais da ampla defesa, do contraditório e do devido processo legal, o executado deve ser regularmente citado. Distribuída e recebida a petição inicial, a citação do executado é medida indispensável.[252]

A citação do executado se dá nos moldes do art. 238 do CPC em vigor, que indica expressamente a necessidade de citação do executado: *Citação é o ato pelo qual são convocados o réu, o executado ou o interessado para integrar a relação processual.*

- **Atenção**: O CPC em vigor, praticamente reproduz a regra do art. 214 do CPC/73, estabelecer que: Art. 239. Para a validade do processo é indispensável a citação do réu ou do executado, ressalvadas as hipóteses de indeferimento da petição inicial ou de improcedência liminar do pedido. § 1º O comparecimento espontâneo do réu ou do executado supre a falta ou a nulidade da citação, fluindo a partir desta data o prazo para apresentação de contestação ou de embargos à execução. § 2º Rejeitada a alegação de nulidade, tratando-se de processo de: I – conhecimento, o réu será considerado revel; II – execução, o feito terá seguimento.

Marcada a importância da citação no processo executivo, essencial identificar-se o escopo principal dessa citação. O art. 829 do CPC em vigor é expresso ao indicar que o executado será citado para efetuar o pagamento da dívida no prazo de 3 (três) dias, contado da citação.

Não realizado o pagamento no prazo legal, o executado sujeitar-se-á à penhora de tantos bens quantos bastem para a garantia do juízo da execução, conforme se infere da redação do art. 829, § 1º, do CPC.

---

[252] BUENO, Cassio Scarpinella. *Curso sistematizado de direito processual civil: tutela jurisdicional executiva*, op. cit., p. 244.

O CPC, em seu art. 247, não vedou a citação postal para os processos de execução, conforme vedação anteriormente contida na alínea "d", art. 222, do CPC/73. É viável, portanto, a citação por meio postal na execução. Essa orientação, aliás, foi também aceita na I Jornada de Direito Processual Civil realizada pelo Conselho da Justiça Federal, através do seu Enunciado nº 85 – "Na execução de título extrajudicial ou judicial (art. 515, § 1º, CPC) é cabível a citação postal".

Com relação às modalidades de citação por edital (art. 256 do CPC) e de citação por hora certa (art. 252 do CPC), a despeito de alguma divergência doutrinária ou jurisprudencial, a Súmula 196 do Superior Tribunal de Justiça é inquestionável quanto à sua possibilidade: "Ao executado que, citado por edital ou por hora certa, permanecer revel, será nomeado curador especial, com legitimidade para apresentação de embargos".

Nesse sentido, aliás, a súmula também resolve controvérsia antiga quanto à nomeação de curador especial para executado citado por edital.[253]

Admitidas, portanto, com a entrada em vigor do CPC a citação postal do executado e, a par do conteúdo da Súmula 196 do STJ, também as citações por edital e com hora certa, ambas com a possibilidade de nomeação de curador especial, com legitimidade, inclusive, para opor embargos à execução.

Caso o executado não seja localizado para fins de citação, mesmo antes da efetivação deste ato, é possível o arresto executivo de bens, também denominado de pré-penhora.

O arresto executivo não se confunde com o arresto cautelar. O arresto cautelar é medida proveniente de tutela provisória de urgência que se apresenta quando presentes os seus pressupostos legais (probabilidade do direito, perigo de dano ou perigo para o resultado útil do processo). O arresto executivo, por sua vez, é medida executiva que antecipa a penhora quando o executado não é encontrado ("pré-penhora"). O único pressuposto para que seja realizado o arresto executivo é a não localização do executado para a citação. Não é necessário que haja suspeita de ocultação para a realização desta modalidade de arresto. A ocultação é pressuposto para a citação por hora certa, o que deverá ocorrer caso constatada a situação (art. 830, § 1º, CPC).

Como no modelo brasileiro somente é possível a penhora após a citação, a natural consequência do arresto executivo é sua conversão em penhora (art. 830, § 3º, CPC). Repita-se: não é necessário que haja perigo de dano ou perigo para o resultado útil do processo para que seja realizado o arresto executivo. Após o arresto, porém, são necessárias diligências para localização e citação do executado (830, § 2º, CPC).

O arresto executivo não é um ato exclusivo do oficial de justiça como dá a entender o art. 830, *caput*, NCPC. Há, no ponto, iterativa jurisprudência do Su-

---

[253] Possui entendimento contrário, indicando a impossibilidade de nomeação de curador especial ao executado citado por edital, Alexandre Moraes Câmara: "É de se notar, ainda, que, permanecendo inerte o executado citado com hora certa ou por edital, não é o caso de o juiz nomear para ele curador especial". (CÂMARA, Alexandre Freitas. *Lições de Processo civil*, op. cit., p. 300)

perior Tribunal de Justiça favorável à utilização do bloqueio de contas (ativos financeiros) a título de arresto executivo.

8.2.5. Atitudes do executado diante da citação

Realizada a citação, variado feixe de opções se apresenta diante do executado. Pode ele cumprir a prestação imediatamente ou mediante parcelamento, pode também questionar a execução com embargos ou, ainda, quedar-se inerte. De modo sistemático, as principais situações são as seguintes: (a) pagamento; (b) parcelamento; (c) ajuizamento de embargos à execução; (d) inércia, isto é, ausência de cumprimento voluntário.

A reforma do processo de execução, realizada pela Lei n. 11.382/06, trouxe significativas mudanças no procedimento como um todo, mas especialmente, nas atitudes que o executado deve adotar quando da citação na execução por quantia certa contra devedor solvente.

Ora, no modelo anterior, a antiga redação do art. 652 estabelecia um prazo de 24 (vinte e quatro) horas para que o executado efetuasse o pagamento da dívida ou nomeasse bens à penhora,[254] exigindo a certificação da hora da citação pelo oficial de justiça.

Esse procedimento poderia gerar uma série de questionamentos quanto ao termo final do cumprimento do ato da citação, assim como permitia uma série de questionamentos e incidentes processuais (muitos procrastinatórios) para fins de decretar-se a nulidade do ato citatório. Além disso, o curto espaço de 24 horas, com efeito, era completamente desencorajador para quem pretendesse efetuar o pagamento do débito.

A posterior redação do art. 652 do CPC/73, agora, art. 829 do CPC, além de prever a ordem de pagamento após a citação, amplia o prazo para pagamento para 3 (três) dias. Ao mesmo tempo, retira do devedor a possibilidade de indicar bens à penhora, outorgando esse direito ao credor. Veja-se que o CPC indica que a penhora recairá sobre bens indicados pelo exequente, salvo se outros forem indicados pelo executado e aceitos pelo juiz.

Efetuando o pagamento no prazo legal, da quantia pretendida pelo credor, o juiz prolatará sentença, declarando satisfeita a execução.[255] Sendo efetuado o pagamento no tríduo legal, o executado poderá pleitear a redução – pela metade – do valor dos honorários fixados pelo juiz da execução, conforme redação do art. 827, § 1º, do CPC em vigor.

Uma vez citado, portanto, o devedor disporá do prazo de 3 (três) dias para pagar, todavia, poderá no mesmo prazo indicar bens à penhora, demonstrando *"que a constrição proposta lhe será menos onerosa e não trará prejuízo ao exequente"*.

---

[254] Redação anterior: *Art. 652. O devedor será citado para,* no prazo de 24 (vinte e quatro) horas, *pagar ou nomear bens à penhora.*
[255] CÂMARA, Alexandre Freitas. *Lições de Processo civil:* volume 2. 21. ed. São Paulo: Atlas, 2012. p. 302.

Citado o executado, o oficial de justifica deve certificar o fato e aguardar a fluência do prazo legal de três dias.[256]

Há uma relevante discussão que se poderia travar, acerca de como se daria a contagem do prazo de três dias para o pagamento da obrigação, considerando as peculiaridades do art. 231 do CPC. Com efeito, não se conta o prazo de três dias da juntada do mandado de citação, mas sim do próprio ato da citação.[257]

Vale lembrar que, além do pagamento no prazo de três dias, o executado ainda poderá pretender o parcelamento do débito e ajuizar embargos à execução. Os dois temas serão tratados no capítulo atinente às defesas do executado.

Por fim, caso não ocorra nenhuma dessas hipóteses, diante da inércia do executado quando findo o prazo legal, podem iniciar-se os procedimentos de penhora de bens do devedor.

8.2.6. Penhora e Avaliação

8.2.6.1. Penhora (conceito, efeitos, modificação e destino dos bens)

Denomina-se penhora, em linhas gerais, o ato pelo qual se apreendem bens para empregá-los, de maneira direta ou indireta, na satisfação do crédito exequendo.[258]

A ideia aqui é de *afetação* de um bem pertencente ao devedor (princípio da responsabilidade patrimonial), o qual ficará à disposição da execução, para fins de garantia de pagamento, *"tornando os atos de disposição do seu proprietário, ineficazes em face do processo"*.[259] Trata-se, pois, de ato de apreensão judicial de bens, sendo certo que os bens penhorados devem ser empregados na satisfação do crédito em execução,[260] sendo essa a principal destinação dos bens penhorados.

Com efeito, ao par de tratar a penhora como elemento essencial para a satisfação do crédito exequendo, releva importância identificar-se os principais efeitos desse ato de constrição judicial de bens. A penhora, com efeito, produz efeitos de duas ordens: processuais e materiais.[261]

---

[256] ASSIS, Araken de. *Manual da Execução*, op. cit., p. 685.

[257] Em igual sentido, ver as posições de Araken de Assis (ASSIS, Araken de. *Manual da Execução*, op. cit., p. 687) e Cássio Scarponella Bueno. (BUENO, Cassio Scarpinella. *Curso sistematizado de direito processual civil: tutela jurisdicional executiva*, op. cit., p. 249)

[258] MOREIRA, José Carlos Barbosa. *O novo processo civil brasileiro: exposição sistemática do procedimento*, op. cit., p. 237.

[259] ASSIS, Araken de. *Manual da Execução*, op. cit., p. 685.

[260] CÂMARA, Alexandre Freitas. *Lições de Processo civil:* volume 2 – 21. ed. – São Paulo: Atlas, 2012. p. 304.

[261] Esses dois efeitos são tradicionalmente apontados pela doutrina, valendo salientar os entendimentos de Araken de Assis (ASSIS, Araken de. *Manual da Execução*, op. cit., p. 699), Alexandre Câmara (CÂMARA, Alexandre Freitas. *Lições de Processo civil:* volume 2 – 21. ed. – São Paulo: Atlas, 2012. p. 305) e Barbosa Moreira (MOREIRA, José Carlos Barbosa. *O novo processo civil brasileiro: exposição sistemática do procedimento*, op. cit., p. 245).

São efeitos *processuais* da penhora:

(a) individualizar os bens que suportarão a carga executiva;

(b) garantir o juízo da execução, assegurando, na medida do possível, a eficácia da atividade executiva (essa garantia do juízo poderá ser arguida também para fins de requerimento de efeito suspensivo nos embargos de devedor);

(c) criar para o exequente o direito de preferência sobre os bens penhorados;

(d) desencadeamento da técnica expropriatória, visto que os meios previstos no art. 825 do CPC pressupõem a realização da penhora.[262]

Constituem-se, outrossim, efeitos *materiais* da penhora:

(a) retirar do executado a posse direta do bem penhorado[263] ou reorganização da posse;[264]

(b) tornar ineficazes em relação ao credor os atos de disposição dos bens penhorados (em face da fraude à execução, valendo sempre lembrar da lição contida na Súmula 375 do STJ);

(c) perda do direito de fruição.[265]

Em certas hipóteses, é comum que se estabeleçam procedimentos de *modificação* da penhora validamente feita, cabendo distinguir as modificações quantitativas (redução ou ampliação) e modificações qualitativas (substituição do objeto da penhora).[266]

Tem espaço a redução quando, realizada a avaliação, se verificar que o valor dos bens penhorados é superior ao valor do crédito exequendo, inclusive acessórios, conforme se deflui do art. 874, inc. I, do CPC em vigor. Contrariamente, caberia a ampliação da penhora, quando a avaliação dos bens penhorados for inferior ao montante da dívida, conforme art. 874, inc. II, do CPC em vigor.

A substituição, por seu turno, pode ocorrer por iniciativa do exequente ou do executado. Será possível o exequente requerer a substituição da penhora quando descobrir que os bens penhorados são litigiosos ou estavam gravados por penhora anterior, arresto ou outro ônus. Nessas hipóteses, o exequente pode desistir da penhora (art. 851, inc. III, do CPC) e pleitear a penhora de outros bens caso existam.

Poderá, ainda, o exequente pleitear a substituição de bem penhorado em caso de penhora insuficiente e no caso de perecimento do bem penhorado.

De outra parte, pode o executado pleitear a substituição do bem penhorado quando: (i) o valor do bem penhorado for consideravelmente superior

---

[262] ASSIS, Araken de. *Manual da Execução*, op. cit., p. 704.

[263] Ou, ao menos, alterar-lhe o título da sua posse, quando o próprio devedor fique como depositário do bem penhorado. (art. 666,§ 1º, do CPC em vigor e art. 840, § 2º, do CPC)

[264] ASSIS, Araken de. *Manual da Execução*, op. cit., p. 701.

[265] Ibid., p. 702.

[266] MOREIRA, José Carlos Barbosa. *O novo processo civil brasileiro: exposição sistemática do procedimento*, op. cit., p. 246.

ao valor do crédito exequendo; (ii) em termos genéricos, na forma do art. 847 do CPC em vigor, se, nos dez dias subsequentes à intimação da penhora, demonstrar que "a substituição não trará prejuízo algum ao exequente e lhe será menos onerosa".

Outrossim, o art. 848 do CPC em vigor estabelece sete hipóteses em que "a parte poderá requerer a substituição da penhora": I – ela não obedecer à ordem legal; II – ela não incidir sobre os bens designados em lei, contrato ou ato judicial para o pagamento; III – havendo bens no foro da execução, outros tiverem sido penhorados; IV – havendo bens livres, ela tiver recaído sobre bens já penhorados ou objeto de gravame; V – ela incidir sobre bens de baixa liquidez; VI – fracassar a tentativa de alienação judicial do bem; ou VII – o executado não indicar o valor dos bens ou omitir qualquer das indicações previstas em lei. Parágrafo único. A penhora pode ser substituída por fiança bancária ou por seguro garantia judicial, em valor não inferior ao do débito constante da inicial, acrescido de trinta por cento.

Relevante salientar que eventual pedido de substituição, ampliação ou redução de penhora, sempre terá ter ser precedido de oitiva da parte contrária, conforme estabelecem os arts. 847, § 4º, e 853 do CPC em vigor. Os bens penhorados, por seu turno e conforme já fora referido, destinam-se à expropriação, para fins de satisfação do credor.

8.2.6.2. Procedimento da penhora

Não tendo sido efetuado o pagamento no prazo legal, proceder-se-á à penhora de tantos bens quantos bastem para a garantia da execução (principal atualizado, juros, custas e honorários advocatícios), conforme regra do art. 831 do CPC.

O ato processual da penhora será realizado pelo oficial de justiça, "onde quer que se encontrem os bens, ainda que sob a posse, detenção ou guarda de terceiros", conforme regra do art. 845 do CPC.

A penhora será formalizada por meio de auto ou termo de penhora.

Conveniente lembrar que pode ter havido a realização de um arresto (art. 830 do CPC), situação que dará ensejo a conversão desse arresto em penhora.

Ao autorizar a penhora, compete ao juízo da execução fazer obedecer à ordem prevista no art. 835 do CPC em vigor: I – dinheiro, em espécie ou em depósito ou aplicação em instituição financeira; II – títulos da dívida pública da União, dos Estados e do Distrito Federal com cotação em mercado; III – títulos e valores mobiliários com cotação em mercado; IV – veículos de via terrestre; V – bens imóveis; VI – bens móveis em geral; VII – semoventes; VIII – navios e aeronaves; IX – ações e quotas de sociedades simples e empresárias; X – percentual do faturamento de empresa devedora; XI – pedras e metais preciosos; XII – direitos aquisitivos derivados de promessa de compra e venda e de alienação fiduciária em garantia; XIII – outros direitos.

A ordem legal da penhora, ainda que demonstre a clara opção do legislador em criar um sistema efetivo de garantia do crédito exequendo, não é absoluta, conforme se pode observar da Súmula 417 do STF, segundo a qual: "Na execução civil, a penhora de dinheiro na ordem de nomeação de bens não tem caráter absoluto".

Essencial salientar, outrossim, a possibilidade de penhora em dinheiro, através do procedimento comumente denominado pela jurisprudência de BACEN-JUD. Trata-se da medida preconizada pelo art. 854 do CPC.

Segundo esse dispositivo, "Para possibilitar a penhora de dinheiro em depósito ou em aplicação financeira, o juiz, a requerimento do exequente, *sem dar ciência prévia do ato ao executado*, determinará às instituições financeiras, por meio de sistema eletrônico gerido pela autoridade supervisora do sistema financeiro nacional, que torne indisponíveis ativos financeiros existentes em nome do executado, limitando-se a indisponibilidade ao valor indicado na execução.".

Essencial anotar que a penhora se aperfeiçoa através da apreensão e depósito dos bens capazes de assegurar a realização do direito exequendo,[267] conforme consta previsto no art. 839 do CPC em vigor: Considerar-se-á feita a penhora mediante a apreensão e o depósito dos bens, lavrando-se um só auto se as diligências forem concluídas no mesmo dia.

Além disso, conforme se denota do art. 838 do CPC, o auto de penhora conterá: I – a indicação do dia, mês, ano e lugar em que foi feita; II – os nomes do credor e do devedor; III – a descrição dos bens penhorados, com os seus característicos; IV – a nomeação do depositário dos bens.

Na hipótese de penhora de bem imóvel, demandará o registro da mesma junto ao cartório de registro de imóveis, conforme previsão do art. 844 do CPC. A apreensão judicial dos bens é procedimento simples, bastando que a penhora seja reduzida a termo escrito. Não sendo este o caso, ou seja, sendo necessário buscar os bens sobre os quais recairá a penhora, a apreensão judicial dos bens do executado far-se-á através de oficial de justiça, que deverá lavrar auto de penhora. A penhora será realizada onde quer que se encontrem os bens (art. 845 do CPC).

8.2.6.3. Avaliação

Perfectibilizada a penhora de bens do executado, os mesmos serão imediatamente avaliados pelo oficial de justiça, conforme se observa do disposto no art. 829, § 1º, do CPC em vigor.

Com efeito, a avaliação de bens é procedimento legal previsto nos artigos 870 a 875 do CPC.

Conforme já referido, a avaliação dos bens penhorados será feita, preferencialmente, pelo oficial de justiça no momento da penhora. Todavia, caso

---

[267] CÂMARA, Alexandre Freitas. *Lições de Processo civil*: volume 2. 21. ed. São Paulo: Atlas, 2012. p. 321.

sejam necessários conhecimentos especializados, e o valor da execução o comportar, o juiz nomeará avaliador, fixando-lhe prazo não superior a 10 (dez) dias para entrega do laudo (art. 870 do CPC).

Outrossim, não se realizará avaliação quando: "I – uma das partes aceitar a estimativa feita pela outra; II – se tratar de títulos ou de mercadorias que tenham cotação em bolsa, comprovada por certidão ou publicação no órgão oficial; III – se tratar de títulos da dívida pública, de ações de sociedades e de títulos de crédito negociáveis em bolsa, cujo valor será o da cotação oficial do dia, comprovada por certidão ou publicação no órgão oficial; IV – se tratar de veículos automotores ou de outros bens cujo preço médio de mercado possa ser conhecido por meio de pesquisas realizadas por órgãos oficiais ou de anúncios de venda divulgados em meios de comunicação, caso em que caberá a quem fizer a nomeação o encargo de comprovar a cotação de mercado", conforme redação do art. 871 do CPC.

Para efeitos de avaliação realizada pelo oficial de justiça, a mesma constará de vistoria e de laudo anexados ao auto de penhora ou, em caso de perícia realizada por avaliador, de laudo apresentado no prazo fixado pelo juiz, devendo-se, em qualquer hipótese, especificar: I – os bens, com as suas características, e o estado em que se encontram; II – o valor dos bens (art. 872 do CPC).

A admissão de nova avaliação dependerá dos pressupostos elencados no art. 873 do CPC: I – qualquer das partes arguir, fundamentadamente, a ocorrência de erro na avaliação ou dolo do avaliador; II – se verificar, posteriormente à avaliação, que houve majoração ou diminuição no valor do bem; III – o juiz tiver fundada dúvida sobre o valor atribuído ao bem na primeira avaliação.

Realizada a avaliação, o juiz poderá, a requerimento do interessado e ouvida a parte contrária, mandar:

I – reduzir a penhora aos bens suficientes ou transferi-la para outros, se o valor dos bens penhorados for consideravelmente superior ao crédito do exequente e dos acessórios;
II – ampliar a penhora ou transferi-la para outros bens mais valiosos, se o valor dos bens penhorados for inferior ao crédito do exequente.

Por fim, realizadas a penhora e a avaliação, o juiz dará início aos atos de expropriação do bem.

8.2.7. Atos expropriatórios

Na forma do art. 825 do CPC em vigor, a expropriação consiste em: I – adjudicação; II – alienação; III – apropriação de frutos e rendimentos de empresa ou de estabelecimentos e de outros bens.

8.2.7.1. Adjudicação

A adjudicação constitui-se na primeira das modalidades expropriatórias, devendo ser entendida como "a possibilidade de o exequente ou algum outro legitimado para a prática do ato de tornar-se proprietário dos bens penhorados para a extinção (total ou parcial) do crédito exequendo".[268] Ou seja, é a faculdade que permite, caso seja do interesse do exequente, receber, para a satisfação do crédito, o bem penhorado ou, se vários os foram, alguns deles, ou mais de um, ou mesmo todos.[269]

A adjudicação tem certa semelhança com a dação em pagamento, na qual também consente o exequente "em receber prestação diversa da que lhe é devida", conforme art. 356 do Código Civil brasileiro.[270]

Com efeito, nos termos da legislação em vigor, para obter a adjudicação, deve o credor (ou outro legitimado) oferecer preço não inferior ao da avaliação (art. 876 do CPC em vigor).

Pela adjudicação, o órgão judiciário oportuniza que os bens penhorados sejam transferidos do patrimônio do executado para o credor. Com efeito, esse "intercâmbio patrimonial forçado"[271] tem como finalidade garantir a efetividade da execução, de maneira diversa da simples entrega de dinheiro, visto que o bem entregue ao credor atende ao comando executivo, expropriando patrimônio do devedor e satisfazendo o débito.

Trata-se de negócio jurídico, análogo à arrematação, no qual figura como adquirente o credor.[272]

O procedimento previsto em lei para a adjudicação, especialmente com os olhos voltados ao Código de Processo Civil de 2015, que entrou em vigor em março do ano de 2016, não revela maior complexidade.

Requerida a adjudicação pelo exequente, o executado deve ser intimado através de seu advogado constituído nos autos.

Na adjudicação, considerando a regra de que o credor não pode oferecer preço inferior ao da avaliação, se o valor do crédito for: I – inferior ao dos bens, o requerente da adjudicação depositará de imediato a diferença, que ficará à disposição do executado; II – superior ao dos bens, a execução prosseguirá pelo saldo remanescente (art. 876, § 4º, do CPC).

Relevante salientar que estão igualmente legitimados a exercerem o direito de adjudicação de bens o (i) coproprietário de bem indivisível do qual tenha sido penhorada fração ideal; (ii) o titular de usufruto, uso, habitação, enfiteuse, direito de superfície, concessão de uso especial para fins de moradia ou concessão de direito real de uso, quando a penhora recair sobre bem gravado com tais direitos reais; (iii) o proprietário do terreno submetido ao regime de direito de superfície, enfiteuse, concessão de uso especial para fins de moradia ou concessão de direito real de uso, quando a penhora recair sobre tais direitos reais;

---

[268] BUENO, Cassio Scarpinella. *Curso sistematizado de direito processual civil: tutela jurisdicional executiva*, op. cit., p. 243.
[269] MOREIRA, José Carlos Barbosa. *O novo processo civil brasileiro: exposição sistemática do procedimento*, op. cit., p. 253.
[270] Ibid., 254.
[271] Expressão dada por Araken de Assis (ASSIS, Araken de. *Manual da Execução*, op. cit., p. 839).
[272] ASSIS, Araken de. *Manual da Execução*, op. cit., p. 839.

(iv) o credor pignoratício, hipotecário, anticrético, fiduciário ou com penhora anteriormente averbada, quando a penhora recair sobre bens com tais gravames, caso não seja o credor, de qualquer modo, parte na execução; (v) o promitente comprador, quando a penhora recair sobre bem em relação ao qual haja promessa de compra e venda registrada; (vi) o promitente vendedor, quando a penhora recair sobre direito aquisitivo derivado de promessa de compra e venda registrada; (vii) a União, o Estado e o Município, no caso de alienação de bem tombado.[273]

Havendo mais de um pretendente à adjudicação, proceder-se-á a licitação entre eles, tendo preferência, em caso de igualdade de oferta, o cônjuge, o companheiro, o descendente ou o ascendente, nessa ordem.

No caso de penhora de quota social ou de ação de sociedade anônima fechada realizada em favor de exequente alheio à sociedade, esta será intimada, ficando responsável por informar aos sócios a ocorrência da penhora, assegurando-se a estes a preferência.

Após decididas eventuais questões, o juiz ordenará a lavratura do auto de adjudicação, considerando perfectibilizada (*perfeita e acabada*) a adjudicação com a lavratura e a assinatura do auto pelo juiz, pelo adjudicatário, pelo escrivão ou chefe de secretaria, e, se estiver presente, pelo executado, expedindo-se: (i) a carta de adjudicação e o mandado de imissão na posse, quando se tratar de bem imóvel; (ii) a ordem de entrega ao adjudicatário, quando se tratar de bem móvel.

O CPC apresenta importante inovação quando prevê no art. 878 que, no caso de alienação judicial do bem penhorado não alcançar o resultado pretendido, é possível reabrir a oportunidade de adjudicação dos bens.

8.2.7.2. Alienação Particular

Não tendo sido requerida a adjudicação dos bens penhorados, poderá o exequente requerer sejam eles alienados por sua própria iniciativa ou por intermédio de corretor credenciado[274] perante a autoridade judiciária. Constitui-se modalidade de alienação já empregada no direito comparado, conforme se verifica no direito italiano.[275]

No direito brasileiro, essa possibilidade já era prevista no art. 700 do CPC/73[276] todavia, com a Lei 11.382/2005 que esse dispositivo ganhou redação

---

[273] Extrai-se essa lição do art. 876, § 5º, do CPC, a qual praticamente repete (com algumas importantes alterações) o art. 685-A, § 2º, do CPC/73.

[274] Esse credenciamento deve respeitar as regras previstas no art. 685-C, § 3º, do CPC em vigor, regra que foi reproduzida no art. 880, § 3º, do CPC: "Os tribunais poderão editar disposições complementares sobre o procedimento da alienação prevista neste artigo, admitindo, quando for o caso, o concurso de meios eletrônicos, e dispor sobre o credenciamento dos corretores e leiloeiros públicos, os quais deverão estar em exercício profissional por não menos que 3 (três) anos".

[275] CÂMARA, Alexandre Freitas. *Lições de Processo civil*: volume 2. 21. ed. São Paulo: Atlas, 2012. p. 335.

[276] Esse dispositivo, revogado no CPC em vigor desde 2006, tinha a seguinte redação: "Poderá o juiz, ouvidas as partes e sem prejuízo da expedição dos editais, atribuir a corretor de imóveis inscrito na entidade

mais adequada às necessidades da execução, tendo sido repetida no CPC, através do art. 880: "Não efetivada a adjudicação, o exequente poderá requerer a alienação por sua própria iniciativa ou por intermédio de corretor ou leiloeiro público credenciado perante o órgão judiciário".

Formulado o requerimento de alienação por iniciativa particular, o juiz deve fixar prazo dentro do qual a mesma ocorrerá, a forma de publicidade, o preço mínimo (que deve ser o preço da avaliação), as condições de pagamento e as garantias que devem ser prestadas.

A alienação por iniciativa particular formaliza-se por termo nos autos, expedindo-se carta de alienação (se for imóvel o bem) e o mandado de imissão na posse (se bem imóvel) e, a ordem de entrega ao adquirente (se bem móvel), conforme redação do art. 880, §§ 1º e 2º, do CPC em vigor.

8.2.7.3. Arrematação (hasta pública)

Seguindo a mesma lógica das formas de expropriação dos bens do devedor, não tendo sido adjudicados ou alienados por iniciativa particular, esses bens penhorados serão levados a procedimento de arrematação (hasta pública).

No entanto, o CPC simplificou bastante a redação do art. 686 do CPC/73 e sequer faz referência ao procedimento de *hasta pública*. No art. 879 do CPC em vigor, há a referência expressa que a alienação ocorrerá por *iniciativa particular* ou por *leilão eletrônico ou presencial*.

Outrossim, desaparece no CPC em vigor a diferenciação entre praça (alienação de bens imóveis) e leilão (alienação de bens móveis), tratando o legislador apenas do leilão.

Com efeito, seja no CPC/73, seja no CPC atual, a ideia é realizar um procedimento licitatório de alienação dos bens (móveis ou imóveis) penhorados na execução. Nesse procedimento licitatório, os bens penhorados serão expropriados (isto é, retirados do patrimônio do devedor) e incorporados ao patrimônio de quem os arrematar num leilão (ou praça, se considerar-se o modelo ainda em vigor).

Ainda que desnecessário, salienta-se que se a penhora recair sobre dinheiro não haverá procedimento licitatório (leilão), bastando que se levante, por meio de alvará judicial, a quantia depositada e à disposição do juízo.

---

oficial da classe a intermediação na alienação do imóvel penhorado. Quem estiver interessado em arrematar o imóvel sem o pagamento imediato da totalidade do preço poderá, até 5 (cinco) dias antes da realização da praça, fazer por escrito o seu lanço, não inferior à avaliação, propondo pelo menos 40% (quarenta por cento) à vista e o restante a prazo, garantido por hipoteca sobre o próprio imóvel. § 1º A proposta indicará o prazo, a modalidade e as condições de pagamento do saldo.§ 2º Se as partes concordarem com a proposta, o juiz a homologará, mandando suspender a praça, e correndo a comissão do mediador, que não poderá exceder de 5% (cinco por cento) sobre o valor da alienação, por conta do proponente. § 3º Depositada, no prazo que o juiz fixar, a parcela inicial, será expedida a carta de arrematação (art. 703), contendo os termos da proposta e a decisão do juiz, servindo a carta de título para o registro hipotecário. Não depositada a parcela inicial, o juiz imporá ao proponente, em favor do exequente, multa igual a 20% (vinte por cento) sobre a proposta, valendo a decisão como título executivo".

Para fins didáticos e considerando a nova disciplina trazida pelo CPC (artigos 879 a 903), o tema será tratado a partir dessa perspectiva. Traça-se, a partir desse momento, verdadeiro roteiro de como deve ser realizado o procedimento de alienação judicial dos bens penhorados na execução:

1º) A alienação far-se-á: (i) por iniciativa particular; (ii) em leilão judicial eletrônico ou presencial;
2º) A alienação far-se-á em leilão judicial se não efetivada a adjudicação ou a alienação por iniciativa particular;
3º) O leilão do bem penhorado deve realizado por leiloeiro público;
4º) Prevalência do meio eletrônico que somente não ocorrer se não for possível a sua realização, instante em que será admitida sua realização presencial;
5º) A alienação judicial por meio eletrônico deverá atender aos requisitos de ampla publicidade, autenticidade e segurança, com observância das regras estabelecidas na legislação sobre certificação digital;
6º) O leilão presencial será realizado no local designado pelo juiz;
7º) Compete ao juiz a designação do leiloeiro público, que poderá ser indicado pelo exequente;
8º) Incumbe ao leiloeiro público: (i) publicar o edital, anunciando a alienação; (ii) realizar o leilão onde se encontrem os bens ou no lugar designado pelo juiz; (iii) expor aos pretendentes os bens ou as amostras das mercadorias; (iv) receber e depositar, dentro de 1 (um) dia, à ordem do juiz, o produto da alienação; (v) prestar contas nos 2 (dois) dias subsequentes ao depósito;
9º) O leiloeiro tem o direito de receber do arrematante a comissão estabelecida em lei ou arbitrada pelo juiz;
10º) O juiz da execução estabelecerá o preço mínimo, as condições de pagamento e as garantias que poderão ser prestadas pelo arrematante;
11º) O leilão será precedido de publicação de edital, que conterá: (i) a descrição do bem penhorado, com suas características, e, tratando-se de imóvel, sua situação e suas divisas, com remissão à matrícula e aos registros; (ii) o valor pelo qual o bem foi avaliado, o preço mínimo pelo qual poderá ser alienado, as condições de pagamento e, se for o caso, a comissão do leiloeiro designado; (iii) o lugar onde estiverem os móveis, os veículos e os semoventes e, tratando-se de créditos ou direitos, a identificação dos autos do processo em que foram penhorados; (iv) o sítio, na rede mundial de computadores, e o período em que se realizará o leilão, salvo se este se der de modo presencial, hipótese em que serão indicados o local, o dia e a hora de sua realização; (v) a indicação de local, dia e hora de segundo leilão presencial, para a hipótese de não haver interessado no primeiro; (vi) menção da existência de ônus, recurso ou processo pendente sobre os bens a serem leiloados;
13º) O leiloeiro público designado adotará providências para a ampla divulgação da alienação. A publicação do edital deverá ocorrer pelo menos 5 (cinco) dias antes da data marcada para o leilão;
14º) O edital será publicado na rede mundial de computadores, em sítio designado pelo juízo da execução, e conterá descrição detalhada e, sempre que possível, ilustrada dos bens, informando expressamente se o leilão se realizará de forma eletrônica ou presencial;
15º) Não sendo possível a publicação na rede mundial de computadores ou considerando o juiz, em atenção às condições da sede do juízo, que esse modo de divulgação é insuficiente ou inadequado, o edital será afixado em local de costume e publicado, em resumo, pelo menos uma vez em jornal de ampla circulação local;
16º) Os editais de leilão de imóveis e de veículos automotores serão publicados pela imprensa ou por outros meios de divulgação, preferencialmente na seção ou no local reservados à publicidade dos respectivos negócios;
17ª) Não se realizando o leilão por qualquer motivo, o juiz mandará publicar a transferência;
18º) Serão cientificados da alienação judicial, com pelo menos 5 (cinco) dias de antecedência: (i) o executado, por meio de seu advogado ou, se não tiver procurador constituído nos autos, por carta registrada, mandado, edital ou outro meio idôneo; (ii) o coproprietário de bem indivisível do qual

tenha sido penhorada fração ideal; (iii) o titular de usufruto, uso, habitação, enfiteuse, direito de superfície, concessão de uso especial para fins de moradia ou concessão de direito real de uso, quando a penhora recair sobre bem gravado com tais direitos reais; (iv) o proprietário do terreno submetido ao regime de direito de superfície, enfiteuse, concessão de uso especial para fins de moradia ou concessão de direito real de uso, quando a penhora recair sobre tais direitos reais; (v) o credor pignoratício, hipotecário, anticrético, fiduciário ou com penhora anteriormente averbada, quando a penhora recair sobre bens com tais gravames, caso não seja o credor, de qualquer modo, parte na execução; (vi) o promitente comprador, quando a penhora recair sobre bem em relação ao qual haja promessa de compra e venda registrada; (vii) o promitente vendedor, quando a penhora recair sobre direito aquisitivo derivado de promessa de compra e venda registrada; (viii) a União, o Estado e o Município, no caso de alienação de bem tombado.

19º) Pode oferecer lance quem estiver na livre administração de seus bens, com exceção: (i) dos tutores, dos curadores, dos testamenteiros, dos administradores ou dos liquidantes, quanto aos bens confiados à sua guarda e à sua responsabilidade; (ii) dos mandatários, quanto aos bens de cuja administração ou alienação estejam encarregados; (iii) do juiz, do membro do Ministério Público e da Defensoria Pública, do escrivão, do chefe de secretaria e dos demais servidores e auxiliares da justiça, em relação aos bens e direitos objeto de alienação na localidade onde servirem ou a que se estender a sua autoridade; (iv) dos servidores públicos em geral, quanto aos bens ou aos direitos da pessoa jurídica a que servirem ou que estejam sob sua administração direta ou indireta; (v) dos leiloeiros e seus prepostos, quanto aos bens de cuja venda estejam encarregados; (vi) dos advogados de qualquer das partes.

20º) Não será aceito lance que ofereça preço vil, considerando-se vil o preço inferior ao mínimo estipulado pelo juiz e constante do edital, e, não tendo sido fixado preço mínimo, considera-se vil o preço inferior a cinquenta por cento do valor da avaliação;

21º) Salvo pronunciamento judicial em sentido diverso, o pagamento deverá ser realizado de imediato pelo arrematante, por depósito judicial ou por meio eletrônico;

22º) Se o exequente arrematar os bens e for o único credor, não estará obrigado a exibir o preço, mas, se o valor dos bens exceder ao seu crédito, depositará, dentro de 3 (três) dias, a diferença, sob pena de tornar-se sem efeito a arrematação, e, nesse caso, realizar-se-á novo leilão, à custa do exequente.

23º) Se o leilão for de diversos bens e houver mais de um lançador, terá preferência aquele que se propuser a arrematá-los todos, em conjunto, oferecendo, para os bens que não tiverem lance, preço igual ao da avaliação e, para os demais, preço igual ao do maior lance que, na tentativa de arrematação individualizada, tenha sido oferecido para eles.

24º) Quando o imóvel admitir cômoda divisão, o juiz, a requerimento do executado, ordenará a alienação judicial de parte dele, desde que suficiente para o pagamento do exequente e para a satisfação das despesas da execução.

25º) O interessado em adquirir o bem penhorado em prestações poderá apresentar, por escrito: (i) até o início do primeiro leilão, proposta de aquisição do bem por valor não inferior ao da avaliação; (ii) até o início do segundo leilão, proposta de aquisição do bem por valor que não seja considerado vil;

26º) A proposta de pagamento do lance à vista sempre prevalecerá sobre as propostas de pagamento parcelado. Havendo mais de uma proposta de pagamento parcelado: (i) em diferentes condições, o juiz decidirá pela mais vantajosa, assim compreendida, sempre, a de maior valor; (ii) em iguais condições, o juiz decidirá pela formulada em primeiro lugar;

27º) Quando o imóvel de incapaz não alcançar em leilão pelo menos oitenta por cento do valor da avaliação, o juiz o confiará à guarda e à administração de depositário idôneo, adiando a alienação por prazo não superior a 1 (um) ano;

28º) Se, durante o adiamento, algum pretendente assegurar, mediante caução idônea, o preço da avaliação, o juiz ordenará a alienação em leilão;

29º) Será suspensa a arrematação logo que o produto da alienação dos bens for suficiente para o pagamento do credor e para a satisfação das despesas da execução.
30º) O leilão prosseguirá no dia útil imediato, à mesma hora em que teve início, independentemente de novo edital, se for ultrapassado o horário de expediente forense;
31º) A arrematação constará de auto que será lavrado de imediato e poderá abranger bens penhorados em mais de uma execução, nele mencionadas as condições nas quais foi alienado o bem;
32º) A ordem de entrega do bem móvel ou a carta de arrematação do bem imóvel, com o respectivo mandado de imissão na posse, será expedida depois de efetuado o depósito ou prestadas as garantias pelo arrematante, bem como realizado o pagamento da comissão do leiloeiro e das demais despesas da execução;
33º) A carta de arrematação conterá a descrição do imóvel, com remissão à sua matrícula ou individuação e aos seus registros, a cópia do auto de arrematação e a prova de pagamento do imposto de transmissão, além da indicação da existência de eventual ônus real ou gravame;
34º) No caso de leilão de bem hipotecado, o executado poderá remi-lo até a assinatura do auto de arrematação, oferecendo preço igual ao do maior lance oferecido.
35º) Qualquer que seja a modalidade de leilão, assinado o auto pelo juiz, pelo arrematante e pelo leiloeiro, a arrematação será considerada perfeita, acabada e irretratável, ainda que venham a ser julgados procedentes os embargos do executado ou a ação autônoma.

Nada obstante, a arrematação poderá, no entanto, ser: (i) invalidada, quando realizada por preço vil ou com outro vício; (ii) considerada ineficaz, se o objeto for bem gravado por penhor, hipoteca ou anticrese, em relação ao credor pignoratício, hipotecário ou anticrético não intimado; (iii) resolvida, se não for pago o preço ou se não for prestada a caução.

Após a expedição da carta de arrematação ou da ordem de entrega, a invalidação da arrematação poderá ser pleiteada por ação autônoma, em cujo processo o arrematante figurará como litisconsorte necessário.

Considera-se ato atentatório à dignidade da justiça a suscitação infundada de vício com o objetivo de ensejar a desistência do arrematante, devendo o suscitante ser condenado, sem prejuízo da responsabilidade por perdas e danos, ao pagamento de multa, a ser fixada pelo juiz e devida ao exequente, em montante não superior a vinte por cento do valor atualizado do bem.

8.2.7.4. Da penhora de frutos e rendimentos de coisa móvel ou imóvel

A terceira modalidade de expropriação de bens do devedor, outrora denominada *"usufruto de bens móveis ou imóveis"*, conforme designação adotada no art. 716 do CPC/73, modernamente encontra-se prevista a partir do art. 867 e recebeu a denominação de "penhora de frutos e rendimentos de coisa móvel ou imóvel".

Observa a doutrina que trata de modalidade pouco utilizada na prática, seja pela complexidade do instituto, seja por que a sua utilização levará o credor a receber seu crédito *paulatinamente*, através da percepção de frutos havidos de um imóvel ou de uma empresa do executado, por exemplo.[277]

---
[277] CÂMARA, Alexandre Freitas. *Lições de Processo civil:* volume 2 – 21. ed. – São Paulo: Atlas, 2012. p. 343.

E, efetivamente, essa modalidade expropriativa revela algum nível de complexidade, especialmente, nos atos processuais que lhe são inerentes.

Pelo procedimento, o juiz pode ordenar a penhora de frutos e rendimentos de coisa móvel ou imóvel quando a considerar mais eficiente para o recebimento do crédito e menos gravosa ao executado. Portanto, configura-se medida que depende de requerimento da parte e decisão fundamentada do juiz.

Ordenada a medida, o juiz nomeará administrador-depositário, que será investido de todos os poderes que concernem à administração do bem e à fruição de seus frutos e utilidades, perdendo o executado o direito de gozo do bem, até que o exequente seja pago do principal, dos juros, das custas e dos honorários advocatícios.

O juiz poderá nomear administrador-depositário o exequente ou o executado, ouvida a parte contrária, e, não havendo acordo, nomeará profissional qualificado para o desempenho da função.

O administrador deve submeter à aprovação judicial a forma de administração e a de prestar contas periodicamente. Havendo discordância entre as partes ou entre essas e o administrador, o juiz decidirá a melhor forma de administração do bem.

Se o imóvel estiver arrendado, o inquilino pagará o aluguel diretamente ao exequente, salvo se houver administrador.

O exequente ou o administrador poderá celebrar locação do móvel ou do imóvel, ouvido o executado. As quantias recebidas pelo administrador serão entregues ao exequente, a fim de serem imputadas ao pagamento da dívida.

8.2.8. Satisfação da obrigação

Após a expropriação do bem penhorado, terá chegado o momento de realizar-se o pagamento ao exequente. Será o momento da satisfação do crédito exequendo. Prevê o art. 904 do CPC em vigor a formas de pagamento ao credor, sendo (i) – pela entrega do dinheiro; e (ii) – pela adjudicação dos bens penhorados.

O juiz autorizará que o exequente levante, até a satisfação integral de seu crédito, o dinheiro depositado para segurar o juízo ou o produto dos bens alienados, bem como do faturamento de empresa ou de outros frutos e rendimentos de coisas ou empresas penhoradas, quando: (i) a execução for movida só a benefício do exequente singular, a quem, por força da penhora, cabe o direito de preferência sobre os bens penhorados e alienados; (ii) não houver sobre os bens alienados outros privilégios ou preferências instituídos anteriormente à penhora.

Pago ao exequente o principal, os juros, as custas e os honorários, a importância que sobrar será restituída ao executado, conforme se infere do art. 907 do CPC.

Outrossim, havendo pluralidade de credores ou exequentes, o dinheiro lhes será distribuído e entregue consoante a ordem das respectivas preferências.

Os exequentes formularão as suas pretensões, que versarão unicamente sobre o direito de preferência e a anterioridade da penhora, e, apresentadas as razões, o juiz decidirá.

Capítulo 9 – Execução dos deveres de fazer, não fazer e entregar coisa

9.1. Noções gerais

O presente capítulo tratará do procedimento da execução de título executivo extrajudicial das obrigações de fazer, não fazer e entregar coisa. Trata-se de processo autônomo de execução, diante do fato de ter como objeto título executivo extrajudicial. Não, há, portanto, aplicação das regras do cumprimento de sentença (arts. 536 a 538 do CPC), senão apenas de forma subsidiária (art. 318, parágrafo único, do CPC).

No *cumprimento de sentença*, o Magistrado, ao reconhecer a existência do direito e a obrigação de fazer, não fazer e entregar coisa, seja em sede de tutela antecipada ou na decisão final de mérito, concederá a tutela específica ou determinará providências para a consecução do resultado prático equivalente. Há, como se verá no capítulo sobre cumprimento de sentença, *atipicidade* dos meios executivos, na medida em que o juiz deve adotar os meios necessários e adequados para a satisfação do direito reconhecido, da forma mais *efetiva* possível.

Contudo, na execução de título extrajudicial, não há prévia fase de conhecimento, dentro de um processo sincrético, na medida em que a parte já tem um título executivo. Mas, por ser extrajudicial, não há uma sentença que conhece e ao mesmo tempo contém executividade *intrínseca*, como ocorre nas sentenças mandamentais e executivas, as quais dão guarida às pretensões de fazer, não fazer e entregar coisa.

Nesse sentido, deve haver a previsão de um procedimento específico para a execução dos títulos extrajudiciais que tenham como objeto prestações de fazer, não fazer e entregar coisa. Não há, pois, *atipicidade* dos meios executivos quando tratar-se de demanda executiva de título extrajudicial, mesmo nos casos dos deveres de fazer, não fazer e entregar coisa.

Como se verá, os meios executivos estão previamente previstos na lei processual, inclusive prevendo a adoção da liquidação e da posterior execução por quantia certa contra devedor solvente, caso haja a conversão da obrigação (de fazer, não fazer ou entregar coisa) em perdas e danos. A seguir, será tratado dos dois procedimentos: a execução de título extrajudicial para entregar coisa e também o procedimento para as obrigações de fazer e não fazer.

Vale ressaltar que as disposições gerais previstas para todas as espécies de execuções aplicam-se, também, às execuções de título extrajudicial para as obrigações de fazer, não fazer e entregar coisa. Este é um dos motivos pelo qual o presente capítulo sucede ao capítulo sobre a execução de título extrajudicial contra devedor solvente (prestações pecuniárias).

9.2. Do procedimento da execução de título extrajudicial para as obrigações de fazer e não fazer

O procedimento para a execução de título extrajudicial para as obrigações de fazer e não fazer está previsto nos arts. 814 a 823 do Código de Processo Civil. A petição inicial observará as regras gerais estabelecidas pelo procedimento comum (arts. 319 e 320 do CPC), no que couber, e as regras especiais da inicial executiva previstas no livro do processo de execução (art. 796 do CPC).

Nesse sentido, além do endereçamento ao juízo competente, da qualificação completa das partes e da apresentação adequada dos elementos da ação (causa de pedir e pedido), deve a peça inaugural vir acompanhada do título extrajudicial exequendo, demonstrar que verificou-se o termo ou a condição ou provar que cumpriu com sua prestação, se for o caso, e deve indicar a espécie de execução. Em suma, a petição inicial deve atender a estes dispositivos. O mesmo se aplica para a inicial a demanda executiva que tenha como objeto título extrajudicial para a entrega de coisa.

Tanto na obrigação de fazer, como na obrigação de não fazer, o juiz, ao despachar a inicial, fixará multa por período de atraso no cumprimento da obrigação e a data a partir da qual a medida coercitiva será devida (art. 814 do CPC). Se a multa estiver prevista no título, o Magistrado poderá diminuí-la, se o valor mostrar-se excessivo.

A multa cominatória funciona como mecanismo coercitivo para a concretização, pelo próprio devedor, do mandado executivo, ou seja, tem como finalidade o cumprimento *in natura* da obrigação. Aplica-se à multa prevista no procedimento da execução de título extrajudicial das obrigações de fazer e não fazer as regras analisadas pormenorizadamente no capítulo do *cumprimento da sentença*, para onde se remete neste momento para este estudo particular.

Gize-se, entretanto, que a multa cominatória incidente no processo de execução de título extrajudicial das obrigações de fazer e não fazer é liquidada nos mesmos autos e executada pelo procedimento de execução por quantia certa (contra devedor solvente). O mesmo se aplica no caso de conversão em perdas e danos, caso o executado não cumpra a obrigação (de fazer ou não fazer), caso não seja possível seu cumprimento (ou desfazimento) ou se assim requerer o credor (art. 816 do CPC).

Nos casos de obrigação de fazer, estando em termos a petição inicial, o executado será citado para satisfazer a obrigação no prazo que o juiz lhe designar, se outro não estiver determinado no título executivo (art. 815 do CPC), fixando multa por período de atraso no cumprimento da obrigação. Esta é a fase inicial do procedimento: a propositura da demanda e a expedição do mandado executivo.

Ato contínuo, citado, o devedor poderá cumprir a obrigação, caso em que, após o pagamento da sucumbência, o processo será extinto. Ainda, o executado poderá opor embargos do executado, no prazo legal. Sendo os embargos recebidos com efeito suspensivo, suspende-se a exigibilidade da multa cominatória; caso contrário, prossegue a incidência da medida coercitiva e o processo executivo. Por fim, não havendo cumprimento da obrigação e não opostos embargos (ou sendo estes rejeitados, ou não recebidos com efeito suspensivo), prossegue-se a execução.

Se a prestação for fungível, não cumprida a obrigação, o exequente poderá requerer, nos mesmos autos, a conversão em perdas e danos ou o cumprimento por terceiro, à custa do executado (arts. 816 e 817 do CPC), mediante aprovação pelo juiz. É incomum a prestação por terceiro, na medida em que o executado deve antecipar as custas para tanto; por isso, mais comum é a conversão em perdas e danos.

Realizada a obrigação pelo terceiro, o juiz ouvirá as partes no prazo de dez dias. Não havendo impugnação, considerar-se-á satisfeita a obrigação. Caso contrário, decidirá a impugnação (art. 818 do CPC). Por outro lado, se o terceiro não prestar o fato ou o praticar de forma incompleta, o exequente poderá requerer ao juiz que o autorize a concluí-la à custa do terceiro. Neste caso, o terceiro será ouvido em quinze dias (prazo estabelecido pelo CPC), o juiz mandará avaliar o custo das despesas e condenará o terceiro a arcar com as despesas.

Diante dessa complexidade, a prática por terceiro é muito rara. Por isso, ao credor é possível requerer ao juiz o direito de, em igualdade de condições de oferta com a proposta do terceiro, executar ou mandar executar, sob sua direção e vigilância, os trabalhos necessários à prestação do fato. Este direito deve ser exercido no prazo de até cinco dias após aprovada a proposta do terceiro.

Se, por outro lado, a natureza da obrigação for infungível, o juiz fixará prazo para seu cumprimento, sob pena de multa. Havendo recusa ou mora, a obrigação se converterá em perdas e danos, seguindo-se por liquidação e execução por quantia certa. A multa incidirá pelo prazo fixado pelo Magistrado ou, se não fixado prazo certo, até o requerimento de conversão pelo credor ou determinado pelo juiz.

Se a obrigação for de não fazer, e o devedor tiver praticado o fato ou ato previsto no título exequendo, o juiz assinará prazo para o devedor desfazê-la, sob pena de multa. Havendo recusa por parte do devedor, ou mora, haverá conversão em perdas e danos se não puder ser desfeito o ato ou fato, seguindo-se para liquidação e execução por quantia certa. Caso possa ser desfeito, poderá o exequente requerer ao juiz que mande desfazer à custa do executado (antecipando as custas o exequente), que igualmente responderá por perdas e danos, mediante liquidação nos próprios autos e pelo procedimento da execução para pagamento de quantia certa.

9.3. Do procedimento da execução de título extrajudicial para as obrigações de entregar coisa (certa e incerta)

O procedimento para a execução de título extrajudicial para as obrigações de entregar coisa está previsto nos arts. 806 a 813 do Código de Processo Civil. A petição inicial, da mesma forma que na execução de título extrajudicial para as obrigações de fazer e não fazer, observará as regras gerais estabelecidas pelo procedimento comum (arts. 319 e 320 do CPC), no que couber, e as regras especiais da inicial executiva previstas no livro do processo de execução (art. 796 do CPC). A obrigação poderá ser de entregar coisa certa ou incerta.

O devedor será citado para, em quinze dias,[278] satisfazer a obrigação de entregar coisa certa. O juiz poderá fixar multa cominatória por dia de atraso no cumprimento da obrigação. Aplica-se, em relação a esta multa, da mesma forma que na execução de título executivo extrajudicial para as obrigações de fazer e não fazer, o regramento da multa cominatória apresentado no capítulo do *cumprimento da sentença*. Se a obrigação no for cumprida no prazo fixado pelo juiz, expedir-se-á mandado de imissão de posse ou busca e apreensão, conforme seja o bem móvel ou imóvel.

Cumprindo o executado o mandado inicial e entregando a coisa, lavrar-se-á o termo respectivo e será considerada satisfeita a obrigação, prosseguindo-se o processo para liquidação e posterior execução por quantia certa dos frutos ou ressarcimento de prejuízos, se houver previsão nesse sentido, pelo atraso, no título executivo extrajudicial objeto da demanda.

O devedor poderá, ainda, apresentar, no prazo de quinze dias, embargos do executado. Para que sua defesa tenha efeito suspensivo, deverá depositar a coisa e, ainda, comprovar a presença dos requisitos da tutela provisória, quais sejam, o probabilidade do direito e o perigo de dano ou risco ao resultado útil do processo (art. 919, § 1º, c/c art. 300, ambos do CPC).[279] Caso o devedor não cumpra a obrigação no prazo ou não sejam admitidos embargos com efeito suspensivo, a execução terá prosseguimento, com expedição de mandado de imissão de posse ou busca e apreensão.

De outra banda, é possível que a coisa objeto do título extrajudicial seja alienada a terceiro, quando já pendente a ação. Citado o réu, a coisa torna-se litigiosa (art. 240 do CPC). O mandado de imissão de posse ou de busca e apreensão será expedido contra este terceiro, que somente será ouvido depois de

---

[278] No CPC/73, o prazo era de dez dias (art. 621).

[279] Os requisitos para a concessão do efeito suspensivo aos embargos do executado eram diversos no CPC/73: além do depósito (penhora ou caução), o executado/embargante deveria comprovar a relevância no fundamento da demanda e o risco de grave dano de difícil e incerta reparação (art. 739-A, § 1º). Sobre os requisitos para concessão do efeito suspensivo aos embargos, remete-se ao capítulo da *defesa do devedor*.

depositá-la. O terceiro, por não ser parte, poderá opor *embargos de terceiro* (art. 674 do CPC), na medida em que poderá ser terceiro de boa-fé.

O credor não é obrigado a perseguir o bem no patrimônio de terceiros, podendo executar o devedor pelo valor da coisa, mais perdas e danos. O mesmo direito assiste ao credor quando a coisa não for encontrada, não for entregue ou deteriorou-se. O valor da coisa e as perdas e danos serão apurados em liquidação, seguindo-se pelo procedimento da execução por quantia certa, nos mesmos autos. Caso seja impossível a avaliação do valor da coisa – ou não contiver no título, o credor o estimará, ouvindo-se a parte executada e, após, sujeitar-se-á ao arbitramento judicial.

Além disso, pode ocorrer de terem sido realizadas benfeitorias na coisa objeto da execução. Neste caso, a liquidação prévia é obrigatória, sob pena de não ser líquido o título e, inclusive, abrir ao executado a possibilidade de opor embargos (do executado) de retenção (art. 917, IV, do CPC). Se houver saldo em favor do executado – ou de terceiros –, o exequente o depositará ao requerer a entrega da coisa; o havendo em favor do exequente, este poderá cobrá-lo nos autos do mesmo processo.

Há, ainda, a possibilidade de o título executivo extrajudicial retratar obrigação de entregar coisa incerta, determinada apenas pelo gênero e quantidade. O devedor é citado para, em quinze dias, entregá-las individualizadas, se a ele couber a escolha. Caso a escolha caiba ao credor, este a indicará na petição inicial. As partes podem impugnar, em quinze dias, a escolha feita pela outra, decidindo o juiz, inclusive com a possibilidade de determinar prova pericial.

9.4. Inadimplemento do devedor e execução de título executivo extrajudicial das obrigações de fazer, não fazer e entregar coisa

A não satisfação, pelo devedor, de obrigação certa, líquida e exigível, consubstanciada em título executivo, acarreta inadimplemento e permite ao credor a propositura da demanda executiva. Há duas modalidades de inadimplemento: absoluto e relativo. Em cada uma dessas espécies de inadimplemento, há um efeito em relação à conduta a ser tomada pelo credor na busca pela satisfação de seu direito.

O inadimplemento absoluto é aquele que impossibilita o cumprimento da obrigação de forma definitiva. Ocorre quando a obrigação não foi cumprida em tempo, lugar e forma convencionados e não mais poderá sê-lo. Esta impossibilidade pode ser fática ou pode ser no sentido da inutilidade da prestação, ou seja, quando o adimplemento não mais apresenta *utilidade* ao credor.[280]

Por sua vez, haverá inadimplemento relativo quando a obrigação, mesmo não sendo cumprida em tempo, ainda é possível de sê-lo e for *útil* ao credor. É a *mora*: o retardamento culposo no cumprimento da obrigação. Haverá mora quando a obrigação não for cumprida no tempo, lugar e forma conveciona-

---

[280] VENOSA, Sílvio de Salvo. *Direito civil: teoria geral das obrigações e teoria geral dos contratos*. 5. ed. São Paulo: Atlas, 2005, p. 337.

dos e, também, deverá haver culpa, quer dizer, deve haver fato imputável ao devedor.[281]

Caso no título executivo extrajudicial, cujo objeto seja uma obrigação de fazer, não fazer ou entregar coisa, não houver previsão expressa de pagamento em quantia caso não seja cumprida a obrigação (específica), o credor não poderá propor ação de execução de título executivo extrajudicial para obter quantia certa diretamente. Somente poderá haver execução por quantia certa caso haja *conversão em perdas e danos* da execução de fazer, não fazer ou entregar coisa[282], após competente liquidação.

Portanto, havendo inadimplemento absoluto e não havendo previsão, no título executivo extrajudicial, de pagamento em dinheiro caso não haja cumprimento da obrigação (de fazer, não fazer ou entregar coisa), deverá o credor pleitear *indenização*, mediante processo de conhecimento, visando a obter a *condenação* do devedor-demandado. A partir da condenação, propiciará ao credor a possibilidade de executar (o título judicial). Já no caso da *mora*, poderá o credor promover diretamente a execução, dispondo do título executivo.[283]

---

[281] VENOSA, Sílvio de Salvo. *Direito civil: teoria geral das obrigações e teoria geral dos contratos*. op. cit., p. 339.
[282] APELAÇÃO CÍVEL. EMBARGOS DO DEVEDOR. CONTRATO DE CONFISSÃO DE DÍVIDA. EXECUÇÃO PARA ENTREGA DE COISA CERTA. RITO INADEQUADO. Não sendo pactuadas cláusulas possibilitando o pagamento em moeda, ou a opção por uma ou por outra forma de pagamento, tão-somente em sacas de soja, deveria a execução ter seguido o procedimento estabelecido no art. 621 e segs. do Código de Processo Civil, somente podendo seguir como execução por quantia certa no momento processual adequado, que é o previsto no art. 627, do mesmo diploma processual. ACOLHIDA A PRELIMINAR DE NULIDADE DA EXECUÇÃO. (Apelação Cível nº 70002962942, Tribunal de Justiça do RS, Julgado em 13/12/2001).
[283] ASSIS, Araken de. *Manual da Execução*. 12. ed., rev., ampl. e atual. São Paulo: Revista dos Tribunais, 2009, p. 202-203.

Capítulo 10 – Cumprimento de sentença

10.1. Considerações introdutórias

O presente capítulo trata da execução dos títulos judiciais, o *Cumprimento de Sentença*. O Cumprimento de Sentença encontra-se previsto nos arts. 513 a 538 do CPC. A execução dos títulos judiciais está intimamente ligada ao objeto da sentença exequenda, ou seja, com a(s) carga(s) de eficácia contida(s) no comando sentencial transitado em julgado e com a(s) espécie(s) de tutela do(s) direito(s) pleiteada(s) pelo interessado.

O cumprimento das obrigações específicas (fazer, não fazer e entregar coisa) é realizado a partir dos arts. 497 a 499 e 536 a 538 do CPC, ao passo que a execução das obrigações pecuniárias (ressarcitórias, pelo equivalente monetário) ocorre pelo procedimento dos arts. 523 e seguintes do CPC. Diz-se *obrigações*, mas, em realidade, trata-se de *deveres*, na medida em que não decorrem necessariamente de obrigações contratuais, mas de qualquer ordem.[284] O que importa será o objeto da ação, o comando determinado no título executivo judicial exequendo.

Importa ressaltar, *ab initio*, que a execução – ou *cumprimento de sentença* – se dá nos mesmos autos do processo de conhecimento. Atualmente, pois, a execução dos provimentos proferidos no bojo do processo de conhecimento ocorre nos mesmos autos; daí a expressão *processo sincrético*, haja vista o sincretismo que existe entre as funções cognitiva e executiva na mesma relação jurídica processual.

Não ocorre mais a extinção do processo de conhecimento e a propositura de nova demanda para iniciar-se a satisfação do direito reconhecido no

---

[284] Acerca desse assunto de obrigações e deveres, Ovídio Baptista da Silva lembra que "resta, sem dúvida, a conquista, ou a reconquista, da distinção entre *obrigações* e *deveres* que o direito moderno suprimiu, a partir do período bizantino do direito romano tardio, generalizando, contra as legítimas fontes do direito romano clássico, o conceito de *obligatio*, de que proveio nossa genérica e exclusiva *execução por créditos* – com supressão das *ações mandamentais* e das *execuções reais*, que correspondiam basicamente à tutela romana interdital, para que a compreensão do campo de incidência da norma contida no art. 461 evidencie que, no conceito de obrigação com que labora este artigo, compreendem-se tanto as obrigações *stricto sensu*, do direito das obrigações, quanto genericamente os *deveres*, aí compreendidos tanto aqueles nascidos do direito privado quanto os deveres sociais e os que nascem no campo do direito público". [Conforme SILVA, Ovídio A. Baptista da. *Curso de processo civil*, volume 1: processo de conhecimento. 7. ed., revista e atualizada de acordo com o Código Civil de 2002. Rio de Janeiro: Forense, 2005, p. 139.]

título – atos executivos, como havia antes das reformas processuais ocorridas com as Leis n⁰ˢ 8.952/1994 (art. 461 do CPC/73 – obrigações de fazer e não fazer); 10.444/2002 (art. 461-A do CPC 1973 – obrigações de entregar coisa); e 11.232/2005 (a qual instituiu o art. 475-J e seguintes ao CPC/73 – obrigações pecuniárias).

Não há, portanto, após o trânsito em julgado da fase de conhecimento do processo, a extinção do feito e a necessidade de início de um processo executivo mediante petição inicial. No CPC de 2015, o procedimento instituído pelas reformas restou mantido. Ocorre apenas a intimação da parte sucumbente para cumprimento da determinação contida na decisão final de mérito, seguindo-se pelo procedimento dos arts. 523 ou 536 e 538 do CPC, conforme seja, respectivamente, obrigação de pagar quantia (ressarcitória, pelo equivalente monetário) ou obrigação de fazer, não fazer e entregar coisa (tutelas específicas).

Isso significa que, após o trânsito em julgado da fase de conhecimento, o processo retorna à origem para o início da fase de cumprimento de sentença, caso a decisão final de mérito tenha sido, parcial ou totalmente, procedente, e que reconheça a obrigação de fazer, não fazer, entregar coisa e pagar quantia (art. 515, inciso I, do CPC).

Em breve digressão, relevante para esclarecer as principais bases procedimentais da execução civil na redação originária do CPC/73, vale lembrar que a necessidade de propositura de processo executivo autônomo, após o trânsito em julgado (e a extinção) do processo de conhecimento, como se viu linhas acima, não se apresentava como a única dificuldade procedimental encontrada pelo demandante-credor.

À necessária inauguração de nova demanda, com pagamento de custas e citação do executado, somam-se duas outras situações que demandavam mais tempo para a satisfação do crédito do exequente: o fato de que a citação não abria o prazo para o executado opor *embargos*, pois para isso seria necessário haver penhora; e, quando conseguia-se a penhora, a oposição dos *embargos* suspendia, automaticamente e *ex lege*, a execução.[285]

Resta evidente, diante dessa situação anterior, que andaram bem as reformas processuais advindas com as três leis pouco antes referidas, trazendo a execução do título judicial para o mesmo processo em que ocorre a fase de cognição. Dito de outro modo, tudo ocorre em um mesmo processo, o *processo sincrético*, no qual há a fase de conhecimento (da petição inicial ao trânsito em julgado) e a posterior fase de execução (cumprimento de sentença), na qual o credor buscará a satisfação obtida no comando judicial transitado em julgado.[286]

---

[285] A questão específica e aprofundada acerca dos *embargos do devedor* será tratada em capítulo próprio. Contudo, importa referir aqui, por comodidade, que, desde a Lei nº 11.382/2006, o prazo para embargar a execução é de quinze dias e inicia-se da juntada aos autos do mandado de citação, além de que independe de penhora, depósito ou caução. Ademais, a partir da referida lei, a defesa do devedor na execução de título judicial passa a ser *incidente processual*, não mais uma ação autônoma de natureza de conhecimento e não há efeito suspensivo *ope lege*.

[286] Entre a fase de conhecimento e a fase de execução, eventualmente, poderá ser necessária a fase de liquidação, tema que será tratado mais adiante na presente obra.

As alterações na execução dos títulos judiciais estabelecidas pelas Leis n°s 8.952/1994, 10.444/2002 e 11.232/2005, juntamente com diversas outras reformas processuais civis realizadas a partir de 1994, demonstram que a principal preocupação do legislador após a promulgação da Constituição Federal de 1988 foi e ainda é a efetividade e a celeridade do processo, a fim de dar guarida aos valores do Estado Democrático de Direito.

Ora, o processo civil estruturado pela redação originária do CPC/73 fixava como principal valor a segurança, quer dizer, as regras estabelecidas tinham como principal objetivo assegurar, ao máximo, a certeza na prestação jurisdicional e a segurança na invasão da esfera jurídica do devedor. Não é por outro motivo que o sistema originário não tolerava decisões de mérito em sede de cognição sumária, e os atos executivos não continham, via de regra, atos de coerção da vontade do devedor.

Sendo a atividade executiva uma função jurisdicional que substitui a vontade do executado (sub-rogação) para fazer atuar a vontade concreta da lei, o Estado entra na esfera patrimonial do indivíduo – executado. Entretanto, para controlar e delimitar a atuação e interferência do Estado na liberdade e na propriedade do indivíduo, o CPC/73, em princípio – e sob o paradigma racionalista do liberalismo –, além da segurança de que o Estado só atuaria quando provocado, previa a tranquila regra de que o executado só perderia seus bens através de um processo específico e previsível, e, ainda, sabendo de antemão quais eram as armas executivas que o Estado poderia utilizar.[287]

Ademais, eram típicos os atos processuais de natureza executiva, ou seja, o Magistrado estava, sempre, preso aos meios de execução fornecidos pela lei processual. Isto significa que o juiz apenas poderia utilizar-se das medidas de apoio previstas na lei para invadir a esfera jurídica do devedor e tais medidas, além de terem, em regra, natureza sub-rogatória e não coercitiva, não permitiam ao Magistrado adequar a medida ao caso concreto, diante da *tipicidade* prevista na lei.

Este quadro anterior às reformas explica-se, pois o paradigma racionalista[288] não tolerava a execução antes da finalização da fase de conhecimento, diante do juízo de certeza exigido do juiz em suas decisões. Ademais, o paradigma liberal-burguês não tolerava que a vontade de um ser humano fosse coagida. Este o motivo pelo qual o instituto da tutela antecipada[289] e as tutelas

---

[287] ABELHA, Marcelo. *Manual de execução civil*. 2. ed. Rio de Janeiro: Forense Universitária, 2007, p. 23.

[288] A celeridade processual não foi concebida como um objetivo do sistema racionalista; ao contrário, ao priorizar sempre o valor segurança, inspirada nos juízos de certeza impostos pelas filosofias liberais do iluminismo, o sistema renunciou à busca da efetividade. Sobre esses valores solidificou-se (e estruturou-se) o sistema processual (liberal clássico) com (graves) influências até hoje. [Conforme SILVA, Ovídio Araújo Baptista da. *Da função à estrutura*. In: STRECK, Lenio Luiz; MORAIS, Jose Luiz Bolzan de (organizadores). *Constituição, sistemas sociais e hermenêutica*. Programa de Pós-Graduação em Direito da Unisinos: mestrado e doutorado. Anuário 2008, n. 5. Porto Alegre: Livraria do Advogado, 2009, p. 91]

[289] A tutela antecipada e sua forma de execução será tratada no capítulo sobre execução provisória.

específicas das obrigações foram incorporadas ao CPC/73 apenas a partir de 1994, com o advento das três leis antes apontadas.[290]

A Constituição Federal de 1988 instituiu novo paradigma no direito brasileiro: o Estado Democrático de Direito. Enquanto os valores do Estado Liberal previam, fundamentalmente, a proteção dos chamados *direitos de primeira dimensão*, o modelo do Estado Democrático de Direito, além destes, guarda preocupação com os direitos de *segunda* e *terceira dimensão*.[291] Nessa nova quadra da história, os compromissos do Estado aumentam.

Os direitos fundamentais são a essência do Estado Democrático de Direito, constituindo, neste sentido, não apenas parte da Constituição formal, mas também elemento nuclear da Constituição material, sendo a concretização desses direitos tarefa permanente: tais direitos constituem exigência imprescindível ao efetivo exercício das liberdades e garantia de igualdade de oportunidades entre os cidadãos, inerentes à noção de um Estado guiado pelo valor da justiça material.[292] Eis a roupagem do Estado Contemporâneo.

Diante dessas circunstâncias, e no que concerne ao processo civil, uma nova gama de valores foi trazida no texto constitucional de 1988, demonstrando que o valor segurança recebia a companhia do valor *efetividade*. A efetividade da prestação jurisdicional passou a ser uma preocupação do Estado. A *tutela jurisdicional dos direitos*[293] deve ser encarada, no novo paradigma, como uma tutela adequada, efetiva e tempestiva ao direito material posto em causa.[294]

A efetividade do processo, que a partir dessa quadra da história constituiu-se em direito fundamental, fazendo com que os textos normativos infraconstitucionais processuais fossem revistos e reinterpretados em conformidade com (as constituições d) o Estado Contemporâneo, mostrou que o processo

---

[290] Sobre o modelo de jurisdição no Estado Liberal Clássico e a influência do paradigma racionalista, consultar ANTUNES DA CUNHA, Guilherme. *Tutelas de urgência satisfativas autônomas no processo civil*. Coleção estudos em homenagem ao professor Darci Guimarães Ribeiro, Volume 4. Porto Alegre: Verbo Jurídico, 2014, p. 25-41.

[291] Os direitos de primeira dimensão são direitos de defesa do cidadão em face do Estado. Tratam, pois, de direitos individuais de liberdade. Os direitos de segunda dimensão, por sua vez, são aqueles direitos sociais e econômicos (trabalho, previdência, saúde, educação). E, por fim, os direitos de terceira dimensão são os direitos difusos e coletivos. A evolução das dimensões dos direitos está intimamente ligada à evolução do Estado de Direito. Para estudo acerca da evolução do Estado de Direito, consultar: STRECK, Lenio Luiz; MORAIS, Jose Luis Bolzan de. *Ciência Política e Teoria Geral do Estado*. 7. ed. Porto Alegre: Livraria do Advogado, 2010 e ZOLO, Danilo. Teoria e crítica do Estado de Direito. In: COSTA, Pietro; ZOLO, Danilo (organizadores). *O Estado de Direito: história, teoria, crítica*. Tradução Carlo Alberto Dastoli. Com colaboração de Emilio Santoro. São Paulo: Martins Fontes, 2006.

[292] SARLET, Ingo Wolfgang. *A eficácia dos direitos fundamentais*. 3. ed. rev., atual. e ampl. Porto Alegre: Livraria do Advogado, 2003, p. 64, 67 e 68.

[293] A *prestação* jurisdicional ocorre sempre que o Poder Judiciário é provocado. Não importa se o processo encerra com ou sem resolução do mérito. O direito constitucional de ação é abstrato e independente do direito material. Já a *tutela* jurisdicional diz respeito ao direito material; é prestada a quem tem direito reconhecido, seja em decisão provisória ou definitiva.

[294] Sobre a necessária aproximação do processo com o direito material, consultar a obra de Miguel do Nascimento Costa (COSTA, Miguel do Nascimento. *Poderes do juiz, processo civil e suas relações com o direito material*. Coleção em homenagem ao professor Darci Guimarães Ribeiro, volume 2. Porto Alegre: Verbo Jurídico, 2013.).

não poderia mais ser um obstáculo à realização do direito material e, portanto, a instrumentalidade do processo é condição mínima de possibilidade para a realização dos direitos previstos na ordem jurídica.[295]

Portanto, mostra-se necessário um procedimento adequado para viabilizar a efetividade da tutela jurisdicional e, por consequência, tutelar adequadamente os direitos materiais, sendo pouco mais do que evidente que no sistema processual ofereça, ainda, meios de execução adequados para os mais diversos casos de direito material, pois são também técnicas processuais para a efetiva tutela jurisdicional, pois interferem diretamente no resultado que o processo pode proporcionar no direito material.[296]

Ocorre que não há tutela jurisdicional *efetiva* sem alteração nas regras processuais que alterem a *estrutura* do processo.[297] É imperativo a implantação de diferentes técnicas e procedimentos para atender às diversas necessidades do direito material. Reparar um dano moral e eliminar uma conduta danosa ao meio ambiente são situações radicalmente distintas e não podem, assim, ter a mesma tutela jurisdicional.

Daí a importância das Leis nº 8.952/1994, nº 10.444/2002 e nº 11.232/2005, as quais não tiveram como escopo outra coisa senão a efetividade da tutela jurisdicional, prevendo instrumentos adequados às diversas espécies de direitos materiais tutelados no processo civil. As duas primeiras leis trouxeram, além do instituto da tutela antecipada, que será estudado em capítulo a parte, a tutela específica das obrigações de fazer, não fazer e entregar coisa. A última pretendeu objetivar o cumprimento das obrigações de pagar quantia certa.

No Estado Democrático de Direito, o direito de ação, instituído no inciso XXXV do art. 5º da Constituição Federal de 1988, recebe nova roupagem, para além daquela (de cariz liberal-clássico) que estabelecia o direito de acesso aos tribunais. Não basta abrir as portas do Poder Judiciário: é necessário entregar àquele que necessita da justiça aquilo que ele receberia caso o processo não fosse preciso – ou seu resultado prático equivalente.[298]

---

[295] STRECK, Lenio Luiz. *Hermenêutica jurídica e(m) crise: uma exploração hermenêutica da construção do direito*. 7. ed. rev. e atual. Porto Alegre: Livraria do Advogado, 2007, p. 258.

[296] MARINONI, Luiz Guilherme. *Técnica processual e tutela dos direitos*. 3. ed. rev. e atual. São Paulo: Revista dos Tribunais, 2010, p. 147-148.

[297] Falta(va)m condições estruturais para que o processo civil funcione melhor. A premissa redutora do conceito de jurisdição como simples declaração de direitos, que é o alicerce do procedimento ordinário, deve(ria) ser revista. E trata-se de um fator estrutural do sistema. O pressuposto político de processo como ciência aspira, como todas as leis científicas, o *status* de "verdades eternas", no dizer do professor Ovídio Baptista da Silva. Esse fator estrutural, juntamente com o fator da jurisdição como declaração de direitos, emperrou a execução antes – ou até em conjunto – com o conhecimento. [Conforme SILVA, Ovídio Araújo Baptista da. *Da função à estrutura*. In: STRECK, Lenio Luiz; MORAIS, Jose Luiz Bolzan de (organizadores). *Constituição, sistemas sociais e hermenêutica*. Programa de Pós-Graduação em Direito da Unisinos: mestrado e doutorado. Anuário 2008, n. 5. Porto Alegre: Livraria do Advogado, 2009, p. 91-99.] Por isso é que, originariamente, o sistema não convivia com as tutelas específicas – notadamente com as medidas mandamentais – e com as medidas antecipatórias de tutela.

[298] Sobre o modelo de jurisdição no Estado Contemporâneo e a efetividade do processo, consultar ANTUNES DA CUNHA, Guilherme. *Tutelas de urgência satisfativas autônomas no processo civil*. Coleção estudos em homenagem ao professor Darci Guimarães Ribeiro, Volume 4. Porto Alegre: Verbo Jurídico, 2014, p. 42-59.

O direito à efetividade da jurisdição é o conjunto de direitos e garantias que a Constituição atribuiu ao indivíduo que, impedido de fazer justiça por mão própria, provoca a atividade jurisdicional para vindicar bem da vida de que se considera titular, devendo ser assegurados a esse indivíduo meios expeditos e eficazes, que tenham aptidão de propiciar ao litigante vitorioso a concretização fática da sua vitória. O dever imposto ao indivíduo de submeter-se obrigatoriamente à jurisdição estatal não pode representar, por isso, um castigo.[299]

O direito de ação deve ser visto, nesse andar, como garantia de efetividade, devendo conferir ao seu titular a possibilidade de exigir do Estado um instrumento apto a solucionar as controvérsias de maneira adequada e útil. Logo, às situações substanciais apresentadas devem corresponder formas de tutela idôneas a assegurar a realização do direito delas emergente. Por isso, efetividade do processo, devido processo legal e direito à adequada tutela jurisdicional são fenômenos indissociáveis.[300]

Nessa senda, em razão do caráter principiológico e, portanto, maleável dos direitos fundamentais, a segurança jurídica deixa de ser estática (assentada unicamente na "garantia" do devido processo legal) e passa a ser dinâmica, aplicada à luz dos direitos fundamentais com maior eficácia possível, construindo, a partir de então, um direito fundamental a um "processo justo", para atender à justiça material, consectário do Estado Contemporâneo.[301]

Esse "processo justo" deve respeitar o devido processo legal, nos seus segmentos ampla defesa e contraditório, além das demais garantias fundamentais inerentes à pessoa humana, dentre as quais se encontram a igualdade, a publicidade dos atos judiciais e a duração do processo por um período de tempo razoável. Nessa trilha, tais elementos devem ser rigorosamente resguardados quando da busca do jurisdicionado pela tutela dos direitos que deve ser prestada por meio de uma jurisdição adequada.[302]

Portanto, nota-se que o paradigma instituído pelo Estado Democrático de Direito, em que a segurança passa a ser apenas um dos valores a serem perseguidos pelo processo civil, em conjunto com a efetividade da tutela jurisdicional, culminou em alterações legislativas que vieram com o objetivo de proporcionar ao jurisdicionado uma tutela jurisdicional adequada, efetiva e tempestiva ao direito material controvertido na causa.

O procedimento para a execução de título extrajudicial e os procedimentos especiais, previstos nos Livros III e IV do CPC/73, tinham o objetivo de dar

---

[299] ZAVASCKI, Teori Albino. *Antecipação da tutela*. São Paulo: Saraiva, 1997, p. 64.

[300] BEDAQUE, José Roberto dos Santos. *Tutela cautelar e tutela antecipada: tutelas sumárias e de urgência (tentativa de sistematização)*. São Paulo: Malheiros, 1998, p. 75-76.

[301] OLIVEIRA, Carlos Alberto Alvaro de. *Teoria e prática da tutela jurisdicional*. Rio de Janeiro: Forense, 2008, p. 130-131.

[302] PINHO, Humberto Dalla Bernardina de. *Os princípios e as garantias fundamentais no Projeto de Código de Processo Civil: breves considerações acerca dos artigos 1º a 11 do PLS 166/10*. In: *Revista Eletrônica de Direito Processual* (Periódico Semestral da Pós-Graduação *Stricto Sensu* em Direito Processual da UERJ), Rio de Janeiro, v. 4, n. 6, p. 60, jul./dez. 2010. Disponível em <http://www.redp.com.br/arquivos/redp_6a_edicao.pdf>. Acesso em: 23 abr. 2012.

mais efetividade a determinados direitos, diante do atravancado procedimento ordinário (originariamente concebido no referido diploma legal). Ocorre que, com a evolução do modelo de Estado, em que diversos outros direitos vieram à tona – além da necessidade da efetividade da tutela de todos os direitos, os procedimentos previstos no Livro IV do Código de Processo Civil de 1973 tornaram-se insuficientes.

Essa insuficiência surgiu em especial porque tais procedimentos eram especiais para apenas algumas espécies de direitos. Casualmente – ou não – tinham como especiais a tutela de direitos de crédito (a execução de título extrajudicial não deixa de ser, na sua essência, um procedimento "especial", no sentido de diverso do *ordinário*) ou de posse e propriedade (exemplo, por excelência, a ação de reintegração de posse), direitos de primeira dimensão, o que comprova o compromisso histórico-ideológico do CPC/73 com o paradigma racionalista instituído no Estado Liberal Clássico.

Tantos outros direitos merecem uma tutela *diferenciada*, que precisa(va) ser prestada dentro do próprio procedimento ordinário (e não apenas em procedimentos especiais), para que a efetividade da tutela jurisdicional fosse, de fato, um valor presente no sistema processual civil. Quando se diz tutela *diferenciada*, quer se dizer uma tutela que permita ao juiz adequar a tutela ao direito objeto à ação de forma efetiva à luz do caso concreto. Uma tutela *diferenciada* da tutela prestada pelo procedimento ordinário, na sua acepção originária. É o que se dá no sistema atual das *tutelas específicas*, como se verá no item acerca do procedimento do cumprimento das espécies de sentenças.[303]

Fica claro que o advento das leis que trouxeram a tutela específica das obrigações de fazer, não fazer e entregar coisa e da lei que alterou a execução de título judicial o objetivo foi não apenas dar celeridade e efetividade ao processo civil, mas aproximar o direito material do processo, mexendo na *estrutura* do sistema e visando a efetivar valores provenientes do modelo do Estado Democrático de Direito, entre nós instituído pela Constituição Federal de 1988.

De outra parte, como se teve a oportunidade de ver, capítulos atrás, quando se tratou das espécies de títulos executivos judiciais, alguns desses títulos não são obtidos por meio do processo de conhecimento (ou na fase de conhecimento no processo sincrético); mas, ainda assim, são considerados títulos executivos judiciais. Contudo, estas espécies de títulos judiciais necessitam inaugurar uma nova relação jurídica processual.

É o que ocorre com a sentença penal condenatória, a sentença estrangeira homologada pelo Superior Tribunal de Justiça (art. 105, inciso I, alínea *i*, da Constituição Federal, combinado com o Regimento Interno do STJ) e a

---

[303] A adequação da tutela jurisdicional revela a necessidade da análise do caso concreto posto em causa para, a partir daí, estruturar-se um provimento adequado à situação levada a juízo. Assim, a igualdade material entre as partes, no processo civil, se dá no momento em que se torna possível a prestação de uma tutela jurisdicional diferenciada, que leve em conta justamente a natureza da situação jurídica posta e suas contingências. [Conforme PICARDI, Nicola. *Appunti di Diritto Processuale Civile – I Processi Speciali, Esecutivi e Cautelari*. Milão: Giuffrè, 2002, p. 5]

sentença arbitral, que não são títulos executivos proferidos no bojo da fase de conhecimento do processo sincrético, mas sim a partir de um processo judicial criminal, de um processo judicial que tenha tramitado no estrangeiro ou, ainda, em um procedimento arbitral.

Nesses casos, não há como "prosseguir" para a fase de execução – cumprimento de sentença –, como ocorre no processo sincrético, na medida em que não há a "continuação" nos mesmos autos. Faz-se, pois, necessária a citação do demandado – em face de quem se irá executar o comando estabelecido no título – e, assim, a inauguração de uma nova relação jurídica processual (art. 515, § 1º, do CPC), precedida de eventual fase de liquidação, se for o caso.

A seguir, tratar-se-á da classificação (quinária) das sentenças, haja vista a influência direta que existe entre esse tema no estudo dos procedimentos executivos de títulos judiciais, tema do presente capítulo. Após, demonstrar-se-á que a classificação das ações pode ser feita a partir da tutela do direito objeto da ação, e não a partir da eficácia da sentença, pois esta seria, tão somente, a técnica processual adotada para a consecução do bem da vida objetivado pelo demandante.

10.2. Da classificação das sentenças

As cargas de eficácia das sentenças têm reflexo na forma para o cumprimento – execução – dos títulos executivos judiciais. E como se verá em seguida, no próximo item, serão as técnicas utilizadas na tutela dos jurisdicional dos direitos postos em causa. Por isso, estudar-se-ão as espécies de cargas de eficácia sentenciais neste item, as espécies de tutela dos direitos no ponto seguinte e, após, o procedimento para o cumprimento de cada espécie de carga de eficácia e os meios executivos que dispõem os Magistrados para tutelar o direito material.

As sentenças são classificadas em três ou em cinco espécies, conforme o posicionamento doutrinário de cada autor. A classificação *trinária* separa as sentenças em *declaratória*, *constitutiva* e *condenatória*. A classificação *quinária* soma a essas três cargas de eficácia mais duas: a *mandamental* e a *executiva lato sensu*. A classificação quinária representa a evolução da trinária, para aquela doutrina que aceita a existência das sentenças *mandamental* e *executiva lato sensu*.

Oportuno gizar que ambas as classificações tratam das sentenças de *procedência* do pedido formulado pela parte-autora, uma vez que a sentença que rejeita o pedido será (meramente) declaratória da existência do direito material afirmado pelo demandante na sua peça inaugural. É de se frisar, ainda, que toda a sentença de procedência terá um conteúdo declaratório, consistente no acertamento da existência do direito afirmado. As demais eficácias da sentença (constitutiva, condenatória, mandamental e executiva *lato sensu*) decorrem do reconhecimento, pelo órgão judicial, da existência do direito.

Originariamente, as (cargas de eficácia das) sentenças eram classificadas em *declaratória*, *constitutiva* e *condenatória*. A sentença declaratória tem como objetivo a declaração da existência ou inexistência de uma relação jurídica (de direito material) ou, ainda, a falsidade ou autenticidade de um determinado documento. Esta ação, claramente, visa à certeza jurídica acerca de uma relação jurídica ou de algum documento. Esta carga de eficácia tem efeito *ex tunc*, quer dizer, retroativo.

São exemplos dessa carga de eficácia as sentenças de improcedência das ações (que declaram a inexistência da relação de direito material afirmada pelo demandante), a ação declaratória de constitucionalidade (declara a constitucionalidade de uma lei sobre a qual pende controvérsia relevante), a ação de inexistência de débito (débito fiscal ou qualquer outra espécie), a ação de usucapião (que declara a propriedade de um bem em nome do autor da ação).

Por sua vez, a ação constitutiva cria (positiva), extingue (negativa) ou modifica (modificativa) uma relação jurídica. Daí seus efeitos serem *ex nunc*, ou seja, os efeitos da sentença constitutiva iniciam com o trânsito em julgado da decisão final de mérito – deste momento em diante. Pode haver a criação de uma nova relação jurídica ou a extinção ou modificação de uma relação jurídica já existente.

São exemplos dessa espécie de ação a ação de separação judicial (extingue-se a sociedade conjugal), a ação de divórcio (extingue o vínculo conjugal), a ação de interdição (determina a incapacidade para atos da vida civil, nomeando curador), a ação de rescisão contratual (extingue relação jurídica contratual), a ação de revisão contratual (modifica determinados termos de contrato já existente), a ação de despejo (desconstitui o contrato de locação de bem imóvel).

Enquanto a sentença (meramente) declaratória tem por fim conferir certeza, pondo termo à existência ou não de determinada relação jurídica, a sentença constitutiva cria, modifica ou extingue uma relação jurídica. Contudo, antes de criar, extinguir ou modificar, o juiz declara a existência do direito afirmado na inicial e, por via de consequência, cria, extingue ou modifica a relação jurídica. Antes de decretar a rescisão contratual (desconstituição da relação jurídica contratual), o Magistrado deve perquirir se a parte-autora tem direito a esta rescisão.

As ações declaratórias e constitutivas bastam por si só, ou seja, não dependem de posterior fase de execução para satisfazer o direito nelas reconhecido. Evidentemente, é possível que, juntamente com as eficácias declaratória e constitutiva, venha acompanhada outra eficácia sentencial, como condenatória, mandamental e/ou executiva *lato sensu*, as quais serão analisadas a seguir. Diz-se isto neste momento para esclarecer que as *cargas de eficácia* declaratória e constitutiva não necessitarão de *cumprimento*, mas, se acompanhadas por outra carga de eficácia, poderá haver necessidade de execução da eficácia condenatória, mandamental e/ou executiva *lato sensu*.

As eficácias declaratória e constitutiva, portanto, não necessitam de *cumprimento* porque são suficientes para (*i*) reconhecer o direito material objeto da ação e (*ii*) para satisfazer esse direito. Ora, por exemplo, a sentença de usucapião declara a propriedade do autor e a ação de divórcio decreta a extinção do vínculo conjugal. Nesse sentido, o trânsito em julgado dessas decisões implicam no imediato reconhecimento e satisfação desses direitos.

Com efeito, não será necessário qualquer medida coercitiva ou sub-rogatória para que seja satisfeito o direito de propriedade do autor ou a extinção do vínculo conjugal. Basta, pois, o trânsito em julgado. Logicamente, a parte interessada deverá alcançar ao cartório de registro competente (registro de imóveis – se imóvel o bem usucapiendo – ou cartório de registro civil), mas isto não depende de qualquer meio executivo, como dependem as eficácias condenatória, mandamental e executiva *lato sensu*, como se verá a seguir.

A sentença condenatória, por seu turno, tem o objetivo de condenar o réu a determinada prestação. Como se viu no item anterior, até antes das reformas processuais perpetradas na década de 1990, salvo alguns procedimentos especiais, as três espécies de eficácias sentenciais eram declaratória, constitutiva e condenatória. Por isso, a sentença condenatória servia para condenar o réu a prestar uma quantia em dinheiro, um fazer, um não fazer ou a entregar alguma coisa.

Nesse sentido, após o trânsito em julgado da decisão condenatória, a parte interessada deveria iniciar o processo de execução competente (ação de execução de sentença, autônoma ao processo de conhecimento onde se obteve a sentença condenatória), para procurar a satisfação do direito reconhecido (a prestação de fazer, não fazer, entregar coisa ou pagar quantia certa). Ocorre que, após o advento das Leis nº 8.952/1994, nº 10.444/2002 e nº 11.232/2005, a situação modificou-se.

As obrigações de fazer, não fazer e entregar coisa passaram a ser objeto das *tutelas específicas*, recebendo mais efetividade pela lei processual. Assim, as sentenças que reconhecem as obrigações de fazer, não fazer e entregar coisa restaram acobertadas pelas cargas de eficácia mandamental e executiva *lato sensu*, diante dos meios executivos previstos. A sentença condenatória, por sua vez, ficou a cargo de tutelar as obrigações de pagar quantia certa.

São exemplos de carga de eficácia condenatória a ação de indenização, a ação de regresso, a ação de cobrança. Esta espécie de eficácia tem, via de regra, dois momentos: aquele em que será averiguado o mérito do direito de receber quantia, alegado pelo autor da ação, e o dever do réu de efetuar o pagamento (fase de conhecimento do processo sincrético); e, após, os meios para satisfação do crédito do demandante (fase de execução do processo sincrético – o *cumprimento de sentença*).

Observa-se que, pelo paradigma racionalista, a classificação *trinária* das sentenças era suficiente para a tutela jurisdicional dos direitos. Ora, em primeiro lugar, porque as sentenças declaratória e constitutiva bastam por si só, ou seja, não necessitam de uma fase posterior para satisfazer o comando previsto na decisão. Não há necessidade de atos executivos para fazer valer, no mundo prático, os efeitos da declaração ou da (des)constituição.

Em segundo lugar, a sentença condenatória, tal como idealizada sob a égide do paradigma racionalista, era suficiente para abarcar as obrigações de fazer, não fazer, entregar coisa e pagar quantia, na medida em que o procedimento para a satisfação da sentença transitada em julgado, como se viu no item anterior, dependia da propositura de uma demanda executiva autônoma (ação de execução de sentença). Não havia, pois, tutela específica das obrigações no bojo do processo de conhecimento. O sistema não se detinha a esta preocupação, já que a efetividade não era um valor.[304]

Diante dessas circunstâncias, e dos compromissos histórico-ideológicos em que o sistema processual civil esta(va) imerso quando da promulgação do CPC/73 – o paradigma racionalista, a função mercadológica dos direitos não estava preocupada com sua tutela *in natura*; caso não fosse possível, a regra era de conversão em perdas e danos. Por isso, a equiparação de tratamento entre os deveres de fazer, não fazer e entregar coisa com o dever de pagar quantia certa, resultou na suficiência da classificação trinária das ações.

A sentença condenatória tinha a função, tão somente, de servir como título executivo (judicial) a aparelhar a futura ação de execução (de sentença), pois não continha qualquer previsão de meio executivo, já que este estaria previsto na lei (a *tipicidade* dos meios executivos, vista no item anterior). Ocorre que, com o advento das Leis n°s 8.952/1994, 10.444/2002 e 11.232/2005, a situação modificou-se, com a tutela específica das obrigações, trazendo ao ordenamento, definitivamente,[305] mais duas cargas de eficácia de sentenças: mandamental e executiva *lato sensu*.

A carga de eficácia mandamental ocorre quando o Magistrado expede uma *ordem* para que o demandado cumpra alguma determinação, sob pena de sofrer medida coercitiva. De plano, é relevante ressaltar que essa ordem é expedida no mesmo processo – e na mesma decisão – que reconhece o direito material afirmado pelo demandante. Ademais, essa medida coercitiva (multa, prisão civil ou crime de desobediência) visa a coagir a vontade do próprio demandado, para que este, pessoalmente, cumpra a ordem.

A mandamentalidade é técnica processual da qual lança mão o Magistrado para que a parte demandada cumpra a determinação contida no comando decisional. Assim, na mesma decisão de mérito em que há o reconhecimento do direito (conhecimento), há a fixação do meio executivo coercitivo (em regra, a multa) para a satisfação do direito reconhecido (execução). Existe, pois,

---

[304] A ideia de igualdade formal, ao refletir a impossibilidade de tratamento diferenciado às diferentes posições sociais e aos bens, unificou o valor dos direitos (como já se disse, função mercadológica dos direitos no Estado Liberal Clássico), permitindo a sua expressão em dinheiro e, assim, que a jurisdição pudesse conferir a todos eles um significado em pecúnia. E isso fez com que a jurisdição fosse dirigida a dar tutela aos direitos privados violados, sendo esta a razão pela qual a classificação trinária das sentenças era suficiente no direito processual concebido naquela época e não era necessária uma tutela jurisdicional específica e nem mesmo preventiva. [Conforme MARINONI, Luiz Guilherme. *Teoria geral do processo*. 2. ed. rev. e atual. São Paulo: Revista dos Tribunais, 2007, p. 32]

[305] Diz-se "definitivamente" porque as outras duas modalidades de sentenças, a mandamental e a executiva, já existiam no ordenamento processual brasileiro, mas eram exceções à regra geral. O mandado de segurança é exemplo de ação com carga de eficácia mandamental, enquanto a ação de despejo é exemplo de ação executiva *lato sensu*. Tais modalidades já existiam desde antes das três leis referidas. Ademais, no Código de Defesa do Consumidor e no Estatuto da Criança e do Adolescente já existia, também antes dessas leis, a previsão de tutelas *específicas*.

conhecimento e imposição do meio executivo na mesma decisão, no mesmo processo (sincrético).

É por isso que se diz que tais decisões contêm *executividade intrínseca*, já que, na mesma decisão em que o Magistrado *conhece* a respeito do direito material controvertido no processo, se estabelece uma medida coercitiva da vontade do demandado, para coagi-lo a cumprir o preceito decisional e, assim, buscar satisfazer o direito reconhecido em favor do autor, tutelando, da forma mais específica possível, o direito material posto em causa.

São exemplos de cargas de eficácia mandamental a ordem contida nas ações de manutenção de posse (ordem de suspensão da turbação), nos interditos proibitórios (ordem de não turbação ou esbulho), nas ações de nunciação de obra nova (ordem de suspensão das atividades em obra nova), e em todas as ações que determinem, sob pena de alguma medida coercitiva, o cumprimento de certa obrigação de fazer, não fazer ou entregar coisa – ex: suspensão de atividades, retirada do SPC, cumprimento de obrigações decorrentes dos direitos de vizinhança.

Diferentemente da tutela condenatória, na mandamental existe uma ordem, valendo-se o Estado de sua autoridade para forçar o cumprimento. Daí, por exemplo, a fixação da multa, gravame imposto pelo juiz ao destinatário da ordem em caso de descumprimento. A sanção configura medida de coerção indireta, cabendo ao devedor, para livrar-se dela, adimplir espontaneamente a obrigação. Quer dizer, enquanto a tutela condenatória proporciona ao credor a possibilidade de valer-se da via executiva (apenas abre a oportunidade para a utilização da força estatal), a mandamental já usa, em si, a força do Estado.[306]

Assim, afastou-se o princípio *nemo praecise poteste cogi ad factum* (ninguém pode, de maneira absoluta, ser coagido a fazer algum fato), com a consequência de que, nas obrigações de fazer, o pagamento do *id quod interest* se sub-roga à prestação. Essa ruptura se mostra evidente no art. 461, § 1º, do CPC/73, segundo o qual a obrigação somente se converterá em perdas e danos se o autor o requerer ou se impossível a tutela específica ou a obtenção do resultado prático equivalente. Nessa linha, passa-se a privilegiar, do ponto de vista do direito material, o respeito à força do negócio jurídico *in natura*.[307]

Claro está a procura pela *efetividade* da tutela jurisdicional, analisada no item anterior. No mesmo sentido está a carga de eficácia executiva *lato sensu*. Esta espécie tem características muito próximas às da tutela mandamental,

---

[306] BEDAQUE, José Roberto dos Santos. *Efetividade do processo e técnica processual*. 2. ed. São Paulo: Malheiros, 2007, p. 539-540.

[307] OLIVEIRA, Carlos Alberto Alvaro de. *Teoria e prática da tutela jurisdicional*. Rio de Janeiro: Forense, 2008, p. 184. Na doutrina jurídica dos oitocentos, como assevera Adolfo di Majo, foi recuperado o princípio da prevalência da *condemnatio pecuniaria*. Essa tendência era excluir a possibilidade de obtenção da reintegração *in natura* dos valores alterados (ou dos direitos materiais violados ou ameaçados), ou seja, formas de satisfação coativa (direta ou indireta) dos direitos. [Conforme DI MAJO, Adolfo. *La tutela civile dei diritti*. 2. ed. Milão: Giuffrè, 1993, p. 156.] Por isso, observa-se que o paradigma liberal não aceitava a possibilidade de dar ao juiz poderes para exercer coação, mesmo que indiretas, na vontade do devedor para o cumprimento de deveres de fazer, não fazer e entrega de coisa, resolvendo-se, aquelas que dependiam exclusivamente da vontade do devedor, em perdas e danos.

modificando-se, apenas, no que tange à natureza do meio executivo cominado para a satisfação do direito reconhecido. A executiva *lato sensu* utiliza meios sub-rogatórios, que independem da vontade do devedor.

No que tange ao ponto de convergência com a tutela mandamental, na eficácia executiva *lato sensu* a decisão contém *executividade intrínseca*, na medida em que tanto o reconhecimento do direito afirmado (cognição) como a atribuição do meio executivo (neste caso, sub-rogatório) a ser aplicado para satisfação (execução) são objeto da mesma decisão no mesmo processo. Mas a executividade *lato sensu* não se preocupa em coagir a vontade do demandado.

A natureza do meio executivo é diversa da tutela mandamental. Enquanto esta utiliza-se de medidas coercitivas (multa, prisão civil ou crime de desobediência), a tutela executiva *lato sensu* aplica medidas sub-rogatórias, substituindo a vontade do devedor e invadindo a esfera jurídica deste, por ato determinado pelo Estado-Juiz. Essas medidas podem ser, dentre tantas outras: busca e apreensão, imissão de posse, remoção de pessoas ou coisas, desfazimento de obras, impedimento de atividades, mediante oficial de justiça e, se preciso, com força policial.

São exemplos de ações executivas *lato sensu* a ação de despejo (além de extinguir o contrato – eficácia constitutiva, determina a expedição de mandado de despejo), as ações de imissão de posse e reivindicatória (expedição de mandados de imissão na posse), a ação que tenha como objeto a demolição de obras, a interdição de estabelecimentos. Essas determinações serão cumpridas por oficial de justiça, mediante expedição de mandado.

O dado fundamental das sentenças executivas não reside somente na circunstância de serem executadas no mesmo processo em que foram proferidas (o que se dá pela inauguração do *processo sincrético*, quebrando o *intervalo* entre ação de conhecimento e ação de execução – de sentença), mas também pela não submissão dessa atuação executiva a um modelo rigidamente *tipificado*, pois confere-se ao juiz a liberdade de escolha dos meios executivos que empregará,[308] como se denota da leitura do art. 536, § 1º, do CPC.

Esta situação inexiste no esquema da execução de títulos extrajudiciais. Quando estudamos a execução de títulos *extrajudiciais* para obrigações de fazer, não fazer e entregar coisa, observou-se que os meios executivos para a satisfação dessas prestações estão previamente tipificados na lei processual (arts. 806 e seguintes e 814 e seguintes, do CPC). Já no *cumprimento* dessas *sentenças*, o Magistrado tem liberdade para, de ofício, adotar a medida necessária e mais adequada para a tutela específica ou obtenção do resultado prático equivalente.

Diante do estudo de cada uma das cinco cargas de eficácia, observa-se que a tutela condenatória, atualmente, aplica-se às obrigações de pagar quantia certa, enquanto as tutelas mandamental e executiva *lato sensu* são utilizadas na tutela das obrigações de fazer, não fazer e entregar coisa, na medida em que as alterações legislativas que trouxeram a tutela específica para as obrigações de

---

[308] WAMBIER, Luiz Rodrigues; TALAMINI, Eduardo. *Curso avançado de processo civil*, volume 2: execução. 12. ed., rev., atual. e ampl. São Paulo: Revista dos Tribunais, 2012, p. 415.

fazer, não fazer e entregar coisa (arts. 536 e 538 do CPC) aparelharam o Magistrado com as técnicas mandamental e executivas.

A teoria que estabelece a classificação quinária das ações e, por conseguinte, das sentenças de procedência, também esclarece que inexiste sentença pura, pois toda sentença, no que tange ao seu conteúdo eficacial, seria híbrida e, assim, possuiria mais de uma carga de eficácia, embora seja oportuno lembrar que a doutrina reconhece a existência de uma sentença puramente declaratória, representando, pois, uma exceção à regra.[309]

Esclareçam-se, ainda, algumas situações. Em primeiro lugar, o termo ideal, a nosso sentir, para referir-se às cinco espécies, é *carga de eficácia*, e não ação ou sentença. Quer dizer, não é a ação ou a sentença que é declaratória, constitutiva, condenatória, mandamental ou executiva *lato sensu*, mas sim a carga de eficácia contida no dispositivo decisional. Daí o fato de alguns autores classificarem as ações pela *tutela do(s) direito(s)* pretendida pelo demandante, não pela carga de eficácia da decisão.

Até porque, como se viu acima, não raro as sentenças contêm mais de uma eficácia. Pense-se nas sentença que declara a inexistência de relação jurídica e condena do demandado a indenizar os danos sofridos pelo demandante (para ficar apenas neste, dentre os inúmeros e infindáveis exemplos). Como chamar essa "ação" ou essa "sentença"? "Ação declaratório-condenatória"? "Sentença declaratória *e* condenatória"? Isto já torna incoerente a nomenclatura.

Em segundo lugar, muitas vezes, como se trabalhará nos próximos itens, nas tutelas específicas das obrigações, por serem *atípicas*, permitem ao Magistrado utilizar o meio executivo mais condizente com as necessidades do caso concreto. Logo, uma obrigação de fazer, por exemplo, poderá ser tutelada mediante um meio coercitivo ou mediante uma medida sub-rogatória, não tendo a possibilidade de se dizer, de antemão, portanto, se a ação/sentença é mandamental "e/ou" executiva. Neste sentido, Luiz Guilherme Marinoni estabelece:

> [...] Tais normas têm amplitude enorme, cobrindo quase que a totalidade das novas necessidades da tutela jurisdicional. Abrangem a tutela dos direitos difusos, coletivos e individuais homogêneos, e a tutela específica dos direitos individuais, deixando escapar apenas as tradicionais formas de proteção dos direitos individuais. [...] As novas regras processuais... incorporam normas abertas, isto é, normas voltadas para a realidade, deixando claro que a ação pode ser construída conforme as necessidades do caso conflitivo.[310]

Destarte, se o Magistrado tem o poder-dever de adotar, quando da prolatação da sentença, o meio executivo adequado para a satisfação do comando proferido concernente a fazer, não fazer ou entregar coisa, não há como apontar, de forma definitiva e de antemão, sequer a carga de eficácia que virá a ter a sentença (pois o juiz poderá adotar providência coercitiva – a multa – ou sub-rogatória – meios para consecução do resultado prático equivalente, como a busca e apreensão).

---

[309] PORTO, Sérgio Gilberto. *Coisa julgada civil*. 3. ed., revista, atualizada e ampliada. São Paulo: Revista dos Tribunais, 2006, p. 26.
[310] MARINONI, Luiz Guilherme. *Teoria geral do processo*. 2. ed. rev. e atual. São Paulo: Revista dos Tribunais, 2007, p. 292 e 297.

Em terceiro lugar, cumpre esclarecer que considerável parte da doutrina entende pela classificação *trinária* das sentenças,[311] na medida em que as sentenças mandamental e executiva continua(ria)m a ser condenatórias, já que também impõem ao demandado o cumprimento de uma prestação. Ademais, o fato de sua execução se dar no mesmo processo – e não em processo autônomo ou em fase processual específica – se deve a razões de política legislativa e, além disso, a sentença condenatória contém um comando dirigido ao demandado.[312]

Por sua vez, parte respeitável da doutrina brasileira sustenta a classificação *quinária* das sentenças, liderados por Pontes de Miranda[313] e tendo como seus principais defensores Ovídio Baptista da Silva, Araken de Assis e Sergio Porto. A ação condenatória provoca tão somente o nascimento da pretensão a executar;[314] na mandamental, pede-se que o juiz mande, o objeto é obter uma ordem do juízo para que alguém ou algum órgão cumpra alguma determinação; na executiva, a ação traz embutida a capacidade executória.[315]

Afiliamo-nos à posição que entende pela classificação *quinária* das sentenças. Não apenas por concordarmos com os argumentos dessa tese, mas, também, porque o principal fundamento dos defensores da classificação *trinária* não se sustenta. Ora, a diferença entre as sentenças mandamental e executiva para a condenatória não está no fato de aquelas serem executadas no mesmo processo e esta em outro processo – ou em outra fase processual.

Foi dito, linhas acima, que os arts. 461 e 461-A do CPC/73 trouxeram, definitivamente, os provimentos mandamentais e executivos ao sistema processual civil como um todo. Na análise desses dispositivos, Ovídio Baptista da Silva esclareceu que os preceitos desses artigos agasalham tanto as demandas executivas quanto as mandamentais, pois contêm simultaneamente conhecimento e execução.[316] Daí a impossibilidade de identificar essas duas espécies com a eficácia condenatória.

A grande diferença é de conteúdo e está no fato de que as sentenças mandamental e executiva *lato sensu* contêm *executividade intrínseca*, como se viu. Nessa linha, o meio executivo está embutido no comando sentencial que, além de conhecer (reconhecer o direito), determina meio executivo coercitivo (mandamental) ou sub-rogatório (executiva *lato sensu*) para satisfação do direito reconhecido.

---

[311] Entre tantos, Alexandre Freitas Câmara, Vicente Greco Filho, Leonardo Greco, Humberto Theodoro Júnior, Moacir Amaral Santos, José Frederico Marques, Cândido Rangel Dinamarco.

[312] CÂMARA, Alexandre Freitas. *Lições de direito processual civil, volume 1*. 25. ed. São Paulo: Atlas, 2014, p. 489-493.

[313] MIRANDA, Pontes de. *Tratado das ações, tomo I: ação, classificação e eficácia*. Atualizado por Vilson Rodrigues Alves. Campinas: Bookseller, 1998, p. 222-226.

[314] ASSIS, Araken de. *Manual da Execução*. 12. ed., rev., ampl. e atual. São Paulo: Revista dos Tribunais, 2009, p. 89.

[315] PORTO, Sérgio Gilberto. *Coisa julgada civil*. 3. ed., revista, atualizada e ampliada. São Paulo: Revista dos Tribunais, 2006, p. 24-25.

[316] SILVA, Ovídio A. Baptista da. *Curso de processo civil, volume 1: processo de conhecimento*. 7. ed., revista e atualizada de acordo com o Código Civil de 2002. Rio de Janeiro: Forense, 2005, p. 140.

Por sua vez, na sentença condenatória, essa *executividade intrínseca* inexiste, pois depende de momento posterior (seja noutra fase – *cumprimento de sentença*, seja mediante ação executiva autônoma) para iniciar-se a determinação dos meios executivos para satisfação do direito reconhecido. A sentença condenatória limita-se a "declarar" a obrigação de pagar quantia e, posteriormente, o Magistrado, por provocação da parte, inicia a fase executiva.

Ora, o juiz, ao *condenar* o réu a pagar, não determina, na mesma decisão, a penhora de determinado(s) bem(ns). Esta situação esclarece que a questão não está no fato de ter – ou não – necessidade de cumprimento em outro processo ou em outra fase processual, mas sim no conteúdo existente no sentença. Aliás, a sentença condenatória não emite qualquer *comando* ao demandado, como quer a doutrina que sustenta a classificação *trinária*; ela simplesmente reconhece um direito de crédito ao demandante.

Por fim, parcela da doutrina entende por classificar as ações de acordo com a tutela do(s) direito(s) perseguida(s) pela parte demandante. Dito de outro modo, quer-se dizer que é mais indicado classificar a espécie de ação pela espécie de tutela ao direito material que pretende o autor da ação. Para tanto, no próximo tópico trabalhar-se-á as espécies de tutela dos direitos, à luz das necessidades do direito material e das possibilidades oferecidas pelo direito processual.

10.3. Da classificação das ações a partir da tutela dos direitos

É imperativo convir que os conceitos e institutos clássicos do processo (liberal) há muito tempo vêm se mostrando impotentes para a tutela dos direitos, observando-se a insuficiência do processo civil tradicional (classificação trinária das ações) para operar com os novos direitos, considerados típicos da sociedade de massa. Essa insuficiência fez eclodir novos instrumentos de tutela dos direitos, mais adequados às peculiaridades do Estado Contemporâneo, notadamente no que concerne a tutelas preventivas e provisórias.[317]

Como já se viu, a visão mercadológica dos direitos, constante no Estado Liberal Clássico e que manteve influência durante quase todo o século XX, deu à jurisdição uma tradicional função de tutela ressarcitória, pois afirmava que a única tutela contra o ilícito seria a reparação do dano, não importando para o direito, então, qualquer atividade ilícita que não resultasse algum prejuízo. Portanto, o sistema processual não estava preocupado com a adequação dos provimentos jurisdicionais.[318]

Sabendo-se que a prestação efetiva da tutela do direito depende do provimento adequado, a decisão interlocutória e a sentença devem assumir formas variadas para poder tutelar de maneira adequada os direitos materiais postos

---

[317] ARENHART, Sérgio Cruz. *A tutela inibitória da vida privada*. Coleção temas atuais de direito processual civil, v. 2. São Paulo: Revista dos Tribunais, 2000, p. 34-35.
[318] MARINONI, Luiz Guilherme. *Tutela inibitória: individual e coletiva*. 4. ed. São Paulo: Revista dos Tribunais, 2006, p. 36-37.

em causa. A sentença condenatória, por exemplo, por motivos culturais e políticos, foi atrelada aos meios de execução por sub-rogação tipificados na lei, sendo incapaz de prestar as tutelas inibitória e de remoção do ilícito. Esse é o motivo pelo qual a classificação trinária das sentenças impede a tutela jurisdicional efetiva, que depende de provimentos mandamentais e executivos.[319]

Então, a tutela jurisdicional deve ser um conceito entendido como resposta do Estado ao direito de ação, compreendido este não somente como o direito de provocar a jurisdição (como pensado à época do Estado Liberal Clássico), mas, sim, como direito à adequada prestação jurisdicional, envolvendo o direito a um procedimento, a um provimento e a meios executórios adequados às peculiaridades da pretensão de direito material.[320]

Resta evidente que o Estado Contemporâneo, no paradigma do Estado Democrático de Direito, caracteriza-se, no campo da tutela dos direitos, pelo ônus de prestar a tutela jurisdicional adequada (às necessidades do direito material posto em causa) e efetiva (realizar a pretensão especificamente) no caso concreto,[321] pois é condição de uma proteção jurídica efetiva que o resultado do procedimento proteja e concretize os direitos materiais dos titulares desses direitos envolvidos no processo.[322]

A *prestação jurisdicional*, como se sabe, pode ou não prestar a *tutela* do direito, pois esta última só ocorre quando a decisão interlocutória ou a sentença reconhecem o direito material, enquanto a *prestação* jurisdicional ocorre mesmo em casos de improcedência da sentença ou indeferimento na decisão interlocutória. Portanto, percebe-se que a decisão interlocutória e a sentença são, para Luiz Guilherme Marinoni, apenas técnicas das quais o processo se utiliza para prestar a tutela dos direitos.[323]

Marinoni, nessa linha de raciocínio, separa as tutelas dos direitos das técnicas processuais, e critica a tradicional classificação das sentenças pelos seus efeitos, defendendo que, diante do processo civil e das necessidades de direito material contemporâneo, a classificação das sentenças só tem razão de ser quando pensada a partir da classificação das tutelas dos direitos materiais, já que o processo deve responder ao direito material e à realidade social, e as sentenças apenas refletem o modo pelo qual o processo tutela os casos concretos.[324]

Para Carlos Alberto Alvaro de Oliveira, a ação processual é o agir em juízo. Não é a ação que será, por exemplo, mandamental, mas a tutela dispen-

---

[319] MARINONI, Luiz Guilherme. *Técnica processual e tutela dos direitos*. 3. ed. rev. e atual. São Paulo: Revista dos Tribunais, 2010, p. 161-162.

[320] ARENHART, Sérgio Cruz. *A tutela inibitória da vida privada*. Coleção temas atuais de direito processual civil, v. 2. São Paulo: Revista dos Tribunais, 2000, p. 39.

[321] OLIVEIRA, Carlos Alberto Alvaro de; MITIDIERO, Daniel. *Curso de processo civil*: volume 1: teoria geral do processo civil e parte geral do direito processual civil. São Paulo: Atlas, 2010, p. 28-29.

[322] ALEXY, Robert. *Teoria dos direitos fundamentais*. Tradução de Virgílio Afonso da Silva. São Paulo: Malheiros, 2008, p. 488.

[323] MARINONI, Luiz Guilherme. *Técnica processual e tutela dos direitos*. 3. ed. rev. e atual. São Paulo: Revista dos Tribunais, 2010, p. 113.

[324] Ibid., p. 113-114.

sada pelo órgão judicial. A ação processual consiste apenas no agir das partes em juízo, por meio do exercício dos poderes e faculdades que lhe correspondem, concretizados em atos processuais, conforme a sequência procedimental prevista em lei (demanda, réplica, pedidos de prova, recursos etc.). A tutela jurisdicional prestada pelo órgão judicial decorre do resultado do processo, da imperatividade e da soberania do Estado-Juiz.[325]

Diante do atual compromisso do processo civil com a *efetividade*, fundamentalmente pelo delineamento que o paradigma do Estado Democrático de Direito empresta ao direito fundamental de ação (art. 5º, inciso XXXV, da Constituição Federal de 1988), deve haver sempre um nexo entre o "agir em juízo" e a "tutela" do direito material posto em causa. Destarte, a tipologia tradicional das ações constitui, em verdade, a característica do resultado do mérito, ou melhor, é a técnica processual a qual o Estado-Juiz utiliza-se para a prestação da *tutela jurisdicional*.

Portanto, a ação processual deve levar em conta a necessidade que o direito material violado ou ameaçado tem em relação ao processo. Este deve ser adequado a lograr êxito na *tutela jurisdicional* do direito material, diante do comando constitucional. Nessa senda, a ação processual não deve ser classificada pela técnica que o Magistrado aplicará para fazer valer o "resultado" de mérito da demanda, mas sim pela necessidade que o direito material afirmado pelo autor apresenta diante da suposta ameaça ou violação.

Com efeito, a mandamentalidade ou a executividade, por exemplo, contida em um provimento jurisdicional (como uma sentença) é medida que será aplicada para satisfazer (leia-se: *tutelar*) o direito material eventualmente reconhecido. Mas, muito antes da promoção dessa *tutela*, antes até da própria propositura da demanda, o direito material afirmado já houvera sido, em tese, violado ou ameaçado. E, portanto, teve o interessado a necessidade de se valer do processo (*agir*) para buscar proteção e/ou satisfação ao seu direito.

Nessa linha de raciocínio, diante da ameaça ou da violação ao direito material, já surge necessidade de *agir* em face do ilícito ou do dano cometido a tal direito. E este *agir* terá por fim a *tutela ao direito*. Esta tutela pode ter várias feições e características, para cada uma das quais o ordenamento processual alcança uma técnica processual para a satisfação do direito quando reconhecido. Essas *formas de tutela* serão analisadas a seguir e, como se verá, cada uma delas utilizar-se-á uma ou mais *técnica(s)* para efetivar o direito reconhecido.

Portanto, sabendo-se que as sentenças são técnicas que permitem a prestação da tutela jurisdicional dos direitos, as modalidades de sentenças processuais (classificadas pelas cargas de eficácia) não identificam a *necessidade do direito material do autor*, e nem explicam o *resultado do processo no plano do direito material*. Assim, não é possível verificar se as técnicas processuais atendem ao

---

[325] OLIVEIRA, Carlos Alberto Alvaro de. *Teoria e prática da tutela jurisdicional*. Rio de Janeiro: Forense, 2008, p. 73.

direito material e, consequentemente, se o processo é de fato adequado e efetivo (ao direito material posto em causa).[326]

É preciso, pois, identificar as espécies de *tutelas dos direitos* para que se possa pensar qual a *técnica processual* idônea para atendê-las. O procedimento, a sentença (suas eficácias) e os meios executivos não devem ser neutros às necessidades do direito material, sob pena de não se atender ao comando estabelecido pelo direito de ação modelado pelo paradigma do Estado Democrático de Direito, qual seja, a imperativa tutela adequada e efetiva dos direitos.[327]

Dito de outro modo, a artificialidade da classificação das sentenças pela carga de eficácia, segundo critérios do direito processual – e descolados do direito material, fica, agora, mais evidente. A separação entre os direitos material e processual criou um processo civil sem qualquer efetividade, pois as ações/sentenças estavam preocupadas com suas *cargas de eficácia* e não com a adequada tutela do próprio direito material.

Quando do império da classificação trinária das sentenças, por exemplo, as prestações de fazer, não fazer, entregar coisa e pagar quantia estavam, todas, no bojo da sentença condenatória que, diante das suas características, não conseguia prestar uma *tutela* adequada e efetiva a todas essas espécies de prestações, na medida em que cada uma delas tem a sua especificidade, a sua particularidade.

Imperativo se mostra, a partir de então, estudar cada espécie de tutela dos direitos, para, a partir daí, e já conhecendo as cargas de eficácia das sentenças, delinear o procedimento que o sistema processual civil, tanto do CPC/73, como do Novo Código de Processo Civil, empresta para cada espécie dessas *tutelas dos direitos* e qual ou quais *técnicas processuais*, representadas pelas cargas de eficácia sentenciais, são aplicáveis a cada espécie de *tutela dos direitos*.

As tutelas dos direitos podem ser divididas em dois grupos: a *tutela específica* e a *tutela ressarcitória*. A primeira preocupa-se com a integridade do direito e visa a impedir a sua conversão em pecúnia. A segunda implica em um ressarcimento pelo valor da lesão ou da obrigação inadimplida. Por isso é também chamada de *tutela pelo equivalente monetário*. A tutela específica subdivide-se em *inibitória, remoção do ilícito, tutela específica do adimplemento ou do cumprimento de dever legal* e *tutela ressarcitória na forma específica*.

As *tutelas específicas*, como se teve a oportunidade de demonstrar no primeiro ponto deste capítulo, mostra-se, claramente, como resposta às necessidades do Estado Contemporâneo, ou seja, expressam uma das formas da ruptura promovida pelo paradigma do Estado Democrático de Direito, instituído, entre nós, pela Constituição Federal de 1988, o qual, dentre tantas características, trouxe nova roupagem ao direito de ação, notadamente pela imposição da *efetividade* da prestação jurisdicional.

---

[326] MARINONI, Luiz Guilherme. *Técnica processual e tutela dos direitos*. 3. ed. rev. e atual. São Paulo: Revista dos Tribunais, 2010, p. 114.
[327] Ibid., p. 114.

As obrigações de fazer, não fazer e entregar coisa são objeto das tutelas específicas, ao passo que as obrigações pecuniárias, para pagamento de quantia certa, são objeto da tutela ressarcitória. A análise dessas espécies de tutela dos direitos é de extrema importância para a compreensão e sistematização do cumprimento de sentença. Para tanto, conceituar-se-ão tais *tutelas dos direitos* e, após, serão analisados os procedimentos e meios para a efetivação de cada uma delas.

A tutela inibitória talvez seja a tutela dos direitos mais relevante dentro do novo paradigma do Estado Democrático de Direito. Ora, os direitos não existem para serem violados ou desrespeitados. Esta espécie de tutela é destinada a impedir a prática de ato contrário a direito. A intenção é impedir a violação do direito material. Está, assim, destinada a impedir a prática, a repetição ou a continuação do ilícito.[328] Trata-se da tutela que, por excelência, pretende dar guarida ao comando constitucional de que não se afastará da apreciação do Poder Judiciário a ameaça de lesão a direito. É tutela nitidamente de caráter *preventivo*.

Ressalte-se, diante da natureza preventiva da tutela inibitória, que tal espécie visa proteger contra o ilícito, ou seja, contra ato contrário a direito. Até a Constituição Federal de 1988, o direito de ação com arrimo constitucional era previsto como não exclusão da apreciação do Poder Judiciário de lesão a direito. Apenas com a Constituição Cidadã, a qual instituiu o Estado Democrático de Direito, é que se passou a tutelar contra lesão e ameaça de lesão a direito (inciso XXXV do art. 5º).

Diante dessas circunstâncias, observa-se que o valor da tutela preventiva dos direitos no processo foi estabelecido constitucionalmente apenas em 1988, embora já existissem algumas formas de tutela preventivas para determinados e específicos direitos (como, por exemplo, a ação de reintegração de posse), além da ação cautelar e do mandado de segurança. Entretanto, tais meios alcançavam pequena parte das necessidades dos direitos materiais.

A visão mercadológica dos direitos, constante no Estado Liberal Clássico e que manteve influência durante quase todo o século XX, deu à jurisdição uma tradicional função de tutela ressarcitória, pois afirmava que a única tutela contra o ilícito seria a reparação do dano, não importando para o direito, então, qualquer atividade ilícita da qual não resultasse algum prejuízo. Portanto, o sistema processual não estava preocupado com a adequação dos provimentos jurisdicionais.[329]

Contudo, a tutela específica exige o cumprimento *in natura* da obrigação/dever ou seu resultado prático equivalente, sendo a conversão em perdas e danos excepcional. Nesse andar, o foco está no ilícito, não no ilícito *danoso*. A tutela inibitória não tem, pois, a responsabilidade civil como seu fundamento

---

[328] MARINONI, Luiz Guilherme; ARENHART, Sérgio Cruz. *Curso de processo civil*, volume 3: execução. São Paulo: Revista dos Tribunais, 2007, p. 148.

[329] MARINONI, Luiz Guilherme. *Tutela inibitória: individual e coletiva*. 4. ed. São Paulo: Revista dos Tribunais, 2006, p. 36-37.

ou requisito. Servirá para determinar ao réu um fazer, um não fazer ou a entrega de coisa, diante de ação ilícita por parte do demandado.

É oportuno ressaltar que o conceito de ato ilícito pressuposto pelo Código Beviláqua (Código Civil de 1916) obviamente concorreu em enorme medida para esse caráter puramente sancionatório da atividade jurisdicional na legislação de 1973. Para o legislador de 1916, ato ilícito constituía ato contrário a direito, praticado com dolo ou culpa, por ação ou omissão, de que decorria dano a alguém (art. 159). No mesmo sentido está previsto no Código Civil de 2002 (art. 186). Fica evidente a confusão entre ato ilícito, fato danoso e responsabilidade civil. A confusão entre esses conceitos, dentre outras contingências, impediu o legislador de identificar e disciplinar uma tutela jurisdicional preventiva voltada à inibição, à reiteração ou à continuação de um ato ilícito ou de seus efeitos, ou, ainda, voltada à remoção do ilícito ou de seus efeitos.[330]

Ora, nem todo o ato ilícito é, obrigatoriamente, danoso. E mais: diante do delineamento do direito de ação posto pela atual Carta Constitucional, não mais é necessário haver a violação (leia-se: dano) a direito para que a tutela jurisdicional seja invocada. Daí a extrema relevância da tutela inibitória, de caráter preventivo, para a qual o ilícito é dissociado do dano e, assim, é desnecessário que o ilícito seja danoso. O dano não é elemento constitutivo do ilícito, mas sim o fato de ser – ou não – um ato contrário a direito. Decorre disso, por via de consequência, que os elementos dolo e culpa igualmente estão dissociados do conceito de ilícito.[331]

Nesse diapasão, a averiguação da ocorrência ou não do ilícito está ligada à situação de contrariedade do ato ao direito. Logo, os pressupostos da responsabilidade civil não são requisitos para que a tutela inibitória seja concedida. Pode haver, pois, tutela em face de ato contrário a direito, independentemente de conduta culposa ou dolosa do demandado e, além disso, independentemente de dano. É o que está expresso no parágrafo único do art. 497 do NCPC. Trata-se, repita-se, de tutela preventiva e, assim, voltada para o futuro, situação diversa da responsabilidade civil.

A tutela inibitória é rica em exemplos. Os direitos de vizinhança podem ser objeto desta tutela; a obrigação de uma empresa instalar um equipamento para evitar poluição também; assim como a inibição de violação de direitos de personalidade e a proibição de comercialização de determinados produtos. Havendo descumprimento de norma jurídica ou de termo contratual, caberá tutela inibitória para impedir a prática, a continuação ou a repetição do ilícito.

As normas que objetivam proteger diversas espécies de direitos, como os direitos fundamentais e os direitos de personalidade, como as que proíbem condutas para proteger o meio ambiente, a saúde ou os direitos dos consumidores, abrem a oportunidade, após sua violação, de uma tutela voltada a

---

[330] MITIDIERO, Daniel. *O processualismo e a formação do Código Buzaid*. In: JOBIM, Geraldo Cordeiro; JOBIM, Marco Félix; TELLINI, Denise Estrela (organizadores). *Tempestividade e efetividade processual: novos rumos do Processo Civil Brasileiro*. Caxias do Sul: Plenum, 2010, p. 126.

[331] MARINONI, Luiz Guilherme; ARENHART, Sérgio Cruz. *Curso de processo civil*, vol. 3: execução. São Paulo: Revista dos Tribunais, 2007, p. 148-152.

eliminar os efeitos ilícitos derivados da prática da ação contrária a direito. Estes casos, em que o ilícito já ocorreu, mas cujos efeitos propagam-se no tempo, são objeto da *tutela de remoção do ilícito*.[332]

A tutela de remoção do ilícito, assim, tem por escopo remover os efeitos de um ilícito já ocorrido, ou seja, vai de encontro a um ilícito já ocorrido, mas com efeitos propagados. Assim, tal tutela pretende remover a causa de eventual dano futuro. É o que ocorre, por exemplo, no uso indevido de nome em propaganda comercial impressa em revistas; violação de direitos de personalidade nas redes sociais; descumprimento de normas ambientais (é o caso da mortandade de peixes); alimentos inadequados para o consumo postos em circulação no mercado.

A intenção é remover os efeitos de um ilícito já ocorrido. Quer-se a retirada dos produtos inadequados do mercado; a retirada de vídeos ou expressões das redes sociais e outros *sites* da internet; a suspensão do uso indevido do nome em propaganda, se necessário com retirada de circulação do veículo de comunicação; determinação de limpeza e readequação ambiental de área degradada etc.

A prática do ilícito pode ou não ocasionar dano. Assim como a *tutela inibitória*, a *remoção do ilícito* não se preocupa com a (necessária) ocorrência de dano e, também por isso, os elementos dolo e culpa não fazem parte de seus requisitos. A *remoção do ilícito* tem como requisitos a ação contrária a direito e a existência (e atualidade) de efeitos ilícitos derivados da conduta praticada. Portanto, trata-se de tutela que visa a remover e a impedir a propagação (ainda maior) dos efeitos ilícitos do ato contrário a direito.

Com efeito, cada uma dessas espécies de tutela terá a seu dispor a técnica processual adequada para sua efetivação. Isso quer dizer que as *medidas de apoio*, que serão analisadas cuidadosamente no próximo ponto, disponíveis em cada espécie de *técnica processual* existente e corporificadas também nas cargas de eficácia das sentenças, estarão passíveis de manejo para a concessão dessas *tutelas inibitória* e de *remoção do ilícito*. Exemplifiquemos, pois.

Enquanto a tutela inibitória, em regra, será prestada mediante meio executivo coercitivo (a multa cominatória, por exemplo), a tutela de remoção do ilícito será, em geral, prestada mediante a utilização de meios executivos sub-rogatórios que, substituindo a vontade do demandado, viabilizem a remoção dos efeitos do ilícito. O exemplo de produtos nocivos ao consumidor é privilegiado: inibe-se a colocação de novos produtos no mercado, mediante cominação de multa, e retiram-se os produtos já colocados em circulação, mediante busca e apreensão.[333]

A *tutela específica do adimplemento* e a *tutela específica do cumprimento de dever legal* têm fundamento semelhante, embora a primeira trate de relação obrigacional-contratual, enquanto a segunda tem como objeto prestações devidas por decorrência de previsão legal. Um contrato firmado assegura a cada uma

---

[332] MARINONI, Luiz Guilherme; ARENHART, Sérgio Cruz. *Curso de processo civil*, vol. 3: op. cit., p. 153-154.
[333] Ibid., p. 155.

das partes determinada posição jurídica; por sua vez, a legislação prevê direitos e deveres à todos. Portanto, seja de origem contratual, seja de origem legal, as obrigações/deveres devem ser cumpridos *in natura*.

Como já se disse, a conversão em perdas e danos é excepcional. Diante disso, se uma parte comprometeu-se com outra a prestação de serviço de assistência à saúde (contrato de plano de saúde), deverá entregar à outra parte aqueles serviços contratualmente estabelecidos. Da mesma forma, quando a Constituição Federal determina como dever do Estado garantir educação infantil, em creche e pré-escola, às crianças de até cinco anos de idade (art. 208, inciso IV), terá o Estado a obrigação de entregar a cada criança a sua vaga na pré-escola.

A *tutela específica do adimplemento* determina que aquele que se comprometeu, contratualmente, a uma prestação de fazer, não fazer ou entregar coisa, tem o dever de cumprir tal obrigação *in natura*, ou seja, não pode deixar de cumprir exatamente aquilo que se obrigou. Por seu turno, na *tutela específica do cumprimento de dever legal*, a violação da norma é bastante para se requerer a tutela jurisdicional do direito. Havendo imposição legal de um fazer, um não fazer ou a entrega de coisa, o cumprimento poderá ser exigido na forma *específica*.

Essas espécies de tutela específica do adimplemento e do cumprimento de dever legal têm extrema importância no paradigma do Estado Democrático de Direito, em especial no que concerne aos valores da *justiça material* e dos *direitos fundamentais*. A tutela específica do adimplemento impede que a parte mais privilegiada economicamente "escolha" entre cumprir a obrigação *in natura* ou pagar o equivalente monetário.[334] No mesmo sentido, a tutela específica do cumprimento do dever legal assegura, dentre tantas situações, que os direitos fundamentais sejam prestados pelo Estado na forma específica prevista pela Constituição Federal.

Voltando-se aos exemplos apontados linhas acima. A empresa fornecedora do plano de saúde não pode deixar de prestar os serviços contratualmente estabelecidos. Se comprometeu-se a prestar, por exemplo, tratamento de *home care*, não pode deixar de fazê-lo. O contratante necessita do serviço *in natura*. O mesmo ocorre no caso do direito fundamental à educação infantil: o Estado deve o próprio fornecimento, não o equivalente monetário. O objetivo dessas *tutelas* é entregar exatamente aquilo que o contrato e o ordenamento jurídico preveem.

---

[334] No Estado Liberal Clássico, imperou a prevalência da tutela pelo equivalente monetário. No caso de violação, impunha-se ao responsável o custo econômico do inadimplemento, independentemente do objeto da prestação. Essa função mercadológica dos direitos serviu para impulsionar a economia liberal. Se esta era a roupagem do Estado, ao processo civil incumbiu adotar técnica processual capaz de viabilizar a tutela pelo equivalente monetário. Daí, insiste-se, o império da sentença condenatória, ainda mais com o valor, igualmente liberal-burguês, de *intangibilidade da vontade*, o que afastou do processo as técnicas mandamentais. Estes reflexos no âmbito do processo civil seguiram-se, entre nós, até muito depois da evolução do Estado Liberal Clássico para o Estado Contemporâneo. [Conforme MARINONI, Luiz Guilherme; ARENHART, Sérgio Cruz. *Curso de processo civil*, vol. 3. op. cit., p. 163.]

Quanto à *tutela ressarcitória na forma específica*, esta ocorre nos casos em que a necessidade do *ressarcimento* não está identificada com a indenização em pecúnia. Quer dizer, haverá tutela ressarcitória na forma específica quando houver dano, mas este tiver de ser ressarcido por uma prestação de fazer, não fazer ou entregar coisa, não mediante pagamento do equivalente em dinheiro. Esta forma de ressarcimento é considerada específica, pois contrária à forma ressarcitória que se expressa no valor equivalente ao dano.[335]

Lógico, isto quando for *possível* o ressarcimento na forma específica. Esta obrigação de prioridade do ressarcimento na forma específica decorre do dever do Estado de proteção aos direitos pelo direito fundamental à efetividade da tutela jurisdicional. Este ressarcimento tem como objetivo reparar os danos acometidos pelo fato danoso. Já há, pois, dano, mas será ressarcido *in natura*. Aliás, a tutela ressarcitória na forma específica pode ser cumulada com a tutela ressarcitória pelo equivalente monetário.

Por fim, a *tutela ressarcitória*, pelo equivalente monetário, tem como objetivo tutelar o direito do autor de perceber uma prestação pecuniária, em dinheiro. Evidentemente, tal prestação pode decorrer de situações jurídicas de natureza obrigacional-contratual ou de natureza legal (extracontratual). Será objeto da tutela ressarcitória as responsabilidades civis contratual e extracontratual (indenizações em geral), ações de regresso, ação que pretende evitar o enriquecimento sem causa, assim como aquelas que pretendam o recebimento de valores constantes em títulos extrajudiciais.

As tutelas específicas (inibitória, remoção do ilícito, tutela específica do adimplemento ou do cumprimento de dever legal e tutela ressarcitória na forma específica) são formas de tutela dos direitos relativos às obrigações/deveres de fazer, não fazer e entregar coisa. Por sua vez, a tutela ressarcitória, pelo equivalente monetário, é a forma de tutela das prestações pecuniárias. As tutelas específicas têm como técnicas processuais as sentenças mandamental e executiva lato sensu; por sua vez, a tutela ressarcitória tem, como forma de tutela dos direitos à prestação pecuniária, a sentença condenatória.

Tratadas as questões relativas à classificação das sentenças e das tutelas dos direitos, demonstrada a relação entre as *formas de tutela* dos direitos e as *cargas de eficácia das sentenças*, importa, a seguir, tratar especificamente do procedimento firmado pela lei processual (no CPC de 1973 e no Novo CPC) para a satisfação de cada uma das *formas de tutela dos direitos* e como as *técnicas processuais* são aplicadas para o *cumprimento das sentenças*.

10.4. Do procedimento para o cumprimento das sentenças

Nos três primeiros pontos deste capítulo, tratou-se das principais características dos institutos relativos ao cumprimento de sentença – a execução dos títulos executivos judiciais. Em primeiro lugar, tratou-se de demonstrar a evolução paradigmática decorrente da evolução do Estado de Direito e seus

---

[335] MARINONI, Luiz Guilherme; ARENHART, Sérgio Cruz. *Curso de processo civil*, vol. 3. op. cit., p. 156-157.

reflexos na jurisdição, com ênfase na função de execução do processo civil. A intenção foi expor de onde partiu e para onde foi a sistemática da execução dos títulos executivos judiciais.

Após, analisou-se a classificação das *cargas de eficácia* das sentenças. Esta análise teve a finalidade de apresentar a natureza e as características de cada uma. Ao depois, a preocupação em tratar a classificação das ações a partir da tutela dos direitos, com análise de cada uma das espécies de tutela dos direitos, foi no intuito de demonstrar a relação (íntima) existente entre as espécies de tutela dos direitos com cada uma das *cargas de eficácia*.

Neste momento, serão tratados os procedimentos para o *cumprimento* das sentenças condenatória, mandamental e executiva,[336] ou seja, os meios para que seja prestada ao demandante a *tutela* de seu direito em cada uma de suas espécies. Dito de outro modo, neste ponto final do capítulo será demonstrado o *iter* procedimental que deve seguir o processo para o cumprimento das sentenças e para a efetivação das tutelas dos direitos postos em causa.

10.4.1. Tutela específica (fazer, não fazer e entregar coisa)

Em primeiro lugar, vale lembrar que o sistema estabelecido pelos artigos 536 e 538 do CPC não se limita às obrigações propriamente ditas, mas estende-se a todos os deveres jurídicos cujo objeto seja um fazer ou um não fazer. Ora, dever jurídico é a imposição jurídica da observância de determinado comportamento ativo ou omissivo, passível de ser resguardada com sanção (sanção é, pois, toda e qualquer medida estabelecida pelo ordenamento para reforçar a observância de suas normas ou remediar os efeitos da inobservância); a obrigação, por seu turno, é apenas uma das categorias de dever jurídico, caracterizando-se em prestações humanas devidas e originadas de negócios jurídicos, do regime da responsabilidade civil ou da rejeição ao enriquecimento sem causa. Em síntese, o termo "obrigação" assume o sentido larguíssimo de dever jurídico nesses dispositivos.[337]

As obrigações, ou deveres, de fazer, não fazer e entregar coisa, são objeto de tutela específica, como se denota do *caput* dos artigos 536 e 538 do CPC, quer dizer, quando a ação tiver por objeto essas obrigações, o juiz concederá a tutela específica ou determinará providências para assegurar o resultado prático equivalente. Para tanto, o juiz poderá utilizar-se das técnicas mandamental

---

[336] O art. 475-N, inciso I, do CPC/73 (correspondente ao art. 515, inciso I, do NCPC), traz como primeira espécie de título executivo judicial a sentença que reconheça a obrigação de fazer, não fazer, entregar coisa ou pagar quantia certa. É, pois, título executivo judicial e, assim, passível de *cumprimento*, aquela sentença que reconheça a existência de obrigação a cargo do réu, impondo a este uma prestação. As sentenças – ou cargas de eficácia – que não imponham ao demandado qualquer dessas espécies de prestações, como ocorre com as sentenças declaratória e constitutiva, não são passíveis de *cumprimento*, até porque bastam *per se*.

[337] TALAMINI, Eduardo. *Tutela relativa aos deveres de fazer e de não fazer e sua extensão aos deveres de entrega de coisa (CPC, arts. 461, 461-A, CDC, art. 84).* 2. ed. rev., atual. e ampl. São Paulo: Revista dos Tribunais, 2003, p. 126-129 e 169.

(coerção da vontade do demandado) e executiva *lato sensu* (meios sub-rogatórios da vontade do demandado), conforme § 1º do art. 536 do CPC.[338]

Fica claro, da leitura desses dispositivos, que a obtenção do resultado prático equivalente igualmente está enquadrado no conceito de tutela específica. A tutela que pretenda o mesmo resultado daquele que se teria caso não houvesse a violação dos deveres de fazer, não fazer e entregar coisa é a tutela específica dos direitos. Esta forma de tutela visa ao cumprimento *in natura* das prestações, seja mediante coerção da vontade do demandado, seja substituindo-se a conduta do réu.

Nessa seara, quando os dispositivos legais apontados referem-se à "efetivação da tutela específica", tratam da busca do resultado final mediante a própria conduta do demandado. Para tanto, utilizam-se os meios coercitivos (eficácia mandamental). Por sua vez, no que tange à expressão "obtenção da tutela pelo resultado prático equivalente", esta refere-se à busca do resultado final mediante substituição da vontade do réu, substituindo-se a vontade deste por meio de mecanismos de apoio (eficácia executiva *lato sensu*). Em ambas as situações se está diante da tutela específica dos direitos.

Ademais, conforme visto no ponto anterior, o termo *tutela específica* engloba diversas formas de tutela dos direitos, quais sejam, a inibitória, a remoção do ilícito, a específica e a ressarcitória específica. No presente ponto, portanto, serão analisadas as regras e as técnicas procedimentais para a satisfação de quaisquer formas de tutela dos direitos cujo objeto seja um fazer, um não fazer ou a entrega de coisa, tratadas, genericamente, de *tutelas específicas*.

Essa espécie de tutela veio a ser prevista no ordenamento jurídico brasileiro como forma de se buscar uma maior efetividade ao processo, buscando dar a quem tem um direito, na medida do possível, exatamente aquilo que ele tem direito, quer dizer, aquilo que o demandante teria caso o demandado cumprisse a obrigação, caso o processo não fosse necessário. Tal espécie de tutela foi incorporada a partir da roupagem de processo existente no Estado Democrático de Direito, pois até então o dogma de que ninguém poderia ser coagido a prestar algo imperava. Não por outro motivo que apenas a partir da Constituição Federal de 1988 é que foi incorporado, no direito constitucional de ação, a tutela judicial da ameaça a direito ("a lei não excluirá da apreciação do Poder Judiciário lesão e ameaça de lesão à direito"). Até então o direito de ação contemplava apenas a lesão a direito.

O juiz tem o poder-dever de conceder a tutela específica ou o resultado prático equivalente. Para tanto, tem em mãos as técnicas mandamental e executiva *lato sensu*, ou seja, poderá coagir a vontade do demandado mediante cominação de multa por dia de descumprimento ou, ainda, poderá substituir a vontade do réu, mediante aplicação de "medidas de apoio" que se fizerem necessárias para atingir o resultado equivalente. Tais "medidas de apoio" serão aquelas que o juiz entender necessárias no caso concreto, como, por exemplo,

---

[338] Para um estudo aprofundado acerca da tutela específica das obrigações, consultar MARINONI, Luiz Guilherme. *Técnica processual e tutela dos direitos*. 3. ed. rev. e atual. São Paulo: Revista dos Tribunais, 2010; e MARINONI, Luiz Guilherme. *Tutela inibitória: individual e coletiva*. 4. ed. São Paulo: Revista dos Tribunais, 2006.

remoção de pessoas ou coisas, expedição de mandado de imissão de posse ou busca e apreensão, desfazimento de obras, impedimento de atividades etc. Inclusive, poderá o juiz alterar, conforme as circunstâncias, a técnica por ele adotada que venha a se mostrar infrutífera. Atualmente, pois, a conversão em perdas e danos é excepcional.[339]

O juiz aplicará os mecanismos sub-rogatórios e coercitivos conforme as circunstâncias do caso concreto. Ainda, tais mecanismos podem ser utilizados simultaneamente, quando for necessário. Não se descarta que, além da ordem para que o réu cumpra, acompanhada da cominação de multa, o provimento determine a atuação de instrumentos que atinjam o resultado prático equivalente, prescindindo da colaboração do demandado.[340] É o que ocorre, por exemplo, se algum fabricante de alimentos colocar no mercado alimentos estragados impróprios ao consumo. Neste caso, além da proibição de colocar novamente tais alimentos em circulação (mediante imposição de multa coercitiva), o juiz determinará o recolhimento dos alimentos já existentes no mercado (por técnica sub-rogatória, independente da vontade do demandado).

O juiz não está, pois, adstrito à técnica processual requerida pelo autor na petição inicial, na medida em que o juiz tem o poder-dever de determinar a medida necessária e mais adequada para a tutela específica ou para a obtenção do resultado prático equivalente. Alguns autores sustentam que esta questão atenua o princípio da congruência e do "exaurimento da competência após a sentença".[341] Com a devida vênia, não se corrobora desta conclusão, tanto por não haver qualquer modificação na obrigatória adstrição do juiz ao pedido, assim como não há alteração na regra segundo a qual após a publicação da sentença o juiz não pode mais alterá-la.

Ora, o objeto da ação é o fazer, o não fazer ou a entrega da coisa, e não a medida processual adotada pelo Magistrado para alcançar o cumprimento do objeto da ação. Quer dizer, não importa se o juiz determina multa para a entrega de determinado bem móvel em vez de expedir mandado de busca e apreensão, por exemplo, pois o objeto da ação é o direito à coisa e neste ponto o juiz deverá ficar adstrito ao pedido. Ademais, se após a sentença, no momento de seu *cumprimento*, for necessária a adoção de outra "medida de apoio" executiva ou cominação de multa não determinada na sentença, não se estará alterando a sentença, mas tão somente aplicando outra técnica processual (mais) adequada ao caso concreto, e tal será feito na fase de execução.

A separação entre ilícito e dano também é fundamental para se admitir a mudança de paradigma, ou seja, para se permitir a execução *in natura* da obrigação. O descumprimento dos contratos, por si só, é *contra ius*, constituindo

---

[339] MARINONI, Luiz Guilherme; MITIDIERO, Daniel. *Código de processo civil comentado artigo por artigo*. São Paulo: Revista dos Tribunais, 2008, p. 429-433. A obrigação somente se converterá em perdas e danos se o autor assim o requerer ou se a tutela específica, ou o resultado prático equivalente, restar faticamente impossível.
[340] WAMBIER, Luiz Rodrigues. TALAMINI, Eduardo. *Curso avançado de processo civil*, volume 2: execução. 12. ed., rev., atual. e ampl. São Paulo: Revista dos Tribunais, 2012, p. 421-422.
[341] CÂMARA, Alexandre Freitas. *Lições de direito processual civil*, vol. 1. 25. ed. São Paulo: Atlas, 2014, p. 102.

ato ilícito violador de direito, a que pode seguir ou não de dano. Assim, ilícito e dano são fenômenos conceitual e temporalmente distintos, motivo pelo qual a ação de cumprimento tem lugar mesmo na ausência de dano.[342] Por isso, a classificação trinária das tutelas jurisdicionais e a incoercibilidade da vontade do réu/devedor já não cabem mais no ordenamento processual civil.

Ressalte-se que o art. 536 do CPC possibilita a prolação de tutela mandamental (que atua sobre a vontade do obrigado e visa a coagi-lo a fazer, deixar de fazer ou entregar algo) e/ou de tutela executiva (na qual o próprio Estado atua independentemente da vontade do obrigado – sub-rogação), dependendo do caso concreto, sendo uma cláusula geral no direito processual brasileiro.[343] Assim, como já se viu linhas acima, não há incompatibilidade entre o mandamento (tutela mandamental) e a adoção de medidas sub-rogatórias (tutela executiva *lato sensu*) visando ao cumprimento específico da ordem judicial, admitindo ao julgador aplicar tanto uma quanto outra, ou seja, valer-se do mandamento ou de providências executivas destinadas à satisfação do direito reconhecido.[344]

Nesse sentido, os mecanismos legais previstos pelos arts. 536 e 538 do CPC permitem que, num mesmo processo, se reúna, simultaneamente, conhecimento e execução, e os provimentos nele emitidos (decisão interlocutória e sentença) não só dão ensejo a atos executivos como também têm força mandamental, nada impedindo que essas duas eficácias possam decorrer de um mesmo provimento do juiz.[345] Com efeito, há *atipicidade* plena entre os meios executivos a serem adotados pelo juiz, aparelhando o Magistrado de tal forma que permite a prestação da tutela jurisdicional adequada e efetiva os direitos postos em causa.

Ademais, importa ressaltar que toda a disciplina das tutelas específicas, em especial seus meios executivos, aplica-se tanto às obrigações de fazer e não fazer, assim como às obrigações de entregar coisa. Poucas são as diferenças entre uma e outra, pois ambas pretendem a prestação da tutela jurisdicional dos direitos de forma específica, mediante a utilização de meios executivos coercitivos (*eficácia mandamental*) ou sub-rogatórios (*eficácia executiva* lato sensu).

Importa, a partir deste momento, analisar mais a fundo cada espécie de meio executivo disponível ao juiz para a prestação das tutelas específicas, quer dizer, serão analisados os meios executivos de coerção e de sub-rogação. Logo, será, em primeiro lugar, tratado sobre a multa cominatória, medida para influir e coagir a participação do réu e, após, serão apresentadas as medidas de

---

[342] SILVA, João Calvão da. *Cumprimento e sanção pecuniária compulsória*. 2. ed. 2ª Reimpressão. Coimbra: Almedina, 1997, p. 152.

[343] MARINONI, Luiz Guilherme; MITIDIERO, Daniel. *Código de processo civil comentado artigo por artigo*. São Paulo: dos Tribunais, 2008, p. 429.

[344] BEDAQUE, José Roberto dos Santos. *Tutela cautelar e tutela antecipada: tutelas sumárias e de urgência (tentativa de sistematização)*. São Paulo: Malheiros, 1998, p. 102.

[345] WAMBIER, Luiz Rodrigues (coordenação); ALMEIDA, Flávio Renato Correia de; TALAMINI, Eduardo. *Curso avançado de processo civil*, vol. 2: processo de execução. 8. ed. rev., atual. e ampl. São Paulo: Revista dos Tribunais, 2006, p. 265-267.

apoio de natureza executiva que o Magistrado lança mão para satisfazer o direito reconhecido independentemente da vontade do demandado.

10.4.1.1. Da multa cominatória

A multa cominatória é o meio de execução que, por excelência, visa a obter a tutela específica do direito através da própria conduta do demandado. É a tutela "mais específica possível", pois o próprio réu cumpre exatamente aquilo que ele mesmo se comprometeu. A mandamentalidade contida na multa cominatória tem o objetivo, pois, de prestar a tutela adequada e efetiva do direito material posto em causa. Este instituto tem diversas características, que serão apresentadas e analisadas neste ponto.

Com efeito, à luz do art. 537, *caput*, do CPC, a multa independe de requerimento da parte e poderá ser aplicada na fase de conhecimento, em tutela provisória ou na sentença, bem como na fase de execução, devendo ser suficiente e compatível com a obrigação e seja determinado prazo razoável para o cumprimento do preceito.

Em primeiro lugar, é questão relevante a forma que se exige de intimação para que o demandado seja devedor da multa. A Súmula 410 do Superior Tribunal de Justiça sedimentou o entendimento de que é necessária a intimação pessoal do devedor para que seja exigível a multa.[346] Quando a multa é concedida em liminar antecipatória de tutela, tal situação não é, em regra, um problema, pois o demandado será citado (pessoalmente) para responder a demanda e intimado para cumprimento da medida liminar sob pena de multa.

Entretanto, eventualmente, a fixação da multa ocorre ao longo do processo, quando o demandado já tem advogado constituído nos autos. Assim, da decisão que fixa a multa cominatória poderia ser intimado o demandado por seu advogado, pelo Diário de Justiça eletrônico, por exemplo. Apesar disso, o entendimento fixado foi no sentido de que, para a cobrança da multa cominatória, é necessária a intimação pessoal do demandado.

Em segundo lugar, controverte a doutrina acerca do valor a ser arbitrado para a multa cominatória. Fundamentalmente, se o valor deve ser excessivo ou razoável. Para Araken de Assis, a característica fundamental do instituto reside no exagero do algarismo; o valor deve, pois, ser exorbitante e não deve guardar relação com o conteúdo econômico do direito posto em causa, já que o objetivo é compelir o demandado ao cumprimento, embora deva ser adequado à pessoa do réu.[347]

Por outro lado, para Alexandre Freitas Câmara, a multa cominatória deve atingir sua finalidade, qual seja, servir como meio de pressão psicológica sobre o executado, constrangendo-o a cumprir a obrigação, mas se a multa for excessiva ou insuficiente seu poder coercitivo se perderá, devendo, nesses casos,

---

[346] Súmula 410, STJ. A prévia intimação pessoal do devedor constitui condição necessária para a cobrança de multa pelo descumprimento de obrigação de fazer ou não fazer.

[347] ASSIS, Araken de. *Cumprimento da sentença*. 3. ed. Rio de Janeiro: Forense, 2010, p. 176-177.

ser alterada[348]. Observa-se que ambos os argumentos são plenamente válidos, motivo pelo qual nos parece importante observar o que dizem a lei e a jurisprudência acerca do assunto.

Ora, se o *caput* do art. 537 do CPC determina que o valor da multa cominatória deve ser suficiente e compatível com a obrigação, e seu § 1º prevê que o juiz pode modificar o valor ou a periodicidade da multa, caso tenha se tornado insuficiente, excessiva ou tenha o demandado cumprido parcialmente a obrigação ou comprovado justa causa para o descumprimento, fica claro que a multa deve ter valor razoável em relação ao objeto da prestação fixada pelo Magistrado à parte demandada. Sobre o tema, considerando a excessiva abertura à discricionariedade judicial na expressão "valor razoável", cumpre registrar importante decisão da 4ª Turma do STJ, que fixou parâmetros objetivos para aferir o valor a ser imposto a título de multa cominatória. São os seguintes: o valor da obrigação e importância do bem jurídico tutelado; o tempo para cumprimento; a capacidade econômica e capacidade de resistência do devedor; a possibilidade de adoção de outros meios pelo magistrado e o dever de o credor mitigar o próprio prejuízo.[349]

Em terceiro lugar, a multa incide de plano tão logo tenha eficácia a decisão que a impôs, sendo devida desde o dia em que for configurado o seu descumprimento. O termo final da multa ocorre quando se torna impossível a obrigação, quando optar o credor pelas perdas e danos ou quando o juiz assim determinar, de ofício ou a requerimento da parte. Nesse sentido, o art. 537, § 4º, do CPC. Na prática, deverá cessar a multa quando o cumprimento *in natura* da prestação se tornar inviável, com ou sem culpa do demandado, pois, neste quadro, a multa torna-se inócua.[350]

Em quarto lugar, os valores devidos a título de multa cominatória são devidos ao exequente (art. 537, § 2º, do CPC). Há doutrina que entende no sentido de que tal multa deveria ser paga ao Estado, e não ao exequente, na medida em que eventual descumprimento da medida coercitiva representa o não cumprimento de uma determinação do Estado-Juiz. Ademais, se os valores fossem destinados ao Estado, não haveria o problema do "enriquecimento sem causa" do autor e, por via de consequência, os valores não seriam diminuídos da forma sensível como são diuturnamente pelo Judiciário.

Não raro se encontram situações em que é fixada multa cominatória, em sede de liminar, em face do demandado. Este, por sua vez, não cumpre com a determinação, durante todo o processo. Nesses casos, a multa pode chegar a valores bastante substanciais. Assim sendo, o Judiciário tem entendido por diminuir o valor da multa, a fim de "evitar o enriquecimento sem causa" da parte demandante. Às vezes, essa diminuição chega a atingir um valor inferior a 10% do valor total da multa devida. Isto proporciona, a nosso sentir, uma cultura de descumprimento das decisões. É certo que entendemos que o valor

---

[348] CÂMARA, Alexandre Freitas. *Lições de direito processual civil*, vol. 2. 23. ed. São Paulo: Atlas, 2014, p. 281.
[349] AgInt no AgRg no AREsp 738.682/RJ, Rel. p/ Acórdão Min. Luis Felipe Salomão, 4ª Turma, Dje. 14/12/2016.
[350] ASSIS, Araken de. *Cumprimento da sentença*. 3. ed. Rio de Janeiro: Forense, 2010, p. 178.

deve ser razoável, mas, se não for excessivo, não deve haver a diminuição (ao menos tão substancial) do valor. A cultura dos descumprimentos, especialmente pelas grandes corporações, certamente diminuiria sobremaneira.

Em quinto lugar, no que concerne à exigibilidade (e forma de execução) da multa cominatória, importa ressaltar que a medida coercitiva pode ser concedida tanto em sede de tutela antecipada, como na decisão final de mérito. De qualquer forma, a multa será executada pelo procedimento da execução por quantia certa. É imperativo, pois, fixar a partir de que momento a multa pode ser executada e qual a forma de execução (se definitiva ou provisória). Embora a execução provisória e a tutela antecipada sejam temas de capítulo específico, tratar-se-á da exigibilidade e executoriedade da multa neste momento.

A decisão que fixa a multa é passível de cumprimento provisório, devendo ser depositada em juízo, permitido o levantamento do valor apenas após o trânsito em julgado da sentença favorável à parte, conforme §3º do art. 537. Em que pese a impossibilidade de levantamento dos valores antes do trânsito em julgado, a execução, mesmo que provisória, já iniciará os procedimentos executivos rumo à expropriação (com a realização da penhora e avaliação, por exemplo), situação que, além de ser mais uma forma de pressionar o demandado pelo cumprimento da determinação (afinal, é o que se quer).

Portanto, a decisão que fixa a multa é passível de cumprimento provisório, devendo ser depositada em juízo, permitido o levantamento do valor após o trânsito em julgado da sentença favorável à parte. Com efeito, resta claro que se torna permitida a execução provisória da multa cominatória, a partir de seu termo inicial (a multa incide desde quando for configurado o descumprimento da decisão e incidirá enquanto não for cumprida a decisão que a tiver cominado).

A multa cominatória será adotada, como se viu, quando o Magistrado entender que a melhor forma, diante do caso concreto, para a concessão da tutela específica e, assim, a obtenção do resultado final *in natura*, for a realização da prestação pelo próprio demandado. Nesse caso, o juiz utilizar-se-á da eficácia mandamental para a tutela do direito (fazer, não fazer ou entregar coisa) posto em causa. A seguir, analisar-se-á a tutela específica pelo *resultado prático equivalente*.

10.4.1.2. Das medidas sub-rogatórias

Na execução de título executivo extrajudicial das obrigações específicas, os meios executivos a serem adotados pelo Magistrado para a satisfação do credor estão *tipificados* na lei processual. Não realizando o demandado a atividade devida, mediante a coerção da multa cominatória, somente far-se-á possível a conversão em perdas e danos ou escolha de terceiro que cumpra a obrigação em nome à custa do devedor. De qualquer sorte, a execução se converterá em execução por quantia certa. Não há previsão de atos de sub-rogação da conduta do demandado.[351]

Nesse sentido, após as reformas processuais amplamente debatidas nos itens anteriores, notadamente no que tange ao *cumprimento de sentença*, a tutela específica dos direitos relacionados dos deveres de fazer, não fazer e entregar coisa trouxeram à execução dos títulos judiciais a *atipicidade* dos meios executivos, a fim de possibilitar a *tutela específica* ou a obtenção do resultado prático equivalente, rompendo, pois, com o paradigma da tipicidade dos meios executivos para todas as espécies de prestações. E as medidas sub-rogatórias tiveram notáveis modificações em prol da efetividade da tutela jurisdicional.

As medidas sub-rogatórias são técnicas processuais que substituem a vontade do demandado na efetivação da tutela específica do direito. São aplicadas quando o Magistrado, diante do caso concreto, entende ser a forma mais efetiva e adequada de obter o resultado *in natura* da prestação devida. É tutela específica, de eficácia executiva *lato sensu*, mediante utilização de medidas de apoio que visem a obtenção da tutela pelo resultado prático equivalente.

O art. 536, *caput* e § 1º, do CPC permitem ao juiz, de ofício ou a requerimento, adotar e determinar as medidas necessárias para a satisfação do demandante, tais como imposição de multa, busca e apreensão, remoção de pessoas ou coisas, desfazimento de obras e impedimento de atividades nocivas, cabendo, se necessário, requisição de auxílio de força policial.

De plano, nota-se, na expressão "de ofício ou a requerimento", que o Magistrado não tem discricionariedade nesse sentido: a tutela específica *deve* ser concedida quando a ação tiver por objeto obrigação (em sentido amplo) de fazer, não fazer ou entregar coisa. E as medidas a serem adotadas devem ser fixadas pelo próprio juiz, aquelas que forem, diante das circunstâncias do caso concreto, a(s) mais adequada(s) para a tutela *in natura* do direito.

Essas medidas previstas no art. 536, *caput* e § 1º, do CPC podem ser tomadas para a tutela específica. Caso a multa seja adotada, a natureza jurídica do provimento será mandamental, diante da coercibilidade da vontade do demandado. Esta situação já foi devidamente trabalhada no item anterior. Neste ponto, tratar-se-á, especificamente, das medidas sub-rogatórias que visem a obtenção do resultado prático equivalente pela substituição da vontade do demandado.

A enumeração das medidas de apoio apontadas não é exaustiva, o que se depreende da locução "tais como". Quer dizer, ao juiz é dado determinar as *medidas sub-rogatórias necessárias à obtenção do resultado prático equivalente*. Essas medidas serão analisadas diante da situação posta em causa. Aquelas elencadas nos dispositivos legais fazem parte de um rol exemplificativo. Não há como discriminar previamente todas as medidas possíveis de serem adotadas.

Entre tais providências, enquadram-se a realização por terceiro de tarefa que o réu se obrigara a fazer; o desfazimento por terceiro de obra que não poderia ter sido feita; o lacre de equipamento poluente, inclusive diante da

---

[351] CÂMARA, Alexandre Freitas. *Lições de direito processual civil*, vol. 2. 23. ed. São Paulo: Atlas, 2014, p. 277.

inércia do réu de instalar filtros; a intervenção de auxiliar do juízo na administração da empresa, a fim de evitar medidas que vinham sendo descumpridas; dentre tantas outras possibilidades.[352]

Ademais, o § 3º do art. 533 do CPC prevê a incidência da litigância de má-fé ao demandado que injustificadamente descumprir a ordem judicial, além de estabelecer, expressamente, a responsabilização do réu por crime de desobediência. De fato, trata-se de medida de apoio que poderá se mostrar assaz eficiente para o cumprimento das tutelas específicas, embora se trate, na verdade e por natureza, de medida coercitiva e não sub-rogatória, pois visa a compelir o demandado a cumprir pessoalmente a obrigação.

De outro lado, conforme já adiantado em outra oportunidade, ao Magistrado não será possível adotar *qualquer* medida, quer dizer, os poderes do juiz não são ilimitados. Assim, para uma parcela da doutrina, restam afastadas quaisquer medidas que o ordenamento jurídico vede, em especial à luz dos direitos fundamentais (ex: prisão civil – exceto dívida alimentar). Para essa corrente, as providências adotadas devem guardar relação de utilidade, adequação e proporcionalidade com o fim perseguido, não podendo acarretar na esfera jurídica do réu sacrifício maior do que o necessário – e permitido.[353]

Nessa esteira, porquanto o manuseio dos meios executivos esteja entregue à "escolha" do Magistrado que, diante do caso concreto, utilizará o meio adequado para obter o resultado mais efetivo do provimento jurisdicional, não há qualquer *discricionariedade* judicial, haja vista que a opção deve ser adequada e devidamente fundamentada, tendo limite essa "escolha" no meio mais adequado que venha a acarretar o menor sacrifício possível ao devedor.[354] O tema, entretanto, ainda deverá ser aprofundado pela doutrina para melhor identificar os limites do emprego das medidas atípicas.

A tutela específica, como se pode ver neste e no tópico anterior, pode ser efetivada por meios de coerção ou por meios de sub-rogação. Nos primeiros, a intenção é prestar a *tutela específica* por meio da conduta própria do demandado; nos segundos, o objetivo é a *obtenção do resultado prático equivalente*. Ambas prestam a tutela *in natura* dos direitos. Mas não são excludentes, como se verá.

10.4.1.3. Combinação dos meios de execução

Os mecanismos coercitivos (tutela mandamental) e sub-rogatórios (tutela executiva *lato sensu*) poderão ser utilizados simultaneamente. Aliás, e em face da absoluta preferência pelo resultado específico, a conjugação de ambos, sempre que viável, é uma imposição. Não se descarta que, além da ordem para que o réu cumpra, acompanhada da cominação de multa, o provimento

---

[352] WAMBIER, Luiz Rodrigues; TALAMINI, Eduardo. *Curso avançado de processo civil*, volume 2: execução. 12. ed., rev., atual. e ampl. São Paulo: Revista dos Tribunais, 2012, p. 422.

[353] Ibid., p. 421.

[354] ABELHA, Marcelo. *Manual de execução civil*. 2. ed. Rio de Janeiro: Forense Universitária, 2007, p. 31.

judicial determine a atuação de instrumentos que atinjam o resultado equivalente prescindindo da colaboração do demandado.[355]

O exemplo do leite contaminado é privilegiado para o caso. Ora, se determinada empresa estiver colocando em circulação lotes de leite contaminados e, assim, infringindo, dentre outros, o dever de não colocar em circulação mercadorias que causem danos à saúde do consumidor, a situação hipotética não prescindirá de ambos os meios executivos para tutela adequada e efetiva do direito posto em causa.

Assim como a empresa deverá suspender a circulação desses produtos no mercado de consumo, os lotes já comercializados deverão ser devidamente retirados de circulação. Para tanto, a combinação das medidas coercitivas com sub-rogatórias é o quadro ideal: a proibição de não colocar mais produtos contaminados no mercado será objeto da tutela mandamental (não fazer sob pena de multa); ao passo que a retirada dos produtos já comercializados será objeto da tutela executiva *lato sensu* (por exemplo, busca e apreensão dos lotes).

Resta evidente que os meios executivos (coercitivos e sub-rogatórios) são *técnicas processuais* à disposição para a consecução das *tutelas específicas*, na prestação da tutela jurisdicional adequada e efetiva dos direitos. Por isso, o meio executivo a ser utilizado deve ser aquele que for adequado ao caso concreto para a tutela específica ou para a obtenção do resultado prático equivalente.

Exatamente por isso, há a possibilidade da combinação desses meios executivos. Quanto mais complexa a situação jurídica posta em causa, maior a efetividade que a aplicação conjunta dos meios executivos terá para a busca da tutela específica do direito. Além disso, e exatamente pelo fato de os meios executivos serem *atípicos* e estarem à disposição para a prestação da tutela específica de acordo com as necessidades do caso concreto, poderá haver a *alteração* do meio executivo adotado a qualquer tempo, inclusive depois do trânsito em julgado.

Já se viu, nos primeiros itens deste capítulo, que o juiz, no que tange ao meio executivo a ser adotado em caso de eventual procedência da ação (ou de concessão da tutela antecipada), não está adstrito ao pedido formulado pelo autor. O juiz está adstrito ao objeto da ação (à prestação requerida), mas não à forma de execução, por estarem os meios executivos à disposição da prestação da *tutela específica* dos direitos.

Por esse motivo, também poderá, eventualmente, haver a alteração da forma de prestação da tutela do direito após o trânsito em julgado. Ao conhecer a causa e julgá-la, o juiz deverá, em caso de reconhecimento do direito afirmado, escolher, atendendo aos princípios da adequação e da menor gravosidade, o meio executivo a ser adotado para a *tutela específica* do objeto requerido pelo demandante. A fixação do meio executivo, em princípio, transita em julgado (ou preclui, em caso de tutela antecipada).

---

[355] WAMBIER, Luiz Rodrigues; TALAMINI, Eduardo. *Curso avançado de processo civil*, vol. 2: execução. 12. ed., rev., atual. e ampl. São Paulo: Revista dos Tribunais, 2012, p. 421-422.

Entretanto, embora a forma de prestação da tutela do direito seja abrangida pela coisa julgada material, pode ser alterada caso haja modificação na situação de fato. Nesse sentido, se o réu não cumpre a sentença, deixando de atender à forma de prestação da tutela nela veiculada, o juiz pode impor outra forma para a prestação da tutela, ainda que, eventualmente, mais gravosa ao demandado. É o exemplo do réu que não instala, mediante coerção por multa cominatória, filtro em determinado equipamento poluente. O juiz, neste caso, poderia determinar fosse lacrado o equipamento ou interditada a fábrica.[356]

10.4.1.4. Conversão em perdas e danos

Como já se viu, nos pontos anteriores, a transformação da originária obrigação de fazer, não fazer ou entregar coisa em perdas e danos – obrigação de pagar quantia certa, é relegada à absoluta excepcionalidade. Esta regra está disposta no art. 499 do CPC. Portanto, a conversão apenas (tutela genérica, pelo equivalente monetário) ocorrerá quando o autor assim o requerer, diante do não cumprimento pelo devedor, ou tornar-se impossível a tutela específica ou a obtenção do resultado prático equivalente (tutelas específicas). Esta conversão poderá ser feita, inclusive, de ofício pelo juiz.

10.4.1.5. Particularidades entre as obrigações de fazer e não fazer e as obrigações de entrega de coisa

Da leitura dos arts. 497 e 536 do CPC, todos de semelhante conteúdo, observa-se que a tutela (específica) das obrigações de fazer e não fazer não apresenta nenhuma particularidade: os dispositivos legais preveem que, nos casos de prestações de fazer e não fazer, haverá concessão da *tutela específica* ou serão determinadas providências para a *obtenção do resultado prático equivalente*.

Para tanto, os meios executivos coercitivos (tutela mandamental) e sub-rogatórios (tutela executiva *lato sensu*) estão à disposição para, diante de cada situação concreta, serem aplicados da forma mais adequada, sempre à luz do princípio da menor gravosidade ao demandado. Não há qualquer predisposição de meio executivo a ser adotado pelo juiz na concessão da tutela específica para as obrigações de fazer e não fazer.

Por sua vez, a obrigação de entregar coisa igualmente está contida nas *tutelas específicas*. Os dispositivos legais aplicáveis (arts. 498 e 538 do NCPC) determinam ao Magistrado que, na ação que tenha por objeto a entrega de coisa, conceda a tutela específica, fixando prazo para a entrega da coisa, para o cumprimento da obrigação. Já há, no caso das obrigações de entrega de coisa, uma forma inicial de comando ao demandado: o prazo para a entrega espontânea.

---

[356] MARINONI, Luiz Guilherme; ARENHART, Sérgio Cruz. *Curso de processo civil*, vol. 3: execução. São Paulo: Revista dos Tribunais, 2007, p. 177.

Caso não seja cumprida espontaneamente a obrigação, a lei processual determina que seja expedido o mandado de imissão na posse ou busca e apreensão, conforme se tratar de coisa móvel ou imóvel. Em tese, portanto, diferentemente do que ocorre na tutela das obrigações de fazer e não fazer, há um meio executivo previamente apontado para ser utilizado pelo Magistrado em caso de reconhecimento da procedência do pedido.

Mesmo assim, pelo CPC (art. 538, § 3º), as regras relativas às obrigações de fazer e não fazer aplicam-se às obrigações de entregar coisa. Destarte, todas as medidas coercitivas e sub-rogatórias são aplicáveis na tutela (específica) dos deveres de entregar coisa, ou seja, a multa cominatória e as mais diversas (e atípicas) medidas de apoio substitutivas da vontade do devedor podem ser utilizadas.

Pense-se no seguinte exemplo: contrato de compra e venda de um automóvel entre particulares. Uma das partes paga o preço; a outra parte não entrega o veículo. Caso haja pedido de tutela específica da entrega da coisa pelo interessado, o juiz expedirá mandado de busca e apreensão da coisa (medida sub-rogatória). Não se achando o bem, contudo, poderá aplicar medida coercitiva, ou seja, poderá cominar multa para que o bem seja entregue.

Aliás, falando em exemplos, diversos são os exemplos práticos para a tutela específica da obrigação de entrega de coisa. As ações reivindicatória e de imissão de posse são privilegiados. A primeira é ação do proprietário sem posse em face do possuidor que não é proprietário; persegue-se a posse com fundamento no domínio. Utilizada, por exemplo, quando não há posse anterior e não há documento que outorgue direito à posse. A ação de imissão de posse, por sua vez, é baseada no documento que outorga direito à posse, a ser proposta por quem detém esse direito (adquirente, locatário, comodatário) em face daquele que tem obrigação de transferir a posse.

As ações de despejo e de reintegração de posse, frise-se, estão previstas, respectivamente, na legislação especial da lei do inquilinato e nos procedimentos especiais do Código de Processo Civil, aplicando-se as regras das tutelas específicas do CPC aqui analisadas apenas subsidiariamente e no que couber. São ações, contudo, que buscam o cumprimento do dever de entrega – ou restituição – de coisa.

De outra parte, outras duas particularidades das obrigações de entrega de coisa devem ser analisadas: a questão de a quem cabe a escolha da coisa e como se procede se a coisa é incerta; e as questões relativas às benfeitorias. O CPC (art. 498, parágrafo único) dispõe que se tratando de entrega de coisa determinada pelo gênero e pela quantidade (coisa incerta), o autor a individualizará na petição inicial, se a ele couber a escolha; se a escolha couber ao réu, este deverá entregá-la individualizada no prazo fixado pelo juiz.

Nesse sentido, caso ao autor caiba a escolha, deverá esta ser apontada na peça inaugural. Se a escolha couber ao réu, uma vez concedida a tutela específica, o provimento será direcionado ao demandado para que este entregue a coisa individualizada no prazo fixado pelo juiz. Não o fazendo, permitirá que o credor realize a escolha e solicite em seu favor a expedição do mandado executivo do bem devido.³⁵⁷ Esta é a disciplina para o cumprimento das obrigações de entregar coisa incerta.

Por sua vez, a questão das benfeitorias igualmente merece análise. O CPC (art. 538, §§ 1º e 2º) prevê que, havendo a existência de benfeitorias, tal alegação deverá ser feita na fase de conhecimento, em sede de contestação, discriminando-as e atribuindo, sempre que possível e justificadamente, o seu valor. Este é o momento processual para a alegação de retenção por benfeitorias, para que o Magistrado conheça a causa de forma ampla e determine o que de direito na sua decisão.

O direito de retenção está previsto no direito material. Nessa contingência, assistindo ao devedor tal direito, a alegação de exceção de retenção por benfeitorias deve ser feita na contestação, haja vista o princípio da eventualidade. Assim, o juiz reconhecerá ou não a o contracrédito e outorgará ou não o direito de o futuro executado reter a coisa.³⁵⁸

Portanto, caso seja acolhida a exceção de retenção por benfeitorias, a ser alegada em sede de contestação, o demandante, se vitorioso, não poderá iniciar a execução sem antes liquidar o contracrédito para com o demandado pelas benfeitorias reconhecidas na fase de conhecimento. Poderá haver a necessidade de liquidação dos valores, caso assim entenda o Magistrado, embora nada impeça que a discussão e fixação dos valores ocorra na própria fase de conhecimento do processo.

10.4.1.6. Tutela da obrigação de declarar vontade

A obrigação de emitir declaração de vontade é espécie de obrigação de fazer e, nesse sentido, merece o mesmo tratamento das tutelas específicas. Por isso, o cumprimento dessa obrigação se dá sem intervalo (processo sincrético) e há utilização de mecanismo de sub-rogação na sentença de procedência (executividade intrínseca). Trata-se de modalidade específica de obrigação de fazer, na qual se cria uma situação equivalente àquela que ocorreria se a declaração fosse prestada.

No CPC/73, a matéria estava disciplinada nos arts. 466-A, 466-B e 466-C. Caso o Magistrado entenda que o demandado tem o dever de emitir declaração de vontade, a sentença, uma vez transitada em julgado, produz os mesmos efeitos da declaração não emitida (art. 466-A). Ainda, se aquele que se comprometeu a concluir um contrato não cumprir a obrigação, a outra parte poderá obter uma sentença que produza o mesmo efeito do contrato a ser firmado (art. 466-B). Por fim, se o contrato tiver por objeto transferência de propriedade de coisa determinada ou de outro direito, o demandante deverá cumprir com sua prestação ou deverá oferecê-la, salvo se ainda não exigível (art. 466-C). A promessa de compra e venda é um dos exemplos mais adequados.

---

³⁵⁷ ABELHA, Marcelo. *Manual de execução civil*. 2. ed. Rio de Janeiro: Forense Universitária, 2007, p. 250.
³⁵⁸ ASSIS, Araken de. *Cumprimento da sentença*. 3. ed. Rio de Janeiro: Forense, 2010, p. 184.

Tratavam os dispositivos acima referidos da tutela jurisdicional a ser prestada nas hipóteses em que exista uma obrigação de emitir declaração de vontade. Os três dispositivos são formados por uma regra geral (art. 466-A), por uma regra especial (art. 466-B) e contém uma norma destinada a uma situação particular (art. 466-C). Tratam de obrigações de fazer infungíveis, as quais somente podem ser cumpridas por ato do devedor. A sentença serve, inclusive, como título para a devida averbação no cartório de registro imobiliário.

A infungibilidade da obrigação de emitir declaração de vontade tem, na verdade, natureza jurídica, não natural. A obrigação apenas será naturalmente infungível quando somente pode ser prestada pelo próprio devedor, não havendo a possibilidade de obtenção do resultado prático equivalente; neste caso, haverá conversão em perdas e danos (tutela ressarcitória). Já a infungibilidade jurídica é aquela em que, embora a obrigação só possa ser cumprida pelo devedor, o ordenamento jurídico prevê alguma forma de alcançar o resultado prático equivalente e, portanto, a tutela específica da obrigação.

Nesse sentido, a tutela específica das obrigações de declarar vontade permite a obtenção de uma sentença que substitui a vontade do devedor, produzindo os mesmos efeitos da declaração não emitida. Daí a natureza da carga de eficácia da sentença ser executiva *lato sensu*, diante da situação de que, na própria sentença, há o reconhecimento do direito à declaração da vontade e já há meio executivo de substituição da vontade do demandado para a produção dos mesmos efeitos da declaração não emitida (*executividade intrínseca*).

Nessa mesma linha, Araken de Assis aduz que o provimento judicial substitui o comportamento do parceiro inadimplente, no sentido de emitir declaração de vontade, através de ato de império. A força executiva do provimento opera imediatamente e fornece um título que substituirá, por si mesmo, o contrato definitivo. Não há necessidade de instaurar novo processo ou nova fase para buscar a execução/satisfação para obter qualquer efeito adicional, pois o provimento já entrega ao vitorioso o bem da vida pretendido: o contrato definitivo.[359]

Com efeito, havendo uma obrigação de emitir declaração de vontade, qualquer que seja a sua fonte (lei, contrato etc.) e pouco importando o tipo de declaração devida (contrato, declaração unilateral de vontade), o credor da obrigação descumprida dispõe de um instrumento processual capaz de lhe proporcionar uma sentença que obterá o resultado equivalente ao efeito da declaração de vontade não emitida.[360]

Assim, a regra do art. 466-A do CPC/73 (art. 501 do NCPC) aplica-se a todas as espécies de declarações de vontade, inclusive àquelas previstas nos arts. 466-B e 466-C do CPC/73. Portanto, em todos os casos em que uma parte deixou de cumprir a obrigação de declarar vontade, assim como nos casos em que uma parte não cumpriu com a obrigação de concluir um contrato preliminar em definitivo, e também quando o objeto desse contrato definitivo não

---

[359] ASSIS, Araken de. *Cumprimento da sentença*. 3. ed. Rio de Janeiro: Forense, 2010, p. 64.
[360] CÂMARA, Alexandre Freitas. *Lições de direito processual civil*, vol. 2. 23. ed. São Paulo: Atlas, 2014, p. 285.

entabulado tiver como objeto a transferência de propriedade de bem, a forma do cumprimento da sentença será a mesma.

Nessa esteira, qualquer que seja a espécie de declaração de vontade, consubstanciada ou não em um contrato, tendo este contrato ou não como objeto a transferência da propriedade de um determinado bem, a decisão final substituirá a vontade do demandado e fará as vezes da declaração não emitida, podendo a vir, inclusive, com outro meio executivo capaz de tutelar de forma específica a obrigação.

Ora, pode acontecer, por exemplo, que a parte integrante de um contrato como parte vendedora de um bem imóvel tenha assinado contrato preliminar irretratável comprometendo-se a assinar contrato definitivo a ser escriturado e registrado no cartório de registro competente, mas se negue a realizar o contrato definitivo e, ainda, a sair do imóvel. Cumprindo a parte compradora do contrato (preliminar) a sua parte, poderá procurar em juízo uma sentença os mesmos efeitos do contrato definitivo e, além disso, se for o caso, a imissão na posse do bem.

Neste caso, contudo, deverá o autor da ação cumular com pedido de imissão na posse do bem, ou reclamar, mediante ação própria, a entrega da coisa. Isto porque, do compromisso de compra e venda, tem a parte interessada direito à conclusão do negócio que, se não cumprido, poderá pleitear em ação a substituição da declaração da vontade. Ato contínuo, procedente este pedido, ter-se-á como consequência a eficácia de todas as obrigações e direitos decorrentes do negócio principal. Pode haver a necessidade de exigir-se outros direitos advindos do contrato definitivo, como, por exemplo, o desapossamento do demandado.[361]

De outra banda, para o Novo Código de Processo Civil, por seu turno, em seu art. 501, "na ação que tenha por objeto a emissão de declaração de vontade, a sentença que julgar procedente o pedido, uma vez transitada em julgado, produzirá todos os efeitos da declaração não emitida". Não há, no NCPC, maiores especificidades, os dispositivos legais contidos no CPC/73 não foram, em parte (os arts. 466-B e 466-C), repetidos no novel diploma.

Embora no NCPC não haja a previsão da regra especial (art. 466-B do CPC/73) e da regra destinada a situação particular dos contratos de transferência de propriedade (art. 466-C do CPC/73), a previsão da regra geral da tutela específica da obrigação de emitir declaração de vontade abarca as demais, certamente sendo o motivo pelo qual o legislador optou por não reproduzir os dispositivos específicos.

Por fim, vale lembrar que, no cumprimento da sentença que substitui a declaração de vontade não emitida, há desnecessidade de meios coercitivos para a efetivação do direito reconhecido. Isto porque a própria sentença já substitui a conduta do demandado, mediante sub-rogação, independentemente de futura ação do réu. Ademais, importa assinalar que a lei processual (art. 466-A do CPC/73 e art. 501 do NCPC) exige o trânsito em julgado da sentença

---

[361] ASSIS, Araken de. *Cumprimento da sentença*. 3. ed. Rio de Janeiro: Forense, 2010, p. 66.

para que haja a satisfação do direito do demandante, o que não impede, todavia, que alguma tutela provisória seja concedida.

10.4.2. Tutela ressarcitória (quantia certa)

É certo que se a obrigação que alguém tem para com outrem for de pagar determinada quantia, e esta não for paga, poder-se-ia dizer que a tutela pretendida é "específica" para perseguir os valores devidos. Contudo, a condenação ao pagamento de soma em dinheiro não serve em regra para prestar a *tutela específica*. A tutela para dar guarida ao pleito de pagamento de soma em dinheiro é a chamada *tutela ressarcitória*, na qual a parte interessada busca, genericamente, o ressarcimento de uma quantia (determinada ou determinável).

Nesse sentido, quando se diz *tutela ressarcitória* se está referindo às obrigações, ou deveres, de pagar quantia, pois a *tutela específica* é, no sistema processual civil vigente, destinada à tutela dos deveres de fazer, não fazer e entregar coisa. Até porque esse conceito de *tutela específica* está muito ligado à atipicidade dos meios executivos (mandamentais e executivos), o que não ocorre na *tutela ressarcitória*, para pagamento de quantia, já que o meio de execução é a expropriação e todo seu regramento está devidamente *tipificado* pela lei processual.

Essa *tutela ressarcitória* poderá ser *pelo equivalente monetário* ao valor da lesão sofrida ou na *forma específica*, quando for possível. Ocorre que, na prática, quando a *tutela ressarcitória na forma específica* for pleiteada, via de regra a parte acaba requerendo uma prestação de fazer, não fazer ou entregar coisa, e não uma soma em dinheiro. É o que acontece, por exemplo, com a indenização por acidente de trânsito em que o réu tenha causado dano ao para-choque do veículo do autor.

Ora, neste caso, o demandante não solicita a entrega de um outro para-choque; mas, sim, o *equivalente monetário* a um para-choque. Daí as ações de indenização trabalharem, sempre, com o equivalente em dinheiro ao prejuízo sofrido/causado. O mesmo se aplica quando um crédito não é solvido pelo devedor: o autor terá a necessidade de uma tutela para esse direito de crédito, na qual o objetivo será obter o valor monetário (*equivalente*) ao valor do crédito não pago.

Portanto, em todos os casos que a parte tenha interesse em ter reconhecido e, consequentemente, receber um crédito pecuniário, tenha este crédito natureza obrigacional/contratual ou não, será aplicada a *técnica* condenatória, pois é a técnica que o sistema processual prevê para a *tutela ressarcitória*. A mesma técnica, frise-se, será utilizada para a cobrança da multa cominatória ou para a satisfação da eventual conversão em perdas e danos das tutelas específicas.

A *tutela ressarcitória*, pelo equivalente monetário, tem como objetivo tutelar o direito do autor de perceber uma prestação pecuniária, em dinheiro, tendo, como *forma de tutela* dos direitos à prestação pecuniária, a sentença condenatória. Evidentemente, tal prestação pode decorrer de situações jurídicas de natureza obrigacional-contratual ou de natureza legal (extracontratual). Será objeto da tutela ressarcitória as responsabilidades civis contratual e extracontratual (indenizações em geral), ações de regresso, ação que pretende evitar o enriquecimento sem causa etc.

Na redação originária do CPC anterior, como já se viu, as prestações de fazer, não fazer, entregar coisa e pagar quantia tinham o mesmo tratamento: buscava-se, no processo de conhecimento, a sentença condenatória, visando ao reconhecimento do direito afirmado e à procedência da ação; após, transitada em julgado a sentença de procedência, iniciava-se novo processo, de execução, para satisfação do direito reconhecido na decisão final de mérito transitada em julgado.

A partir das reformas da década de 1990, as obrigações de fazer, não fazer e entregar coisa passaram a ser objeto das *tutelas específicas*, dispondo das *técnicas* mandamental e executiva *lato sensu*. Tais sentenças, com executividade intrínseca, não mais necessitavam de processo posterior para a busca da satisfação/execução, já que a mesma sentença que reconhece o direito (conhecimento) determina a medida executiva aplicável (execução).

Por sua vez, pela reforma da Lei nº 11.232/2005, as obrigações de pagar quantia tiveram sua modificação procedimental. Embora tenha mantido a eficácia condenatória como técnica processual à disposição da tutela ressarcitória, a execução passou a ser apenas uma fase do mesmo processo em que se *conhece* da existência do direito. O *processo sincrético*, que reúne as funções de conhecimento e execução no mesmo processo, foi institucionalizado definitivamente para a execução dos títulos executivos judiciais. O novel diploma processual manteve essa lógica.

Com efeito, caso o devedor, condenado ao pagamento de quantia certa ou fixada em liquidação, não o efetue em quinze dias, o montante da condenação será acrescido de multa no percentual de dez por cento, a requerimento do credor e acostada memória de cálculo, expedir-se-á mandado de penhora e avaliação. Finda, pois, a fase de conhecimento do processo, com o trânsito em julgado da sentença de mérito que reconheça o dever do demandado a pagar quantia, o executado terá quinze dias para pagar espontaneamente o valor atualizado do débito, sob pena de multa de 10% e execução forçada.

Há, pois, um prazo para pagamento espontâneo do valor, antes de iniciar-se a execução forçada e a incidência da multa de 10%. Ademais, pela expressão "a requerimento do credor", fica claro que o Magistrado não pode agir de ofício, ou seja, não pode iniciar a fase executiva de satisfação do crédito sem requerimento expresso do credor, diferentemente do que ocorre na *tutela específica* dos deveres de fazer, não fazer e entregar coisa, quando o juiz pode – e deve – agir de ofício.

De outra parte, para início da contagem do prazo de quinze dias para pagamento espontâneo, não é necessária a intimação pessoal do devedor. A *intimação* do devedor ocorre na pessoa de seu advogado para pagamento espontâneo em quinze dias, conforme art. 523 do CPC. Assim, o cumprimento da sentença não se efetiva de forma automática após o trânsito em julgado, sendo necessária intimação específica do patrono do devedor (ou deste pessoalmente, se não tiver advogado) para que se dê início ao prazo de quinze dias – úteis[362] – para pagamento, sob pena da aplicação da multa de 10%.

Este requerimento deve contar com a memória de cálculo completa, ainda não incidindo, contudo, a multa de dez por cento. Deve a memória de cálculo apontar a atualização do valor fixado na condenação, nos termos e pelos índices fixados na sentença exequenda. Trata-se do *requerimento para pagamento voluntário*. Este requerimento tão somente visa a apontar o valor atualizado e intimar o demandado para pagamento espontâneo.

Ato contínuo, não pago o valor no prazo de quinze dias, inicia-se, a (novo) requerimento do credor, a execução forçada: trata-se do *requerimento de cumprimento de sentença*. Este requerimento deve informar o não pagamento no prazo e deve vir acompanhado de nova memória de cálculo, já contendo o valor da multa de dez por cento. Ainda, deve conter pedido de arbitramento de honorários, cabíveis na fase de cumprimento de sentença,[363] e de início da execução forçada, mediante penhora de bens (penhora *on line* ou expedição de mandado de penhora e avaliação). Pode o exequente, ainda, apontar bens penhoráveis.

A partir de então, aplicam-se as regras da execução de título executivo extrajudicial. No que tange ao cumprimento da sentença que reconheça a obrigação de pagar quantia certa (tutela ressarcitória), o regramento está em torno do procedimento inicial da fase executiva e acerca da defesa do devedor. Mas todos os atos de execução previstos para a execução de título extrajudicial são aplicáveis ao cumprimento de sentença (art. 513 do CPC).

Ora, todas as regras relativas a penhora, avaliação, depósito e expropriação de bens (e todas as suas modalidades), devidamente previstas no Processo de Execução de Título Extrajudicial (autônomo, de título executivo extrajudicial), portanto, são aplicáveis ao cumprimento da sentença que reconheça a obrigação de pagar quantia. Não haveria motivo para repetir as mesmas regras. No Processo de Conhecimento (onde há previsão do cumprimento de sentença), basta a previsão das questões procedimentais da fase inicial da fase executiva (do processo sincrético).

Nada impede, todavia, que, retornando os autos do Tribunal, a parte demandada manifeste-se em juízo oferecendo o pagamento da condenação. Aliás, tal situação não raro ocorre na prática forense. Quando os autos retornam do Tribunal, com trânsito em julgado, o cartório geralmente intima as partes, mediante expedição de nota de expediente aos seus respectivos advogados, para que "digam acerca do retorno dos autos da Superior Instância". Neste momento, alguns devedores realizam, mesmo sem intimação específica, o pagamento espontâneo.

Caso haja pagamento parcial, a multa de dez por cento incidirá sobre o saldo devedor. De outra parte, caso nada seja requerido do retorno dos autos

---

[362] Enunciado nº 89 do Centro de Estudos Judiciários do Conselho da Justiça Federal, de agosto de 2017.
[363] No julgamento do REsp 1.028.855/SC (Rel. Ministra NANCY ANDRIGHI, julgado em 27.11.2008), a Corte Especial do Superior Tribunal de Justiça firmou entendimento no sentido de que, na fase de cumprimento de sentença, impugnada ou não, deve ser fixada verba honorária nos termos do art. 20, § 4º, do CPC.

do Tribunal, após o trânsito em julgado, no prazo de seis meses, os autos serão arquivados, cabendo futuro desarquivamento pelo credor.

De outra parte, o art. 524 do CPC aponta o conteúdo da petição inicial do requerimento de *cumprimento de sentença*. Não apenas da petição de requerimento, mas também da memória de cálculo. Deve conter os nomes completos das partes, juntamente com os números do CPF ou do CNPJ e a indicação de bens passíveis de penhora, se for o caso, embora possa requerer o credor a realização de penhora *on line* e/ou a expedição de mandado de penhora e avaliação.

Ademais, prevê o art. 524 do CPC que a petição inicial deverá conter o índice de correção monetária adotado; os juros e as taxas aplicados; os termos inicial e final dos juros e da correção; a periodicidade da capitalização dos juros, se for o caso; especificação de eventuais descontos obrigatórios realizados, se for o caso. Observa-se que tais requisitos devem constar na memória de cálculo, para que esta esteja completa. De qualquer forma, a novel legislação reforça a importância da explicação, na petição de requerimento, dos critérios adotados na memória de cálculo.

Por sua vez, o art. 526 do CPC permite ao demandado comparecer em juízo e realizar o pagamento da condenação antes mesmo de ser intimado para *cumprimento*, no valor que entender devido, apresentando memória de cálculo. Essa prática já ocorria na vigência do diploma processual anterior, na medida em que nada impedia o executado de pagar espontaneamente seu débito após o trânsito em julgado.

Deste pagamento, será o credor intimado para manifestação, podendo impugnar o valor depositado, sem prejuízo do levantamento da parcela incontroversa depositada (§ 1º). Entendendo o juiz pela insuficiência do depósito, sobre a diferença incidirá a multa de dez por cento e honorários advocatícios, também fixados em dez por cento, seguindo-se a execução forçada (§ 2º). Não se opondo o credor, o juiz declarará satisfeita a obrigação e extinguirá o processo (§ 3º).

Importante ressaltar que se o credor entender que o valor depositado pelo demandado é insuficiente, deverá apresentar sua inconformidade, por impugnação (art. 526, § 1º, do CPC), no primeiro momento que tiver para falar nos autos, ou seja, no prazo da intimação para manifestação acerca do pagamento feito pelo réu, sob pena de preclusão. Não pode requerer a expedição de alvará do pagamento feito e, depois, reclamar do valor depositado, sob pena de preclusão e consequente declaração de satisfação da obrigação e extinção do processo.

10.4.2.1. Da constituição de capital na condenação por ato ilícito

O art. 530 do Código de Processo Civil prevê que quando a indenização por ato ilícito incluir prestação de alimentos, o juiz, quanto a esta parte, poderá ordenar ao devedor constituição de capital, cuja renda assegure o pagamento do valor mensal da pensão. Esses alimentos podem ser fixados tomando-se por base o salário mínimo § 4º do art. 533 do CPC). Sobre esta constituição de capital, o STJ já decidiu que tal obrigação independe da situação financeira do demandado.[364] A constituição do capital, gize-se, não afeta o domínio do executado sobre os bens que o integram.

Acerca da efetividade da decisão que condenar o demandado a prestar alimentos indenizativos e a constituir capital para assegurar os pagamentos das pensões mensais, o E. Superior Tribunal de Justiça já decidiu pela possibilidade de o Magistrado cominar multa para coagir a vontade do devedor a cumprir a obrigação de fazer consistente na constituição do capital garantidor ou, ainda, a prestar caução fidejussória.[365]

Ademais, este capital, representado por imóveis, títulos da dívida pública ou aplicações financeiras em banco oficial, será inalienável e impenhorável enquanto durar a obrigação do devedor (§ 1º do art. 533 do CPC). A impenhorabilidade perante os demais credores justifica-se pela preferência reconhecida ao crédito alimentar, não se aplicando, pois, ao crédito de idêntica natureza.[366] E, cessada a obrigação de prestar alimentos, o juiz mandará liberar o capital, cessar o desconto em folha ou cancelar as garantias prestadas (§ 5º do art. 533 do CPC).

---

[364] AGRAVO REGIMENTAL. AGRAVO EM RECURSO ESPECIAL. AÇÃO DE INDENIZAÇÃO. DANOS MATERIAIS E MORAIS. NASCITURO. PERDA DO PAI. 1.- Não há falar em omissão, contradição ou obscuridade no acórdão recorrido, que apreciou todas as questões que lhe foram submetidas de forma fundamentada, ainda que de modo contrário aos interesses da Recorrente. 2.- "O nascituro também tem direito aos danos morais pela morte do pai, mas a circunstância de não tê-lo conhecido em vida tem influência na fixação do *quantum*" (REsp 399.028/SP, Rel. Min. SÁLVIO DE FIGUEIREDO TEIXEIRA, DJ 15.4.2002). 3.- "A jurisprudência desta Corte é disposta no sentido de que o benefício previdenciário é diverso e independente da indenização por danos materiais ou morais, porquanto, ambos têm origens distintas. Este, pelo direito comum; aquele, assegurado pela Previdência; A indenização por ato ilícito é autônoma em relação a qualquer benefício previdenciário que a vítima receba" (AgRg no AgRg no REsp 1.292.983/AL, Rel. Min. HUMBERTO MARTINS, DJe 7.3.2012). 4.- "*Em ação de indenização, procedente o pedido, é necessária a constituição de capital ou caução fidejussória para a garantia de pagamento da pensão, independentemente da situação financeira do demandado*" (Súmula 313/STJ). 5.- "A apreciação do quantitativo em que autor e réu saíram vencidos na demanda, bem como a verificação da existência de sucumbência mínima ou recíproca, encontram inequívoco óbice na Súmula 7/STJ, por revolver matéria eminentemente fática" (AgRg nos EDcl no REsp 757.825/RS, Rel. Min. DENISE ARRUDA, DJe 2.4.2009). 6.- O recurso não trouxe nenhum argumento capaz de modificar a conclusão do julgado, a qual se mantém por seus próprios fundamentos. 7.- Agravo Regimental improvido. [AgRg no AgRg no AREsp 150297/DF, Terceira Turma, Rel. Min. Sidnei Beneti, DJe em 07/05/2013] (Grifou-se).

[365] EMBARGOS DE DECLARAÇÃO NO RECURSO ESPECIAL – AÇÃO DE INDENIZAÇÃO – ACIDENTE AUTOMOBILÍSTICO OCASIONADO POR DEFEITO NO PNEU DO VEÍCULO – VÍTIMA ACOMETIDA DE TETRAPLEGIA – ACÓRDÃO DESTE ÓRGÃO FRACIONÁRIO QUE NEGOU PROVIMENTO AO RECURSO ESPECIAL DA FABRICANTE DE PNEU E DEU PARCIAL PROVIMENTO AO APELO DO AUTOR PARA FIXAR PENSIONAMENTO VITALÍCIO E DETERMINAR A CONSTITUIÇÃO DE CAPITAL GARANTIDOR OU CAUÇÃO FIDEJUSSÓRIA. IRRESIGNAÇÃO DO AUTOR. 1. O termo inicial para o pensionamento vitalício, em caso de responsabilidade civil decorrente de ato ilícito, é a data do fato ensejador da reparação, qual seja, o evento danoso. 2. No cálculo da pensão vitalícia deve-se tomar por base os valores dos salários-mínimos correspondentes a cada período transcorrido desde o acidente. 3. *É cabível a cominação de multa diária (astreintes) como meio coercitivo para o cumprimento de obrigação de fazer consistente na constituição de capital garantidor ou caução fidejussória.* 4. Embargos de declaração acolhidos. [EDcl no REsp 1.281.742, Quarta Turma, Rel. Min. Marco Buzzi, DJe em 11/09/2014] (Grifou-se).

[366] ASSIS, Araken de. *Cumprimento da sentença*. 3. ed. Rio de Janeiro: Forense, 2010, p. 229.

De outra banda, da mesma forma que ocorre nas obrigações alimentícias derivadas do direito de família, se sobrevier modificação nas condições econômicas, poderá a parte requerer, conforme as circunstâncias, redução ou aumento da prestação (§ 3º do art. 533 do CPC). Isto significa que a decisão de mérito transitada em julgado que condene o demandado por ato ilícito, além de indenizar outros prejuízos, a pagar prestação alimentícia, este ponto da condenação, embora transite em julgado, poderá ser revisto (aumentado, reduzido ou extinto) caso haja modificação das circunstâncias econômicas (e da necessidade) das partes. Nesse sentido, decidiu o E. STJ no REsp 207.740/SP, Rel. Min. Carlos Alberto Menezes Direito.

Por fim, o juiz poderá substituir a constituição do capital pela inclusão do beneficiário da prestação em folha de pagamento de entidade de direito público ou de empresa de direito privado de notória capacidade econômica, ou, a requerimento do devedor, por fiança bancária ou garantia real, em valor a ser arbitrado de imediato pelo juiz (§ 2º do art. 533 do CPC). Além disso, o STJ autorizou a dispensa de constituição do capital quando o demandado for pessoa de direito público ou pessoa de direito privado de notória solvabilidade.[367]

O montante do capital a ser constituído deve produzir renda suficiente para garantir, mês a mês, o pagamento dos alimentos. O ideal seria que a forma e o valor da constituição de capital fossem arbitrados pelo Magistrado na sentença. Entretanto, ao juiz da execução, na ausência de disposição em contrário, fixará a forma da constituição do capital em sede de liquidação por arbitramento, pois o Magistrado, sem elementos técnicos, dificilmente se sentirá à vontade para arbitrar desde logo os valores a serem garantidos e, assim, para fixar a forma de constituição do capital.[368]

---

[367] DIREITO CIVIL E PROCESSUAL CIVIL. AGRAVO REGIMENTAL. AGRAVO EM RECURSO ESPECIAL. INDENIZAÇÃO POR ATO ILÍCITO. NECESSIDADE DE CONSTITUIÇÃO DE CAPITAL. SÚMULA 313/STJ. SUPERVENIÊNCIA DE ALTERAÇÃO LEGISLATIVA (ART. 475-Q, § 2º, DO CÓDIGO DE PROCESSO CIVIL.). 1.De acordo com a Súmula 313/STJ: "Em ação de indenização, procedente o pedido, é necessária a constituição de capital ou caução fidejussória para a garantia de pagamento da pensão, independentemente da situação financeira do demandado". 2.- *O artigo 475-Q, § 2º, do Código de Processo Civil, que veio a lume por lei editada em momento posterior ao da publicação de referida súmula, autorizou a dispensa de constituição do referido capital quando o demandado for pessoa de direito público ou pessoa de direito privado de notória solvabilidade.* 3.- No caso concreto, não é possível afirmar se empresa demandada atende o requisito legal destacado sem examinar fatos e provas. Incidência da Súmula 07/STJ. 4.- Agravo Regimental a que se nega provimento. [AgRg n AREsp 150378/SP, Terceira Turma, Rel. Min. Sidnei Beneti, DJe em 05/11/2012] (Grifou-se).
[368] ASSIS, Araken de. *Cumprimento da sentença*. 3. ed. Rio de Janeiro: Forense, 2010, p. 229-230.

Capítulo 11 – Liquidação da sentença

11.1. Da fase de liquidação

No presente capítulo, serão analisadas as formas e os procedimentos para a liquidação da sentença. Na medida em que o título se torna executável quando for líquido, certo e exigível (art. 781 do CPC), e diante do fato de que, por vezes, a decisão final de mérito se mostra *ilíquida*, necessário se faz, antes do *cumprimento da sentença*, realizar, quando for o caso, a *liquidação da sentença*.[369]

No capítulo do cumprimento da sentença, tratou-se sobre o *processo sincrético*. A execução dos títulos judiciais se dá nos mesmos autos do processo de conhecimento. Atualmente, pois, a execução dos provimentos proferidos no bojo do processo de conhecimento ocorre nos mesmos autos; daí a expressão *processo sincrético*, haja vista o sincretismo que existe entre as funções cognitiva e executiva na mesma relação jurídica processual.

Ocorre que, quando a sentença for ilíquida, será necessária a *liquidação* para tornar possível a execução (provisória ou definitiva). A liquidação está estabelecida estruturalmente entre a fase de conhecimento e a fase de execução (cumprimento de sentença), sendo, igualmente, uma fase processual do processo sincrético.

Em alguns casos, haverá a liquidação da sentença sem antes ter havido a fase de conhecimento no processo sincrético. Isto porque existem casos de títulos executivos judiciais que não são obtidos no processo (civil) de conhecimento: sentença penal condenatória, sentença arbitral e sentença estrangeira. Nestas hipóteses, haverá liquidação e, posteriormente, cumprimento da sentença. Será o demandado, pois, *citado* para responder à liquidação.

Via de regra, o pedido do autor na petição inicial deve ser certo e determinado, delimitando-se o que e o quanto se pede diante do réu (art. 324 do CPC). Entretanto, em alguns casos, o pedido pode ser genérico:

---

[369] Alexandre Freitas Câmara critica a nomenclatura "liquidação de sentença", na medida em que se liquida o direito reconhecido na sentença, e não a decisão propriamente dita. Ora, sendo ilíquido o *direito* do credor, é preciso determinar o *quantum debeatur*, para que se torne adequada a via executiva para a satisfação de sua pretensão. Faz-se mister, assim, a realização da liquidação da obrigação representada pela sentença, o que se faz pelo procedimento denominado "liquidação de sentença". (Conforme CÂMARA, Alexandre Freitas. *Lições de direito processual civil*, vol. 2. 23. ed. São Paulo: Atlas, 2014, p. 243.)

(*i*) nas ações universais, se o autor não puder individuar os bens demandados;

(*ii*) quando não for possível determinar, desde logo, as consequências do ato ou do fato;

(*iii*) quando a determinação do objeto ou do valor da condenação depender de ato que deva ser praticado pelo réu.

Excelente exemplo de ação universal é a ação de petição de herança. Não há, em geral, como o demandante formular pedido certo acerca de cada bem do patrimônio perseguido; o demandante, nesse sentido, requer seja reconhecido seu direito na herança do *de cujus* e, eventualmente, requer sua quota-parte, mas não delimita, de forma certa, quais os bens – e em que parte – tem direito. Isto será discutido no processo de inventário (com eventual reserva de quinhão hereditário).

A segunda hipótese de pedido genérico ocorre quando não for possível determinar, desde logo, as consequências do ato ou do fato. É o caso das ações indenizatórias em que não é possível estabelecer, no início da demanda, todas as consequências do ato ilícito praticado e, em decorrência disso, o valor dos danos. Bom exemplo são as ações de acidente de trânsito: pode ser necessário outros exames, cirurgias, despesas com medicamentos etc. Por isso, o pedido inicial será no sentido de reconhecer a responsabilidade civil do demandado, sem fixar valores.

Por fim, na circunstância de pedido genérico quando a determinação do objeto ou do valor da condenação depender de ato que deva ser praticado pelo réu, o autor não poderá determinar de forma certa o pedido na peça inicial. Exemplo clássico é a ação de prestação de contas, em que é possível ao autor formular pedido para que o réu seja condenado a pagar o saldo que vier a ser apurado, após a prestação de contas, ato este do demandado.

Estas são, pois, as situações em que o pedido pode não ser certo e determinado. Nestes casos, ao final da fase de conhecimento do processo sincrético, será necessária a liquidação da sentença antes de iniciar-se a fase de execução ou cumprimento de sentença.[370] O procedimento está previsto nos arts. 509 a 512 do CPC. A liquidação é feita nos próprios autos após o trânsito em julgado.

É cabível, contudo, a liquidação da sentença ainda na pendência de recurso (art. 512 do CPC). Neste caso, será feita em autos apartados no juízo de origem, devendo o requerente instruir o pedido com cópia das peças processuais pertinentes. Recomenda-se que tais peças sejam as mesmas peças que são obrigatórias e facultativas para a realização da execução provisória (art. 522 do CPC).

Ademais, quando a sentença contiver parte líquida e parte ilíquida, ao credor é lícito promover simultaneamente a execução daquela e a liquidação desta, em autos apartados (art. 509, § 1º, do CPC). Isto aplica-se tanto após o

---

[370] A ação de prestação de contas, por se tratar de procedimento especial, não necessita da fase de liquidação, pois já existe uma espécie de "liquidação" na segunda fase do procedimento especial, após fase em que se averigua o dever ou não de o demandado prestar as contas.

trânsito em julgado, como na pendência de recurso, nos casos de execução provisória, embora seja possível a liquidação inclusive na pendência de recurso com efeito suspensivo (quando ainda não seria possível a execução provisória).[371]

Complica-se a situação no caso de provimento parcial do recurso pendente. Em tal hipótese, aplicam-se as regras relativas à execução provisória, ficando sem efeito a liquidação da parte da decisão posteriormente reformada, devendo o liquidante responder pelos danos eventualmente causados ao requerido.

Tendo em vista que a liquidação de sentença é mera fase do processo sincrético, seja após o trânsito em julgado, seja na pendência de recurso (quando correrá em autos apartados), as decisões proferidas ao longo do procedimento liquidatório ou que venham a decidir a liquidação são desafiáveis pelo recurso de agravo de instrumento (art. 1.015, parágrafo único, do CPC).

Do requerimento de liquidação da sentença, a parte contrária será intimada, na pessoa de seu advogado, mediante comunicação pelo Diário de Justiça eletrônico. Por sua vez, o mérito da liquidação está delimitado pela mensuração da extensão e/ou do valor da obrigação, não mais na existência da obrigação, quer dizer, não se discute novamente a lide e não se modifica a sentença, diante da coisa julgada material.

Existem três espécies de liquidação: por memória de cálculo, por arbitramento e por artigos. Entretanto, quando a apuração do valor depender apenas de cálculo aritmético, o credor pode promover o cumprimento de sentença diretamente, instruindo seu requerimento com a *memória de cálculo* (art. 509, § 2º, do CPC).[372]

Não há, nesta espécie de liquidação, a *fase de liquidação de sentença* que ocorre nos outros dois casos, pois eventuais discussões acerca da correção da memória de cálculo serão estabelecidas pelo demandado em sua *impugnação ao cumprimento de sentença* em eventual alegação de excesso de execução, não excluindo-se a possibilidade de o Magistrado requerer ao contador judicial apoio para decidir a impugnação ou para corrigir de ofício o valor, haja vista que o excesso de execução toca ao próprio título e, assim, trata-se de matéria de ordem pública.

Vejamos, a seguir, a liquidação por artigos e por arbitramento, frisando-se, desde já, que no Novo Código de Processo Civil a liquidação por artigos é

---

[371] É definitiva a execução da sentença transitada em julgado e provisória quando se tratar de sentença impugnada mediante recurso ao qual não foi atribuído efeito suspensivo. Entretanto, mesmo quando ainda incabível a execução provisória, quando, por exemplo, da sentença for interposto recurso de apelação dotado de efeito suspensivo, será possível a liquidação da sentença, pois a lei processual não ressalva a necessidade pendência de recurso no efeito meramente devolutivo.

[372] AGRAVO DE INSTRUMENTO. NEGÓCIOS JURÍDICOS BANCÁRIOS. AÇÃO REVISIONAL DE CONTRATO. LIQUIDAÇÃO POR ARTIGOS. DESNECESSIDADE. Desnecessária a liquidação por arbitramento ou artigos se o valor da condenação depender apenas de cálculo aritmético, sendo suficiente que o credor instrua o pedido de cumprimento com a memória discriminada e atualizada de cálculo (art. 475-B do CPC). AGRAVO DE INSTRUMENTO PROVIDO. (Agravo de Instrumento nº 70061041182, Tribunal de Justiça do RS, Julgado em 26/02/2015).

chamada de liquidação pelo procedimento comum (art. 509, inciso II), embora tenha a mesma função da liquidação por artigos do diploma processual anterior.

11.2. Liquidação por arbitramento

Haverá liquidação por arbitramento quando determinado pela sentença, convencionado pelas partes ou exigido pela natureza do objeto da liquidação. Muito utilizada em casos que se necessita perícia mediante laudo médico, de engenheiro etc.

Na liquidação por arbitramento (art. 510 do CPC), o juiz intimará as partes para apresentação de pareceres ou documentos elucidativos, no prazo que fixar; caso não possa decidir de plano, nomeará perito, observando-se, no que couber, o procedimento da prova pericial – arts. 464 a 480. Nota-se que o juiz pode prescindir da prova pericial, caso se convença pelos documentos acostados pelas partes.

Dois exemplos são ilustrativos. Caberá liquidação por arbitramento quando houver necessidade de apuração de danos provocados por determinada construção às fundações de prédio vizinho, assim como nos casos de liquidação dos alimentos indenizativos devidos por dano à pessoa (art. 948, inciso II, c/c art. 949, ambos do Código Civil).

Outro excelente exemplo ocorre quando há pedido de indenização pela ocupação indevida do imóvel, em ação reivindicatória ou em ação de rescisão de contrato de compra e venda. Nestes casos, o principal objeto das demandas é a ocupação indevida pelo direito de rescisão contratual ou de posse do imóvel pelo proprietário, mas há como consequência lógica da procedência do pedido principal da demanda a necessidade de indenizar pelo período da ocupação indevida. O cálculo desse valor é feito mediante liquidação por arbitramento.[373]

Fica clara a relação íntima entre a liquidação por arbitramento e a necessidade de prova pericial para apurar os valores devidos. Nos casos em que não

---

[373] Liquidação de sentença. Arbitramento. Sentença que rescindiu contrato de promessa de compra e venda de imóvel (terreno urbano), condenando a parte promitente-vendedora a indenizar o promitente-comprador pela habitação construída no terreno, pelo valor de mercado, a ser apurado em liquidação por arbitramento. Decisão que, de outra parte, condenou o promitente-comprador no pagamento de aluguéis, pelo período de ocupação do imóvel, em valores a serem apurados também em liquidação por arbitramento. Sentença que acolheu as conclusões do laudo pericial de liquidação. Recurso da parte promitente-vendedora. Aluguéis. Hipótese em que o laudo pericial acolheu justamente o montante pleiteado pela parte apelante. Manutenção da decisão no particular. Indenização da construção. A liquidação por arbitramento tem lugar nas situações em que a apuração do *quantum* devido exige a interferência de especialista. No caso, o laudo pericial, elaborado por contador, ao fixar o valor da indenização, não examinou as condições específicas do imóvel, circunstância que determina a rejeição das suas conclusões no particular. Hipótese em que, a rigor, a apuração do valor de mercado do bem competia a engenheiro, ou mesmo a corretor de imóveis. Afastada a conclusão do laudo, e ausentes outros elementos de convicção, acolhe-se a avaliação elaborada por empresa contratada pela parte promitente-vendedora. Apelação a que se dá provimento em parte. (Apelação Cível nº 70013149018, Tribunal de Justiça do RS, Julgado em 26/10/2005)

houver valor certo, e a fixação depender de conhecimentos técnicos, um *expert* deverá ser o responsável pela apuração do *quantum*. A perícia não é obrigatória, mostrando-se suficiente a juntada de documentos, caso sejam idôneos para o convencimento do Magistrado.

11.3. Liquidação pelo procedimento comum (artigos)

Será feita liquidação pelo procedimento comum (ou por artigos) quando houver necessidade de alegar e provar fato novo. Fato novo é o que resulta da obrigação (relação de direito material em discussão), seus efeitos, e que não foi objeto de julgamento da decisão sob liquidação. Ainda, será considerado fato novo aquele que tenha surgido durante ou após a demanda condenatória, sendo essencial à apuração do *quantum*, do valor a posteriormente ser executado.

Pode o fato novo ser posterior à sentença, mas guardar relação direta com a determinação da *extensão* da obrigação, da relação julgada, assim como poderá não ser posterior, mas não ter sido o fato alegado e provado na fase de conhecimento do processo. Ocorre quando os fatos, ocorridos ou não durante o processo, não tenham sido objeto da demanda desde sua fase inicial.

Tem-se como exemplo a ação de indenização por danos pessoais sofridos em acidente de veículo, na qual os danos pessoais, por vezes pela sua complexidade, são averiguados ao longo do tempo (e da tramitação do processo), motivo pelo qual faz-se necessário primeiro obter a responsabilidade de quem praticou o ilícito (reconhecimento da responsabilidade civil – fase de conhecimento), para depois aferir-se a extensão dos danos (fase de liquidação).

Outro exemplo interessante de liquidação por artigos, ou pelo procedimento comum, como quer o novel diploma processual, são os casos de separação judicial e divórcio litigiosos em que houver a necessidade de apuração dos frutos obtidos com o patrimônio comum, na medida em que se devem apurar os fatos relativos ao patrimônio frutífero e seus valores, deduzindo-se, ainda, as eventuais despesas.[374]

Na liquidação pelo procedimento comum (artigos), o juiz determinará a intimação do requerido, na pessoa de seu advogado ou da sociedade de advogados a que estiver vinculado, para, querendo, apresentar contestação no prazo de quinze dias, observando-se, a seguir e no que couber, o procedimento comum – arts. 318 a 508.

Em que pese a aplicação do procedimento comum (ordinário), a liquidação por artigos mantém-se como *fase do processo sincrético*, apenas aplicando as regras do procedimento comum. Fundamentalmente, a intenção é aplicar

---

[374] DIVÓRCIO LITIGIOSO. PARTILHA DE BENS. MOTOCICLETA. LOCATIVOS DE IMÓVEIS COMUNS. 1. Sendo o casamento regido pelo regime da comunhão universal de bens, todo o patrimônio pertencente a qualquer dos cônjuges se comunica, nos termos do art. 1.667 do CCB. 2. Devem ser apurados em liquidação por artigos os valores atrasados correlatos dos frutos do patrimônio comum, com a devida prestação de contas e abatimento das despesas. 3. Deve ser partilhado igualitariamente entre as partes o valor auferido com a venda da motocicleta, já que esse fato foi reconhecido pelo próprio autor. Recurso parcialmente provido. (Apelação Cível nº 70060926573, Tribunal de Justiça do RS, Julgado em 22/08/2014)

as regras do procedimento comum de primeiro grau, em especial pela necessidade de realização de provas. Aliás, justamente pelo fato de ser uma *fase*, o momento recursal da liquidação por artigos é diversa, já que da decisão final cabe agravo de instrumento, e não recurso de apelo.

Capítulo 12 – Cumprimento provisório da sentença

12.1. Execução provisória e execução definitiva: do CPC de 1973 ao NCPC

O Novo Código de Processo Civil disciplina de forma equivalente ao CPC de 1973 no que tange ao instituto a execução provisória. Far-se-á, neste ponto, uma breve explanação da execução provisória e definitiva no CPC de 1973 e depois no NCPC, tanto nos casos de título executivo judicial, como naqueles de título executivo extrajudicial.

12.1.1. Execução provisória nos títulos executivos extrajudiciais

No CPC/73, era definitiva a execução fundada em título extrajudicial; mas, havendo recebimento dos *embargos do executado* com efeito suspensivo, suspendem-se os atos executivos (ressalvados os atos de penhora e avaliação); e será provisória a execução enquanto pendente apelação da sentença de improcedência dos embargos do executado, quando recebidos no efeito suspensivo (art. 587 c/c art. 739-A, § 6º, ambos do CPC de 1973).

Com efeito, para o CPC/73, seria definitiva a execução fundada em título executivo extrajudicial quando não fossem opostos embargos do executado ou, ainda quando opostos, fossem estes recebidos sem efeito suspensivo. Nestes casos, o exequente não tinha limitações quaisquer para buscar a satisfação do seu crédito – execução definitiva. Assim, além dos atos de penhora e avaliação, poderiam ser praticados os atos de expropriação de bens e levantamento de valores, independentemente do andamento dos embargos do executado.

De outro lado, quando os embargos do devedor eram recebidos com efeito suspensivo, a execução era suspensa enquanto tramitam em primeiro grau os embargos, cabendo apenas a prática de atos de penhora e avaliação de bens (art. 793 do CPC/73). Sobrevindo sentença de procedência, mantinha-se a suspensão (e aguarda-se resultado do eventual recurso de apelo do embargado/exequente); tendo sido de improcedência a sentença, prosseguia-se a execução pela modalidade provisória, com as limitações que serão analisadas em seguida, caso fosse interposto recurso de apelação pelo embargante/executado. A execução provisória ocorria, pois, da sentença de rejeição dos embargos à execução até o julgamento do recurso de apelo. Ato contínuo, julgada a apelação e mantida a sentença de improcedência/rejeição, a execução teria caráter de definitiva.

Havia, nesta lógica do diploma processual revogado, um "novo efeito suspensivo" aos embargos do executado – quando recebidos com efeito suspensivo, mesmo no caso de rejeição dos embargos na sentença, enquanto pendesse recurso de apelação. Ora, embora tivesse a decisão provisória que concedeu a suspensão da execução sido em tese revogada com a decisão final de mérito de improcedência dos embargos, o sistema processual exigia que o reinício da execução observasse as regras da execução provisória, contidos no art. 475-O do CPC/73.

Diante dessa circunstância, Marcelo Abelha Rodrigues já discordava de tal regime, criticando o que chama de efeito "ultra ativo" do efeito suspensivo concedido pelo Magistrado de primeiro grau, pois a regra dá ao efeito suspensivo, revogado pela improcedência dos embargos em juízo de cognição exauriente, um efeito além, pela só interposição do recurso de apelação pelo embargante/executado.[375]

O NCPC, entretanto, pôs fim a este regime. Não há mais a previsão legal da provisoriedade da execução entre a sentença de rejeição dos embargos (quando recebidos com efeito suspensivo) e o julgamento do recurso de apelação. A partir da improcedência da defesa do executado, eventual efeito suspensivo concedido quando do recebimento dos embargos resta revogado e a decisão tem eficácia imediata (art. 995, parágrafo único c/c art. 1.012, §1º, do novel diploma processual). Portanto, a partir da sentença de improcedência dos embargos, a execução segue definitiva, ainda que o embargante interponha recurso de apelação. O recorrente (embargante), contudo, poderá requerer a concessão de efeito suspensivo *ope judicis*, à apelação, na forma do art. 1.012, §§ 3º e 4º.

Gize-se, de outra parte, que, assim como qualquer decisão antecipatória de tutela tem natureza provisória, pois depende do pronunciamento definitivo (sentença), a concessão do efeito suspensivo nos embargos do executado igualmente tem natureza provisória, tanto que pode ser revogado ou modificado a qualquer tempo (art. 739-A, § 2º, do CPC/73; art. 919, § 2º, do NCPC).

Aliás, a concessão de efeito suspensivo aos embargos do executado nada mais é do que uma espécie de tutela antecipada, uma tutela provisória de urgência, que visa a prevenir que o executado/embargante venha a sofrer perigo com a demora na tramitação dos embargos, os quais sabidamente têm natureza de ação de conhecimento. Não é por outro motivo que o NCPC prevê como requisitos para a suspensão, entre outros, aqueles para a concessão da tutela provisória (art. 919, § 1º, c/c art. 300).

Daí, pois, o acerto da nova lei processual, ao não mais emprestar caráter *provisório* à execução de título executivo extrajudicial quando interposta apelação contra sentença de rejeição dos embargos à execução, ainda que estes tenham sido recebidos com efeito suspensivo. Em verdade, a execução de título

---

[375] ABELHA, Marcelo. *Manual de execução civil*. 2. ed. Rio de Janeiro: Forense Universitária, 2007, p. 204.

extrajudicial será sempre definitiva, com eventuais momentos de suspensão, quando recebidos os embargos com efeito suspensivo ou quando concedido, *ope judicis*, efeito suspensivo à apelação interposta contra sentença de rejeição dos embargos.

12.1.2. Execução provisória nos títulos executivos judiciais

Em primeiro lugar, cumpre apontar quais são os casos de execução provisória nos títulos executivos judiciais. Isto porque só há execução *provisória* antes do trânsito em julgado da fase de conhecimento do processo sincrético; após, não. São casos de execução provisória:

(a) sentença de procedência que reconheça a existência de obrigação de fazer, não fazer, entregar coisa ou pagar quantia, na pendência de recurso desprovido de efeito suspensivo;

(b) sentença de procedência que reconheça a existência de obrigação de fazer, não fazer, entregar coisa ou pagar quantia atacada por apelação não recebida (ex: intempestiva) e pendendo agravo de instrumento contra o não recebimento;

(c) decisões interlocutórias, impugnadas por agravo de instrumento, eis que desprovido de efeito suspensivo, salvo quando o Relator do recurso o conceder nos casos legalmente previstos;

(d) acórdãos não embargados ou após julgamento dos embargos, impugnados por Recurso Especial ou Extraordinário (sem efeito suspensivo, em regra).

Observa-se, pois, que somente são casos de execução provisória, nos títulos judiciais, as decisões proferidas na fase de conhecimento do processo sincrético. Após o trânsito em julgado, e iniciada a fase de execução (*cumprimento de sentença*), não há mais execução provisória.[376] Ou haverá execução definitiva, ou a execução será suspensa, *ope judicis*, embora sejam permitidos atos de penhora e avaliação (art. 525, §§ 6º e 7º, do CPC).

De outra banda, ainda que atribuído efeito suspensivo à impugnação ao cumprimento de sentença, é lícito ao exequente requerer o prosseguimento da execução, oferecendo e prestando caução idônea, arbitrada pelo juiz e prestada nos próprios autos (art. 525, § 10º, do CPC). Rejeitada a impugnação, prossegue-se a execução, sem necessidade de caução.

12.2. Do modo e do procedimento da execução provisória

A execução provisória far-se-á da mesma forma que o cumprimento definitivo, observando-se as regras do cumprimento da sentença das tutelas espe-

---

[376] É definitiva a execução da sentença transitada em julgado e provisória quando se tratar de sentença impugnada mediante recurso ao qual não foi atribuído efeito suspensivo (art. 475-I, § 1º, do CPC/73; art. 1.012, § 2º, do NCPC).

cíficas (arts. 536 a 538 do CPC) e da tutela ressarcitória (arts. 523 e seguintes do CPC), observando as limitações legais do cumprimento provisório (arts. 520 e 521 do CPC). Portanto, remete-se aos procedimentos analisados no capítulo do *cumprimento de sentença* e da defesa do devedor, na medida em que cabível *impugnação* pelo executado provisório. Entretanto, importa apresentar as especificidades do procedimento da execução provisória.

12.2.1. Da (des)necessidade de caução para a prática de determinados atos executivos na execução provisória

Embora a execução provisória se faça no mesmo modo que a definitiva, existem limitações legais para a prática de determinados atos executivos. Limita-se o levantamento de depósitos em dinheiro, a prática de atos expropriatórios ou que resultem grave dano ao executado, pois tais atos dependem de caução idônea, fixada pelo juiz e prestada nos próprios autos (art. 520, inciso IV, do CPC).

Contudo, em alguns casos, a lei dispensa a prestação da caução. Essa dispensa faz com que seja possível, portanto, *execução completa* fundada em *título provisório*. Com completa quer-se dizer a execução que vai às vias da expropriação de bens e da satisfação do credor.

No novel diploma processual civil, os casos de dispensa da caução são diversos e mais abertos do que aqueles previstos na lei processual anterior, mais amplos. Pelo art. 521 do CPC, cabe execução provisória sem caução nos seguintes casos:

(*i*) crédito de natureza alimentar, independentemente de sua origem;

(*ii*) o credor demonstrar situação de necessidade;

(*iii*) pender o agravo do art. 1.042;

(*iv*) a sentença a ser provisoriamente cumprida estiver em consonância com súmula da jurisprudência do Supremo Tribunal Federal ou do Superior Tribunal de Justiça ou em conformidade com acórdão proferido em julgamento de casos repetitivos.

Já a primeira hipótese de dispensa de caução (inciso I) amplia sobremaneira o dispositivo equivalente do CPC/73, ao não limitar valor da execução provisória nos casos de execução de crédito de natureza alimentar (a lei anterior limitava a dispensa da caução para a execução de até sessenta salários mínimos). Além disso, a terceira hipótese de dispensa de caução (inciso III) mantém a lógica do CPC/73: dispensa a caução quando pendente agravo ao STF e/ou ao STJ (agravo em recurso especial e em recurso extraordinário).

Duas novas situações foram adicionadas aos casos de dispensa de caução no NCPC. A primeira é a "demonstração de necessidade". Quer dizer, independentemente da natureza do bem jurídico tutelado e dos valores envolvidos, caberá dispensa de caução na execução provisória quando o exequente demonstrar situação de necessidade.

Esta situação de necessidade será gradativamente delineada pela doutrina e pela jurisprudência na vigência do novo diploma processual, diante da textura aberta da regra em comento. O que se pode dizer, de plano, é que essa *necessidade* deve ser equiparada ao requisito da urgência das tutelas provisórias, quais sejam, o *perigo de dano* ou o *risco ao resultado útil do processo*. O requisito da aparência do direito (*probabilidade*), estará contido pelo juízo positivo da própria decisão executada.

A outra situação em que o NCPC introduz está no caso de a sentença a ser provisoriamente cumprida estiver em consonância com súmula da jurisprudência do Supremo Tribunal Federal ou do Superior Tribunal de Justiça ou em conformidade com acórdão proferido em julgamento de casos repetitivos. Nestes casos, ocorre uma espécie de *tutela da evidência*, estando mais ou menos de acordo com os termos do art. 309, inciso II, do novel diploma, trabalhado no capítulo *da tutela antecipada*.

De outra parte, gize-se que a caução não pode ser exigida em cumprimento definitivo de sentença, ou seja, após o trânsito em julgado da fase de conhecimento – da qual tenha se originado o título executivo exequendo, ainda que o executado tenha apresentado *impugnação ao cumprimento de sentença* destituído de efeito suspensivo. Nesse sentido, o Enunciado nº 88 do Centro de Estudos Judiciários do Conselho da Justiça Federal, de agosto de 2017. É dizer, a execução de título judicial, após o trânsito em julgado da fase de conhecimento, será sempre *definitiva*, não cabendo caução, a menos que à defesa do executado – *impugnação* – tenha sido atribuído efeito suspensivo.

Por fim, o art. 521, em seu parágrafo único, ressalva que "a exigência de caução será mantida quando da dispensa possa manifestamente resultar risco de grave dano de difícil ou incerta reparação" ao executado. Isto significa que, em todos os casos de dispensa de caução, esta poderá ser mantida, caso haja risco de dano ao executado, o que será aferido no caso concreto, de ofício pelo juiz ou a requerimento do demandado, em sua defesa.

Importa ressaltar que a decisão acerca da dispensa da caução não poderá ser proferida sem a oitiva da parte executada, diante da redação do *caput* do art. 9º do CPC, segundo o qual "não se proferirá decisão contra uma das partes sem que esta seja previamente ouvida". As exceções contidas no referido dispositivo não arrolam a decisão da dispensa de caução na execução provisória.

12.2.2. Do procedimento

Como se viu, a execução provisória ocorre do mesmo modo que a definitiva. Contudo, há necessidade de a execução provisória correr em apartado, na medida em que haverá prosseguimento do processo "principal", rumo à decisão final de mérito (definitiva). Com efeito, a execução provisória reclama a formação de autos apartados, próprios, a partir de cópia dos autos principais.

O requerimento da execução provisória deverá ser instruído com as peças processuais indicadas pela lei processual, cuja autenticidade poderá ser certificada pelo próprio advogado, sob sua responsabilidade pessoal. As peças estão arroladas no art. 522, parágrafo único, do CPC:

(a) decisão exequenda;

(b) certidão de interposição de recurso não dotado de efeito suspensivo;

(c) procurações outorgadas pelas partes;

(d) decisão de habilitação, se for o caso;

(e) facultativamente, outras peças processuais consideradas necessárias para demonstrar a existência do crédito.

Sempre que possível, quando os autos do processo não tiverem muitos tomos, recomenda-se cópia integral. As três primeiras peças acima apontadas são obrigatórias; a decisão de habilitação, apenas quando for o caso; e facultativamente, poderá (deverá) o exequente instruir as demais peças que demonstrem a existência do crédito exequendo. O requerimento da execução provisória será dirigida ao juízo competente (vide capítulo sobre competência) para o cumprimento da sentença.

12.3. Do regime da execução de natureza provisória: retorno ao estado anterior e responsabilidade objetiva do requerente

A execução provisória, diante da sua natureza, fica sem efeito caso sobrevenha decisão final de mérito que modifique ou anule a decisão exequenda, restituindo-se as partes ao estado anterior e liquidados eventuais prejuízos nos mesmos autos, por arbitramento e posteriormente executados (cumprimento de sentença) na mesma relação processual (art. 520, inciso II, do CPC).

Este retorno ao estado anterior, por óbvio, ocorre sem prejuízo de terceiros (art. 520, § 4º, do CPC). Se, por acaso, a execução provisória alcançou a expropriação do bem, a transferência da posse ou a alienação da propriedade ou de outro direito real, quando já realizadas, não serão desfeitas, ressalvado o direito à reparação dos prejuízos sofridos pelo executado.

Ademais, a execução provisória corre por iniciativa, conta e responsabilidade do exequente, que se obriga, se a decisão exequenda for reformada, a reparar os danos que o executado haja sofrido (art. 520, inciso I, do CPC). A doutrina é clara no sentido de que a natureza da responsabilidade imposta pela lei processual é objetiva, independentemente de culta ou dolo do exequente.

Parte da doutrina critica essa regra, na medida em que se estaria "condenando" o sujeito que preencheu os requisitos para obter uma tutela sumária de urgência ou que teve a seu favor uma decisão de mérito (contra a qual o recurso interposto não teve efeito suspensivo). Por um lado, a intenção da regra é não prejudicar quem, ao fim e ao cabo, comprovou ter razão.

Por outro lado, e este é o ponto fulcral da crítica, se a ideia fosse não prejudicar quem tem razão, o demandado deveria responder objetivamente por todos os danos sofridos pelo autor pela simples demora do processo, ou seja, caso o demandante comprove razão, além do "pedido principal", deveria o réu arcar com todos os danos "anexos" sofridos pelo autor enquanto o processo tramitou, pela demora na satisfação do direito reconhecido. Caso fosse assim, ter-se-ia uma via de mão dupla, ter-se-ia uma verdadeira isonomia no processo, no entender da doutrina crítica à regra da responsabilidade objetiva, devidamente proferida por Ovídio Baptista da Silva, pois tanto quem acelera quanto quem retarda deveria responder pelos prejuízos que sua conduta venha a causar ao outro.[377]

Ademais, não custa frisar que tal regra se encontra enraizada no paradigma racionalista, preso à busca pela verdade absoluta e na atividade meramente declaratória da jurisdição, que não tolera a composição provisória da lide. Executar antes de conhecer (de forma exauriente) não dá *certeza* ao provimento. Por isso, assegura-se valor à demanda plenária.[378]

A crítica fica clarividente quando se dá um exemplo da prática forense. Imagine que uma pessoa entre em juízo pleiteando medicamentos (ou valores para compra de medicamentos). Concedida a tutela de urgência, a parte recebe (ou efetua a compra d)o medicamento que necessita. E, ato contínuo, o consome. Ao final, se a demanda for improcedente, as partes deverão retornar ao estado anterior, o que muitas vezes será difícil, para não dizer indigno, quando a parte não tiver recursos para tanto.

Por fim, se a decisão objeto do cumprimento provisório for modificada ou anulada apenas em parte, somente nesta ficará sem efeito a execução (art. 520, inciso III, do CPC). Neste caso, a restituição ao estado anterior não será completa, já que terá efeito apenas no ponto em que a decisão for anulada ou modificada, prosseguindo naquela parte em que não for alterada ou anulada.

---

[377] SILVA, Ovídio Baptista da. *Da sentença liminar à nulidade da sentença*. Rio de Janeiro: Forense, 2002, p. 206. O autor, na mesma obra (p. 206-207), esclarece que a solução adotada pelo sistema é reveladora de seus compromissos ideológicos. Dissera Chiovenda que o processo não deve resultar em prejuízo de quem tem razão, sendo necessário assegurar ao vitorioso tudo aquilo a que ele teria direito, caso o sucumbente houvesse reconhecido espontaneamente sua pretensão, advertindo, como depois confirmara Carnelutti que a utilização do processo deve impor ao sucumbente o dever de indenizar o vencedor por todos os danos e prejuízos decorrentes do uso desse "instrumento perigoso" que é o processo. Esta seria a razão pela qual aquele que executa provisoriamente a sentença, ou torna efetiva uma medida antecipatória, haveria de indenizar o vencedor, independentemente de ter agido sem culpa. É evidente o compromisso do sistema com o princípio da racionalidade e plenitude do ordenamento jurídico, na medida em que a derrota no pleito é tida como prova de culpa de quem, havendo provocado o litígio, sem razão, opusera-se ao direito do vencedor, já existente e capaz de ser reconhecido facilmente, antes da sentença. Cria-se, então, uma situação singular. O autor que se apressa a tornar efetivo o direito, que já merecera provisória aprovação judicial, deverá ressarcir os danos causados ao réu, quando resulte sucumbente. O réu, porém, que resistira sem qualquer direito, desfrutando, inversamente, de uma análoga proteção provisória, ficará isento de responsabilidade pelos danos.

[378] GOMES, Fábio Luiz. *Responsabilidade objetiva e antecipação de tutela* (direito e pós-modernidade). 2. ed., rev. Porto Alegre: Livraria do Advogado, 2014, p. 158 e seguintes. Desse modo, a doutrina da neutralidade do juiz e da obrigatoriedade de provimentos jurisdicionais apenas após juízos de certeza (obtido por meio da cognição exauriente), que acabou por "ordinarizar" o processo civil e impedir a concepção de comandos judiciais provisórios, é consequência direta da neutralidade do Estado Liberal Clássico e do paradigma racionalista. (Conforme SILVA, Ovídio Araújo Baptista da. *Jurisdição e processo na tradição romano-canônica*. 3. ed. Rio de Janeiro: Forense, 2007, p. 95.)

Capítulo 13 – Tutela antecipada: do Código de 1973 ao novo Código de Processo Civil

13.1. Do objeto de estudo nas tutelas de urgência

Em capítulo anterior, tratou-se do *cumprimento de sentença*, ou seja, da execução de título executivo judicial. Em seguida, trabalhou-se o instituto da *execução provisória*, no qual foram averiguados os casos e os requisitos da execução de título judicial antes do trânsito em julgado da fase de conhecimento do processo sincrético. Aliás, viu-se que é possível a execução de decisão antecipatória de tutela.

O presente capítulo, portanto, terá como objeto de estudo o instituto das tutelas de urgência satisfativas, ou tutela antecipada. Para tanto, é de extrema relevância iniciar a análise, mesmo que brevemente, pela estrutura adotada pelo CPC/73 para, a partir daí, apresentar como o instituto está posto no Novo Código de Processo Civil.

Importante apontar, desde já, que no CPC/73 havia duas espécies de tutela antecipada: uma para as obrigações de pagar quantia certa (art. 273) e outra para as obrigações (deveres) de fazer, não fazer e entregar coisa (art. 461, § 3º). Existia, como se verá, uma espécie de gradação entre os requisitos de cada uma dessas tutelas.

O NCPC modifica esta situação, adotando os mesmos pressupostos para a concessão da tutela antecipada, seja ela ressarcitória (quantia certa) ou específica (fazer, não fazer e entregar coisa). Diante dessa circunstância, analisar-se-á, de forma crítica, a forma prevista para a estrutura das tutelas de urgência satisfativa (tutela antecipada) no novel diploma processual civil.

13.2. Da tutela antecipatória específica

O art. 461, § 3º, do CPC/73 prevê a tutela antecipatória das obrigações de fazer, não fazer e entregar coisa. Tais obrigações são objeto de tutela específica, como se denota do *caput* dos artigos 461 e 461-A do referido diploma processual, quer dizer, quando a ação tiver por objeto essas obrigações, o juiz concederá a tutela específica ou determinará providências para assegurar o resultado prático equivalente. Para tanto, o juiz poderá utilizar-se das técnicas mandamental (coerção da vontade do demandado – § 4º do art. 461) e executiva *lato sensu* (meios sub-rogatórios da vontade do demandado – § 5º do art. 461).[379]

Essa espécie de tutela veio a ser prevista no ordenamento jurídico brasileiro como forma de se buscar uma maior efetividade ao processo, buscando dar a quem tem um direito, na medida do possível, exatamente aquilo que ele tem direito, quer dizer, aquilo que o demandante teria caso o demandado cumprisse a obrigação, caso o processo não fosse necessário. Tal espécie de tutela foi incorporada a partir da roupagem de processo existente no Estado Democrático de Direito, pois até então o dogma de que ninguém poderia ser coagido a prestar algo imperava. Não por outro motivo que apenas a partir da Constituição Federal de 1988 é que foi incorporada, no direito constitucional de ação, a tutela judicial da ameaça a direito ("a lei não excluirá da apreciação do Poder Judiciário lesão e ameaça de lesão à direito"). Até então o direito de ação contemplava apenas a lesão a direito. Daí a suficiência da jurisdição meramente reparatória (e da classificação trinária das ações).

O juiz tem o poder-dever de conceder a tutela específica ou o resultado prático equivalente. Para tanto, tem em mãos as técnicas mandamental e executiva *lato sensu*, ou seja, poderá coagir a vontade do demandado mediante cominação de multa por dia de descumprimento ou, ainda, poderá substituir a vontade do réu, mediante aplicação de "medidas de apoio" que se fizerem necessárias para atingir o resultado equivalente. Tais "medidas de apoio" serão aquelas que o juiz entender necessárias no caso concreto, como, por exemplo, remoção de pessoas ou coisas, expedição de mandado de imissão de posse ou busca e apreensão, desfazimento de obras, impedimento de atividades etc. Inclusive, poderá o juiz alterar, conforme as circunstâncias, a técnica por ele adotada que venha a se mostrar infrutífera. Atualmente, pois, a conversão em perdas e danos é excepcional.[380]

O juiz aplicará os mecanismos sub-rogatórios e coercitivos conforme as circunstâncias do caso concreto. Ainda, tais mecanismos podem ser utilizados simultaneamente, quando for necessário. Não se descarta que, além da ordem para que o réu cumpra, acompanhada da cominação de multa, o provimento antecipador desde logo determine a atuação de instrumentos que atinjam o resultado prático equivalente, prescindindo da colaboração do demandado.[381] É o que ocorre, por exemplo, se algum fabricante de alimentos colocar no

---

[379] Para um estudo aprofundado acerca da tutela específica das obrigações, consultar MARINONI, Luiz Guilherme. *Técnica processual e tutela dos direitos*. 3. ed. rev. e atual. São Paulo: Revista dos Tribunais, 2010; e MARINONI, Luiz Guilherme. *Tutela inibitória*: individual e coletiva. 4. ed. São Paulo: Revista dos Tribunais, 2006.

[380] MARINONI, Luiz Guilherme; MITIDIERO, Daniel. *Código de processo civil comentado artigo por artigo*. São Paulo: Revista dos Tribunais, 2008, p. 429-433. A obrigação somente se converterá em perdas e danos se o autor assim o requerer ou se a tutela específica, ou o resultado prático equivalente, restar faticamente impossível.

[381] WAMBIER, Luiz Rodrigues; TALAMINI, Eduardo. *Curso avançado de processo civil*, vol. 2: execução. 12. ed., rev., atual. e ampl. São Paulo: Revista dos Tribunais, 2012, p. 421-422.

mercado alimentos estragados impróprios ao consumo. Neste caso, além da proibição de colocar novamente tais alimentos em circulação (mediante imposição de multa coercitiva), o juiz determinará o recolhimento dos alimentos já existentes no mercado (por técnica sub-rogatória, independente da vontade do demandado).

Na tutela específica, contemplada pelos artigos 461 e 461-A do CPC/73, justamente pela preocupação com a efetividade do processo, a execução da decisão provisória (antecipatória) ocorre da mesma forma da execução definitiva, a partir da decisão de mérito transitada em julgado. A execução da tutela antecipatória e a execução da tutela final ocorrem na forma específica, mediante a utilização da multa cominatória (coerção) e/ou das medidas de apoio (sub-rogatórias). Isto não dispensa o demandante de responder objetivamente caso o demandado sofra danos com a execução da tutela provisória, mas empresta eficácia plena à medida antecipatória.

O juiz não está, pois, adstrito à técnica processual requerida pelo autor na petição inicial, na medida em que o juiz tem o poder-dever de determinar a medida necessária e mais adequada para a tutela específica ou para a obtenção do resultado prático equivalente. Alguns autores sustentam que esta questão atenua o princípio da congruência e do "exaurimento da competência após a sentença".[382] Com a devida vênia, não se corrobora desta conclusão, tanto por não haver qualquer modificação na obrigatória adstrição do juiz ao pedido, como não há alteração na regra segundo a qual após a publicação da sentença o juiz não pode mais alterá-la (art. 463 do CPC/73).

Ora, o objeto da ação é o fazer, o não fazer ou a entrega da coisa, e não a medida processual adotada pelo Magistrado para alcançar o cumprimento do objeto da ação. Quer dizer, não importa se o juiz determina multa para a entrega de determinado bem móvel em vez de expedir mandado de busca e apreensão, por exemplo, pois o objeto da ação é o direito à coisa e neste ponto o juiz deverá ficar adstrito ao pedido. Ademais, se após a sentença, no momento de seu *cumprimento*, for necessária a adoção de outra "medida de apoio" executiva ou cominação de multa não determinada na sentença, não se estará alterando a sentença, mas tão somente aplicando outra técnica processual (mais) adequada ao caso concreto, e tal será feito na fase de execução.

Os requisitos para a concessão da tutela específica de forma antecipada estão insculpidos no art. 461, § 3º, do CPC/73: *risco de ineficácia do provimento final* e *relevância do fundamento da demanda*. Trata-se de um justificado receio de que um ato contrário a direito seja praticado antes do trânsito em julgado da fase de conhecimento. Tal receio não é – necessariamente – pela ocorrência de um dano, mas sim de que um ato contrário a direito seja praticado antes do provimento final de mérito da demanda, caso haja relevância no fundamento da demanda.[383]

---

[382] CÂMARA, Alexandre Freitas. *Lições de direito processual civil*, vol. 1. 25. ed. São Paulo: Atlas, 2014, p. 102.
[383] MARINONI, Luiz Guilherme; MITIDIERO, Daniel. *Código de processo civil comentado artigo por artigo*. São Paulo: Revista dos Tribunais, 2008, p. 428.

Nessa esteira, os requisitos da tutela antecipatória específica são dois: *risco de ineficácia do provimento final* e *relevância dos fundamentos da demanda*. A relevância dos fundamentos da demanda nada mais é do que a probabilidade do direito estar ao lado daquele que pretende o provimento antecipatório. Já o risco de ineficácia do provimento final está relacionado com o perigo da demora, e não com o perigo do dano, pois, a tutela antecipada específica não é uma tutela destinada a prevenção de um dano, mas sim de um ilícito.[384] Os requisitos são menos rigorosos que o do artigo 273 do CPC/73, como será analisado no próximo item.[385]

Na execução provisória da tutela antecipada específica, aplicam-se as regras gerais da execução provisória (art. 475-O, *caput*, do CPC/73; art. 520, § 5º, do NCPC). Assim, aplica-se a responsabilidade objetiva do demandante caso a decisão seja reformada (art. 475-O, incisos I e II, do CPC/73; art. 520, I e II, do NCPC). Ademais, atos que possam causar grave dano ao executado dependem de caução (art. 475-O, do CPC/73, inciso III; art. 520, inciso IV, do NCPC).

Com efeito, a lei determina a necessidade de caução para atos que possam causar grave lesão ao demandado. Não se fala, aqui, em atos de levantamento de depósito (via de regra decorrentes de penhora *on line*) ou atos de alienação (meio executivo de expropriação), pois tais atos aplicam-se às pretensões de pagar quantia certa (objeto do próximo item), já que são os meios executivos para a satisfação das obrigações pecuniárias.

Entretanto, importa ressaltar que, na prática, a decisão do juiz que concede a tutela antecipada específica reconhece a necessidade da medida urgente e já aponta o meio executivo (mandamental ou sub-rogatório) para sua efetivação. Não há, muitas vezes, a instauração do procedimento específico em apartado da execução provisória, como ocorre nos casos cuja pretensão seja pagamento de quantia, não havendo, em regra, a necessidade de prestação de caução (o que não impede ao Magistrado exigir ou a outra parte requerer).

Ora, a decisão interlocutória que conceder a medida urgente satisfativa específica já será efetivada pela imposição de multa por descumprimento ou já apontará a determinação sub-rogatória a ser aplicada no caso concreto (por exemplo, a expedição de mandado de busca e apreensão ou imissão de posse). O demandado já deve cumprir (sob pena de multa) ou haverá a substituição da sua vontade pelo Estado-Juiz. O objetivo é prestar *efetividade* à tutela jurisdicional concedida.

Até porque, como expressamente dispunha o § 3º do art. 273 do CPC/73, a efetivação da tutela antecipada observará, no que couber e conforme sua natureza, as normas previstas nos arts. 588 (posteriormente 475-O) e 461, §§ 4º e 5º, do CPC/73. Resta evidente que, para a execução da tutela antecipada, se aplicava o procedimento da execução provisória para quantia certa e diretamente os meios executivos do art. 461 para os deveres de fazer, não fazer e entrega de coisa.

---

[384] SILVA, Jaqueline Mielke. *Tutela de Urgência: de Piero Calamandrei a Ovídio Araújo Baptista da Silva*. Porto Alegre: Verbo Jurídico, 2009, p. 282.
[385] Ibid., p. 282-283.

O NCPC seguiu a mesma lógica, preservando a necessária efetividade da tutela jurisdicional dos direitos objeto das tutelas específicas (inibitória, remoção do ilícito, específica dos deveres e ressarcitória na forma específica), a partir da letra dos arts. 536 e 538. Ainda, importa ressaltar que o novel diploma processual expressamente aponta que para a concessão da tutela específica destinada a inibir a prática, a reiteração ou a continuação do ilícito, ou a sua remoção, é irrelevante a demonstração da ocorrência de dano ou da existência de culpa ou dolo (art. 497, parágrafo único). Os meios de execução das obrigações específicas, coercitivos e sub-rogatórios, são apresentados no capítulo do *cumprimento de sentença*.

Neste ponto, demonstrou-se a natureza e a importância das tutelas específicas, iniciando-se pela análise de sua essência, qual seja, a efetividade da prestação jurisdicional, passando, ainda, pelas técnicas processuais que o Magistrado tem para realizar seu poder-dever na tutela jurisdicional dos direitos, e encerrando com uma análise dos requisitos da antecipação da tutela específica. A seguir, será analisada a tutela antecipatória ressarcitória (art. 273 do CPC/73), com requisitos diversos e mais rigorosos do que os requisitos da tutela analisada neste tópico, a fim de demonstrar o espaço que cada tutela antecipatória ocupa no ordenamento processual.

13.3. Da tutela antecipatória ressarcitória

O art. 273, inciso I, do CPC/73 previa a tutela antecipatória contra o fundado receio de dano. Atualmente, esta espécie de tutela antecipatória aplica-se à tutela ressarcitória dos direitos, à tutela de urgência da prestação pecuniária, ao passo que a tutela de urgência das obrigações específicas, assim como da inibitória e da remoção do ilícito, é prevista no art. 461, § 3º, do CPC/73.

O juiz poderia antecipar os efeitos da tutela final de mérito quando houver *fundado receio de dano irreparável ou de difícil reparação*. Nesse sentido, o art. 273, inciso I, é caso de tutela de urgência para evitar o dano (tutela ressarcitória), motivo pelo qual a tutela de urgência para evitar o ilícito deveria ser pleiteada pelo art. 461, § 3º (tutela específica). O dano que enseja esta espécie de tutela antecipatória (ressarcitória) deve ser concreto, atual e grave, ou seja, ser iminente e capaz de lesar a esfera jurídica da parte. Tutela direitos patrimoniais com função não patrimonial (ex: quantia de dinheiro para custear um tratamento de saúde causado por um ato ilícito ou para custear o conserto de um veículo avariado por um ato ilícito utilizado para o trabalho).[386]

Também é pressuposto para a concessão da tutela antecipada, no CPC/73, além do fundado receio de dano, haver *verossimilhança das alegações* da parte demandante, com arrimo em *prova inequívoca*. Inequívoca é uma qualidade atribuída à prova, suficiente para convencer o julgador da verossimilhança das alegações da parte autora. Para tanto, deve o juiz considerar o valor do bem

---

[386] MARINONI, Luiz Guilherme; MITIDIERO, Daniel. *Código de processo civil comentado artigo por artigo*. São Paulo: Revista dos Tribunais, 2008, p. 269.

jurídico ameaçado de lesão, a dificuldade de se provar a alegação e a própria urgência.[387]

O melhor entendimento para prova inequívoca é aquele que afirma tratar-se de prova robusta, contundente, que dê, por si só, a maior margem possível de segurança para o magistrado sobre a existência ou inexistência de um fato. O que interessa, pois, é que o adjetivo "inequívoca" traga à prova produzida, qualquer que seja ela, e por si só, segurança suficiente para o magistrado decidir sobre os fatos que lhe são apresentados.[388]

E é a prova inequívoca que conduz o magistrado a um estado de verossimilhança da alegação. Verossimilhança no sentido de que aquilo que foi narrado e provado parece verdadeiro. É demonstrar ao juízo que, ao que tudo indica, mormente à luz daquelas provas que estão apresentadas, o fato jurídico conduz à solução e aos efeitos que o autor pretende alcançar na sua investida jurisdicional. Por essa razão, aliás, parece importante sempre entender, compreender, interpretar e aplicar as duas expressões em conjunto, pois é a prova inequívoca que conduz o magistrado à verossimilhança da alegação.[389]

Nesse andar, a prova chamada inequívoca é uma prova incompleta, mas não equívoca, não duvidosa. Não se confunde com prova que conduza a um juízo de certeza, que somente será obtido após a cognição exauriente. Esta prova inequívoca conduz o juiz a um juízo de verossimilhança do alegado, juízo que deve ser entendido como abrangente não apenas dos fatos, mas também deve englobar um juízo de valor positivo acerca das consequências jurídicas pretendidas pelo autor. Para que seja antecipada a tutela, a pretensão deve ser verossímil.[390]

A execução provisória da tutela provisória de natureza ressarcitória (esta prevista pelo art. 273 do CPC/73 e que serve especificamente para as obrigações de natureza pecuniária), embora ocorra da mesma forma da definitiva, apresenta limitações. A execução provisória das decisões provisórias de pagamento de quantia é incompleta (art. 475-O, inciso III e § 2º, do CPC/73 e arts. 520 e 521 do NCPC). O levantamento de valores e a prática de atos de alienação (que são os meios executivos para a satisfação do crédito pecuniário) dependem de caução idônea, salvo determinadas situações especiais, como se viu no capítulo da execução provisória.

Conforme leciona Araken de Assis, nas obrigações das prestações pecuniárias, a incursão do meio executório incide no patrimônio legítimo do devedor, exigindo-se, pois, rigoroso controle de sua atuação, seja para identificar quais bens responderão pela dívida (motivo pelo qual necessário se faz analisar a natureza dos bens constritos – eventual impenhorabilidade do bem de

---

[387] MARINONI, Luiz Guilherme; MITIDIERO, Daniel. *Código de processo civil comentado artigo por artigo*. São Paulo: Revista dos Tribunais, 2008, p. 270-271.
[388] BUENO, Cássio Scarpinella. *Curso sistematizado de processo civil*, vol. 4: tutela antecipada, tutela cautelar e procedimentos cautelares específicos. 6. ed., rev. e atual. São Paulo: Saraiva, 2014, p. 40-41.
[389] Ibid., p. 41-42.
[390] ASSIS, Araken de; ALVIM, Arruda; ALVIM, Eduardo Arruda. *Comentários ao código de processo civil*. 2. ed. São Paulo: Revista dos Tribunais, 2012, p. 605.

família, meação do cônjuge, penhora *on line* de ativo financeiro de natureza salarial, etc.), seja para avaliá-los pelo preço justo (importância da avaliação e observando-se a vedação ao preço vil).[391] Tais as razões das limitações da execução provisória dos direitos de crédito.

De outro lado, nas obrigações de fazer, não fazer e entregar coisa, não se retira bem legitimamente posto no patrimônio do devedor: retira-se coisa indevidamente mantida na posse de alguém ou se determina que alguém faça ou deixe de fazer algo decorrente de lei ou contrato. Por isso, não raro a tutela antecipada específica não chega a ser objeto de execução provisória, haja vista que a decisão do juiz que concede a medida urgente já intima o demandado para ciência e para cumprimento (se com eficácia mandamental) ou para ciência das medidas sub-rogatórias determinadas (eficácia executiva *lato sensu*).

Quando for agredido o patrimônio alheio para a satisfação de direito de crédito pecuniário, prepondera o valor *segurança*, dando-se cumprimento pelo modelo condenação-execução forçada. Por outro lado, quando a atividade executiva visa à posse de bem individualizado e de forma contrária a direito na esfera jurídica do demandado, prepondera o valor *efetividade*. Esta última situação se aplica também quando o objeto da pretensão for um fazer ou um não fazer.

Nesse sentido, quando tratar-se de tutela antecipada cujo objeto seja uma prestação pecuniária, será necessário ao demandante, caso não haja cumprimento espontâneo pelo demandado, inaugurar a execução provisória, com procedimento próprio em autos apartados, como se observou quando do estudo da execução provisória, obedecendo às *limitações* legais e assegurar, assim, a *segurança* dos atos expropriatórios.

Por fim, importa gizar que não é comum a concessão da tutela antecipada da pretensão de pagar quantia certa, na medida em que, via de regra, na demanda discutirá a conduta do demandado e a extensão do dano (se for possível). Nessa linha, necessário será a angularização da demanda e a realização da fase instrutória para aferir-se a responsabilidade do réu e a eventual extensão (valor) dos danos. Mas não há vedação, em especial quando tratar-se de direitos de natureza não patrimonial, como o pagamento de quantia para realização de cirurgias e/ou compra de medicamentos,[392] dentre outros exemplos.[393]

---

[391] ASSIS, Araken de. *Manual da execução*. 12. ed., rev., ampl. e atual. São Paulo: Revista dos Tribunais, 2009, p. 125. Neste sentido: SILVA, Ovídio Araújo Baptista da. *Sentença Mandamental*. In SILVA, Ovídio Araújo Baptista da. *Sentença e coisa julgada*. 4. ed. Rio de Janeiro: Forense, 2003, p. 48-49.

[392] AGRAVO DE INSTRUMENTO. AÇÃO DE INDENIZAÇÃO DE DANOS MATERIAIS E MORAIS. ERRO MÉDICO. CIRURGIA PARA RETIRADA DE VARIZ. ANTECIPAÇÃO DA TUTELA. Presença dos pressupostos do art. 273 do CPC à concessão de tutela antecipada, determinando à ré pagar à autora a quantia equivalente a 1,5 salários mínimos mensais, para ressarcimento de despesas com medicamentos e de transporte para realização de sessões de fisioterapia. Hipótese em que a lesão sensitiva no tronco do nervo fibular superficial esquerdo na perna da autora, que lhe impõe a necessidade de medicação contínua e tratamento fisioterápico, tem relação com a intervenção cirúrgica a que se submeteu, em estabelecimento hospitalar da ré, através do plano de saúde contratado. DECISÃO CONFIRMADA. AGRAVOS IMPROVIDOS. (Agravo de Instrumento nº 70011638376, Tribunal de Justiça do RS, Julgado em 15/09/2005).

[393] AGRAVO DE INSTRUMENTO. AÇÃO DE COBRANÇA, CUMULADA COM REPARAÇÃO DE DANOS MATERIAIS E MORAIS. PEDIDO LIMINAR. SEGURO DE VEÍCULO. CUSTEIO DOS REPAROS. PRESENÇA DOS REQUISITOS AUTORIZADORES DA TUTELA PLEITEADA, NA FORMA DO ART. 273 DO CPC.

13.4. Dos níveis gradativos dos requisitos das tutelas de urgência específica e ressarcitória no CPC de 1973

A tutela antecipatória das obrigações específicas exige, além do perigo na demora da prestação jurisdicional (risco de ineficácia do provimento final), a *relevância do fundamento da demanda*. Não exige, em tese, a probabilidade da existência do direito, na medida em que o art. 461, § 3º, do CPC/73 não menciona *fumus boni juris* e nem *verossimilhança das alegações*. Mas, ao exigir a relevância do fundamento da demanda, exige do Magistrado, na apreciação do caso concreto, a incursão na existência da provável existência do direito *relevante* afirmado.

Por sua vez, a tutela antecipatória das demandas cujo objeto seja a obrigação do réu em pagar quantia exige um requisito mais qualificado na probabilidade do direito, que é a verossimilhança a partir de prova inequívoca, além de exigir o perigo de dano irreparável ou de difícil reparação, enquanto as medidas antecipatórias das tutelas de urgência específicas não exigem, para sua concessão, que haja risco de dano. Até porque a tutela específica existe contra o (mero) ilícito (ato contrário a direito), não sendo o dano uma exigência (até porque senão as tutelas inibitória e de remoção do ilícito não teriam espaço nas tutelas de urgência satisfativas).

Se a tutela antecipada visa à realização de direito à tutela contra o ilícito, sua concessão depende da caracterização do ilícito temido ou consumido e da sua imputação ao demandado. Não depende de dano e da valoração da conduta do demandado.[394] É por isso que no CPC/73 o demandante deveria comprovar "justificado receio de ineficácia do provimento final", e não "perigo de dano irreparável".

Por sua vez, se a antecipação de tutela visa à realização do direito à tutela contra o dano, sua concessão depende da caracterização do ato capaz de gerar responsabilidade e da imputação da sua prática ao demandado e da valoração da conduta do demandado, quando não for caso de responsabilidade objetiva, além da existência do risco de dano. O Magistrado deve valorar os elementos

---

1. Presentes os requisitos autorizadores da tutela antecipada, ou seja, os pressupostos do fundado receio de dano de difícil reparação e da verossimilhança da alegação. 2. O perigo de dano irreparável está configurado pelo fato de a parte segurada ser advogada, com a comprovação de inúmeros processos que patrocina, inclusive em comarcas distintas do seu domicílio, sendo indispensável o veículo segurado para o exercício das suas atividades profissionais. 3. A verossimilhança das alegações restou demonstrada pelo fato de o evento danoso descrito na inicial ter, em tese, cobertura securitária, cabendo à seguradora comprovar a existência de causa de exclusão de cobertura. 4. Com relação à astreinte, em princípio, não é juridicamente possível a concessão de antecipação de tutela para as obrigações de pagar quantia certa, exceto quando esta está associada à realização de um direito fundamental, não só a satisfação do crédito. 5. A concessão da medida não se destina apenas a satisfação antecipada do direito do crédito, mas tem por fim evitar a lesão à direito da parte segurada. 6. Presente no caso dos autos a necessidade de pagamento de valor atinente ao conserto do veículo, pois há a verossimilhança do direito alegado, bem como o risco de dano de inserta reparação, ante a necessidade de utilização do bem segurado para a realização do seu labor diário. 7. Valor fixado que não se mostra exagerado para a situação em exame. Negado seguimento ao agravo de instrumento. (Agravo de Instrumento nº 70061777330, Tribunal de Justiça do RS, Julgado em 25/09/2014)

[394] MITIDIERO, Daniel. *Antecipação de tutela: da tutela cautelar à técnica antecipatória*. São Paulo: Revista dos Tribunais, 2013, p. 140.

necessários para a caracterização do ato imputado ao demandado e do fato danoso.[395]

Portanto, pode-se dizer que, no sistema processual civil adotado pelo CPC/73, há uma espécie de gradação dos requisitos para concessão das tutelas de urgência. Os requisitos para a concessão da medida de urgência da tutela ressarcitória reclamam pressupostos mais intensos do que para a tutela antecipada das tutelas específicas. Faz sentido, na medida em que a tutela ressarcitória tem como valor a segurança; as específicas, o valor efetividade.

De qualquer forma, é importante anotar que todas tratam de cognição sumária do juiz e, por isso, demandam um juízo de probabilidade e de demonstração de urgência. Mas cada espécie de tutela de urgência exige um nível de probabilidade (*relevância do fundamento da demanda* < *verossimilhança mediante prova inequívoca*) e de urgência (*risco de ineficácia do provimento final* < *risco de dano irreparável*).

Evidentemente, essa gradação deve ser considerada no seu devido contexto, pois não é possível constatar, com rigor científico, qual é o grau de convicção alcançado pelo Magistrado em cada caso que lhe é apresentado. Não há como medir o grau ou intensidade de convencimento que se forma a partir do que é narrado e/ou documentado pelo autor nos casos de urgência.[396]

No Novo Código de Processo Civil, não há esses diferentes de níveis de exigência dos requisitos. São os mesmos requisitos para quaisquer espécies de tutela antecipada – art. 300 do NCPC: "a tutela de urgência será concedida quando houver elementos que evidenciem a probabilidade do direito e o perigo de dano ou risco ao resultado útil do processo". É o que se verá a seguir.

13.5. Da tutela antecipada (satisfativa) e seus requisitos: do CPC/73 ao NCPC

No sistema do CPC/73, os requisitos da tutela cautelar eram, segundo doutrina e jurisprudência majoritária, *fumus boni juris* e *periculum in mora*. Por sua vez, o requisito da tutela antecipada, contida no art. 273 do referido diploma, tinha como requisito a *verossimilhança das alegações* e o *risco de dano irreparável ou de difícil reparação*. Em seguida, o art. 461, § 3º, apontava como requisitos a *relevância no fundamento da demanda* e o *risco de ineficácia do provimento final*.

Ovídio Baptista da Silva substitui o requisito do *periculum in mora* pelo risco de dano irreparável, no que concerne à tutela cautelar, foi o direito medieval que nos legou o conceito de *periculum in mora*, mas que naquela quadra da história jamais teve sinônimo de tutela de segurança (cautelar), porém, ao contrário, sempre o reservou para os casos de execução provisória, deixando

---

[395] MITIDIERO, Daniel. *Antecipação de tutela: da tutela cautelar à técnica antecipatória*. São Paulo: Revista dos Tribunais, 2013, p. 140.
[396] BUENO, Cássio Scarpinella. *Curso sistematizado de processo civil, vol. 4: tutela antecipada, tutela cautelar e procedimentos cautelares específicos*. 6. ed., rev. e atual. São Paulo: Saraiva, 2014, p. 43-44.

o conceito de risco de dano irreparável quando a hipótese correspondesse à tutela cautelar.[397]

No mesmo sentido, sustentam Luiz Guilherme Marinoni e Daniel Mitidiero, para os quais o risco de dano irreparável ou de difícil reparação constitui tecnicamente requisito da tutela cautelar, pois se acautela de um dano que pode atingir o direito a uma tutela reparatória. Por isso, essa proteção deve durar enquanto durar o perigo do dano. Trata-se de tutelar o perigo da infrutuosidade do processo principal. De outro lado, a tutela antecipatória (satisfativa) é devida quando não se pode esperar, quando existe um *periculum in mora* na prestação jurisdicional. Já com a tutela antecipada combate-se o perigo na tardança do provimento. Ora, quando não se pode esperar, o remédio é antecipar, não adiantando uma simples cautela.[398]

Nessa linha, e diante dos diversos conceitos adotados pelo CPC/73 para os requisitos da tutela antecipada (arts. 273 e 461, § 3º), os requisitos da tutela provisória no Novo CPC, no que tange ao requisito da urgência, foram unificados – art. 300: "a tutela de urgência será concedida quando houver elementos que evidenciem a probabilidade do direito e o perigo de dano ou risco ao resultado útil do processo".

Contudo, poderiam e deveriam ser adotados os requisitos de forma mais clara, de acordo com a natureza da tutela de urgência perseguida: se cautelar, risco de dano; se satisfativa, específica ou ressarcitória, perigo na demora. Entretanto, o NCPC adota *perigo de dano* e *risco ao resultado útil do processo*, o que demonstra que a manutenção da confusão dos conceitos e das funções das tutelas cautelar e antecipatória (tutela de urgência satisfativa).

Pode-se dizer que as tutelas de urgência apresentam dois gêneros de requisitos: aparência do direito e urgência. No CPC/73, como se viu linhas acima, cada espécie de tutela urgente (cautelar, satisfativa específica e satisfativa ressarcitória) adota requisitos particulares. Já o NCPC unifica o requisito da aparência do direito, fixando a *probabilidade do direito* como requisito para todas as tutelas de urgência, seja cautelar, seja satisfativa (e, nestas, incluem-se tanto as específicas como a ressarcitória).

Não há mais, portanto, as três espécies do gênero *aparência do direito*: *fumus boni juris* (tutela cautelar); *verossimilhança*, mediante prova inequívoca (tutela antecipada ressarcitória – art. 273 do CPC/73); e *relevância do fundamento da demanda* (tutela antecipada específica – art. 461, § 3º, do CPC/73). Há, no NCPC, apenas a *probabilidade do direito*.

De outra parte, observa-se que, no que diz respeito ao outro requisito da urgência, o NCPC prevê o *perigo de dano* e o *risco ao resultado útil do processo*. Nota-se, claramente, a intenção do novel diploma legal em não diferenciar especificamente os requisitos das medidas urgentes satisfativas e da medida urgente cautelar. Se fosse lido à luz do CPC/73 e de seus compromissos histó-

---

[397] SILVA, Ovídio Araújo Baptista da. *Curso de processo civil, vol. 2: processo cautelar (tutela de urgência)*. 4. ed. rev. e atual. Rio de Janeiro: Forense, 2007, p. 43.
[398] Conforme MARINONI, Luiz Guilherme; MITIDIERO, Daniel. *O projeto do CPC: crítica e propostas*. São Paulo: Revista dos Tribunais, 2010, p. 106-107.

ricos, poderia se dizer que quando o NCPC prevê o *perigo de dano*, refere-se às medidas satisfativas; quando prevê o *risco ao resultado útil*, trata das medidas cautelares.

Embora a tutela cautelar não seja o objeto de estudo destas *Lições de Processo Civil: Execuções*, poder-se-ia dizer que o *risco ao resultado útil do processo* refere-se ao requisito da tutela cautelar, pois esta tem natureza *assecuratória* a um direito que será pleiteado no "processo principal" (ou "pedido principal", como quer o NCPC), fazendo com que haja necessidade de acautelar para assegurar o *resultado útil* do "processo principal". Assim, restaria o requisito do *perigo de dano* para as tutelas antecipadas satisfativas (ressarcitória ou específicas), já que tal requisito já estava previsto no art. 273 do CPC/73.

Isto porque a tutela cautelar, como tutela assecuratória, pretende, ao fim e ao cabo, garantir o *resultado útil do processo* em que será concedido – ou não – o provimento final *de mérito* acerca do direito material controvertido, muito embora a urgência cautelar, por natureza, tenha a finalidade de evitar risco de dano irreparável ao direito material do interessado (caso a medida cautelar não fosse concedida). Por sua vez, aplicar-se-ia o requisito *perigo de dano* para as tutelas de urgência satisfativas (tutela antecipada).

Importa ressaltar que, em sua última redação, antes da alteração do texto final e da aprovação pelo Congresso Nacional, o (então Projeto do) Novo CPC adotava o *perigo na demora* para ambas as tutelas de urgência. Quer dizer, juntamente com a *probabilidade do direito*, o *perigo na demora* era requisito das tutelas de urgência no Projeto do NCPC, fosse a urgência de natureza cautelar ou satisfativa.

Não era a redação ideal, mas melhor do que a adotada em definitivo, haja vista que se poderia dizer que o *perigo na demora* seria gênero do requisito urgência, do qual poderia ou não decorrer dano, já que nem sempre a tutela antecipada tutela contra o dano. Como se viu no capítulo do *cumprimento de sentença*, a tutela específica dos direitos tutela contra o ilícito, o ato contrário ao direito, que independe da ocorrência do dano.

O texto final do NCPC, entretanto, voltou atrás e fixou, como se viu, como requisitos o *perigo de dano* e o *risco ao resultado útil do processo*, mantendo as confusões entre os conceitos de tutela cautelar e antecipada, embora tenha mantido o dispositivo que prevê que para a concessão da tutela específica destinada a tutelar contra o ilícito é irrelevante a demonstração da ocorrência de dano ou existência de culpa ou dolo (art. 497, parágrafo único).

Com efeito, diante da previsão expressa de que para a concessão da tutela específica destinada a tutelar contra o ilícito é irrelevante a demonstração da ocorrência de dano e a existência de culpa ou dolo (vide capítulo do Cumprimento de Sentença, em que se delinearam as formas de tutela dos direitos), o requisito da urgência, para as medidas urgentes satisfativas, deve ser considerado com ou sem a ocorrência de dano, culpa e dolo (ao menos no que tange às tutelas específicas).

Mas a natureza das coisas não se altera: se o requisito para a concessão da tutela antecipada de natureza específica não pode exigir nem o dano e nem culpa ou dolo, como o próprio NCPC dispõe expressamente, o requisito da urgência para as obrigações de fazer, não fazer e entregar coisa deverá ser o *risco ao resultado útil do processo*, que é uma variável do conceito *perigo na demora*.

Portanto, o que o Novo Código de Processo Civil pretende, na previsão das tutelas de urgência, é – correta ou incorretamente – diminuir as diferenças entre tutela cautelar e tutela antecipada (satisfativa), em que pese toda a doutrina existente diferenciando claramente tais institutos. Por isso, os requisitos da urgência são dois: o *perigo de dano*, para os casos em que a concessão da medida urgente puder causar *dano* ao seu requerente caso não seja concedida (tutela antecipada ressarcitória); ou o *risco ao resultado útil do processo*, nas hipóteses em que a concessão da medida urgente tenha como objetivo (*i*) a tutela contra o ilícito (independente de dano e de culpa ou dolo) – tutela antecipada específica – ou (*ii*) *assegurar* um direito que será pleiteado no "processo principal" (ou no "pedido principal") – tutela cautelar.

13.6. Da tutela antecipada de urgência no NCPC

O delineamento do procedimento das tutelas de urgência emprestado pelo NCPC inaugura a intenção de uma *tutela de urgência satisfativa antecedente* no sistema processual brasileiro. O art. 294, parágrafo único,[399] é bem claro nesse sentido ao admitir a concessão da tutela de urgência, seja cautelar ou satisfativa, em caráter antecedente ou incidental. É a primeira vez que se intenta estruturar o requerimento da tutela de urgência satisfativa antes do "processo principal". Mas, como se verá, o novel diploma não realiza efetivamente a independência da tutela antecipada do procedimento ordinário e, assim, não rompe com a atual estrutura do instituto.

O novel diploma processual prevê a possibilidade e o procedimento do requerimento da tutela antecipada em caráter antecedente (art. 303 do NCPC).[400] Neste caso, haverá necessidade de *aditamento* da inicial da medida urgente caso esta seja concedida. Assim, se a urgência for contemporânea à propositura

---

[399] Art. 294, parágrafo único. A tutela provisória de urgência, cautelar ou antecipada, pode ser concedida em caráter antecedente ou incidental.

[400] Art. 303. Nos casos em que a urgência for contemporânea à propositura da ação, a petição inicial poderá limitar-se ao requerimento da tutela antecipada e à indicação do pedido de tutela final, com a exposição sumária da lide, do direito que se busca realizar e do perigo de dano ou do risco ao resultado útil do processo. § 1º Concedida a tutela antecipada a que se refere o *caput* deste artigo: I – o autor deverá aditar a petição inicial, com a complementação da sua argumentação, juntada de novos documentos e a confirmação do pedido de tutela final, em quinze dias, ou em outro prazo maior que o juiz fixar; II – o réu será citado imediatamente, mas o prazo de resposta somente começará a correr após a intimação do aditamento a que se refere o inciso I deste § 1º. § 2º Não realizado o aditamento a que se refere o inciso I do § 1º deste artigo, o processo será extinto sem resolução do mérito. § 3º O aditamento a que se refere o inciso I do § 1º deste artigo dar-se-á nos mesmos autos, sem incidência de novas custas processuais. § 4º Na petição inicial a que se refere o *caput* deste artigo, o autor terá de indicar o valor da causa, que deve levar em consideração pedido de tutela final. § 5º O autor terá, ainda, de indicar, na petição inicial, que pretende valer-se do benefício previsto no caput deste artigo. § 6º Caso entenda que não há elementos para a concessão da tutela antecipada, o órgão jurisdicional determinará a emenda da petição inicial, em até cinco dias. Não sendo emendada neste prazo, a petição inicial será indeferida e o processo, extinto sem resolução de mérito.

da ação (principal), a petição inicial da medida urgente pode limitar-se ao requerimento da tutela antecipada e a indicar o pedido final, expondo sumariamente a lide e apontando o perigo de dano ou do risco ao resultado útil do processo; mas, caso seja concedida a tutela, determina ao autor, em quinze dias (ou em outro prazo fixado pelo juiz), o aditamento da inicial, nos próprios autos, complementando sua argumentação, juntando documentos e confirmando o pedido final, sob pena de extinção do processo.

Caso o Magistrado entenda que não há elementos para a concessão da tutela antecipada, o órgão jurisdicional determinará a emenda da petição inicial em cinco dias, o que quer dizer que o autor deverá realizar o mesmo procedimento acima apontado para caso haja concessão da medida. Quer dizer, de uma forma ou de outra, a parte-autora deverá, concedida ou não a medida, emendar/aditar a sua peça inaugural urgente, que se limitara a expor sumariamente a lide a demonstrar a presença dos requisitos da urgência.

E torna-se estável a medida antecipatória quando for concedida e não houver a interposição de recurso por parte do réu (art. 304),[401] conservando sua eficácia na pendência do processo, embora possa ser revogada ou modificada a qualquer tempo (art. 296).[402] No caso de não haver recurso, o processo será extinto. Ademais, a concessão da medida não faz coisa julgada, em que pese a estabilização de seus efeitos durar enquanto a decisão não for revogada, revista ou reformada.

Esta alternativa não é suficiente para alterar a estrutura procedimental da tutela antecipatória, na medida em que mantém a tutela urgente satisfativa dependente da tutela final (do pedido principal). Na verdade, possibilita-se o manejo da tutela antecipada de forma sumária e antecedente, mas ainda há a necessidade, de uma forma ou de outra, de apresentação do pedido principal nos próprios autos da medida de urgência, havendo sempre a discussão da totalidade da relação jurídica de direito material como um todo dentro do mesmo procedimento, fazendo com que haja sempre cognição exauriente (ainda, pois, o *procedimento ordinário*).[403]

---

[401] Art. 304. A tutela antecipada, concedida nos termos do art. 303, torna-se estável se da decisão que a conceder não for interposto o respectivo recurso. § 1º No caso previsto no caput, o processo será extinto. § 2º Qualquer das partes poderá demandar a outra com o intuito de rever, reformar ou invalidar a tutela antecipada estabilizada nos termos do *caput*. § 3º A tutela antecipada conservará seus efeitos, enquanto não revista, reformada ou invalidada por decisão de mérito proferida na ação de que trata o § 2º. § 4º Qualquer das partes poderá requerer o desarquivamento dos autos em que foi concedida a medida, para instruir a petição inicial da ação a que se refere o § 2º, prevento o juízo em que a tutela antecipada foi concedida. § 5º O direito de rever, reformar ou invalidar a tutela antecipada, previsto no § 2º deste artigo, extingue-se após dois anos, contados da ciência da decisão que extinguiu o processo, nos termos do § 1º. § 6º A decisão que concede a tutela não fará coisa julgada, mas a estabilidade dos respectivos efeitos só será afastada por decisão que a revir, reformar ou invalidar, proferida em ação ajuizada por uma das partes, nos termos do § 2º deste artigo.

[402] Art. 296. A tutela provisória conserva sua eficácia na pendência do processo, mas pode, a qualquer tempo, ser revogada ou modificada. Parágrafo único. Salvo decisão judicial em contrário, a tutela antecipada conservará a eficácia durante o período de suspensão do processo.

[403] Sobre as perspectivas para uma tutela de urgência satisfativa autônoma (do procedimento ordinário – ou do "pedido principal", consultar ANTUNES DA CUNHA, Guilherme. *Tutelas de urgência satisfativas autônomas no processo civil*. Coleção estudos em homenagem ao professor Darci Guimarães Ribeiro, Vol. 4. Porto Alegre: Verbo Jurídico, 2014.

Observa-se, assim, que o NCPC prevê a necessidade de aditamento da inicial em caso de requerimento da medida antecipada em caráter antecedente, havendo ou não a concessão da medida. Contudo, há uma circunstância que pode gerar controvérsia: se o autor tiver concedido a tutela antecipada, deverá aditar a inicial, e o demandado terá prazo para resposta; entretanto, se o réu não recorrer da medida liminar concedida, o processo será extinto. E o que ocorrerá, então, se o demandado não recorrer, mas responder à ação, intimado do aditamento?

O processo será extinto, sem prosseguimento, mesmo tendo havido aditamento e resposta do réu, tornando-se estável a medida? É o que parece da leitura objetiva dos dispositivos. Neste caso, caberá ao demandado, que não recorreu, apresentar sua demanda própria para rever, reformar ou invalidar a tutela antecipada estabilizada (§ 5º do art. 304 do NCPC). Por outro lado, poderá se deduzir que caberá ao demandante, da não interposição do recurso, informar ao juiz acerca de seu interesse no prosseguimento do feito, pois o próprio autor pode ter interesse em prosseguir com a demanda, mesmo com a estabilidade dos efeitos da medida antecipatória, visando à coisa julgada material, embora esta outra hipótese não esteja prevista diretamente na novel lei processual.

A prática forense dirá, ao longo do tempo, como deverá ser interpretado o dispositivo. De qualquer forma, como se viu acima, não há mudança na *estrutura* do sistema processual: a medida antecipatória de tutela mantém sua dependência do "pedido principal", não havendo, ainda, uma demanda efetivamente *sumária* para tutelar os direitos de forma urgente e satisfativa.

13.7. Da irreversibilidade do provimento tutela antecipada

No CPC/73, havia previsão expressa vedando a concessão da tutela antecipada quando houver perigo de irreversibilidade dos efeitos da decisão (art. 273, § 2º). O Novo Código de Processo Civil mantém esta determinação (art. 300, § 3º). Nesse sentido, não se concederá a tutela antecipada quando houver perigo de irreversibilidade *dos efeitos* do provimento antecipado, não da decisão em si.

Para Alexandre Freitas Câmara, há casos em que o indeferimento da tutela antecipada pode causar um dano mais grave do que seu deferimento. É o que o autor chama de "irreversibilidade recíproca". Não há como, pois, proibir terminantemente a concessão da medida antecipatória. Nestes casos, não só é possível, mas é imperativa a concessão da tutela antecipada. Deve o juiz, diante de dois interesses na iminência de sofrerem dano irreparável, proteger o interesse mais relevante, de acordo com o princípio da proporcionalidade.[404]

Não admitir a tutela antecipada porque o direito do réu pode ser lesado é um equívoco. Aquele que requer a tutela antecipada tem o dever de provar

---

[404] CÂMARA, Alexandre Freitas. *Lições de direito processual civil*, vol. 1. 25. ed. São Paulo: Atlas, 2014, p. 507-508.

a probabilidade de seu direito (no CPC/73: verossimilhança das alegações ou relevância no fundamento da demanda; no NCPC: probabilidade do direito) e a urgência (no CPC/73: risco de dano ou risco de ineficácia do provimento final; no NCPC: perigo de dano ou risco ao resultado útil do processo – este último, para os casos da tutela contra o ilícito).

Caso não seja concedida a medida urgente nesse caso, estar-se-ia negando a tutela jurisdicional adequada e tempestiva a um direito provável, em benefício de um direito improvável. Ora, não parece adequado que o demandante que demonstre um direito mais provável tenha seu direito preterido em relação a outro menos provável. Isto seria negar todos os fundamentos da tutela sumária (provisória) dos direitos, o que remonta ao paradigma racionalista da certeza e da neutralidade.

Não é este o propósito da regra. Aliás, deve ser interpretada de acordo com o inciso XXXV do art. 5º da Constituição Federal, que determina a tutela adequada, tempestiva e efetiva dos direitos, inclusive a ameaça a direito. Nesse sentido, há julgado relevante do Egrégio Superior Tribunal de Justiça, no AgRg no Ag 502.173/RJ.

No julgamento deste recurso, ficou estabelecido pela Corte Superior que o possível risco de irreversibilidade do provimento da antecipação de tutela contida no art. 273, § 2º, do CPC (de 1973) não pode ser interpretado ao extremo, sob pena de tornar inviável o direito do reivindicante, pois deve-se confrontar os bens a serem protegidos para não causar dano maior ou de impossível reparação à parte reivindicante.

Nessa linha de raciocínio, a vedação de concessão da tutela antecipada diante da irreversibilidade (dos efeitos) do provimento antecipatório deve ser compreendida na perspectiva da dinâmica interação entre o direito de ação como direito à tutela adequada, efetiva e tempestiva do direito material e o direito de defesa no processo. Por isso, a vedação é relativa, significando que, em regra, a ordem jurídica não permite a concessão da tutela antecipada cujos efeitos sejam irreversíveis.[405]

13.8. Tutela da evidência

No Código de Processo Civil de 1973, existem duas previsões sobre a tutela antecipada da evidência: abuso do direito de defesa ou manifesto propósito protelatório do réu (art. 273, inciso II); e parte incontroversa da demanda (um ou mais pedidos incontroversos) – art. 273, § 6º. A tutela da evidência é modalidade de tutela antecipada (no NCPC, tutela provisória) que independe do requisito da urgência.

A tutela dos direitos exige não apenas a viabilização da técnica antecipatória pela urgência, mas também nos casos em que a evidência do direito postulado em juízo não justifica qualquer retardo no seu reconhecimento, mesmo

---

[405] MITIDIERO, Daniel. *Antecipação de tutela: da tutela cautelar à técnica antecipatória*. São Paulo: Revista dos Tribunais, 2013, p. 125-126.

que provisório, e na sua realização. Não é justo que a parte aguarde para fruir de um direito evidente; neste caso, é a outra parte quem deve arcar pelo tempo da instrução processual e demonstrar que tem razão nas suas alegações.[406]

Ambos os casos exigem, evidentemente, o preenchimento dos requisitos presentes no *caput* do art. 273 do CPC/73: verossimilhança das alegações, mediante prova inequívoca (ou probabilidade do direito, pelo NCPC, art. 300, *caput*). Trata-se de medida antecipatória que poderá, assim como a tutela antecipada de natureza urgente, ser modificada ou revogada a qualquer tempo, como na sentença, pois é decisão judicial de natureza provisória.

O abuso do direito de defesa ou manifesto propósito protelatório do réu visa a evitar que o autor seja prejudicado pelo tempo do processo, tempo este que via de regra é ônus do demandante. Trata-se de distribuição isonômica do tempo no processo, permitindo que o autor não tenha que esperar o fim da demanda para ver realizado o direito que se mostra muito provável.

A tutela (antecipada) da evidência tem o objetivo de prestar a tutela jurisdicional adequada e efetiva ao direito material quando este mostrar-se evidente, a partir de medidas protelatórias do réu. Baseia-se na maior evidência das alegações da parte-autora quando comparadas com as alegações da parte ré, somado à requerimento(s) com intuito protelatório por parte do demandado. É o caso de um fato constitutivo verossímil (a partir de prova inequívoca) do autor em contraste com alegação inverossímil e requerimento de prova(s) desnecessária(s) pelo réu.

Bom exemplo desta situação são as alegações dos demandados em determinados casos de ação monitória. Suponha-se que o autor tenha proposto ação monitória com base em um cheque prescrito. Citado o réu e apresentando este *embargos*, suspende-se o mandado inicial e segue-se pelo procedimento ordinário. O demandado, por sua vez, alega onerosidade excessiva, diante de supostos acontecimentos extraordinários no mercado econômico, requerendo prova testemunhal para comprovar tais acontecimentos.

Ocorre que, como é cediço, o instituto da onerosidade excessiva aplica-se tão somente a pactos continuados ou diferidos, o que não é o caso do cheque prescrito objeto da ação monitória. Neste caso, o fato constitutivo do direito está suficientemente comprovado (e indiretamente confessada a dívida pelo demandado, que não a negou, mas justificou o não pagamento), mas os fatos modificativos, extintivos, e/ou impeditivos afirmados pelo demandado não se enquadram em um juízo verossímil, não apenas no que concerne aos fatos, mas principalmente no que toca às consequências jurídicas pretendidas pelo demandado.

De outra parte, a segunda hipótese de tutela da evidência, no CPC/73, é a tutela da parte incontroversa da demanda. Diz a lei que incontroverso é o pedido ou parte dele, sendo incontroverso aquilo que não há discussão entre

---

[406] MARINONI, Luiz Guilherme. *Abuso de defesa e parte incontroversa da demanda*. 2. ed. São Paulo: Revista dos Tribunais, 2011, p. 113-118.

as partes. Deflui da não impugnação específica das alegações do autor, reconhecimento parcial do pedido, confissão em audiência etc.

Na realidade, o que é incontroverso não é o pedido (ou parte dele), mas os fatos apontados na causa de pedir, subjacentes ao pedido, o que permitiria, juntamente com um juízo positivo de verossimilhança (ou probabilidade) acerca dos fundamentos de direito apontados pelo demandante, a concessão da tutela da evidência, para que as consequências jurídicas pretendidas por ele possam ser atendidas.

Parcela da doutrina entende que se trata de sentença parcial de mérito, de julgamento parcial da lide, de tutela definitiva da parcela incontroversa,[407] embora o dispositivo preveja que "a tutela antecipada também poderá ser concedida quando...", abrindo para interpretação de tratar-se de uma decisão provisória (inclusive pelo princípio da unidade da sentença). Seja como for, o recurso cabível será o agravo de instrumento, diante da impossibilidade de subida dos autos ao Tribunal, haja vista o necessário prosseguimento do feito em primeiro grau para cognição exauriente da parte controversa da demanda.

Para a doutrina que entende pela natureza da decisão como julgamento parcial da lide, nestes casos, embora o recurso cabível seja o agravo de instrumento, pelos motivos acima explicitados, deve-se reconhecer ao recorrente, por analogia, as garantias do recurso de apelação, ou seja, sustentação oral, embargos infringentes, recursos excepcionais não retidos e até coisa julgada material e ação rescisória. Nessa lógica, seria possível o *cumprimento de sentença* a partir do trânsito em julgado da decisão ou a *execução provisória* quando ausente recurso com efeito suspensivo.

No Novo Código de Processo Civil, existem quatro hipóteses de tutela da evidência. Está prevista no livro da *tutela provisória*, juntamente com as tutelas de urgência (cautelar e satisfativa), art. 311. Existem, na prática, três hipóteses a mais de tutela da evidência em relação ao CPC/73, pois a antecipação nos casos de parte incontroversa da demanda não está no rol da tutela da evidência no NCPC.

No novel diploma, a tutela da parte incontroversa da demanda é um dos casos de sentença parcial de mérito (art. 356, inciso I), em que pese tenha-se mantido o recurso de agravo de instrumento para o interessado insurgir-se contra a decisão (§ 5º do art. 356). No NCPC, portanto, a tutela da parte incontroversa da demanda não está inserida na tutela provisória, pois é tutela definitiva ("julgamento antecipado parcial do mérito").

A primeira situação de tutela da evidência prevista pelo NCPC é o abuso do direito de defesa ou manifesto propósito protelatório do réu, repetindo a situação prevista no inciso II do art. 273 do CPC/73. Remete-se, pois, às considerações feitas ao instituto linhas acima. Existem três novos casos de tutela da evidência no novel diploma processual civil.

---

[407] ASSIS, Araken de; ALVIM, Arruda; ALVIM, Eduardo Arruda. *Comentários ao código de processo civil*. 2. ed. São Paulo: Revista dos Tribunais, 2012, p. 612 e seguintes. MARINONI, Luiz Guilherme; MITIDIERO, Daniel. *Código de processo civil comentado artigo por artigo*. São Paulo: Revista dos Tribunais, 2008, p. 278-279. CÂMARA, Alexandre Freitas. *Lições de direito processual civil*, vol. 1. 25. ed. São Paulo: Atlas, 2014, p. 509-510.

Uma delas ocorre quando as alegações de fato puderem ser provadas documentalmente e já houver tese jurídica firmada em súmula vinculante ou julgamento de casos repetitivos. A outra, quando se tratar de pedido reipersecutório fundado em prova documental adequada do contrato de depósito, caso em que será determinada a entrega sob pena de multa. A última, quando a prova documental provar suficientemente os fatos constitutivos e o réu não opor prova capaz de gerar dúvida razoável. Nas duas primeiras situações, o juiz poderá decidir liminarmente.

Infere-se, de plano, que a primeira situação está de acordo com a lógica do sistema proposto pelo Novo Código de Processo Civil. Ora, se os juízes devem observar os enunciados de súmulas vinculantes e acórdãos de incidente de resolução de demandas repetitivas ou de julgamento de recursos especial e extraordinários repetitivos (art. 927, incisos II e III), parece razoável que seja reconhecida verossimilhança (probabilidade) ao direito afirmado pelo autor, em caso idêntico ou semelhante, e, assim, conceder-se a tutela provisória sem necessidade de demonstrar-se a urgência.

De outra parte, a possibilidade de tutela da evidência nos casos de pedido reipersecutório fundado em prova documental adequada do contrato de depósito, quando será determinada a entrega sob pena de multa, trata-se de intenção de tutelar os direitos das instituições financeiras, pois normalmente são estas as partes interessadas em perseguir bens entregues mediante contrato de depósito. Trata-se de uma tutela da evidência documental.

Por fim, a hipótese de tutela da evidência no caso de a prova documental provar suficientemente os fatos alegados pelo autor, e o réu não opor prova capaz de gerar dúvida razoável, prevê uma forma ampla e genérica de tutela da evidência. Talvez seja esta a maior inovação do NCPC no que tange à tutela da evidência, pois será uma das técnicas que por excelência poderá instrumentalizar a tutela efetiva do direito verossímil e provável, fazendo com que o ônus do tempo no processo possa ser distribuído adequadamente. A prática forense se encarregará, certamente, de estabelecer condições e limites para a aplicação do instituto.

Capítulo 14 – Execução de alimentos

14.1. Noções gerais

14.1.1 Introdução

A execução da obrigação alimentar e os meios de satisfação desse crédito constituem-se tema da maior relevância e que sempre mereceu especial destaque, seja na legislação processual, seja na doutrina e na jurisprudência. A presente *lição* preocupar-se-á em tratar da execução da obrigação alimentar a partir do paradigma jurídico-processual trazido pelo atual Código de Processo Civil.

Noutras palavras, ora será objeto de estudo e análise os pressupostos, as técnicas processuais previstas (meios de execução existentes) e, também, o procedimento – fundamentalmente em virtude da fragmentação procedimental decorrente das diversas formas executivas ante as espécies de alimentos previstos no ordenamento, além, é evidente, do estudo a partir das mudanças e inovações legais trazidas pelo Código de Processo Civil.

Com efeito, o CPC em vigor trouxe importantes inovações para o procedimento de execução de alimentos, sendo relevante mencionar as previsões dos artigos 528 a 533 que tratam do cumprimento de sentença de obrigação alimentar e dos artigos 911 e 913 que tratam da execução de título executivo extrajudicial que contenha obrigação alimentar.

14.1.2. Panorama normativo

A proteção do direito a alimentos encontra amplo respaldo no ordenamento jurídico brasileiro. Plasma-se no texto da Constituição Federal, corre pela legislação material e processual e tem seus contornos realinhados pela exegese dos artigos 528 a 533 do CPC.

Apenas para citar o mínimo, deflui da vida digna constitucionalmente fundada (art. 1º, III, CF), da proteção à alimentação (art. 6º, *caput*, CF) e da defesa de um salário condizente com as necessidades básicas para a subsistência (art. 7º, IV, CF). Tamanha a estatura da proteção conferida à obrigação alimentícia que o seu descumprimento ainda permite execução por coerção pessoal consubstanciada na prisão do devedor (art. 5º, LXVII, CF) e, mais, assegura o pagamento preferencial quando se trata de imposição ao Poder Público (art. 100, § 1º, CF).

Além disso, o Código Civil de 2002 trouxe subtítulo próprio no âmbito do Direito de Família para regular o tema (artigos 1.694 a 1.710, CC) que, de longa data, já possuía lei específica. De fato, a Lei Federal nº 5.478, de 25 de julho de 1968, fecha o círculo das relevantes proposições normativas acerca dos alimentos com temas de direito material. Vale lembrar, entretanto, que o CPC atual, em verdadeira atualização do tema, revogou os artigos 16, 17 e 18 da Lei 5478/68.

14.1.3. Alimentos e prestação alimentícia

Compreensão mais acurada da execução da obrigação alimentícia cobra um exame em torno de conceitos básicos. Dentre eles, o de *alimento* e o de *prestação alimentícia* propriamente.

Quanto à primeira, a noção de *alimento*, no direito, é ampla. Conforme crescem as necessidades humanas, o conceito jurídico de alimento invariavelmente aumentará. Alimento é tudo aquilo que possa ser considerado imprescindível para o sustento do sujeito,[408] tais como[409] habitação, vestuário, saúde, educação, higiene e, inclusive, o lazer (corolário de uma vida saudável).[410]

Por outro lado, a execução se funda no direito a (receber uma) prestação. Indispensável, então, reconhecer a prestação alimentícia, obrigação alimentar, dever de alimentar.[411] É a prestação destinada a satisfazer as necessidades vitais de quem não tem condições de provê-las por si só (Orlando Gomes).[412] É, portanto, o *dever de entregar o alimento* (seja *in natura*, seja mediante pagamento de dinheiro). Em termos diretos: é a obrigação de satisfazer o alimento a outrem. Por esta razão, a prestação alimentícia tem por conteúdo o alimento.

Caso não seja satisfeita voluntariamente tal obrigação, inevitavelmente surgirá a busca pela sua implementação pela via judicial. O dever de alimentar *pode surgir de diversas formas* e em *diversos momentos*. Relevante, pois, a sua classificação.

---

[408] "A palavra 'alimento' tem, em direito, acepção técnica. Na linguagem comum significa o que serve à subsistência animal; juridicamente, os 'alimentos' compreendem tudo o que é necessário ao sustento, à habitação, à roupa (Ordenações Filipinas, Livro I, Título 88, § 15: '... o que lhes necessário fôr para seu mantimento, vestido e calçado e todo o mais), ao tratamento de moléstias (Coelho da Rocha, Direito Civil português, I, 219) e, se o alimentário é menor, às despesas de criação e educação (Ordenações Filipinas, Livro I, Título 88, § 15: 'E mandará ensinar a ler e escrever àqueles que forem para isso')" (PONTES DE MIRANDA, Francisco Cavalcanti. *Tratado de Direito Privado*. v. 8. 4. ed. São Paulo: Revista dos Tribunais, 1983, p. 207).

[409] MARMITT, Arnaldo. *Pensão alimentícia*. Rio de Janeiro: Aide, 1993, p. 09.

[410] ASSIS, Araken de. *Da execução de alimentos e prisão do devedor*. 4. ed. São Paulo: Revista dos Tribunais, 1998, p. 88.

[411] Assumem-se, aqui, por questões didáticas, todos como sinônimos.

[412] GOMES, Orlando. *Direito de Família*. 7. ed. Rio de Janeiro: Forense, 1988, p. 455, citado por ASSIS, Araken de. *Da execução de alimentos e prisão do devedor*, op. cit., p. 89.

14.1.4. Classificações relevantes

Existem inúmeras classificações que visam a definir de modo mais acurado os alimentos. Para este estudo, sem desprezar outras relevantes categorizações, elegem-se aquelas que sobremaneira refletem na realização jurisdicional do dever de prover os alimentos.[413]

Quanto à *origem* (ou causa), a obrigação alimentícia poderá derivar da lei ou de atividade humana. Desse modo, surgem três espécies de alimentos: a) alimentos legais ou legítimos: derivam do comando legal; b) alimentos voluntários ou negociais: surgem da vontade das partes; c) alimentos indenizativos ou impróprios: aparecem como decorrência de ato ilícito.

Alimentos legítimos surgem em razão de uma obrigação legal: "são aqueles que se devem por direito de sangue (*ex iure sanguinis*), por vínculo de parentesco ou relação de natureza familiar, ou em decorrência do matrimônio; só os alimentos legítimos, assim chamados por derivarem *ex dispositione iuris*, inserem-se no Direito de Família".[414] Tal é o que ocorre com o dever do filho de prestar alimentos ao pai, ou de um dos cônjuges em relação ao outro, como exemplifica Araken de Assis.[415]

Alimentos voluntários são constituídos em virtude de uma declaração de vontade, "também chamados de obrigacionais, ou prometidos, ou deixados, prestam-se em razão de contrato ou de disposição de última vontade".[416]

Alimentos indenizativos, "melhor designação"[417] para aqueles que são constituídos a partir de uma obrigação alimentar derivada de um ato ilícito[418] também merecem destaque já que a tutela executiva confere especial amparo ao instituto (art. 533 do CPC). "É a situação" – leciona Cássio Scarpinella Bueno – "de um pai de família ser atropelado por um motorista e de este vir a ser condenado a ressarcir os danos sofridos pela família nos moldes do art. 948, II, do Código Civil".[419]

Afora a causa jurídica que dá vazão à obrigação alimentícia, digna de nota a classificação que ramifica o dever de alimentar quanto ao momento em que surge. Assim, quanto ao momento em que o dever de alimentar nasce, há duas espécies de alimentos:

---

[413] Com um panorama classificatório completo, CAHALI, Yussef Said. *Dos alimentos*. 5. ed. São Paulo: Revista dos Tribunais, 2007, p. 18-27. Conferir também: MARMITT, Arnaldo. *Pensão alimentícia*, op. cit., p. 10-11.
[414] CAHALI, Yussef Said. *Dos alimentos*, op. cit., p. 21.
[415] ASSIS, Araken de. *Da execução de alimentos e prisão do devedor*, op. cit., p. 100.
[416] CAHALI, Yussef Said. *Dos alimentos*, op. cit., p. 21.
[417] ASSIS, Araken de. *Da execução de alimentos e prisão do devedor*, op. cit., p. 101
[418] Para Yussef Cahali, a obrigação proveniente de ato ilícito insere-se nos alimentos voluntários, muito embora mereça a crítica a distinção que acaba por conferir tratamento jurídico distinto a obrigação alimentar proveniente de ato ilícito (*Dos alimentos*, op. cit., p. 23).
[419] BUENO, Cassio Scarpinella. *Curso sistematizado de direito processual civil*. v. 3. São Paulo: Saraiva, 2010, p. 426.

(a) *Alimentos futuros* (prestações atuais): são aqueles devidos desde o seu reconhecimento judicial ou negocial (devidos a menos de 03 meses e os que vencerem ao longo da sua cobrança judicial).

(b) *Alimentos pretéritos* (prestações remotas): são aqueles acumulados desde *antes* do seu reconhecimento (devidos há mais de 03 meses pela jurisprudência do Superior Tribunal de Justiça).

A lição antiga[420] é ora complementada com o relevante parâmetro do enunciado nº 309 da Súmula do Superior Tribunal de Justiça[421], que é reproduzida, quase que na íntegra pelo art. 528, § 7º, do CPC, nos seguintes termos: o débito alimentar que autoriza a prisão civil do alimentante é o que compreende até as 3 (três) prestações anteriores ao ajuizamento da execução e as que se vencerem no curso do processo.

Para finalizar o tópico, duas considerações.

A primeira delas é que a distinção/classificação entre *alimentos definitivos* (sentença transitada em julgado), *alimentos provisórios* (antecipação de tutela ou sentença pendente de julgamento definitivo) e *alimentos provisionais* (reconhecidos em medida cautelar), que, apesar de relevante, não serve como critério para determinar os meios de execução cabíveis:[422] "nada justifica que se dê tratamento distinto aos alimentos, simplesmente porque calcados em decisão provisória (liminar ou sentença de procedimento 'cautelar') ou definitiva".[423] Acerca do polêmico problema que ainda vigora no ordenamento jurídico em torno dos alimentos provisórios e provisionais, especial tópico será tratado alhures.

A segunda é que a distinção entre alimento civil e natural também só ganha relevância no âmbito do direito material.[424] A execução não ganha particularidades em virtude desta distinção.

14.2. Técnicas executórias típicas para a cobrança de alimentos

Reconhecida a relevância da obrigação alimentar e diante do determinante papel da função jurisdicional para a realização do direito material,[425] o

---

[420] "Alimenta futura são os alimentos que se prestam em virtude de sentença, trânsita em julgado e a partir da coisa julgada, ou em virtude de acordo e a partir dêste. Alimenta praeterita são os anteriores a qualquer dêsses momentos. Os alimentos pretéritos são devidos desde que se compõem o suporte fáctico da regra jurídica sôbre alimentos" (PONTES DE MIRANDA, Francisco Cavalcanti. *Tratado de Direito Privado*, op. cit., p. 210)

[421] Súmula 309 do STJ. O débito alimentar que autoriza a prisão civil do alimentante é o que compreende as três prestações anteriores ao ajuizamento da execução e as que se vencerem no curso do processo. (DJ 19.04.2006).

[422] DIDIER JR., Fredie (*et. al.*). *Curso de Direito Processual*. v. 5. 4. ed. Salvador: Juspodivm, 2012, p. 705.

[423] MARINONI, Luiz Guilherme; ARENHART, Sérgio Cruz. *Curso de processo civil: execução*. 2. ed. São Paulo: Revista dos Tribunais, 2008, p. 383.

[424] Para Yussef Cahali: "Quando se pretende identificar como alimentos aquilo que é estritamente necessário para a mantença da vida de uma pessoa, compreendendo tão-somente a alimentação, a cura, o vestuário, a habitação, nos limites do necessarium vitae, diz-se que são alimentos naturais; todavia, se abrangentes de outras necessidades, intelectuais e morais, inclusive recreação do beneficiário, compreendendo assim o *necessarium personae* e fixados segundo a qualidade do alimentando e os deveres da pessoa obrigada, diz que são alimentos civis" (*Dos alimentos*, op. cit., p. 18).

[425] "A verdadeira essência da função jurisdicional não é, portanto, o 'pronunciamento' da sentença que compõe o litígio – que não passa de uma atividade-meio, apenas instrumental –, senão que corresponde à realiza-

instrumental disponível para a entrega do bem jurídico em comento enseja feixe de medidas processuais mais sufocantes do que o usual e destinadas a atingir o patrimônio do alimentante, inclusive podendo ultimar o cárcere do devedor.

São elas: (a) protesto e inscrição em cadastros de inadimplentes; (b) desconto em folha; (c) penhora e expropriação em geral; (d) constituição de capital; (e) prisão civil. O catálogo típico, isto é, legalmente previsto para a execução de alimentos em geral, não afasta o debate sobre meios atípicos que poderiam ser utilizados.

Assim, por exemplo, Luiz Guilherme Marinoni e Daniel Mitidiero registram que, se é possível a prisão do devedor, também é lícito requerer a imposição de *multa coercitiva* (art. 537 do CPC), afinal "quem pode o mais, pode o menos".[426] Sob a égide do CPC/73, porém, a jurisprudência se inclinou contrária a essa possibilidade em decorrência da impossibilidade de sua cominação para as obrigações de pagar quantia certa.[427] À luz do Código vigente, tudo indica que haverá superação dessa postura, já que a lei expressamente permite a adoção de medidas coercitivas "nas ações que tenham por objeto prestação pecuniária" (art. 139, IV, CPC).

Vale registrar, ainda, que a Lei de Alimentos previa a possibilidade de cobrar o crédito alimentar mediante penhora de aluguéis ou outros rendimentos recebidos por terceiros pelo devedor (era a "penhora de recebíveis", prevista no art. 17 da Lei 5.478/68). A disposição, entretanto, foi revogada. E, de qualquer modo, não há qualquer prejuízo ao exequente, já que poderá se valer das regras gerais acerca da penhora e expropriação

Por fim, o que precisa ficar claro é que as *técnicas* para a cobrança de prestações alimentícias independem do *procedimento empregado e da natureza do título executivo*, não havendo necessária correlação entre o meio para a efetivação desta obrigação e o instrumento processual existente.

ção do direito material que o Estado impediu que se fizesse pela via privada da auto-realização. O que ocorre, no entanto, é que o Estado, para poder realizar o direito material, terá necessariamente de averiguar, antes, a existência do direito cuja titularidade seja porventura afirmada por aquele que o procura para exigir a tutela jurisdicional. Desta contingência decorre a circunstância inevitável de ter-se de conceder 'ação', no plano do direito processual, igualmente ao que não tenha direito, não tenha pretensão nem ação." (BAPTISTA DA SILVA, Ovídio A. *Curso de Processo Civil*. 5. ed. São Paulo: Revista dos Tribunais, 2001, p. 86).

[426] *Código de Processo Civil*: comentado artigo por artigo. 3. ed. São Paulo: Revista dos Tribunais, 2011. Comentários, p. 709.

[427] Assim, por exemplo: AGRAVO DE INSTRUMENTO. ALIMENTOS. MULTA PARA O DESCUMPRIMENTO DE OBRIGAÇÃO DE DAR. IMPOSSIBILIDADE. 1. É inamissível impor multa cominatória visando compelir o réu a cumprir obrigação de depositar valores determinados. Inteligência da Súmula n° 500 do STF. 2. É certo que há previsão legal no art. 461 do CPC para a imposição de multa cominatória, no entanto esta multa não pode ser imposta quando se cuida de obrigação de dar. 3. Na ação de execução de alimentos proposta, o cálculo do débito por certo incluirá o valor mensal da verba alimentar acrescido de juros e correção monetária na hipótese de não ter sido alcançado na data em que efetivamente era devido. Recurso desprovido. (SEGREDO DE JUSTIÇA) (Agravo de Instrumento n° 70022899363, Sétima Câmara Cível, Tribunal de Justiça do RS, Relator: Sérgio Fernando de Vasconcellos Chaves, Julgado em 28/05/2008).

14.2.1. Protesto e inscrição em cadastros de inadimplentes

Mesmo antes da vigência do Código de Processo Civil, ainda sob a égide da legislação pretérita, a jurisprudência do STJ já se inclinava de modo favorável à possibilidade de protesto e inscrição do devedor de alimentos nos cadastros de proteção ao crédito (Resp 1.469.102, STJ).

O CPC agora expressamente estabelece que, caso o executado não efetue o pagamento no prazo legalmente estabelecido, "o juiz mandará protestar o pronunciamento judicial" (art. 528, § 1º, CPC). Nestas situações haverá aplicação analógica do art. 517 do CPC – dispositivo que detalhe o protesto de pronunciamentos judiciais.

Desse modo, caberá ao exequente, munido da certidão com o teor da decisão, que conterá os dados básicos acerca do débito (art. 517, § 2º, CPC), implementar diretamente o protesto perante o órgão competente (art. 517, § 1º, CPC). Além disso, comprovado que houve o integral cumprimento da obrigação alimentar, caberá ao executado requerer o cancelamento por determinação judicial, mediante ofício ao cartório competente (art. 517, § 4º, CPC).

A partir de uma interpretação sistemática da execução de alimentos, que confere as mesmas técnicas executórias à execução provisória e à execução definitiva (art. 531, *caput*, CPC), é possível concluir que o protesto pode ser manejado mesmo quando se trate de decisão judicial não transitada em julgado, apesar da redação restritiva do art. 517, *caput*, do CPC.

> **Art. 517**. A decisão judicial transitada em julgado poderá ser levada a protesto, nos termos da lei, depois de transcorrido o prazo para pagamento voluntário previsto no art. 523.
>
> § 1º Para efetivar o protesto, incumbe ao exequente apresentar certidão de teor da decisão.
>
> § 2º A certidão de teor da decisão deverá ser fornecida no prazo de 3 (três) dias e indicará o nome e a qualificação do exequente e do executado, o número do processo, o valor da dívida e a data de decurso do prazo para pagamento voluntário.
>
> § 3º O executado que tiver proposto ação rescisória para impugnar a decisão exequenda pode requerer, a suas expensas e sob sua responsabilidade, a anotação da propositura da ação à margem do título protestado.
>
> § 4º A requerimento do executado, o protesto será cancelado por determinação do juiz, mediante ofício a ser expedido ao cartório, no prazo de 3 (três) dias, contado da data de protocolo do requerimento, desde que comprovada a satisfação integral da obrigação.

14.2.2. Desconto em folha

O desconto em folha, enquanto técnica processual, é a possibilidade de atingir diretamente a fonte de renda do executado para adimplir o débito. Há, inclusive, entendimento de que tal medida tem preferência sobre as demais.[428]

---

[428] ASSIS, Araken de. *Da execução de alimentos e prisão do devedor*, op. cit., p. 125. A preferência, porém, parece perder o sentido quando se considera que a atividade jurisdicional deve ser consentânea às necessidades de cada caso concreto, "independentemente da espécie de alimentos envolvidos e de qualquer ordem previamente estabelecida pelo legislador" (BUENO, Cassio Scarpinella. *Curso sistematizado de direito processual civil*,

O desconto é medida possível tanto para alimentos atuais como para remotos.[429]

Instrumentaliza-se através de ofício ao sujeito pagador para que este destine a quantia diretamente ao alimentando e o descumprimento da medida é considerado crime (art. 21 da Lei de Alimentos).[430]

Reflexão sobre o tema pode chegar à constatação de que o desconto em folha nada mais é do que uma modalidade de penhora específica para a cobrança de prestação alimentícia. É que o desconto opera a afetação do direito à renda que o devedor eventualmente receberia, indisponibilizando a quantia e impondo a sua imediata transferência para o credor. A especificidade em face de outras penhoras de direito a crédito está na possibilidade de o terceiro efetuar a entrega diretamente ao alimentando.

14.2.3. Penhora e expropriação em geral

No âmbito das técnicas executórias da execução de alimentos, admite-se que o exequente, caso queira, promova a execução por meios sub-rogatórios tradicionais (art. 528, § 8º, CPC). Poderá, assim, requerer a penhora de bens com a sua posterior expropriação. Aplica-se, aqui, todo o regramento tratado por ocasião da execução por quantia certa contra devedor solvente.

Mesmo nessa hipótese tradicional, o exequente terá mais vantagens do que os credores normais. É que o débito alimentar autoriza invasão mais gravosa no patrimônio do devedor, inclusive afetando bens que normalmente são impenhoráveis, como ocorre com a poupança, o salário e a própria residência.

14.2.4. Constituição de capital

Apontou-se a diferença entre alimentos legítimos, voluntários e indenizativos. Os alimentos indenizativos são aqueles provenientes de ato ilícito. Para eles, guarda o ordenamento jurídico especial técnica processual executiva.

Nesse sentido, a constituição de capital prevista no art. 533 do CPC é medida destinada exclusivamente a tal modalidade, muito embora já haja vozes favoráveis ao seu emprego a toda e qualquer execução.[431]

---

op. cit., p. 417). Realmente, por mais eficiente que a medida possa parecer *a priori*, nada impede que *a posterior* haja demonstração de que outras técnicas sejam mais adequadas a determinada situação em particular.

[429] ASSIS, Araken de. *Manual da Execução*. 13. ed. São Paulo: Revista dos Tribunais, 2010, p. 1083.

[430] Art. 21 da Lei 5.478/68. O art. 244 do Código Penal passa a vigorar com a seguinte redação: "Art. 244. Deixar, sem justa causa, de prover a subsistência do cônjuge, ou de filho menor de 18 anos ou inapto para o trabalho ou de ascendente inválido ou valetudinário, não lhes proporcionando os recursos necessários ou faltando ao pagamento de pensão alimentícia judicialmente acordada, fixada ou majorada; deixar, sem justa causa, de socorrer descendente ou ascendente gravemente enfermo: Pena – Detenção de 1 (um) ano a 4 (quatro) anos e multa, de uma a dez vezes o maior salário-mínimo vigente no País. Parágrafo único. Nas mesmas penas incide quem, sendo solvente, frustra ou ilide, de qualquer modo, inclusive por abandono injustificado de emprego ou função, o pagamento de pensão alimentícia judicialmente acordada, fixada ou majorada".

[431] BUENO, Cassio Scarpinella. *Curso sistematizado de direito processual civil*, op. cit., p. 426.

Com esta técnica, reserva-se um capital para, com a sua renda, assegurar o pagamento dos alimentos. A sua criação poderá ser proveniente: a) de imóvel ou por direito real sobre imóvel suscetível de alienação; b) de aplicação financeira; c) de títulos da dívida pública. Com a constituição, o capital se torna inalienável e, portanto, impenhorável (§ 1º do art. 533 do CPC).

A constituição de capital não é forma de satisfação do credor propriamente dita, mas de assegurar a plenitude do pagamento, tanto que o bem dado em garantia não passa ao patrimônio do credor alimentício mensal; permanece no patrimônio do devedor. Mas poderá vir a ser exigido caso o devedor não cumpra com sua obrigação mensal determinada.

> **Art. 533**. Quando a indenização por ato ilícito incluir prestação de alimentos, caberá ao executado, a requerimento do exequente, constituir capital cuja renda assegure o pagamento do valor mensal da pensão.
>
> § 1º O capital a que se refere o caput, representado por imóveis ou por direitos reais sobre imóveis suscetíveis de alienação, títulos da dívida pública ou aplicações financeiras em banco oficial, será inalienável e impenhorável enquanto durar a obrigação do executado, além de constituir-se em patrimônio de afetação.
>
> § 2º O juiz poderá substituir a constituição do capital pela inclusão do exequente em folha de pagamento de pessoa jurídica de notória capacidade econômica ou, a requerimento do executado, por fiança bancária ou garantia real, em valor a ser arbitrado de imediato pelo juiz.
>
> § 3º Se sobrevier modificação nas condições econômicas, poderá a parte requerer, conforme as circunstâncias, redução ou aumento da prestação.
>
> § 4º A prestação alimentícia poderá ser fixada tomando por base o salário-mínimo.
>
> § 5º Finda a obrigação de prestar alimentos, o juiz mandará liberar o capital, cessar o desconto em folha ou cancelar as garantias prestadas.

14.2.5. Prisão civil

14.2.5.1. Conceito

Trata-se de cárcere de natureza civil que tem por objetivo, através da ameaça de perda da liberdade de locomoção, coagir o devedor a pagar. É, pois, medida executiva de coerção pessoal.

14.2.5.2. Cabimento

Somente é cabível a prisão para assegurar o pagamento de *alimentos atuais* (alimentos futuros). Não cabe prisão para o pagamento de alimentos pretéritos. Não há discussão sobre o tema, e a justificativa é singela: a essencialidade do crédito alimentar, enquanto forma de assegurar a manutenção vital do credor, é corroída pelo tempo.

De outro lado, questão que passa a ser controvertida na doutrina é o cabimento da prisão civil para assegurar o pagamento de *alimentos indenizativos*. Atualmente, a orientação do Superior Tribunal de Justiça é em sentido negativo⁴³² – jurisprudência que ecoa nos tribunais estaduais.⁴³³ Vale dizer: *não cabe prisão para pagamento de alimentos indenizativos*. Como adiantado, porém, já surgem vozes em sentido contrário.⁴³⁴

Em percuciente estudo sobre o tema, Eduardo Talamini já defendia a possibilidade de prisão para o cumprimento de prestação alimentícia de alimentos decorrentes de atos ilícitos:

> Ao se abrir a exceção que autoriza o emprego de tal meio coercitivo em prol do credor de alimentos, é reconhecida a essencialidade do bem protegido: a própria existência, em condições mínimas de dignidade, do credor e seus dependentes. Bem por isso, e diferentemente da extinta hipótese de prisão do depositário infiel, a tutela mediante constrição pessoal em favor do alimentando constitui lhe garantia fundamental. Concebe-se a limitação de um direito básico, a liberdade, em prol de outro ainda mais nuclear, a vida. O mesmo traço de essencialidade faz-se presente em todas as espécies de dívida de natureza alimentícia – quer advenham de relações familiares, do regime da responsabilidade civil ou de negócios jurídicos. Não se justificaria tratamento diferenciado. A Constituição, em suma, não só autoriza, como assegura o emprego da prisão civil para a tutela do alimentando, independentemente da fonte do direito a alimentos.⁴³⁵

A forma pela qual se torna lícito prender o devedor de alimentos encontra-se prevista no art. 528, § 3º, do CPC.

14.2.5.3. *Prazo (duração da medida)*

Havia, quanto ao tema, discussão doutrinária. A corrente majoritária adotava o prazo de 60 dias como limite possível da prisão, também aceito pelo TJRS.⁴³⁶ É dizer: o devedor só poderia ficar no cárcere por até 60 dias.

O CPC tratou do tema ao estabelecer que a duração da medida será de 1 (um) a 3 (três) meses, conforme se observa da regra do art. 528, § 3º: Se o executado não pagar ou se a justificativa apresentada não for aceita, o juiz, além de mandar protestar o pronunciamento judicial na forma do § 1º, decretar-lhe-á a prisão pelo prazo de 1 (um) a 3 (três) meses. Ocorre que o art. 19 da Lei de

---

⁴³² HC 182.228/SP, Rel. Ministro João Otávio de Noronha, 4ª Turma, julgado em 01/03/2011, DJe 11/03/2011; HC 92.100/DF, Rel. Ministro Ari Pargendler, 3ª Turma, julgado em 13/11/2007, DJ 01/02/2008, p. 1; REsp 93.948/SP, Rel. Ministro Eduardo Ribeiro, 3ª Turma, julgado em 02/04/1998, DJ 01/06/1998, p. 79. Na doutrina: Marmitt, p. 167; Cahaly, p. 743.

⁴³³ Assim: AGRAVO DE INSTRUMENTO. RESPONSABILIDADE CIVIL EM ACIDENTE DE TRÂNSITO. EXECUÇÃO DE ALIMENTOS. ATO ILÍCITO. O procedimento executivo dos arts. 733 e 734 do CPC, que prevê pena de prisão em caso de inadimplemento e/ou inclusão da pensão na folha de pagamento do réu, não se aplica aos casos em que o pensionamento se originou de ato ilícito. Agravo de instrumento provido. (Agravo de Instrumento nº 70046866455, Décima Segunda Câmara Cível, Tribunal de Justiça do RS, Relator: Umberto Guaspari Sudbrack, Julgado em 12/04/2012).

⁴³⁴ BUENO, Cassio Scarpinella. *Curso sistematizado de direito processual civil*, op. cit., p. 430; Marinoni, p. 385.

⁴³⁵ TALAMINI, Eduardo. Prisão civil e penal e "execução indireta". (garantia do art.5º, LXVII, da Constituição Federal), *Revista de Processo*, São Paulo, Revista dos Tribunais, 1998, v. 92, p.37-51, p. 46-47.

⁴³⁶ O CPC dita que é de 03 meses o prazo máximo para que o devedor fique preso (art. 733). A Lei de Alimentos, por sua vez, prevê o limite de dois meses (art. 19). Como a lei de alimentos foi alterada após o advento do CPC (também em 1973), entendendo-se que, como foi mantida a redação de 60 dias, este deve ser o prazo. Com uma interessante síntese da polêmica, incluindo referências: DIDIER JR., Fredie (*et al.*). *Curso de Direito Processual*. v. 5, op. cit., p. 714.

Alimentos, que prevê prazo máximo de 60 dias para a prisão, *não foi revogado* e, como visto, o legislador tratou de expressamente revogar os artigos pretendidos, a saber: 16, 17 e 18 da mencionada lei (art. 1072, V, CPC). Assim, persiste a dúvida: qual o prazo que deverá prevalecer? Aquele indicado na legislação mais nova ou aquele disposto na legislação mais específica? No ponto, a corrente majoritária indica que o art. 19 da Lei de Alimentos se tornou incompatível com a nova sistemática processual.

14.2.5.4. Regime de cumprimento

Mas ficará preso em que regime? No CPC/73 não havia previsão legal acerca do modo de cumprimento da prisão civil.

Com efeito, o CPC tratou de encerrar eventual questionamento ou divergência, estabelecendo que o regime de cumprimento da pena será o fechado, embora cumprida em separado dos presos comuns, conforme regra do art. 528, § 4º.

Autorizada doutrina aponta que a imposição de regimes flexíveis acarretaria na ineficácia da medida que tem justamente por objetivo compelir o devedor a pagar.[437]

No Estado do Rio Grande do Sul, a Recomendação Circular nº 21/93 da Corregedoria-Geral do Tribunal de Justiça sugere a adoção do *regime aberto*. Há, porém, precedentes do tribunal gaúcho no sentido que o regime deveria ser o fechado (AI 70052634102). Já se decidiu, em outra oportunidade, que o regime de cumprimento mais adequado seria o aberto (HC 70054197009 – 05/2013). A questão somente encontra resolução na concreta situação decidenda.

Há, entrementes, iterativa jurisprudência do Superior Tribunal de Justiça no sentido de que o regime deve ser o fechado (HC 104454, HC 63063). Mas já se reconheceu por adequada, ainda que excepcional, a adoção de outro regime (HC 44.580).

14.2.5.5. Renovação da prisão

Questão interessante diz respeito à possibilidade de, após o transcurso do prazo assinalado para a prisão, o pedido ser reiterado. Seria possível a renovação da prisão para a cobrança da mesma dívida?

A resposta para tal indagação é negativa: não é possível a renovação da prisão para coagir o devedor a pagar a mesma dívida que fundamentou a primeira ordem prisional.[438]

---

[437] ASSIS, Araken de. *Manual da Execução.*, p; 1075.
[438] MARMITT, Arnaldo. *Pensão alimentícia*, op. cit., p. 183.

De outro lado, já decidiu o Superior Tribunal de Justiça que para a cobrança de outros períodos da prestação alimentícia não abarcados no originário pedido de prisão, seria possível outro pedido de prisão (STJ, HC 149590)

14.2.5.6. Afastamento da medida

Gravosa que é a coerção pessoal, medidas previstas em lei asseguram o afastamento da prisão do devedor. Sem exaurir o tema, merecem destaque os seguintes:
- (a) *pedido do credor*: a execução se desenvolve a requerimento da parte exequente que pode, inclusive, desistir de toda a execução ou de alguns atos ou meios executórios. Assim, se o credor expressamente requerer que não seja realizada a prisão, não haverá alternativa para o juiz da causa que não a revogação de eventual ordem nesse sentido;
- (b) *pagamento integral do débito cobrado*: se o devedor efetuar o adimplemento da prestação alimentícia cobrada no procedimento da execução por prisão, não haverá mais necessidade de cárcere, pois a finalidade do ato já foi atingida (compelir o devedor a pagar). Mas o pagamento deve ser integral. O pagamento parcial não elide a prisão (STJ RHC, 31.302; Informativo 504);
- (c) *comprovação de "impossibilidade absoluta" do cumprimento*: caso o devedor demonstre em juízo que está sem meios de pagar a dívida, não é possível a prisão. A razão é frugal: não havendo condições concretas de pagamento, não é a prisão do devedor que provocará mudança no quadro de impossibilidade. Por esta razão que a impossibilidade deve ser aceita em situações excepcionais, tal como ocorre no desemprego total e na existência de moléstia gravíssima do devedor.[439] Com relação ao tema, o CPC vigente apresenta uma espécie de endurecimento na interpretação dessa "impossibilidade", estabelecendo no art. 528, § 2º, que: "somente a comprovação de fato que gere a impossibilidade absoluta de pagar justificará o inadimplemento".

Como adiantado, estas são situações usuais, mas que não exaurem o tema. Afinal, quando se trata de prisão, qualquer abuso obstará o cárcere.[440]

14.2.5.7. Meios de defesa

O devedor, alvo da restrição à liberdade de locomoção, poderá se valer de diversos mecanismos para afastar eventual prisão decretada em seu desfavor. Também sem exaurir o tema, algumas merecem especial comento.

---

[439] ASSIS, Araken de. *Manual da Execução*, op. cit., p.1067.
[440] Com um amplo rol de possíveis ilegalidades, MARMITT, Arnaldo. *Pensão alimentícia*, op. cit., p. 187.

(a) *justificação nos próprios autos*: é a defesa apresentada nos autos da execução que busca a prisão. Trata-se de mera petição cujo objetivo será demonstrar a impossibilidade absoluta de cumprir a prestação alimentícia;

b) *agravo de instrumento* (recurso): é o remédio jurídico previsto contra a dec(isão (interlocutória) que não aceita a justificativa do devedor de alimentos. Ela não tem efeito suspensivo *ope legis* (art. 19, § 3º, da Lei de Alimentos), mas há previsão de efeito suspensivo *ope judicis* (art. 1.012, § 4º, do CPC em vigor). Ou seja, o relator do recurso no tribunal, divisando caso de relevante fundamentação, poderá atribuir efeito suspensivo ao remédio para que não seja realizada a prisão;

(c) *habeas corpus* (ação autônoma): é o remédio constitucional voltado à proteção da liberdade de locomoção. Funda-se na ilegalidade ou abuso de poder no decreto prisional. As matérias são de direito, e a prova deve ser pré-constituída.

14.3. Execução de alimentos: procedimentos

Antes das reformas do processo de execução, não havia grandes dúvidas quanto ao procedimento a ser utilizado na execução de alimentos. Isto porque o CPC/73 possuía capítulo próprio à execução alimentícia, inserido no Livro II ("Do Processo de Execução"). Porém, com a generalização do sincretismo, dúvida surgiu acerca da aplicabilidade do regime jurídico do cumprimento de sentença às execuções alimentícias de títulos judiciais. A questão foi, porém, superada quando o Superior Tribunal de Justiça firmou a aplicabilidade da multa do art. 475-J do CPC/73 às execuções de alimentos reconhecidos judicialmente (REsp. 1.177.594).[441]

Pela sistemática do CPC, compete ao credor escolher por qual dos procedimentos executórios irá erigir sua pretensão creditícia: se pelo procedimento da execução autônoma, ou se pelo procedimento do cumprimento de sentença.

Inadequado, pois, considerar que, à execução de alimentos, seja qual for o título, devam ser aplicadas as disposições da execução de título extrajudicial.[442] Também não parece a forma mais acertada distribuir os procedimentos conforme as técnicas processuais previstas, já que elas podem surgir em quaisquer procedimentos, cabendo ao credor fruir de tais medidas conforme o seu interesse.

Por tais razões, redunda o procedimento da execução alimentícia em duas modalidades distintas: cumprimento de sentença que reconheça a exigibilidade de obrigação de prestar alimentos (art. 528, CPC) e execução fundada em título executivo extrajudicial que contenha obrigação alimentar (art. 911, CPC). Por razões de ordem prática, tudo indica que o modelo do CPC/73 ainda

---

[441] REsp 1177594/RJ, Rel. Ministro Massami Uyeda, 3ª Turma, julgado em 21/06/2012, DJe 22/10/2012.

[442] Nesse sentido, ASSIS, Araken de. *Manual da Execução*, op. cit., p. 1042.

deverá ser respeitado em um aspecto: a possibilidade de autuação em apartado do requerimento para a prisão civil do devedor de alimentos.

14.3.1. Cumprimento da sentença de alimentos

Havendo decisão judicial impondo o dever de prestar alimentos, surge a possibilidade de seu cumprimento. Em se tratando de decisão definitiva, atualmente, figura-se dispensável a propositura da ação autônoma. Bastará ao demandante vitorioso requerer o cumprimento do *decisum*, através do procedimento previsto no art. 528 do CPC, pelo qual o juiz, a requerimento do exequente, mandará intimar o executado pessoalmente para, em 3 (três) dias, pagar o débito, provar que o fez ou justificar a impossibilidade de efetuá-lo.

Não havendo o pagamento (seguindo a sistemática em vigor, após o prazo de 03 dias), prosseguirá o processo com o emprego da técnica processual requerida pelo exequente. Vale lembrar que o desconto em folha tem prioridade. Nada impede, porém, que o cumprimento tenha regular seguimento, com a penhora de bens e eventual expropriação para assegurar o pagamento. Assim, no cumprimento da sentença de alimentos, afigura-se possível o regular seguimento por meios expropriatórios, por desconto ou até mesmo, mediante prisão. Vale registrar, entretanto, que o CPC estabelece uma mescla entre a execução por coerção e a execução por sub-rogação. Em razão disso, se observada a literalidades das disposições legais, o devedor será intimado para pagar no prazo de três dias sob pena de prisão. Essa ausência de sistematização exige especial atenção prática:

- **Muito importante observar**:

    (i) Caso o executado, no prazo legal, não efetue o pagamento, não prove que o efetuou ou não apresente justificativa da impossibilidade de efetuá-lo, o juiz mandará protestar o pronunciamento judicial, aplicando-se, no que couber, o disposto no art. 517 (que prevê o protesto de decisão judicial transitada em julgado).

    (ii) Somente a comprovação de fato que gere a impossibilidade absoluta de pagar justificará o inadimplemento.

    (iii) Se o executado não pagar ou se a justificativa apresentada não for aceita, o juiz, além de mandar protestar o pronunciamento judicial, decretar-lhe-á a prisão pelo prazo de 1 (um) a 3 (três) meses.

    (iv) A prisão será cumprida em regime fechado, devendo o preso ficar separado dos presos comuns.

    (v) O cumprimento da pena não exime o executado do pagamento das prestações vencidas e vincendas.

    (vi) Paga a prestação alimentícia, o juiz suspenderá o cumprimento da ordem de prisão.

    (vii) O débito alimentar que autoriza a prisão civil do alimentante é o que compreende até as 3 (três) prestações anteriores ao ajuizamento da execução e as que se vencerem no curso do processo.

    (viii) O exequente pode optar por promover o cumprimento da sentença ou decisão desde logo, caso em que não será admissível a prisão do executado, e, recaindo a penhora em dinheiro, a concessão de efeito suspensivo à impugnação não obsta a que o exequente levante mensalmente a importância da prestação.

- (ix) Além das opções previstas no art. 516, parágrafo único, o exequente pode promover o cumprimento da sentença ou decisão que condena ao pagamento de prestação alimentícia no juízo de seu domicílio.

14.3.2. Execução autônoma de alimentos por sub-rogação

Havendo título extrajudicial que reconheça o dever de prestar alimentos e inadimplido o crédito, caberá ao alimentando buscar a execução em ação própria, dispensada a cognição e assegurada a imediata execução. O executado (alimentante) será citado para pagar em três dias (art. 829 do CPC em vigor), e o rito a ser observado, em princípio, é o da execução por quantia certa contra devedor solvente, conforme se observa da redação do art. 528, § 8º, e art. 913. Haverá penhora de bens e eventual expropriação, desde que não solicitada outra técnica própria (como o desconto em folha de pagamento e a penhora de recebíveis).

A opção do rito da execução sempre caberá ao credor, e a diferença de procedimento (de acordo com o tipo de título) será mínima:

Execução de Alimentos no CPC	
Título Executivo Judicial	Título Executivo Extrajudicial
Artigo 528, CPC	Artigo 911, CPC
Decisão judicial que reconheça a exigibilidade de obrigação de prestar alimentos	Título executivo extrajudicial que contenha obrigação alimentar
Processo sincrético, no qual a execução ocorre nos mesmos autos em que foram deferidos os alimentos, definitivos ou provisórios	Processo autônomo
Executado é intimado para pagar ou justificar, sob pena de prisão	Executado é citado para pagar ou justificar, sob pena de prisão
O exequente pode optar por promover o cumprimento da sentença ou decisão desde logo, caso em que não será admissível a prisão do executado, e, recaindo a penhora em dinheiro, a concessão de efeito suspensivo à impugnação não obsta a que o exequente levante mensalmente a importância da prestação.	Não requerida a execução com pedido de prisão, observar-se-á o disposto no art. 824 (execução por quantia certa contra devedor solvente), com a ressalva de que, recaindo a penhora em dinheiro, a concessão de efeito suspensivo aos embargos à execução não obsta a que o exequente levante mensalmente a importância da prestação.

14.3.3. Execução autônoma de alimentos por coerção pessoal

Para o especial caso das *prestações alimentícias atuais e impagas* surge a possibilidade de requerer a prisão do devedor, amplamente já revisada. Não custa repetir: a prisão somente é possível para buscar o pagamento das *prestações atuais*, a saber, aquelas devidas desde o seu reconhecimento judicial (título judicial) ou negocial (título extrajudicial), atrasadas até 03 meses ou que vencerem ao longo da cobrança judicial.

Neste procedimento, o alimentando será intimado pessoalmente para, em 3 (três) dias, pagar o débito, provar que o fez ou justificar a impossibilidade de efetuá-lo (art. 528, CPC).

Com efeito, se o executado não pagar ou se a justificativa apresentada não for aceita, o juiz, além de mandar protestar o pronunciamento judicial, poderá decretar a prisão do alimentante pelo prazo de 1 (um) a 3 (três) meses (art. 528, §4º, do CPC).

Havendo o pagamento integral da prestação alimentícia, o juiz suspenderá o cumprimento da ordem de prisão (art. 528, § 6º).

Não ocorrendo o adimplemento nem havendo qualquer justificativa (ou não sendo aceita), o juiz, além de mandar protestar o pronunciamento judicial na forma do § 1º, decretar-lhe-á a prisão pelo prazo de 1 (um) a 3 (três) meses. Vale lembrar que não é necessário o trânsito em julgado da decisão que decreta a prisão para que se cumpra a ordem.[443]

Registra Araken de Assis que se, por ocasião da justificação, a parte solicitar produção de provas (como o requerimento de audiência), esta deve ocorrer antes da prisão.[444] Não há previsão legal nesse sentido, mas parece de bom tom aceitar a instrução, ainda que sumária, do pedido de justificação para evitar eventual prisão ilegal.

Como não é possível reiterar a prisão pelas mesmas prestações, o rito da prisão pode ser convertido em execução por expropriação (supra). O contrário não é admitido: o juiz não pode converter execução alimentar de créditos em execução por prisão (a não ser que se trata de dívida atual e haja requerimento do alimentando).[445]

---

[443] HC 161217/SP, Rel. Ministro Paulo de Tarso Sanseverino, 3ª Turma, julgado em 08/02/2011, DJe 11/02/2011.
[444] ASSIS, Araken de. *Da execução de alimentos e prisão do devedor*, op. cit., p. 137.
[445] HC 128.229/SP, Rel. Ministro Massami Uyeda, 3ª Turma, julgado em 23/04/2009, DJe 06/05/2009.

Capítulo 15 – Execução contra a Fazenda Pública

15.1. Noções gerais

15.1.1. Introdução

Diverso do que ocorre com os devedores em geral, a Fazenda Pública goza de regime próprio para o pagamento de seus créditos. Pelo modelo já estudado da execução por quantia certa, em que se busca a afetação de bens do executado através da penhora e subsequente expropriação do patrimônio para que haja o adimplemento forçado, é possível visualizar a razão do procedimento diferenciado. É que os bens públicos são inalienáveis e, portanto, não estão sujeitos à penhora (art. 100, CC).[446] Surge, pois, a necessidade de encontrar outra forma de a Fazenda Pública adimplir as suas obrigações o que, no direito brasileiro, se dá através de **requisições de pagamento**. São os chamados *precatórios* (para dívidas de maior quantia) ou *requisições de pequeno valor* (RPV – para dívidas de menor valor).[447]

A fórmula – que está prevista na própria Constituição (art. 100, CF) – possui inegáveis vantagens: assegura igualdade de tratamento entre os credores, impede favorecimentos pessoais (princípio da impessoalidade), evita discriminações e, principalmente, confere a certeza de que haverá o pagamento (o dever de pagar é inafastável).[448]

De origem burocrática e patrimonialista,[449] o Estado brasileiro soube tornar a certeza de pagamento em legítima *via crucis*. Há, de fato, desvantagens que sobrelevam a polêmica sobre o modelo: há uma dependência da organização financeira do Estado para que o pagamento ocorra em tempo, pressões e conchavos políticos podem conduzir a indeterminadas moratórias e, para

---

[446] SANTANNA, Gustavo. *Direito Administrativo*. 2. ed. Porto Alegre: Verbo Jurídico, 2011, p. 238.

[447] CUNHA, Leonardo Carneiro da. *A Fazenda Pública em Juízo*. 10. ed. São Paulo: Dialética, 2012, p. 283. Seja qual for o procedimento adotado para o pagamento dos créditos públicos por ocasião da execução, certo é que se adota no direito brasileiro o modelo segundo o qual o Poder Judiciário efetua uma requisição de pagamento ao Ente Público devedor. Tal requisição conta com previsão orçamentária específica e é de responsabilidade do Poder Judiciário.

[448] ASSIS, Araken de. *Manual da Execução*. 13. ed. São Paulo: Revista dos Tribunais, 2010, p. 1089.

[449] SANTANNA, Gustavo. *Administração Pública em Juízo*. Porto Alegre: Verbo Jurídico, 2013, p. 80.

piorar, as medidas coercitivas disponíveis esbarram no limite do possível financeiro do próprio Estado.

- **Descaso, Desordem e Corrupção:** O próprio CNJ já admitiu, por ocasião da gestão da Corregedora Eliana Calmon, que haveria "descaso, desordem, corrupção" na organização e controle do pagamentos dos precatórios pelo Poder Judiciário. Os dados do Conselho são, aliás, desanimadores, pois é estimado que as dívidas dos Estados e dos Municípios já superam 95 bilhões de reais (havendo, inclusive, dívidas de mais de século ainda não pagas). O maior acúmulo de dívidas de precatórios está nas regiões Sul e Sudeste (que juntas somam 86% do passivo). As prefeituras brasileiras, por sua vez, já somavam na época da pesquisa um passivo de aproximadamente 32 bilhões de reais. Quanto ao Estado do Rio Grande do Sul, estima-se em cerca de cinco bilhões o endividamento através de precatórios.[450]

É importante destacar, também, que o regime diferenciado é válido apenas para a execução por quantia certa. Ou seja, se o título estampa uma obrigação de fazer, não fazer ou entrega de coisa, *não há regra especial*. Não há precatório nem requisição de pequeno valor. É por essa razão, aliás, que o art. 534 do CPC prevê regramento específico para quando for imposto o "dever de pagar quantia certa".[451] A questão foi pacificada quando o Supremo Tribunal Federal fixou, em regime de repercussão geral, a seguinte tese: "A execução provisória de obrigação de fazer em face da Fazenda Pública não atrai o regime constitucional dos precatórios" (RE 573.872/RS, Dje 08/09/2017).[452] Ora, se a execução provisória das obrigações de fazer dispensa o regime jurídico dos precatórios, quanto mais a execução definitiva.

- **Título Judicial e Título Extrajudicial:** No que diz respeito à execução contra a Fazenda Pública, seja qual for o título (judicial ou extrajudicial), observar-se-á o regime jurídico especial decorrente do texto constitucional (a "execução contra a Fazenda Pública"), seja através da modalidade do precatório, seja através de requisição de pequeno valor. A respeito disso, para que não paire dúvidas acerca da executoriedade dos títulos extrajudiciais, a questão foi pacificada pelo seguinte enunciado: "É cabível execução por título extrajudicial contra a Fazenda Pública" (**Súmula 279**, STJ). Havia, por outro lado, corrente minoritária no sentido de que a execução de título extrajudicial contra a Fazenda Pública dispensaria o regime jurídico dos precatórios. A questão não comporta mais discussão já que o CPC vigente determina o pagamento mediante requisição de valores mesmo para a execução fundada em título extrajudicial (art. 910, §1º, CPC).

Como será visto, a Constituição Federal optou por estabelecer duas formas de pagamento: uma visando à cobrança de dívidas de maior monta, que se dá através dos precatórios, e outra visando à cobrança de dívidas de menor quantidade, caracterizadas como de pequeno valor e que, por esta razão não se

---

[450] Disponível em <http://www.cnj.jus.br/noticias/cnj/20913-desordem-e-descaso-dominam-setor-de-precatorios-afirma-corregedora> Acesso em 01.11.12. Confira também o vídeo no youtube: <http://www.youtube.com/watch?v=faVSlGFqCD4&feature=player_embedded> Acesso em 01.11.12.

[451] Art. 534, CPC. No cumprimento de sentença que impuser à Fazenda Pública o dever de pagar quantia certa, o exequente apresentará demonstrativo discriminado e atualizado do crédito contendo: I – o nome completo e o número de inscrição no Cadastro de Pessoas Físicas ou no Cadastro Nacional da Pessoa Jurídica do exequente; II – o índice de correção monetária adotado; III – os juros aplicados e as respectivas taxas; IV – o termo inicial e o termo final dos juros e da correção monetária utilizados; V – a periodicidade da capitalização dos juros, se for o caso; VI – a especificação dos eventuais descontos obrigatórios realizados.

[452] RE 573872, Relator: Min. EDSON FACHIN, Tribunal Pleno, julgado em 24/05/2017.

sujeitam ao regime dos precatórios. Dessa opção constitucional, surgem dois procedimentos diferentes de "execução contra a Fazenda Pública": a execução através de precatórios (execução de maior quantia) e a execução através de requisição de pequeno valor (execução de menor quantia).[453]

15.1.2. Fazenda Pública (sujeito passivo da execução)

O devedor que possui os privilégios de ser executado conforme o regime do art. 730, CPC, e art. 100, CF, é apenas aquele abrangido no conceito de "Fazenda Pública". Mas quem é a "Fazenda Pública"? Para Leonardo José Carneiro da Cunha: "abrange a União, os Estados, o Distrito Federal, os Municípios e suas respectivas autarquias e fundações públicas, sendo certo que as agências executivas ou reguladoras, sobre ostentarem o matiz de autarquias especiais, integram igualmente o conceito de Fazenda Pública".[454]

Com efeito, não se incluem no conceito de "Fazenda Pública" as sociedades de economia mista, as empresas públicas e as fundações de direito privado, que, conquanto integrem a administração pública, não se sujeitam ao regime jurídico publicístico.[455] O tema, entretanto, não é tão simples.

O conceito de "Fazenda Pública" deriva do regime jurídico diferenciado (publicístico) que alguns entes recebem. Sucede que a administração pública tem passado por crescentes alterações, inclusive com o surgimento de novas pessoas jurídicas e novas tarefas, tudo a tornar mais problemática a conceituação de "Fazenda Pública". Há, assim, posição interessante no sentido de utilizar a expressão "Administração Pública" para estabelecer as posições processuais que melhor protegem o interesse público.[456]

Nesse sentido, havia uma tendência do STF em diferenciar, mesmo no âmbito da Administração Indireta, as pessoas jurídicas que prestassem ou não serviços públicos em regime concorrencial daquelas que não prestassem tais serviços da mesma forma. Por isso, o STF chegou a admitir, em alguns casos, que empresas públicas e sociedades de economia mista pudessem ser consideradas "Fazenda Pública". A Lei das Estatais, porém, não levou em consideração essa distinção e incluiu no mesmo regime jurídico as empresas públicas e as sociedades de economia mista que prestam serviços públicos e que exploram atividades econômicas típicas do Direito Privado (art. 1º da Lei 13.303/16).

- **Empresa Brasileira de Correios e Telégrafos – ECT**: os correios, apesar de empresa pública, se sujeitam ao regime jurídico da Fazenda Pública. Por "se tratar de sociedade prestadora de serviços públicos e, assim, sujeita às mesmas regras aplicáveis à administração direta". Sobre o tema, no STF: RE 393.032.[457]

---

[453] ASSIS, Araken de. *Manual da Execução*, op. cit., p. 1096.
[454] *A Fazenda Pública em Juízo*, op. cit., p. 18.
[455] Idem, op. cit.
[456] SANTANNA, Gustavo. *Administração Pública em Juízo*, op.cit., p. 76.
[457] RE 393032 AgR, Relator(a): Min. Cármen Lúcia, Primeira Turma, julgado em 27/10/2009.

- **Eletronorte**: Na esteira dos Correios, a Centrais Elétricas do Norte do Brasil S/A (Eletronorte) pleiteou, em sede de recurso extraordinário, a possibilidade de a empresa, por se tratar de uma prestadora de serviço público essencial, sem fins lucrativos, adimplir os seus débitos através da via do precatório. Por maioria, entretanto, foi rejeitada a tese, afastando-se a possibilidade de pagamento pela modalidade do precatório.[458][459] (RE 599.628).
- **Empresa de Gestão de Recursos do Piauí (EMGERPI):** trata-se de uma sociedade de economia mista, vinculada à Secretaria Estadual de Administração e Previdência do Piauí, cujo propósito é a gestão de pessoas, recursos, carteiras imobiliárias e promover regularização fundiária urbana de interesse social, contribuindo para o desenvolvimento do Estado do Piauí. A crise financeira do citado Estado conduziu a inúmeros entraves judiciais em face dessa pessoa jurídica. A questão, então, foi levada ao Supremo mediante Arguição de Descumprimento de Preceito Fundamental, especialmente pelo seu cabimento em face de decisões judiciais[460], que definiu a seguinte tese: "é aplicável o regime dos precatórios às sociedades de economia mista prestadoras de serviço público próprio do Estado e de natureza não concorrencial" (ADPF n.º 387/PI, Rel. Min. Gilmar Mendes, julgamento em 23/03/2017).

A questão está longe de ser pacificada, sendo certo que diversos entes tentam o enquadramento no conceito de Fazenda Pública para gozarem dos benefícios oriundos do procedimento executivo diferenciado, já que não haverá o emprego de medidas expropriatórias para a satisfação do crédito, "vale dizer, sem expropriação ou transferência de bens".[461]

15.1.3. Classificação dos créditos e ordem de pagamento

Antiga evolução jurisprudencial assentou a existência de determinados créditos preferenciais; que deveriam ser adimplidos antes dos demais pela sua natureza. Os ecos da jurisprudência se consolidaram em sucessivas reformas constitucionais. Hoje está consolidada uma classificação quíntupla dos créditos contra a Fazenda Pública. Verdadeiras *classes* que impõem uma ordem no pagamento das dívidas públicas.

Deveras, as alterações no diploma constitucional abarcaram esta construção e, atualmente, pode-se apontar uma classificação quíntupla dos créditos contra a Fazenda Pública (art. 100, §§ 1º e 2º, CF):[462]

---

[458] Note que o tema teve repercussão geral reconhecida nos seguintes termos: "Têm repercussão geral os temas constitucionais atinentes ao princípio da continuidade dos serviços públicos e à aplicabilidade do regime de precatórios às entidades da Administração Indireta que prestam tais serviços7" (RE 599628 RG, Relator: Min. Ayres Britto, julgado em 11/03/2010).

[459] A discussão foi interessantíssima foi o procurador da Eletronorte era o ex-ministro do STF Ilmar Galvão e o advogado da parte contrária o também ex-ministro do STF Aldir Passarinho. Vale conferir: <http://www.youtube.com/watch?v=1BDMcszdPCU&feature=plcp> <http://www.youtube.com/watch?v=kcGAvXkPpjk&feature=plcp>

[460] SCALABRIN, Felipe; SANTANNA, Gustavo. *Lições de direito constitucional: controle de constitucionalidade*. Porto Alegre: Livraria do Advogado, 2018, p. 79.

[461] THEODORO JR., Humberto. *Curso de Direito Processual Civil*. v. 2. 48. ed. Rio de Janeiro: Forense, 2013, p. 389.

[462] ASSIS, Araken de. *Manual da Execução*, op. cit, p. 1.094.

(1º) créditos das pessoas idosas e com doença grave, até o triplo do crédito de pequeno valor;
(2º) Créditos alimentares de pequeno valor;
(3º) créditos comuns de pequeno valor;
(4º) créditos alimentares de maior valor;
(5º) créditos comuns de maior valor.

Os *créditos de pequeno valor* devem ser pagos independentemente da expedição de precatório, mediante requisição de pequeno valor. Os créditos de maior valor devem ser pagos através de precatório. Os créditos alimentares, em todo caso, gozam de preferência e devem ser pagos primeiro. Já os créditos das pessoas idosas e com doença grave, até o triplo do crédito de pequeno valor, gozam da máxima preferência, razão pela qual serão pagos antes dos demais.[463]

Da classificação acima, é possível concluir que na execução de maior quantia deve ser observada a seguinte ordem: (1º) créditos das pessoas idosas e com doença grave, até o triplo do crédito de pequeno valor; (2º) créditos alimentares de maior valor; (3º) créditos comuns de maior valor. Alguns conceitos relevantes, porém, precisam ser esclarecidos.

A *pessoa idosa* é aquela que possui sessenta anos de idade ou mais na data de expedição do precatório (CF, art. 100, § 2º).[464] É preciso cautela, porém, já que a expressa "na data da expedição do precatório" foi julgada inconstitucional pelo STF (ADI 4.372 e 4.357). Assim: "o que justifica a prioridade conferida aos idosos e aos portadores de doença grave? Resposta: a necessidade do mais breve recebimento dos seus créditos, porque a passagem do tempo lhes ameaça mais fortemente de não poder sequer desfrutar dos seus direitos tardiamente concretizados. Realmente, por efeito da regra inserida na Magna Carta pela Emenda Constitucional nº 62/2009, uma pessoa de 60 (sessenta) anos que acabou de ter seu precatório expedido receberá parte de seu crédito antes de uma pessoa de 80 (oitenta) anos que espera há mais de duas décadas pelo adimplemento do seu crédito".[465] De fato, o Plenário do Supremo Tribunal Federal considerou inconstitucional o § 2º do art. 100 com a redação dada pela EC 62/09: "O STF entendeu que o fato de o credor completar 60 anos ou contrair uma doença já depois de reconhecido o precatório, mas ainda sem ter seu saldo quitado, não pode obstar o regime de preferência".[466]. Ocorre que ainda não foram julgados os embargos de declaração interposto contra a decisão do STF, razão pela qual ainda há incerteza quanto à aplicação desse precedente.

---

[463] BUENO, Cassio Scarpinella. *Curso sistematizado de direito processual civil*. v. 3. 3. ed. São Paulo: Saraiva, 2011, p. 441.

[464] Art. 100, § 2º, CF. Os débitos de natureza alimentícia cujos titulares tenham 60 (sessenta) anos de idade ou mais na data de expedição do precatório, ou sejam portadores de doença grave, definidos na forma da lei, serão pagos com preferência sobre todos os demais débitos, até o valor equivalente ao triplo do fixado em lei para os fins do disposto no § 3º deste artigo, admitido o fracionamento para essa finalidade, sendo que o restante será pago na ordem cronológica de apresentação do precatório.

[465] ADI 4372, Relator(a): Min. Ayres Britto, Relator(a) p/ Acórdão: Min. Luiz Fux, Tribunal Pleno, julgado em 06/03/2013.

[466] Disponível em <http://www.conjur.com.br/2013-mar-14/stf-derruba-correcao-precatorios-indice-caderneta-poupanca>

A *doença grave* que autoriza o crédito preferencial é aquela prevista na Lei nº 7.713/88,[467] e também na Resolução 168/11 CJF e Resolução 115/10, CNJ.[468] Aliás, "pode ser beneficiado pela preferência constitucional o credor portador de doença grave, assim considerada com base na conclusão da medicina especializada comprovada em laudo médico oficial, mesmo que a doença tenha sido contraída após o início do processo" (art. 13, parágrafo único, Resolução 115/10, CNJ).

O *crédito de pequeno valor* – critério que diferencia os procedimentos – dependerá de cada ente da federação (art. 100, § 4º, CF), mas há previsão constitucional para que, enquanto não estabelecido um parâmetro que ele seja de sessenta salários mínimos para a União, quarenta salários mínimos para os Estados e Distrito Federal e trinta salários mínimos para os Municípios (art. 97, § 12, ADCT). A previsão constitucional é repetida na Lei dos Juizados da Fazenda Pública (art. 13, §§ 2º e 3º, Lei 12.153/09). No âmbito da Fazenda Pública Federal, o valor foi já fixado em sessenta salários mínimos (art. 17, § 1º, Lei 10.259/01).

No Estado do Rio Grande do Sul, a Lei 14.757/15 considera crédito de pequeno valor a quantia que, devidamente atualizada, não exceda dez salários mínimos (art. 1º da Lei 14.757/15). Caso superado esse patamar, deverá ser observado o procedimento dos precatórios (art. 2º da Lei 14.757/15). Trata-se de legislação flagrantemente **inconstitucional**, a um por ter sido elaborada após o prazo previsto na constituição, a dois por reduzir o direito fundamental à tutela executiva sem justificativa idônea, a três por implicar ruptura à separação de poderes, já que, por ato de outros poderes, ficam as decisões do Poder Judiciário carentes de efetivo cumprimento. Essa é, portanto, a posição apresentada nestas Lições sobre o tema.

Os *créditos de natureza alimentar*, por sua vez, "compreendem aqueles decorrentes de salários, vencimentos, proventos, pensões e suas complementações, benefícios previdenciários e indenizações por morte ou por invalidez, fundadas em responsabilidade civil, em virtude de sentença judicial transitada em julgado" (art. 100, § 1º, CF). Há polêmica sobre a extensão do conceito de crédito alimentar na execução contra a Fazenda Pública. Para alguns, os únicos créditos alimentares são os previstos na Constituição. Para outros, o rol seria meramente exemplificativo.[469] Vale lembrar que os honorários advocatí-

---

[467] Trata da isenção do imposto de renda, inclusive nas doenças lá especificadas (art. 6º, XIV).

[468] Art. 13. Serão considerados portadores de doenças graves os credores acometidos das seguintes moléstias, indicadas no inciso XIV do artigo 6º da Lei nº 7.713, de 22 de dezembro de 1988, com a redação dada pela Lei nº 11.052/2004: a) tuberculose ativa; b) alienação mental;c) neoplasia maligna; d) cegueira;e) esclerose múltipla;f) hanseníase; g) paralisia irreversível e incapacitante;h) cardiopatia grave; i) doença de Parkinson; j) espondiloartrose anquilosante; l) nefropatia grave; m) estado avançado da doença de Paget (osteíte deformante); n) contaminação por radiação; o) síndrome da deficiência imunológica adquirida (AIDS); p) hepatopatia grave; k) moléstias profissionais.

[469] DIDIER JÚNIOR, Fredie Souza; CUNHA, Leonardo Carneiro da; BRAGA, Paula Sarno; OLIVEIRA, Rafael Santos de. *Curso de Direito Processual Civil*. v. 5. 4. ed. Salvador: Jus Podivm, 2012, p. 731.

cios possuem índole alimentar, consoante iterativa jurisprudência[470] e expressa previsão legal (art.85, §14, CPC).

- **Honorários sucumbenciais e destaque para pagamento**: Há jurisprudência consagrada no Superior Tribunal de Justiça de que os honorários advocatícios, seja na forma sucumbencial, seja na contratual, consubstanciam direito autônomo do advogado, inclusive passíveis de cessão (Informativo 497).[471] Havia dúvida sobre a possibilidade de o advogado destacar a sua parte da cobrança, mediante a requisição de precatório (ou outra via) de maneira autônoma. Em repercussão geral, o STF fixou a possibilidade de destaque da verba honorária sucumbencial (RE 564.132/RS) com pagamento autônomo, o que se consolidou posteriormente através da Súmula Vinculante n.º 47: "Os honorários advocatícios incluídos na condenação ou destacados do montante principal devido ao credor consubstanciam verba de natureza alimentar cuja satisfação ocorrerá com a expedição de precatório ou requisição de pequeno valor, observada ordem especial restrita aos créditos dessa natureza" (DJe 02/06/2015).

- **Honorários contratuais e destaque para pagamento**: o êxito dos advogados no debate acima ocasionou uma nova polêmica: seria possível requerer o destaque, na requisição, para o pagamento de honorários contratuais devidos ao advogado da causa? Sobre o tema, podem ser identificadas inúmeras decisões do STF em sentido favorável (Rcl 26259, Relator Ministro Roberto Barroso, Decisão Monocrática, julgamento em 1.6.2017, DJe de 31.5.2017; Rcl 26840, Relator Ministro Roberto Barroso, Decisão Monocrática, julgamento em 22.5.2017, DJe de 24.5.2017; Rcl 21937, Relator Ministro Gilmar Mendes, julgamento em 31.3.2017, DJe de 4.4.2017; Rcl 22072, Relator Ministro Gilmar Mendes, Decisão Monocrática, julgamento em 31.3.2017) e tantas outras em sentido contrário (Rcl 23886 AgR, Relator Ministro Dias Toffoli, Segunda Turma, julgamento em 9.12.2016, DJe de 15.2.2017).

15.2. Execução por "maior quantia" (precatórios)

Quando o crédito for superior ao limite considerado como de "pequeno valor", a execução contra a Fazenda Pública será regida pelo regime de precatórios. A expressa previsão constitucional (art. 100, CF) é acrescida do procedimento previsto no Código de Processo Civil para os títulos judiciais (art. 534-535, CPC) e para os títulos extrajudiciais (art. 910, CPC). Além disso,

---

[470] EREsp 706.331/PR, Rel. Ministro Humberto Gomes de Barros, Corte Especial, julgado em 20/02/2008.
[471] RECURSO REPETITIVO. HONORÁRIOS ADVOCATÍCIOS SUCUMBENCIAIS. PRECATÓRIO. CESSÃO DE CRÉDITO. HABILITAÇÃO DO CESSIONÁRIO. A Corte Especial, ao apreciar REsp submetido ao regime do art. 543-C do CPC e Res. n. 8/2008-STJ, prosseguindo o julgamento, por maioria, assentou que, considerando que os honorários de sucumbência constituem direito autônomo do advogado (Lei n. 8.906/1994) e podem ser executados em nome próprio ou nos mesmos autos da ação em que tenha atuado o causídico, o fato de o precatório ter sido expedido em nome da parte não repercute na disponibilidade do crédito referente à mencionada verba advocatícia, tendo o advogado o direito de executá-lo ou cedê-lo a terceiro. Sendo assim, comprovada a validade do ato de cessão dos honorários advocatícios sucumbenciais realizado por escritura pública, bem como discriminado no precatório o valor devido a título da respectiva verba advocatícia, deve-se reconhecer a legitimidade do cessionário para se habilitar no crédito consignado no precatório. Precedentes citados: AgRg no REsp 1.214.899-PR, DJe 28/9/2011; REsp 898.316-RJ, DJe 11/10/2010; REsp 1.220.914-RS, DJe 16/3/2011; AgRg no REsp 1.087.479-RS, DJe 5/12/2011; REsp 1.125.199-RS, DJe 29/4/2011, e AgRg no REsp 1.051.389-RS, DJe 21/3/2011. REsp 1.102.473-RS, Rel. Min. Maria Thereza de Assis Moura, julgado em 16/5/2012.

caso o pronunciamento condenatório seja ilíquido, é possível que haja prévia liquidação.[472]

15.2.1. Cumprimento da sentença

Na hipótese de reconhecimento judicial da obrigação de pagar quantia certa de maior valor pela Fazenda Pública, o CPC traz regramento detalhado nos artigos 534 e 535. A execução judicial contra a Fazenda Pública não é mais processo autônomo, como previa o CPC/73.[473] Trata-se, na realidade, de mera fase ou módulo de cumprimento. Em razão disso, caberá ao exequente formular simples requerimento para impulsionar a execução com vistas a satisfazer o valor constante no título. Requer-se, de regra, a expedição do precatório. Com a expedição da solicitação, aguarda-se o pagamento pelo ente público executado. Os requisitos básicos do requerimento constam nos incisos do art. 534, *caput*, CPC.

Por expressa previsão legal, não é aplicável a multa de 10% prevista no art. 523, § 1º, do CPC, conforme dispõe o art. 534, § 2º, do CPC.

Assim, após a apresentação do requerimento inicial, a Fazenda Pública é intimada para, querendo, apresentar impugnação ao cumprimento da sentença no prazo de trinta dias. A impugnação corre nos mesmos autos (art. 535, caput, CPC). Trata-se aqui do meio defensivo conferido à Fazenda Pública. Apesar da sedutora discussão doutrinária presente no direito anterior,[474] a impugnação possui efeito suspensivo. É que a inclusão, no orçamento, dos precatórios, depende de julgamento definitivo em torno da questão, pois não pode haver discussão pendente o para que seja solicitado o pagamento (art. 100, § 5º, CF). Normalmente, a lei orçamentária respectiva considera requisito para a inclusão de dotação a certidão de trânsito em julgado dos embargos (assim, p. ex., vide o art. 28 da Lei 13.408/17).[475]

Na impugnação, como houve prévio exame da matéria por ocasião da fase de conhecimento, as matérias defensivas da Fazenda Pública são restritas aos casos expressamente previstos em lei. Confira-se:

Art. 535. A Fazenda Pública será intimada na pessoa de seu representante judicial, por carga, remessa ou meio eletrônico, para, querendo, no prazo de 30 (trinta) dias e nos próprios autos, impugnar a execução, podendo arguir:

I – falta ou nulidade da citação se, na fase de conhecimento, o processo correu à revelia;

II – ilegitimidade de parte;

III – inexequibilidade do título ou inexigibilidade da obrigação;

IV – excesso de execução ou cumulação indevida de execuções;

---

[472] CUNHA, Leonardo Carneiro da. *A Fazenda Pública em Juízo*, op. cit., p. 284.
[473] DIDIER JÚNIOR, Fredie Souza; CUNHA, Leonardo Carneiro da; BRAGA, Paula Sarno; OLIVEIRA, Rafael Santos de. *Curso de Direito Processual Civil*, op. cit., p. 713.
[474] Para Luiz Guilherme Marinoni e Daniel Mitidiero, o art. 730 deve ser compreendido em consonância com o art. 739-A do Código de Processo Civil.
[475] No mesmo sentido: STJ: AgRg no REsp 1.264.564, DJe 09/09/2011.

V – incompetência absoluta ou relativa do juízo da execução;

VI – qualquer causa modificativa ou extintiva da obrigação, como pagamento, novação, compensação, transação ou prescrição, desde que supervenientes ao trânsito em julgado da sentença.

§ 1º A alegação de impedimento ou suspeição observará o disposto nos arts. 146 e 148.

§ 2º Quando se alegar que o exequente, em excesso de execução, pleiteia quantia superior à resultante do título, cumprirá à executada declarar de imediato o valor que entende correto, sob pena de não conhecimento da arguição.

(...)

§ 5º Para efeito do disposto no inciso III do caput deste artigo, considera-se também inexigível a obrigação reconhecida em título executivo judicial fundado em lei ou ato normativo considerado inconstitucional pelo Supremo Tribunal Federal, ou fundado em aplicação ou interpretação da lei ou do ato normativo tido pelo Supremo Tribunal Federal como incompatível com a Constituição Federal, em controle de constitucionalidade concentrado ou difuso.

§ 6º No caso do § 5º, os efeitos da decisão do Supremo Tribunal Federal poderão ser modulados no tempo, de modo a favorecer a segurança jurídica.

§ 7º A decisão do Supremo Tribunal Federal referida no § 5o deve ter sido proferida antes do trânsito em julgado da decisão exequenda.

§ 8º Se a decisão referida no § 5º for proferida após o trânsito em julgado da decisão exequenda, caberá ação rescisória, cujo prazo será contado do trânsito em julgado da decisão proferida pelo Supremo Tribunal Federal.

Com o trânsito em julgado da improcedência da impugnação, prosseguirá o cumprimento com a expedição de precatório (art. 535, §3º, CPC). Aliás: "o reconhecimento judicial de um crédito perante uma pessoa jurídica de direito público é o pressuposto inicial para que possamos cogitar da análise dos precatórios. Diante desse reconhecimento, que deve se operar por decisão transitada em julgado, o juiz da execução encaminha ao Presidente do Tribunal respectivo uma solicitação, para que este requisite verba necessária para o pagamento do credor. Essa solicitação é o precatório, cuja disciplina encontra-se no artigo 100 da Constituição".[476]

Precatório é a solicitação de pagamento do juízo da execução ao Presidente do respectivo Tribunal para que este requisite a verba ao órgão cabível. No Tribunal, será numerada a solicitação (o precatório) e comunicada a Fazenda Pública para que efetive o pagamento, na ordem cronológica de apresentação das solicitações. Tal pagamento depende da liberação, pelo Executivo, das verbas orçamentárias próprias para tanto. A liberação é feita para o Presidente do Tribunal, que então encaminha os recursos ao juízo da execução para que o débito seja finalmente pago.

- **Atenção!** Atentar para o prazo de solicitação da requisição de pagamento, pois ele afeta diretamente a data do pagamento. Assim, caso a solicitação seja feita até primeiro de julho do ano corrente, o pagamento deverá ser feito até o encerramento do exercício seguinte; se a solicitação for realizada após primeiro de julho do ano corrente, o pagamento deverá ocorrer até o encerramento do exercício posterior ao subsequente. Assim:

---

[476] PISCITELLI, Tathiane. *Direito Financeiro Esquematizado*. 2. ed. São Paulo: Método, 2012, p. 172.

(a) Até 1º de julho do ano corrente: pagamento até o encerramento do exercício seguinte;

(b) Após 1º de julho do ano corrente: pagamento até o encerramento do exercício posterior ao subsequente.

- **Compensação de ofício (inconstitucionalidade):** a EC 62/09, alterando a Constituição Federal, estabeleceu que: "No momento da expedição dos precatórios, independentemente de regulamentação, deles deverá ser abatido, a título de compensação, valor correspondente aos débitos líquidos e certos, inscritos ou não em dívida ativa e constituídos contra o credor original pela Fazenda Pública devedora, incluídas parcelas vincendas de parcelamentos, ressalvados aqueles cuja execução esteja suspensa em virtude de contestação administrativa ou judicial" (art. 100, § 9º, CF). A MP 517/10, convertida na Lei 12.431/2011 nos artigos 30-44 estabeleceu as regras para a compensação de créditos de precatórios com débitos de tributos federais. Por sua vez, a Resolução 115/2010 do CNJ, que regulamenta a Gestão dos Precatórios pelos Tribunais, também regulamentou compensação (art. 6º). Percebe-se que o ente público foi rápido em trazer regras para que, antes de pagar o credor, pudesse abater eventuais débitos que o sujeito possuísse. Sobre o tema, houve intenso debate e, ao final, o dispositivo foi também considerado inconstitucional pelas seguintes razões: a) violação ao devido processo legal; b) violação à separação dos Poderes; c) desrespeito à coisa julgada; d) violação ao princípio da isonomia.

Como já tratado, o juiz irá encaminhar a solicitação de pagamento ao Tribunal, para que este faça a requisição ao Poder Executivo. A partir daí, encerra-se, por ora, a atividade jurisdicional do juízo da execução, devendo se aguardar os trâmites administrativos realizados pelo Tribunal.[477] O processo de execução ficará suspenso, no aguardo das providências necessárias ao pagamento. É preciso aguardar o efetivo pagamento, conforme a ordem cronológica de apresentação das solicitações.

Disponibilizados os valores pelo Poder Executivo, o Presidente do Tribunal informará ao juízo de origem acerca da disponibilidade dos valores para pronto pagamento.

- **Parcelamento (inconstitucionalidade):** apontava-se, acertadamente, a existência de dois procedimentos para o pagamento. Primeiro, o pagamento segundo o regime especial (art. 100, CF), que seria a regra e, por segundo, o pagamento conforme regime excepcional (mais especial) (art. 97, ADCT) e que serviria para os precatórios já vencidos (por ocasião da promulgação da emenda constitucional). Tratava-se do malfadado re-parcelamento da dívida pública. Ocorre que o regime excepcional foi declarado inconstitucional. Em tese, significaria dizer que todos os precatórios atrasados deveriam ser imediatamente pagos e, doravante, ser respeitado o prazo de pagamento – até o

---

[477] A atividade realizada pelo Presidente do Tribunal para impulsionar o pagamento do precatório é de que natureza administrativa. Súmula 311 do Superior Tribunal de Justiça: "Os atos do presidente do tribunal que disponham sobre processamento e pagamento de precatório não têm caráter jurisdicional" (DJ 23.05.2005). Consequências desta orientação são a impossibilidade de apresentação de recursos contra os atos realizados pelo Tribunal e, ainda, o fato de que eventuais pedidos incidentais relativos ao tema devam ser direcionados ao juízo da causa, ao julgador de primeiro grau. Ainda neste tópico, vai lembrar a Súmula 733 do Supremo Tribunal Federal: "Não cabe recurso extraordinário contra decisão proferida no processamento de precatórios" (DJ de 11/12/2003). Além disso, em vista da ausência de jurisdicionalidade, há doutrina no sentido de que, contra tais atos, seria cabível o Mandado de Segurança (DIDIER JÚNIOR, Fredie Souza; CUNHA, Leonardo Carneiro da; BRAGA, Paula Sarno; OLIVEIRA, Rafael Santos de. *Curso de Direito Processual Civil*, op. cit., p. 734).

encerramento do exercício posterior ao subsequente na pior das hipóteses. Ocorre que, diante dos múltiplos reflexos sociais e econômicos que poderiam advir com o cumprimento da decisão, está pendente de julgamento o exame da modulação de seus efeitos. Para piorar, o relator do caso, determinou "até que a Suprema Corte se pronuncie sobre o preciso alcance de sua decisão, não se justifica que os tribunais locais retrocedam na proteção dos direitos já reconhecidos em juízo". Assim, a EC62/09 continuará sendo aplicada até que haja pronunciamento quantos aos efeitos da decisão. Vale registrar que, eu uma primeira oportunidade, o STF se manifestou favorável à modulação dos efeitos com a manutenção do regime excepcional de pagamento por cinco exercícios financeiros a contar de primeiro de janeiro de 2016 (QO no ED-ADI 4357/DF, julgado em 23/03/2015). Mesmo sem o julgamento definitivo da questão, vale lembrar que foi promulgada uma nova emenda constitucional sobre o tema, estabelecendo mais um regime de parcelamento (EC 94/2016).

Desde a data de solicitação do pagamento (ou seja, desde a origem do precatório), deverá ocorrer a atualização monetária dos valores por ocasião do pagamento. Apesar da discussão inicial sobre o tema, se trata de entendimento sedimentado na jurisprudência (**RE 212.285**).[478] Trata-se de medida que assegura o recebimento do valor real devido, e não apenas de seu valor nominal.

Além disso, caso ocorra o pagamento do precatório no prazo estipulado pela própria Constituição não há que se falar em mora por parte da Fazenda Pública. O tema, aliás, foi inclusive objeto de súmula vinculante,[479] e agora é previsão constitucional (art. 100, § 12, CF). Porém, se o pagamento ocorrer fora do prazo constitucionalmente previsto, haverá incidência de juros moratórios. Os juros de mora, para fins de cálculo, são "no mesmo percentual de juros incidentes sobre a caderneta de poupança". Por ora, tem sido considerado constitucional o dispositivo,[480] notadamente em virtude de anterior julgamento realizado pelo Supremo Tribunal Federal (**RE 453.740**).[481] Ainda em tema de juros, há posição consolidada de que "não são devidos [juros compensatórios] ainda que o pagamento do precatório tenha ocorrido a destempo" (AI 494.526-ED-AgR, Rel. Min. Sepúlveda Pertence).

Efetuado o pagamento, encerra-se, por sentença, o cumprimento contra a Fazenda Pública. A grande controvérsia, porém, se dá com a falta de pagamento. E se o ente público não encaminhar os valores ao Poder Judiciário? Como visto, o controle e a gestão do orçamento são feitos pelo próprio ente público que, poderá, ou não, incluir a dotação orçamentária necessária para o pagamento.

Para o exequente, só há duas alternativas: a) aguardar o pagamento, que deverá incluir os juros pelo atraso (moratórios); b) solicitar o "sequestro" das verbas necessárias. Ocorre que o "sequestro" de valores, por previsão da Cons-

---

[478] RE 212285 AgR, Relator(a): Min. Néri da Silveira, Segunda Turma, julgado em 22/06/1999.

[479] Súmula Vinculante nº 17: Durante o período previsto no parágrafo 1º do artigo 100 da Constituição, não incidem juros de mora sobre os precatórios que nele sejam pagos. [rectius: § 5º do art. 100]. (Sessão Plenária de 29/10/2009)

[480] Assim, p. ex.: TRF4 5018913-41.2011.404.7200, 3ª Turma, Relator p/ Acórdão Carlos Eduardo Thompson Flores Lenz, D.E. 02/08/2012.

[481] RE 453740, Relator(a): Min. Gilmar Mendes, Tribunal Pleno, julgado em 28/02/2007.

tituição somente é possível se houver preterição (favorecimento de credor mais antigo) ou falta de alocação orçamentária do valor (art. 100, § 6º, CF).

- **Intervenção Federal**: há quem defenda a possibilidade, por exemplo, de intervenção federal no Estado que reiteradamente não cumpre com os deveres de pagamento dos precatórios, já que houve desobediência da ordem judicial que determinou o pagamento. Todavia, recentemente, o Supremo Tribunal Federal julgou **improcedente** uma série de pedidos de intervenção formulados contra o Estado do Rio Grande do Sul (IF 5101, 5114, 5105, 5106) sob os seguintes argumentos, em síntese: a) somente fatos gravíssimos justificariam a adoção da intervenção e não seria o caso; b) eventual interventor também teria restrições orçamentárias, de modo que o problema não se resolveria; c) como não basta que o estado aponte a insuficiência de recursos, o Estado citado teria apresentado cronograma de cumprimento das obrigações e, inclusive, incrementado a disponibilidade de receitas para tanto.[482] Votou contrário o Ministro Marco Aurélio.[483]

Ainda quanto ao "sequestro" das verbas, não parece correta a terminologia utilizada pela Constituição Federal, já que o termo sequestro é utilizado, na seara cautelar, para a apreensão de bens determinados com o objetivo de garantir a futura execução de entrega de coisa. Não é o caso. Aliás, a medida é nitidamente satisfativa – e não cautelar – pelo que sequer poderia ser considerada como um "arresto". Pode-se defender, aliás, que o "sequestro" das verbas públicas é justamente o elemento que justifica a existência de "execução forçada" contra a Fazenda Pública, na medida em que, caso presentes os seus requisitos, o Poder Judiciário atinge diretamente o patrimônio do executado, afastando a regra geral da impenhorabilidade dos bens públicos.

Apesar da resistência dos tribunais, não se pode negar que a falta de pagamento, na grande maioria dos casos, decorre da ausência de alocação orçamentária na proporção necessária para cumprimento de todas as obrigações decorrentes de condenação judicial. Nesse sentido, o texto constitucional é explícito em conferir técnica executória sub-rogatória apta à tutela adequada do crédito exequendo. Assim, não se pode negar a possibilidade de sequestro das verbas públicas para tais hipóteses e nos exatos termos do art. 100, § 6º, da CF.

---

[482] Mais informações sobre o tema: Informativo 660. Já foi publicado o acórdão: INTERVENÇÃO FEDERAL. Pagamento de precatório judicial. Descumprimento voluntário e intencional. Não ocorrência. Inadimplemento devido a insuficiência transitória de recursos financeiros. Necessidade de manutenção de serviços públicos essenciais, garantidos por outras normas constitucionais. Precedentes. Não se justifica decreto de intervenção federal por não pagamento de precatório judicial, quando o fato não se deva a omissão voluntária e intencional do ente federado, mas a insuficiência temporária de recursos financeiros. (IF 5101, Relator(a): Min. CEZAR PELUSO (Presidente), Tribunal Pleno, julgado em 28/03/2012.

[483] "Para o Ministro Marco Aurélio: 'Não há, na Constituição, o elemento subjetivo, tampouco a necessidade de apurar-se o dolo do estado'. O ministro, vencido na matéria, ironizou a decisão de seus colegas. 'Se um governante, tendo recursos, deixasse de satisfazer decisões judiciais, principalmente a revelarem prestações alimentícias, deveria estar em um manicômio, deveria estar interditado', declarou. Marco Aurélio ainda lembrou que, mesmo após três moratórias, quem detém um título de precatório encontra muitas dificuldades em receber o pagamento. 'Já tivemos três moratórias: a primeira, na redação primitiva da Carta, no Ato das Disposições Transitórias, as duas outras mediante emendas constitucionais, e, mesmo assim, com as moratórias, com a projeção no tempo da liquidação dos débitos, essa liquidação não se fez presente'". Disponível em <http://www.conjur.com.br/2012-set-11/intervencao-federal-divida-estado-cabivel-houver-dolo>. Acesso em 01.11.2012.

15.2.2. Execução de título extrajudicial

Na hipótese de reconhecimento extrajudicial da obrigação de pagar quantia certa de maior valor pela Fazenda Pública será aplicável o regime da ação de execução prevista no art. 910 do CPC.

A execução de título extrajudicial, porém, observa as regras já mencionadas do cumprimento de sentença no que couber (art. 910, § 3º, CPC) e possui como único diferencial a extensão da defesa do executado que, neste caso, poderá alegar qualquer matéria (art. 910, § 2º, CPC).

Com efeito, nesta hipótese, a Fazenda Pública é citada para, querendo, opor embargos à execução no prazo de trinta dias (art. 910, *caput*, CPC). Como a expedição de precatório exige trânsito em julgado, os embargos possuem efeito suspensivo inerente ao sistema.

15.3. Execução por "menor quantia" (RPV)

A execução por menor quantia tem por objetivo o adimplemento de crédito devidamente reconhecido por pronunciamento transitado em julgado. Trata-se, portanto, de execução fundada em título executivo judicial. Assim, quando a condenação for de pequeno valor, está dispensada a expedição de precatório.

Na realidade, a execução por menor quantia afigura-se como fase de "cumprimento" do pronunciamento judicial e, nessa esteira, corre nos mesmos autos – sem a instauração de nova relação processual.[484] Aplicam-se, no ponto, as disposições do art. 17 da Lei 10.259/01 no âmbito federal (Lei dos Juizados Especiais Federais) e a Lei 12.153/09, art. 13, para os demais entes (Lei dos Juizados da Fazenda Pública).

Inicia-se a fase de cumprimento com pedido da parte vencedora para que seja requisitado o pagamento. Há quem defenda que o ente público executado deve ser previamente intimado e poderá apresentar impugnação (cujas matérias, por analogia, seriam as mesmas dos embargos à execução de maior quantia).[485]

Não havendo impugnação, a requisição de pequeno valor é transmitia ao Tribunal respectivo, que irá requisitar o pagamento. Na esfera federal, uma vez transmitida a requisição de pequeno valor, a quantia deve ser implementada no prazo de sessenta dias. O mesmo prazo, aliás, está previsto no art. 13, § 3º, da Lei 12.153/09.

No Estado do Rio Grande do Sul, conforme já adiantado, a Lei 14.757/15 considera crédito de pequeno valor a quantia que, devidamente atualizada, não exceda dez salários mínimos (art. 1º da Lei 14.757/15).

---

[484] ASSIS, Araken de. *Manual da Execução*, op. cit., p. 1119.
[485] Ibid., p. 1121.

Capítulo 16 – Defesas do executado

16.1. Consideração inicial

De modo geral e considerando as características específicas do processo de execução,[486] o espaço para discussões, defesas, oposições, questionamentos e objeções é bastante limitado. Nada obstante, considerando, sobretudo, o disposto no art. 5º, inciso LV, da Constituição, que garante *aos litigantes, em processo judicial ou administrativo, e aos acusados em geral, são assegurados o contraditório e ampla defesa, com os meios e recursos a ela inerentes*, mesmo, no processo de execução, em que o mandado de citação (ou de intimação, se considerarmos o procedimento de cumprimento de sentença) revela ordem para pagar dívida representada em título executivo, e não para se defender, deve-se possibilitar o exercício do contraditório e da ampla defesa.[487]

Nesse viés, imprescindível trazer a lúcida e sempre vívida lição de José Carlos Barbosa Moreira, para quem, a possibilidade de defesa na execução cuida de "dispensar ao executado a proteção imprescindível, resguardando o seu legítimo interesse de não se submeter à atividade executiva, quando tenha deixado de haver razão para que ela se desenvolva, ou quando seu desenvolvimento porventura transborde os estritos limites em que deve conter-se".[488] É natural, portanto, que se possibilitem os meios de reação ao devedor, a fim de que ele possa deter a atividade executiva[489] e, inclusive, desfazer aquilo que, eventualmente, já tenha sido implementado injustamente.

Destarte, imperioso reconhecer que o devedor tem a seu favor procedimentos relacionados à defesa de seus interesses (oposição ao processo de execução e seus pedidos), como é o caso dos Embargos à Execução; assim como dispõe de procedimentos que, ainda que não se tratem de oposição específica à execução, tendem a trazer uma situação processual mais favorável, como é o

---

[486] Como sendo aquele procedimento (diverso, estrutural e funcionalmente, do processo de conhecimento e do processo cautelar) voltado à realização e satisfação de um direito material estampado em um título executivo líquido, certo e exigível.

[487] THEODORO JÚNIOR, Humberto. *Curso de direito processual civil – Processo de Execução e Cumprimento de Sentença, Processo Cautelar e Tutela de Urgência*, op. cit., p. 407.

[488] MOREIRA, José Carlos Barbosa. *O novo processo civil brasileiro: exposição sistemática do procedimento*, op. cit., p. 295.

[489] Ibid., p. 295.

caso do chamado "parcelamento forçado do crédito exequendo".[490] previsto no art. 916 do CPC[491].

O executado, enquanto sujeito passivo de obrigação líquida, certa e exigível, estampada em título executivo, dispõe de quatro meios básicos de reação contra a execução: os Embargos à Execução (art. 914 do CPC); a Impugnação (art. 525 do CPC); a Exceção de Pré-Executividade (que não encontra previsão expressa em lei); e as Ações Autônomas, ajuizadas prévia, incidental ou ulteriormente ao processo executivo, principalmente para anular atos executivos[492] (também chamadas de *defesas heterotópicas*).[493]

Além disso, relevante salientar que, em determinadas situações, o devedor pode se opor *fora* ou *antes do ajuizamento* da execução, como é o caso da previsão contida no art. 38 da Lei 6.830/1980 (Lei de Execuções Fiscais), que prevê a possibilidade de discussão do débito por meio do Mandado de Segurança, da Ação de Repetição de Indébito e da Ação Anulatória. Nesse tópico, Araken de Assis acrescenta ainda a possibilidade de ajuizamento de Ação de Consignação em Pagamento, como medida tendente a discutir o débito fora do processo de execução.[494]

E veja-se: mesmo que se trate de processo de execução, baseado em título líquido, certo e exigível, o que faz com que o espaço para discussões seja muito reduzido, ainda assim, o espectro de reações do devedor em face da execução não se resume a medidas antes referidas, visto que o § 1º do art. 784 do CPC estabelece expressamente que "a propositura de qualquer ação relativa a débito constante do título executivo não inibe o credor de promover-lhe a execução".

Passemos, pois, a tratar dos principais meios de reação e manifestação do executado em face do procedimento executório.

16.2. Exceção de pré-executividade

16.2.1. Comentário inicial

Com efeito, a estrutura originária do CPC/73 (até a reforma da execução) determinava como único meio de defesa do executado em face da execução, a Ação de Embargos à Execução. Assim, toda e qualquer forma de reação do devedor se daria em sede de embargos. Naquele cenário, não existia a

---

[490] Expressão cunhada por Humberto Theodoro Júnior, que inclusive considera o instituto uma espécie de moratória legal (THEODORO JÚNIOR, Humberto. *Curso de direito processual civil – Processo de Execução e Cumprimento de Sentença, Processo Cautelar e Tutela de Urgência*, op. cit. 408)

[491] Procedimento que, em suma, visa a estimular que o executado reconheça o direito consubstanciado no título executivo, evitando-se eventuais discussões a respeito em exceção de pré-executividade, embargos à execução ou qualquer outra ação autônoma (MARINONI, Luiz Guilherme; MITIDIERO, Daniel. Código de processo civil comentado artigo por artigo. São Paulo: Revista dos Tribunais, 2012. p. 716)

[492] ASSIS, Araken de. *Manual da Execução*, op. cit., p. 1.221.

[493] DIDIER JÚNIOR, Fredie Souza; CUNHA, Leonardo José Ribeiro Coutinho Berardo Carneiro da; BRAGA, Paula Sarno; OLIVEIRA, Rafael Santos de. *Curso de Direito Processual Civil*, op. cit., p. 401.

[494] ASSIS, Araken de. *Manual da Execução*, op. cit., p. 1.221.

possibilidade de defesa interna na execução (ou seja, nos mesmos autos), devendo o executado, mesmo nas hipóteses em que sua insurgência tivesse como base, matéria de ordem pública (pressupostos processuais, por exemplo), submeter-se ao rito e ao trâmite da ação de embargos.

O maior entrave para esse procedimento, todavia, dizia respeito à necessidade de *"segurança do juízo"*, outrora exigida para a interposição dos Embargos à Execução. Com efeito, o executado somente poderia opor-se à execução se garantisse o juízo através penhora ou depósito, conforme antiga redação do art. 737 do CPC/73[495] (dispositivo atualmente revogado e que não foi reproduzido no CPC em vigor).

Dito de outro modo: para que o executado questionasse uma demanda executiva (baseada em título judicial ou extrajudicial), alegando, por exemplo, a ausência de algum dos requisitos do título executivo ou mesmo a ausência de alguma das condições da ação, primeiramente teria de oferecer bem à penhora (ou realizar depósito judicial do bem), ajuizar Embargos à Execução com o recolhimento de todos os consectários legais e aguardar sentença de mérito (sujeita à apelação e eventual recurso a Tribunal Superior) para ver sua pretensão respaldada pelo Judiciário.

Tal contexto, todavia, não se manteve. Essa realidade moldou-se às necessidades do devido processo legal, mas especialmente ao direito a uma tutela adequada, efetiva e tempestiva, permitindo ao devedor, em caso de discussão quanto aos pressupostos processuais, opor-se à execução por meio de um remédio menos formal, mais ágil e sem o requisito da segurança prévia do juízo da execução. Trata-se da exceção (ou objeção) de pré-executividade que, de modo geral, a doutrina reputa a Pontes de Miranda[496] a sua criação, em cujos estudos se baseiam em célebre parecer sobre o caso da Siderúrgica Mannesmann.

Assim, na sua origem, a exceção de pré-executividade tinha como principal finalidade permitir que o devedor apresentasse defesa, com base em matérias que deveriam ter sido conhecidas de ofício, todavia, sem a exigência da prévia segurança do juízo.

Atualmente, a doutrina e a jurisprudência entendem cabível a exceção oposta pelo devedor, para questionar os pressupostos processuais da ação executiva, matérias que não dependem de maior dilação probatória e que poderiam ser conhecíveis *ex officio* pelo órgão julgador. Mesmo que os Embargos à Execução (no caso de título executivo extrajudicial) não dependam mais da

---

[495] A redação até a entrada em vigor da Lei 11.982/2006 estabelecia que: Art. 737. *Não são admissíveis embargos do devedor antes de seguro o juízo: (i) pela penhora, na execução por quantia certa; (ii) pelo depósito, na execução para entrega de coisa certa.*

[496] MIRANDA, Francisco Cavalcanti Pontes de. *"Parecer n. 95". Dez anos de pareceres.* Rio de Janeiro: Francisco Alves, 1975, v. 4. p. 125-139 (obra citada por DIDIER JÚNIOR, Fredie Souza; CUNHA, Leonardo José Ribeiro Coutinho Berardo Carneiro da; BRAGA, Paula Sarno; OLIVEIRA, Rafael Santos de. *Curso de Direito Processual Civil*, op. cit., p. 395 e por THEODORO JÚNIOR, Humberto. *Curso de direito processual civil – Processo de Execução e Cumprimento de Sentença, Processo Cautelar e Tutela de Urgência*, op. cit. 442).

segurança do juízo,[497] não seria justo ou mesmo razoável submeter o devedor à execução que é manifestamente inviável.[498]

Com efeito, a exceção de pré-executividade, no cenário atual, ainda que não detenha previsão legal específica, é um meio de oposição de que se pode valer o executado, dentro do "próprio módulo processual",[499] desfazendo-se o chamado "mito dos embargos",[500] pelo qual a execução somente poderia ser questionada pelo devedor, por meio da ação autônoma de embargos.

16.2.2. Do cabimento da exceção de pré-executividade

A exceção ou objeção de pré-executividade, independentemente da (in)existência de previsão legal, é plenamente reconhecida (portanto, cabível) pela doutrina e jurisprudência.[501] Visa a, numa primeira observação, discutir matéria conhecível de ofício e que não depende de dilação probatória.

Nesse passo, inicialmente, convém esclarecer que a exceção de pré-executividade trata de mero incidente processual (interno) da execução, portanto, não dependente dos requisitos e formalidades típicas do processo de conhecimento, sendo cabível naqueles casos em que o executado pretende a extinção do processo executivo.

Com efeito, através da exceção ou objeção de pré-executividade poderá o executado alegar qualquer matéria de ordem pública ligada à admissibilidade da própria execução e que poderia, em razão da sua natureza, ter sido conhecida ou apreciada de ofício pelo juiz.[502]

Atualmente, a exceção de pré-executividade ou objeção de executividade se consolidou no cenário jurídico e processual pátrio, a ponto de ser admitida também na Execução Fiscal: "A exceção de pré-executividade é admissível na execução fiscal relativamente às matérias conhecíveis de ofício que não demandem dilação probatória" (Súmula 393, STJ). A exceção de pré-executividade é cabível, inclusive, na fase de Cumprimento de Sentença.

Com efeito, a exceção de pré-executividade não pode ser encarada como expediente pernicioso ou procrastinatório. Ao contrário, presta-se admiravelmente para impedir o prosseguimento de execuções inúteis, beneficiando o conjunto da atividade jurisdicional, assim como para evitar dano irreparável ao executado.

---

[497] O requisito da prévia segurança do juízo da execução permanece ainda vigente, por exemplo, no art. 16, incisos I e II, da Lei de Execuções Fiscais.

[498] Nas palavras de José Carlos Barbosa Moreira, "não deve a execução ter curso, se o crédito atribuído ao exequente no título porventura não subsiste" (MOREIRA, José Carlos Barbosa. *O novo processo civil brasileiro: exposição sistemática do procedimento*, op. cit., p. 295)

[499] CÂMARA, Alexandre Freitas. *Lições de Direito Processual Civil*, op. cit., p. 437.

[500] Ibid., p. 437.

[501] Com relação ao cabimento, Cássio Scarpinella Bueno chega a referir "que as exceções e objeções de pré-executividade subsistem no sistema processual, destarte, não há por que duvidar". (BUENO, Cassio Scarpinella. *Curso sistematizado de direito processual civil: tutela jurisdicional executiva*, op. cit., p. 634.)

[502] CÂMARA, Alexandre Freitas. *Lições de Direito Processual Civil*, op. cit., p. 437.

É cabível, portanto, (i) em qualquer procedimento executivo; (ii) na execução fundada em título executivo judicial ou extrajudicial; (iii) na execução fiscal; (iv) na execução contra a fazenda pública, em caso de excesso de execução, por exemplo; (v) e na execução de alimentos, para alegar situações claramente exoneráveis, em lugar da ação própria.[503]

16.2.3. Objeto da exceção de pré-executividade

Tendo em vista a origem e finalidades da exceção de pré-executividade, é objeto desse incidente processual, toda e qualquer matéria que o magistrado poderia conhecer de ofício[504] e que, evidentemente, não demande maior dilação probatória.[505]

Nessa perspectiva, emprega-se a exceção de pré-executividade naquelas matérias que, embora conhecíveis de ofício pelo juiz, não foram objeto de apreciação, cabendo ao devedor suprir eventual inércia, especialmente, quando o objetivo for extinguir a execução.

Todavia, é essencial anotar que modernamente se verifica um certo alargamento do campo de incidência da exceção de pré-executividade.[506] Se na sua origem dizia respeito somente a matérias de ordem pública, atualmente, admite-se também as chamadas exceções substanciais[507] (com base no direito material, como pagamento, prescrição ou inexistência dos requisitos do título), desde que já tenham sido suficientemente provadas no processo de execução.

Assim, conforme aponta Fredie Didier, "o que passou a servir de critério para a admissibilidade da exceção de pré-executividade foi a verificação da necessidade ou não de prova pré-constituída".[508] Dessa forma, qualquer alegação de defesa poderia ser veiculada por meio dessa objeção, desde que possa ser comprovada por prova pré-constituída.

De maneira geral e em última análise, o objeto da exceção de pré-executividade equivale ao dos embargos e da impugnação (artigos 910, 917 e 525), desde que se trate de questão de direito e insuscetível de dilação probatória.

---

[503] ASSIS, Araken de. *Manual da Execução*, op. cit., p. 1.231.

[504] "Em todo caso, se existir vício suscetível de conhecimento *ex officio*, deve admitir-se que o executado a argua em petição dirigida ao órgão jurisdicional" (MOREIRA, José Carlos Barbosa. *O novo processo civil brasileiro: exposição sistemática do procedimento*, op. cit., p. 296).

[505] Se a análise das alegações postas na exceção de pré-executividade depender de produção de provas, o caminho a ser escolhido desse ser a Ação de Embargos à Execução.

[506] "A evolução das exceções e objeções de pré-executividade, contudo, vai além. Gradativamente, não só questões passíveis de apreciação de ofício mas também matérias, que embora dependessem de iniciativa da parte, não reclassem produção de prova complexa, suficiente a apresentação de algum documento, passaram a ter sua veiculação ao juiz admitida, independentemente dos embargos" (BUENO, Cassio Scarpinella. *Curso sistematizado de direito processual civil: tutela jurisdicional executiva*, op. cit., p. 635).

[507] ASSIS, Araken de. *Manual da Execução*, op. cit., p. 1.233.

[508] DIDIER JÚNIOR, Fredie Souza; CUNHA, Leonardo José Ribeiro Coutinho Berardo Carneiro da; BRAGA, Paula Sarno; OLIVEIRA, Rafael Santos de. *Curso de Direito Processual Civil*, op. cit., p. 397.

- **Atenção!** Ainda que seja objeto de tópico específico, convém transcrever os referidos artigos:

Execução contra a Fazenda Pública:

Art. 910. Na execução fundada em título extrajudicial, a Fazenda Pública será citada para opor embargos em 30 (trinta) dias.

§ 1º Não opostos embargos ou transitada em julgado a decisão que os rejeitar, expedir-se-á precatório ou requisição de pequeno valor em favor do exequente, observando-se o disposto no art. 100 da Constituição Federal.

§ 2º Nos embargos, a Fazenda Pública poderá alegar qualquer matéria que lhe seria lícito deduzir como defesa no processo de conhecimento.

§ 3º Aplica-se a este Capítulo, no que couber, o disposto nos artigos 534 e 535.

Embargos à execução:

Art. 917. Nos embargos à execução, o executado poderá alegar:
I – inexequibilidade do título ou inexigibilidade da obrigação;
II – penhora incorreta ou avaliação errônea;
III – excesso de execução ou cumulação indevida de execuções;
IV – retenção por benfeitorias necessárias ou úteis, nos casos de execução para entrega de coisa certa;
V – incompetência absoluta ou relativa do juízo da execução;
VI – qualquer matéria que lhe seria lícito deduzir como defesa em processo de conhecimento.

Matéria arguível na impugnação ao cumprimento de sentença:

Art. 525. Transcorrido o prazo previsto no art. 523 sem o pagamento voluntário, inicia-se o prazo de 15 (quinze) dias para que o executado, independentemente de penhora ou nova intimação, apresente, nos próprios autos, sua impugnação.

§ 1º Na impugnação, o executado poderá alegar:
I – falta ou nulidade da citação se, na fase de conhecimento, o processo correu à revelia;
II – ilegitimidade de parte;
III – inexequibilidade do título ou inexigibilidade da obrigação;
IV – penhora incorreta ou avaliação errônea;
V – excesso de execução ou cumulação indevida de execuções;
VI – incompetência absoluta ou relativa do juízo da execução;
VII – qualquer causa modificativa ou extintiva da obrigação, como pagamento, novação, compensação, transação ou prescrição, desde que supervenientes à sentença.

16.2.4. Procedimento (legitimidade, prazo, efeitos, contraditório)

a) *Legitimidade*

Legitima-se a propor a exceção de pré-executividade, em primeiro lugar, o executado, ou seja, toda pessoa que figurar no polo passivo da execução.

Também ostentam legitimidade para o opor exceção de pré-executividade, os chamados "responsáveis" (sócio, cônjuge), desde que, evidentemente, atendam aos requisitos necessários apontados pela doutrina e jurisprudência.

Outrossim, é possível que "terceiros" interessados, eventualmente, prejudicados pela execução ou por alguma determinada constrição patrimonial, também possam propor exceção de pré-executividade, mormente, para que não fiquem obrigados a ajuizar a ação autônoma de Embargos de Terceiros.

Por fim, conforme bem aponta Araken de Assis, "é de todo descabido legitimar ativamente o exequente", visto que a exceção de pré-executividade constitui meio de reação contra a execução e não um "movimento a favor de sua regularidade".[509]

b) *Prazo para a interposição da exceção de pré-executividade*

Por se tratar de incidente processual sem previsão legal expressa, ainda que respaldado pela doutrina e jurisprudência, inexiste prazo fixo para a interposição da exceção de pré-executividade. Da mesma forma, "não há termo final para deduzir exceção de pré-executividade".[510]

De outro lado, inexiste propriamente um castigo ou penalidade para o devedor que não apresenta a exceção de pré-executividade. Relevante refletir, todavia, sobre a possibilidade de preclusão, haja visto o alargamento (apontado pela doutrina e já antes referido) do objeto da exceção de pré-executividade.

Explica-se: passando a exceção de pré-executividade a admitir alegações de natureza material (como o pagamento, por exemplo), desde que dotadas de prova pré-constituída, questiona-se como fica a situação processual do devedor que, regularmente citado, deixou de interpor embargos à execução no prazo legal?

Com efeito, as exceções substantivas/materiais, admitidas na objeção de pré-executividade (desde que embasadas em prova pré-constituída), constituem, inegavelmente "defesa indireta de mérito",[511] conforme bem assenta Araken de Assis,[512] as quais, de regra, se submetem ao regime preclusão. Omitida a alegação no momento oportuno (leia-se, no prazo dos embargos), não caberia ao réu fazê-lo posteriormente (eficácia da preclusão) e tampouco poderá o juiz conhecê-las de ofício, uma vez que o art. 141 do CPC vigente exige iniciativa da parte.[513]

Novamente utilizando-se dos ensinamentos de Araken de Assis, a questão somente é resolvida se analisadas as três modalidades de preclusão defendidas na doutrina pátria: temporal, lógica e consumativa.[514]

Preclusão no Direito brasileiro		
Temporal	Lógica	Consumativa
É aquela prevista no art. 223 do CPC vigente, segundo a qual, transcorrido o prazo legal, extingue-se o direito de praticar o ato processual.	Trata da extinção da faculdade de praticar um determinado ato processual em virtude da não compatibilidade de um ato com outro já realizado.	Refere-se à extinção da faculdade de praticar um determinado ato processual em virtude de já haver ocorrido a oportunidade para tanto.

---

[509] ASSIS, Araken de. *Manual da Execução*, op. cit., p. 1.236.
[510] Ibid., p. 1.237.
[511] MOREIRA, José Carlos Barbosa. *O novo processo civil brasileiro*. op. cit., p. 38.
[512] ASSIS, Araken de. *Manual da Execução*, op. cit., p. 1.238.
[513] Ibid., p. 1.238.
[514] Ibid., p. 1.238.

Na análise ora levada a efeito, convém observar que, (1) como a exceção de pré-executividade não possui prazo previsto em lei para sua interposição, não seria lícito tratar de preclusão temporal; (2) outrossim, inexiste – até mesmo pelo seu objeto e escopo – a possibilidade de encontrar alguma incompatibilidade entre a exceção de pré-executividade e outro ato processual na execução, donde também se afastaria a preclusão lógica. (3) Nessa senda, restaria a preclusão consumativa, ou seja, interposta a exceção, "com ou sem êxito, exclui-se do executado o direito de aditá-la, completá-la ou renová-la".[515] Com relação ao tema, aliás, valiosa a lição de Alexandre Câmara, segundo o qual "a objeção de pré-executividade pode ser apresentada a qualquer tempo, ao longo do módulo processual de execução, já que versa sobre matérias de ordem pública, a cujo respeito não se opera a preclusão".[516]

c) *Efeito*

O recebimento da exceção de pré-executividade não obsta o regular prosseguimento da execução, seja por que os casos de suspensão do processo (art. 313 do CPC) e da execução (art. 921 do CPC) são taxativos, seja por que seria necessária previsão legal para a obtenção de efeito suspensivo.

A obtenção de eficácia suspensiva excepcional, somente seria possível com o ajuizamento da ação autônoma de Embargos à Execução (que exige segurança do juízo) ou através do ajuizamento de ação própria de natureza cautelar ou antecipatória, atendidos os respectivos pressupostos e requisitos legais.

d) *Contraditório*

Inegavelmente, até mesmo por força do princípio constitucional do contraditório, preliminarmente, deve-se oportunizar ao credor apresentar manifestação acerca do conteúdo e forma da exceção de pré-executividade apresentada pelo devedor.

Antes de examinar a alegação do executado, o juiz mandará o credor se manifestar no prazo de quinze dias, aplicando-se, por analogia com o disposto no art. 351 do CPC vigente.

16.2.5. Efeitos do acolhimento e da rejeição da exceção

Os efeitos do julgamento da exceção de pré-executividade, dentro da perspectiva do próprio processo civil pátrio, não apresentam controvérsias e tampouco comportam maiores dúvidas, bastando observar que:

(a) Sendo rejeitada a exceção de pré-executividade: o recurso cabível seria o agravo (a ser interposto pelo excipiente/devedor e sem efeito suspensivo);

---

[515] ASSIS, Araken de. *Manual da Execução*, op. cit., p. 1.238.
[516] CÂMARA, Alexandre Freitas. *Lições de Direito Processual Civil*, op. cit., p. 440.

(b) Sendo acolhida a exceção: uma vez extinta a execução, o recurso cabível é a apelação (a ser interposto pelo credor);

(c) E, em se tratando de execução fiscal: a sentença fica sujeita a reexame necessário, visto que, na hipótese de acolhimento de alguma exceção substantiva, a pretensão executiva da Fazenda Pública, restou julgada improcedente.

De outra parte, relevante anotar que é possível a condenação do credor, em custas e honorários, caso a execução seja extinta.

Uma vez rejeitada a exceção de pré-executividade, a mesma matéria pode ser objeto de discussão nos embargos à execução, visto que, em caso de rejeição, só ocorre a preclusão, fenômeno interno ao processo executivo, jamais a eficácia da coisa julgada (art. 502, CPC).

16.3. Ação de embargos do executado[517]

16.3.1. Natureza jurídica dos embargos do devedor

Uma primeira observação importante é a de que o processo executivo não comporta reação (ou defesa) interna do devedor,[518] necessariamente dirigida à desconstituição da pretensão executiva, no todo ou em parte.

Com efeito, os embargos à execução constituem-se na medida típica de oposição do devedor quanto à execução de título extrajudicial. Não se constituem os embargos, especificamente, em "meio de defesa" ou equiparável à "resposta" do réu no processo de conhecimento. Têm os embargos à execução natureza jurídica de *ação autônoma*, distinta da que se está exercitando no processo de execução, *"embora intuitivamente conexa (em sentido lato) com ela e tendente a destruir o aludido processo ou cortar-lhe os excessos"*, conforme leciona José Carlos Barbosa Moreira.[519]

O oferecimento dos embargos à execução estabelece novo processo, que não se confunde com o processo executivo e tem natureza de processo de cognição. Assume, portanto, as feições de processo de conhecimento. Nos embargos, invertem-se as posições das partes: o sujeito ativo dessa relação processual, ou

---

[517] Quanto à denominação da Ação de Embargos à Execução, relevante trazer a crítica posta por Alexandre Câmara, para quem "embargos à execução também não parece adequada, isso por que, (...), os embargos nem sempre se destinam a atacar o processo executivo como um todo, podendo-se restringir a impugnar um certo ato executivo (assim, por exemplo, os embargos fundados na alegação de nulidade da penhora). O direito italiano conhece dois meios diversos de oposição do executado, que poderiam ser traduzidos por 'embargos à execução' e 'embargos aos atos executivos. Conclui a lição referindo que: "parece mais adequada, assim, a terminologia 'embargos do executado', pouco importando nesse entendimento, "se o embargante é devedor, responsável, ou se não ocupa nenhuma das duas posições, ele será, e isso é indubitável, o executado" (CÂMARA, Alexandre Freitas. *Lições de Direito Processual Civil*, op. cit., p. 401/402.)

[518] Afora na hipótese de exceção de pré-executividade e, ainda assim, nos casos e matérias elencados no item anterior.

[519] MOREIRA, José Carlos Barbosa. *O novo processo civil brasileiro: exposição sistemática do procedimento*, op. cit., p. 38.

seja, o autor é o executado/devedor/embargante, ao passo que o sujeito passivo, ou seja, o réu, passa a ser o exequente/credor/embargado.

Relevante destacar a esse respeito, que a certeza relativa à existência do título executivo, não torna inútil ou mesmo insubsistente a ação de embargos.

Trata-se de remédio processual específico de oposição à execução, consoante reza o art. 914 do CPC, revelando-se, outrossim, *insubstituível* por qualquer outra medida legal ou processual, como o Mandado de Segurança, por exemplo.[520]

16.3.2. Conceito de embargos à execução

Os embargos à execução, no direito pátrio, assumem a condição de ação de oposição à execução, albergando do mesmo modo exceções substantivas e questões de ordem processual da execução.

Assim, por exemplo, tanto o excesso da execução (cobrança daquilo que se reputa indevido), como a nulidade da citação ou a ilegitimidade das partes, podem ser oponíveis na ação de embargos de devedor, com o mesmo efeito de reação ao processo executivo.

É o único remédio que, por sua própria natureza, trava a marcha do processo executivo, conforme se infere da previsão de efeito suspensivo previsto no art. 919, § 1º, do CPC, efeito que somente desaparece após o julgamento de primeiro grau, desfavorável ao embargante.

> Art. 919. Os embargos à execução não terão efeito suspensivo.
>
> § 1º O juiz poderá, a requerimento do embargante, atribuir efeito suspensivo aos embargos quando verificados os requisitos para a concessão da tutela provisória e desde que a execução já esteja garantida por penhora, depósito ou caução suficientes.
>
> § 2º Cessando as circunstâncias que a motivaram, a decisão relativa aos efeitos dos embargos poderá, a requerimento da parte, ser modificada ou revogada a qualquer tempo, em decisão fundamentada.
>
> § 3º Quando o efeito suspensivo atribuído aos embargos disser respeito apenas a parte do objeto da execução, esta prosseguirá quanto à parte restante.
>
> § 4º A concessão de efeito suspensivo aos embargos oferecidos por um dos executados não suspenderá a execução contra os que não embargaram quando o respectivo fundamento disser respeito exclusivamente ao embargante.
>
> § 5º A concessão de efeito suspensivo não impedirá a efetivação dos atos de substituição, de reforço ou de redução da penhora e de avaliação dos bens.
>
> • **Importante:** O julgamento desfavorável ao embargante faz desaparecer o efeito suspensivo da ação de embargos da execução, mesmo na hipótese de interposição de recurso de apelação. É que o recurso de apelação, nesse caso será recebido no seu efeito meramente devolutivo, conforme redação do Art. 1.012 do CPC:
>
> Art. 1.012. A apelação terá efeito suspensivo.
>
> § 1º Além de outras hipóteses previstas em lei, começa a produzir efeitos imediatamente após a sua publicação a sentença que:

---

[520] ASSIS, Araken de. *Manual da Execução*, op. cit., p. 1.243.

I – homologa divisão ou demarcação de terras;
II – condena a pagar alimentos;
III – extingue sem resolução do mérito ou julga improcedentes os embargos do executado;
IV – julga procedente o pedido de instituição de arbitragem;
V – confirma, concede ou revoga tutela provisória;
VI – decreta a interdição.
(...)

Em outras palavras, os embargos à execução constituem-se um processo autônomo (com natureza jurídico-processual de ação própria), vinculado à própria ação executiva, dentro do qual se pretende apreciar a pretensão manifestada pelo exequente, com o escopo de confirmar-se se a obrigação contida no título executivo extrajudicial é oponível ao devedor. Ou não simples expressão cunhada por Alexandre Câmara: "processo de conhecimento em relação à execução".[521]

16.3.3. Objeto dos embargos à execução (art. 917, CPC)

Conforme já salientado, o título executivo permite o ingresso nas vias executivas independentemente da demonstração de que subsiste o direito nele corporificado. Em se tratando de título judicial, pressupõe-se feita essa demonstração no prévio processo de conhecimento.[522] Outrossim, dispensado estará o interessado, caso disponha de título executivo extrajudicial constante do rol do art. 784 do CPC ou previsto em lei especial.[523]

Tocará ao executado, nesse caso, tentar demonstrar o contrário por meio da ação incidental de "embargos à execução" cujo objeto encontra-se previsto no art. 917 do CPC.

- **Importante:** o art. 917 do CPC dispõe da seguinte forma as matérias arguíveis pelo executado para fins de ajuizamento da Ação de Embargos à Execução:

  Art. 917. Nos embargos à execução, o executado poderá alegar:
  I – inexequibilidade do título ou inexigibilidade da obrigação;
  II – penhora incorreta ou avaliação errônea;
  III – excesso de execução ou cumulação indevida de execuções;
  IV – retenção por benfeitorias necessárias ou úteis, nos casos de execução para entrega de coisa certa;
  V – incompetência absoluta ou relativa do juízo da execução;
  VI – qualquer matéria que lhe seria lícito deduzir como defesa em processo de conhecimento.

---

[521] CÂMARA, Alexandre Freitas. *Lições de Direito Processual Civil*, op. cit., p. 440.

[522] MOREIRA, José Carlos Barbosa. *O novo processo civil brasileiro: exposição sistemática do procedimento*, op. cit., p. 300.

[523] Como por exemplo, o termo de ajustamento de conduta que, na forma do art. 5º, § 6º, da Lei da Ação Civil Pública tem eficácia de título executivo extrajudicial: "*§ 6º Os órgãos públicos legitimados poderão tomar dos interessados compromisso de ajustamento de sua conduta às exigências legais, mediante cominações, que terá eficácia de título executivo extrajudicial*".

Dessa forma, a título de embargos à execução, o devedor poderá arguir as seguintes matérias:

I – inexequibilidade do título ou inexigibilidade da obrigação:

Acertadamente, o legislador adota a expressão "inexequibilidade" para apontar que nos embargos à execução o devedor poderá arguir a inexistência de título líquido, certo e exigível.

A ideia nesse fundamento é apontar que o título executivo não é executivo.

Nesse sentido, o devedor está autorizado a fundamentar sua pretensão com base no art. 803, inc. I, do CPC

II – penhora incorreta ou avaliação errônea:

A arguição da "penhora incorreta ou avaliação errônea" encontra previsão no inciso II do art. 917 do CPC.

Assim, defeitos atinentes à penhora podem ser alegados em sede de embargos à execução. A impenhorabilidade do bem constrito indevidamente e excesso de penhora são hipóteses em que tem cabimento essa modalidade de oposição à execução. A avaliação equivocada do bem penhorado também é matéria a ser discutida em sede de embargos.

III – excesso de execução ou cumulação indevida de execuções:

O excesso de execução encontra previsão expressa no art. 917, §2º do CPC, que estabelece as seguintes hipóteses: (i) o exequente pleiteia quantia superior à do título; (ii) recai a execução sobre coisa diversa daquela declarada no título; (iii) se processa a execução de modo diferente do que foi determinado no título; (iv) o exequente, sem cumprir a prestação que lhe corresponde, exige o adimplemento da prestação do executado; (v) o exequente não prova que a condição se realizou.

Com relação à cumulação indevida de execuções, o art. 780 do CPC prevê as hipóteses legais:

> Art. 780. O exequente pode cumular várias execuções, ainda que fundadas em títulos diferentes, quando o executado for o mesmo e desde que para todas elas seja competente o mesmo juízo e idêntico o procedimento.

IV – retenção por benfeitorias necessárias ou úteis, nos casos de execução para entrega de coisa certa:

O direito de retenção por benfeitorias nas ações que visam à tutela do direito à coisa (art. 498 do CPC) ou à tutela da posse (arts. 554 e seguintes do CPC) deve ser alegado em contestação sob pena de preclusão.

Todavia, se a execução para entrega de coisa estiver fundada em título executivo extrajudicial (art. 806, CPC), pode o executado alegar a matéria em sede de embargos.[524]

---

[524] MARINONI, Luiz Guilherme; MITIDIERO, Daniel. *Código de processo civil comentado artigo por artigo*, op. cit., p. 715.

Art. 806. O devedor de obrigação de entrega de coisa certa, constante de título executivo extrajudicial, será citado para, em 15 (quinze) dias, satisfazer a obrigação.

V – incompetência absoluta ou relativa do juízo da execução:

Conforme já verificado no processo de conhecimento (art. 337, inc. II, do CPC), as alegações das partes quanto a eventual incompetência absoluta ou relativa podem ser arguidas de imediato, sem a necessidade de promover o incidente processual da exceção, conforme ocorria no regime anterior.

VI – qualquer matéria que lhe seria lícito deduzir como defesa em processo de conhecimento:

Quanto a esse inciso, leciona José Carlos Barbosa Moreira que essa matéria consta entre aquelas oponíveis em caso de embargos à execução "pela circunstância de não ter havido prévia atividade cognitiva, ao contrário do que ocorre na execução de sentença".[525]

VI – nulidade da sentença arbitral:

Não obstante a inexistência de previsão legal expressa, Alexandre Câmara leciona que a nulidade da sentença arbitral é uma das matérias que se pode arguir em sede de embargos à execução, conforme se infere do art. 33, § 3º, da Lei de Arbitragem: "A decretação da nulidade da sentença arbitral também poderá ser arguida mediante ação de embargos do devedor, conforme arts. 741 e seguintes do Código de Processo Civil, se houver execução judicial".

Essa lição, lida em consonância com o art. 535 do CPC, permite concluir que a declaração de nulidade da sentença arbitral poderia ser obtida de duas maneiras: por ação declaratória ou por embargos à execução.[526]

Ocorre que, tendo o art. 515, inc. VII, do CPC, alçado a sentença arbitral a título executivo judicial, transparece razoável que eventual nulidade desse título seja arguido em sede de impugnação ao cumprimento de sentença, e não Embargos à Execução, valendo lembrar a esse respeito que, quando a publicação da Lei de Arbitragem (Lei 9.307/1996), vigia no direito processual civil pátrio o modelo do antigo processo de execução, que não diferenciava os procedimentos executivos e meios de oposição dos títulos executivos judiciais e extrajudiciais.

Dirimindo definitivamente essa questão, o Código de Processo Civil, no seu art. 1.061, altera a o art. 33 da Lei de Arbitragem conforme transcrição abaixo:

Art. 1.061. O § 3º do art. 33 da Lei nº 9.307, de 23 de setembro de 1996 (Lei de Arbitragem), passa a vigorar com a seguinte redação:
"Art. 33 [...]
[...]
§ 3º A decretação da nulidade da sentença arbitral também poderá ser requerida na impugnação ao cumprimento da sentença, nos termos dos arts. 525 e seguintes do Código de Processo Civil, se houver execução judicial."

---

[525] MOREIRA, José Carlos Barbosa. *O novo processo civil brasileiro: exposição sistemática do procedimento*, op. cit., p. 300.
[526] CÂMARA, Alexandre Freitas. *Lições de Direito Processual Civil*, op. cit., p. 428-429.

16.3.4. Do objeto dos embargos oponíveis à adjudicação, à alienação por iniciativa particular e à arrematação

Outrora previsto no art. 746 do CPC/73, estes embargos eram oferecidos no prazo de 5 (cinco) dias subsequentes à adjudicação, à alienação (particular) ou à arrematação e poderiam apontar as seguintes matérias:

(i) nulidade da execução, em consequência de vício ocorrido entre a penhora e a expropriação, ou na realização desta;

(ii) causa extintiva da obrigação, desde que superveniente à penhora, remetendo-se aqui à enumeração do art. 741 do CPC em vigor.[527]

Os embargos do art. 746 do CPC/73 tiveram novo tratamento no CPC agora em vigor. O art. 903, § 2º, do CPC trata dessa matéria nos seguintes termos:

> Art. 903. Qualquer que seja a modalidade de leilão, assinado o auto pelo juiz, pelo arrematante e pelo leiloeiro, a arrematação será considerada perfeita, acabada e irretratável, ainda que venham a ser julgados procedentes os embargos do executado ou a ação autônoma de que trata o § 4º deste artigo, assegurada a possibilidade de reparação pelos prejuízos sofridos.
> § 1º Ressalvadas outras situações previstas neste Código, a arrematação poderá, no entanto, ser:
> I – invalidada, quando realizada por preço vil ou com outro vício;
> II – considerada ineficaz, se não observado o disposto no art. 804;
> III – resolvida, se não for pago o preço ou se não for prestada a caução.
> § 2º O juiz decidirá acerca das situações referidas no § 1º, se for provocado em até 10 (dez) dias após o aperfeiçoamento da arrematação.
> (...)

Sendo assim, eventual irresignação do devedor contra a arrematação será deduzida através de simples petição em até 10 (dez) dias contados da perfectibilização do ato.

16.3.5. Da disciplina do parcelamento (judicial e limitado) do débito exequendo

Analisar o parcelamento (extrajudicial) de débitos sob execução é tema que, geralmente, refoge ao controle jurisdicional,[528] sobretudo quando o objeto estiver relacionado a direitos patrimoniais e disponíveis.

A primeira observação que se faz quanto ao tema, remete ao disposto no art. 314 do Código Civil vigente, segundo o qual "ainda que a obrigação tenha por objeto prestação divisível, não pode o credor ser obrigado a receber, nem o devedor a pagar, por partes, se assim não se ajustou".

---

[527] MOREIRA, José Carlos Barbosa. *O novo processo civil brasileiro: exposição sistemática do procedimento*, op. cit., p. 302.

[528] O que não significa a desnecessidade de homologação judicial. O referendo judicial, através de decisão homologatória tem eficácia de sentença e revela-se, portanto, necessário.

Ou seja, numa análise inicial, poderia se dizer que o credor não pode ser obrigado a receber de maneira parcelada, se assim sua livre disposição do direito de crédito não aprouver.

Todavia, nos casos em que as partes livremente pactuam o parcelamento do débito, o art. 922 do CPC, estabelece a suspensão da execução pelo prazo concedido pelo credor. Trata-se daquilo que Araken de Assis chama de "parcelamento ilimitado",[529] no qual a obrigação exequenda pode ser parcelada pelas partes por prazo indeterminado ou ilimitado.

Esse dispositivo que permite a suspensão do processo pelo prazo do parcelamento concedido pelo credor tem aplicação tanto no processo de execução de título extrajudicial, como no processo de execução de título judicial, por força do disposto no art. 771 do CPC em vigor:

> Art. 771. Este Livro regula o procedimento da execução fundada em título extrajudicial, e suas disposições aplicam-se, também, no que couber, aos procedimentos especiais de execução, aos atos executivos realizados no procedimento de cumprimento de sentença, bem como aos efeitos de atos ou fatos processuais a que a lei atribuir força executiva.
>
> Parágrafo único. Aplicam-se subsidiariamente à execução as disposições do Livro I da Parte Especial.

Ocorre que além desse *"parcelamento ilimitado"*, o art. 916 do CPC em vigor autoriza o executado – dentro de determinado prazo e de acordo com o atendimento dos respectivos pressupostos legais – a parcelar o débito exequendo em até seis meses, caracterizando dessa forma, uma espécie de *"parcelamento limitado"*, instituto de direito processual que confere inequívoco direito subjetivo ao devedor, ou seja, "exercido no prazo e observados os respectivos pressupostos, o pedido do executado subordina o órgão judiciário e o exequente".[530]

Para melhor e necessária compreensão do tema, enumeram-se as condições necessárias para o exercício desse direito subjetivo do devedor:

i) formalizar o requerimento no prazo dos embargos à execução;

ii) reconhecer o crédito do exequente e comprovar o depósito voluntário de quantia equivalente a 30% (trinta por cento) do valor em execução, inclusive custas e honorários de advogado;

iii) efetuar o pagamento do saldo devedor em até 6 (seis) parcelas mensais, acrescidas de correção monetária e juros de 1% (um por cento) ao mês;

iv) o não pagamento de qualquer das prestações implicará, de pleno direito, o vencimento das subsequentes e o prosseguimento do processo, com o imediato início dos atos executivos, imposta ao executado, multa de 10% (dez por cento) sobre o valor das prestações não pagas e vedada a oposição de embargos.

Veja-se que nesse caso, sequer existe a figura processual da "homologação", visto que não se trata de negócio processual. Detalhe importante, outros-

---

[529] ASSIS, Araken de. *Manual da Execução*, op. cit., p. 553.
[530] Ibid., p. 556.

sim, diz respeito ao domínio de aplicação desse tipo de parcelamento, calhando as seguintes observações:

1º) é cabível na execução de título extrajudicial;

2º) também seria cabível os procedimentos executórios especiais, como execução hipotecária (Lei nº 5.741/1971) ou na execução alimentar;[531]

3º) teria cabimento nas Execuções Fiscais, somente no caso de créditos não tributários, visto que nos créditos tributários, eventual pedido de parcelamento deveria ser disciplinado pela regra especial da moratória, prevista no art. 152, inc. II, do CTN;

4º) Já existiriam julgados inclusive da Justiça do Trabalho autorizando a aplicação do instituto do parcelamento limitado.

Aqui, abre-se espaço para breve divergência doutrinária e jurisprudencial acerca da aplicabilidade desse instituto, ou seja, quanto ao cabimento (ou não) do pedido de parcelamento na fase de cumprimento de sentença. Nesse sentido, segundo a doutrina de Araken de Assis, por exemplo, seria possível o pedido de parcelamento com fulcro no art. 916 do CPC, ao argumento de que, "o fato de se cuidar de dívida objeto de pronunciamento judicial não constitui razão bastante para excluir o direito subjetivo do executado".[532]

De outra parte, para Luiz Guilherme Marinoni e Sério Cruz Arenhart,[533] não seria possível admitir-se esse tipo de parcelamento nas execuções de título judicial (cumprimento de sentença). Para esses autores, "o condenado não deve ser estimulado a pagar mediante benefícios, mas sim estimulado a pagar mediante ameaça ou pena. Se o parcelamento é técnica que serve para estimular o devedor de título executivo extrajudicial ao pagamento, a multa de 10%, prevista no art. 475-J, serve para estimular o condenado a pagar pontualmente. Ou seja, não há racionalidade em admitir o benefício do parcelamento em favor do condenado quando o próprio sistema dispõe de multa punitiva para estimulá-lo a pagar prontamente".[534]

Frise-se, outrossim, que a norma do artigo 916 do Código de Processo Civil visa a estimular o reconhecimento da dívida por parte do devedor, carecendo de tal escopo no caso de cumprimento de sentença, porquanto reconhecido o débito por meio de decisão judicial.

---

[531] ASSIS, Araken de. *Manual da Execução*, op. cit., p. 557.

[532] Ibid., p. 556.

[533] "O executado não pode valer-se da prerrogativa contida no art. 745-A do CPC, alusiva à execução de título extrajudicial. Esta norma permite que o executado, reconhecendo no prazo de quinze dias a dívida executada, deposite a importância de trinta por cento do valor exigido e pleiteie o parcelamento do restante em até seis parcelas mensais. Esta faculdade, porém, não pode ser admitida na execução de sentença condenatória. Não há razão para estimular o condenado a reconhecer a dívida. Esta já foi afirmada na sentença condenatória, após anos de debates entre as partes e de aprofundada cognição judicial. Ademais, também não existe qualquer motivo para se outorgar o benefício ou dilação de pagamento ao condenado." (MARINONI, Luiz Guilherme; ARENHART, Sérgio Cruz. *Curso de processo civil: execução*. São Paulo: Revista dos Tribunais, 2007, p. 427).

[534] MARINONI, Luiz Guilherme; ARENHART, Sérgio Cruz. *Curso de processo civil: execução*. São Paulo: Revista dos Tribunais, 2007, p. 427.

Essa discussão, entretanto, restou esvaziada pela redação do §7º do art. 916 do CPC agora em vigor, que rechaça a possibilidade de parcelamento limitado no caso de cumprimento de sentença.

> Art. 916: No prazo para embargos, reconhecendo o crédito do exequente e comprovando o depósito de trinta por cento do valor em execução, acrescido de custas e de honorários de advogado, o executado poderá requerer que lhe seja permitido pagar o restante em até 6 (seis) parcelas mensais, acrescidas de correção monetária e de juros de um por cento ao mês.
>
> § 1º O exequente será intimado para manifestar-se sobre o preenchimento dos pressupostos do caput, e o juiz decidirá o requerimento em 5 (cinco) dias.
>
> § 2º Enquanto não apreciado o requerimento, o executado terá de depositar as parcelas vincendas, facultado ao exequente seu levantamento.
>
> § 3º Deferida a proposta, o exequente levantará a quantia depositada, e serão suspensos os atos executivos.
>
> § 4º Indeferida a proposta, seguir-se-ão os atos executivos, mantido o depósito, que será convertido em penhora.
>
> § 5º O não pagamento de qualquer das prestações acarretará cumulativamente:
>
> I – o vencimento das prestações subsequentes e o prosseguimento do processo, com o imediato reinício dos atos executivos;
>
> II – a imposição ao executado de multa de dez por cento sobre o valor das prestações não pagas.
>
> § 6º A opção pelo parcelamento de que trata este artigo importa renúncia ao direito de opor embargos.
>
> § 7º O disposto neste artigo não se aplica ao cumprimento da sentença.

16.3.6. Pressupostos processuais da ação de embargos à execução

O exercício da ação de embargos gera uma relação processual paralela àquela da execução, autônoma e discernível. Dessa forma, em se tratando de ação processual, naturalmente o devedor (embargante) deve preencher os pressupostos necessários ao exercício de qualquer ação.

Nesse sentido, a ideia de que o processo deve preencher os pressupostos processuais de constituição válida e regular, segundo a proposição de Oskar Büllow, se encontra expressa no art. 485, inc. IV, do CPC.

Diante desta perspectiva, merecem especial destaque os seguintes pressupostos para o ajuizamento dos embargos à execução: (i) imparcialidade, (ii) cabimento; (iii) competência, (iv) prazo, (v) legitimação e (vi) segurança do juízo (especialmente para fins de obtenção de efeito suspensivo e conforme previsão do art. 16 da Lei de Execuções Fiscais).

i) Imparcialidade

A imparcialidade do magistrado (inexistência de nenhuma causa de impedimento e suspeição), em sendo um dos elementos mais essenciais de um processo conformado pelos direitos fundamentais e pelo Estado Democrático de Direito, também nos embargos à execução, deve seguir as mesmas regras estabelecidas para o processo de conhecimento, conforme previsão contida nos arts. 144 e 145 do CPC.

Nesse sentido, o controle da imparcialidade, mesmo nos embargos à execução, deve ser realizado na forma preconizada pelo art. 146 do CPC.

> Art. 146. No prazo de 15 (quinze) dias, a contar do conhecimento do fato, a parte alegará o impedimento ou a suspeição, em petição específica dirigida ao juiz do processo, na qual indicará o fundamento da recusa, podendo instruí-la com documentos em que se fundar a alegação e com rol de testemunhas.

Conforme lição de Araken de Assis, fundamentalmente, a imparcialidade na ação de embargos à execução reclama tratamento especial e diferente daquele dispensado no processo executivo.[535] Com efeito, contrariamente ao que ocorre no processo de execução, nos embargos à execução, as partes se colocam em plano de igualdade: o devedor demanda o credor no intuito de desconstituir a execução, invertendo os polos da relação processual. Portanto, inadmissível formular um juízo apriorístico sobre a razão do embargante e do embargado, tal como ocorre no processo executivo, em que a própria ação executiva se processa no interesse do exequente (art. 797 do CPC).

ii) Cabimento

Para o seu regular processamento, o embargante deve invocar algum (ou alguns) dos fundamentos previstos em lei: nos embargos à execução, o embargante deve invocar as matérias previstas no art. 917 do CPC.

Por fim, convém salientar de que, diferentemente do que ocorria no antigo regime, o requisito da segurança do juízo não é essencial para o cabimento e admissibilidade dos embargos à execução, conforme se observa do art. 914 do CPC em vigor.

iii) Competência

A regra geral da competência dos embargos à execução, encontra-se prevista no art. 914, §1º, do CPC e estabelece basicamente que estes serão distribuídos por dependência (à ação executiva), autuados em apartado e instruídos com cópias das peças processuais relevantes, que poderão ser declaradas autênticas pelo advogado, sob sua responsabilidade pessoal.

Intuitivo concluir, portanto, que o executado oporá os embargos à execução no juízo em que tramita a execução. Existindo vários executados, e dois ou mais oferecendo seus embargos, cada qual receberá autuação própria, em apenso, merecendo, conforme a matéria alegada, julgamento conjunto, haja vista a conexão.

Portanto, a fixação da competência dos embargos à execução é informada pela natureza do título posto em execução.

Outrossim, cumpre chamar a atenção para a competência dos embargos à execução por carta, regra do § 2º do art. 914 do CPC: "§ 2º Na execução por carta, os embargos serão oferecidos no juízo deprecante ou no juízo deprecado, mas a competência para julgá-los é do juízo deprecante, salvo se versarem

---

[535] ASSIS, Araken de. *Manual da Execução*, op. cit., p. 1.286.

unicamente sobre vícios ou defeitos da penhora, da avaliação ou da alienação dos bens efetuadas no juízo deprecado".

iv) Prazo

A Lei 11.382/2006 ampliou o prazo para a interposição dos embargos à execução para 15 (quinze) dias, *"contados da data da juntada aos autos do mandado de citação"*, conforme redação do art. 738, *caput*, do CPC em vigor. No regime anterior, o prazo era de 10 (dez) dias.

> Art. 915. Os embargos serão oferecidos no prazo de 15 (quinze) dias, contado, conforme o caso, na forma do art. 231.

O § 1º do art. 915 do CPC, de outra parte, estabelece que quando houver mais de um executado, o prazo para cada um deles embargar conta-se a partir da juntada do respectivo comprovante da citação, salvo tratando-se de cônjuge ou companheiro, quando será contado a partir da juntada do último.

De outra parte, nas execuções por carta, nos termos dos §§ 2º e 4º do art. 915 do CPC, o prazo para embargos será contado:

> § 2º Nas execuções por carta, o prazo para embargos será contado:
> I – da juntada, na carta, da certificação da citação, quando versarem unicamente sobre vícios ou defeitos da penhora, da avaliação ou da alienação dos bens;
> II – da juntada, nos autos de origem, do comunicado de que trata o § 4º deste artigo ou, não havendo este, da juntada da carta devidamente cumprida, quando versarem sobre questões diversas da prevista no inciso I deste parágrafo.
> § 4º Nos atos de comunicação por carta precatória, rogatória ou de ordem, a realização da citação será imediatamente informada, por meio eletrônico, pelo juiz deprecado ao juiz deprecante.

Outrossim, importante chamar a atenção para prazos especiais para a interposição dos embargos à execução, especialmente em relação aos Embargos à Execução Fiscal., os quais podem ser opostos no prazo de 30 (trinta) dias, conforme redação do art. 16 da Lei 6.830/1980;

O prazo para interposição dos embargos à execução, mesmo nos casos especiais é peremptória e, no caso de perda desse prazo, ocorre a chamada preclusão temporal (art. 223, *caput*, do CPC).

> Art. 223. Decorrido o prazo, extingue-se o direito de praticar ou de emendar o ato processual, independentemente de declaração judicial, ficando assegurado, porém, à parte provar que não o realizou por justa causa.

A contagem do prazo para a interposição dos embargos à execução segue a sistemática prevista no art. 224 do CPC: "Salvo disposição em contrário, os prazos serão contados excluindo o dia do começo e incluindo o dia do vencimento".

Já o art. 229 do CPC também não teria aplicação, na medida em que o próprio art. 915, no seu § 3º, assim estabelece: *"Em relação ao prazo para oferecimento dos embargos à execução, não se aplica o disposto no art. 229"*. Portanto, não há como se cogitar em prazo em dobro para executados com procuradores distintos.

v) Legitimidade

De modo geral, como bem assevera Humberto Teodoro Júnior, o réu da execução (devedor) é o autor dos embargos, ao passo que, o autor da execução (credor) será o réu dos embargos.[536]

Nesse sentido, aliás, relevante anotar que o art. 914 do CPC em vigor é expresso ao indicar que o executado poderá se opor à execução por meio dos embargos à execução.

Assim, legitima-se ativamente aos embargos à execução o executado e, passivamente, o exequente Dá-se, em relação à demanda executiva, aquilo que Araken de Assis chama de "fenômeno de cruzamento subjetivo",[537] em que as partes invertem as suas posições originárias: o devedor passa a embargante e o credor, a embargado.

vi) Segurança do Juízo: desnecessidade, efeito suspensivo e execução fiscal

Conforme já salientado, o art. 914 do CPC estabelece que os embargos podem ser opostos pelo executado, independentemente de penhora, depósito ou caução. Ou seja, o ajuizamento da ação de embargos à execução prescinde do requisito da segurança prévia do juízo.

Nada obstante, o requisito imprescindível da segurança do juízo mantém hígido na execução fiscal, onde os embargos somente são admitidos se a execução encontra-se garantida pela penhora, pelo depósito ou pela caução, conforme exegese do art. 16, § 1º, da Lei nº 6.830 de 1980, em outras palavras, a Lei de Execuções Fiscais "estabelece, na expropriação fiscal, um pressuposto processual específico à admissibilidade dos embargos".[538] De outra parte, pondera a doutrina que, no caso em que é pressuposto de admissibilidade, a segurança do juízo de se mostrar suficiente, embora não seja imprescindível.[539]

Hodiernamente, a garantia do juízo tem maior relevância, afora a hipótese dos embargos em execução fiscal, quando o devedor pretende obter efeito suspensivo aos embargos à execução.

É que, de regra, os embargos à execução não são dotados de efeito suspensivo, conforme se infere da redação do art. 919 do CPC em vigor.

A concessão de efeito suspensivo nos embargos é disciplinada no § 1º do art. 919 do CPC em vigor, nos seguintes termos: "o juiz poderá, a requerimento do embargante, atribuir efeito suspensivo aos embargos quando verificados os requisitos autorizadores para a concessão da tutela provisória e desde que a execução já esteja garantida por penhora, depósito ou caução suficientes".

Ou seja, a concessão de efeito suspensivo nos embargos à execução de título extrajudicial depende substancialmente da garantia do juízo. Não atendido o requisito legal, não há como conceder o efeito suspensivo.

---

[536] THEODORO JÚNIOR, Humberto. *Curso de direito processual civil – Processo de Execução e Cumprimento de Sentença, Processo Cautelar e Tutela de Urgência*, op. cit., p. 413.
[537] ASSIS, Araken de. *Manual da Execução*, op. cit., p. 1.303.
[538] Ibid., p. 1.309.
[539] Ibid., p. 1.309.

16.3.7. Procedimento dos embargos de devedor (petição inicial, causa de pedir, pedido, indicação de provas, efeitos da propositura)

i) Petição inicial

Tratando-se de ação própria e autônoma, por evidente, que os embargos à execução devem se submeter à regra do art. 2º do CPC, que consagra o chamado do princípio da demanda no processo civil brasileiro, segundo o qual "o processo começa por iniciativa da parte e se desenvolve por impulso oficial, salvo as exceções previstas em lei".

Sendo assim, a ação de embargos à execução inicia seu processamento através da petição inicial, que, por evidente, deverá obedecer aos requisitos do art. 319 do CPC em vigor. Para visualização e pela importância do tema, segue transcrição desse dispositivo:

Art. 319. A petição inicial indicará:

I – o juízo a que é dirigida;

II – os nomes, os prenomes, o estado civil, a existência de união estável, a profissão, o número de inscrição no Cadastro de Pessoas Físicas ou no Cadastro Nacional da Pessoa Jurídica, o endereço eletrônico, o domicílio e a residência do autor e do réu;

III – o fato e os fundamentos jurídicos do pedido;

IV – o pedido com as suas especificações;

V – o valor da causa;

VI – as provas com que o autor pretende demonstrar a verdade dos fatos alegados;

VII – a opção do autor pela realização ou não de audiência de conciliação ou de mediação.

Essa petição inicial na ação de embargos, conforme já referido, será distribuída por dependência e autuada em apartado, assim como instruída com as cópias processuais relevantes, conforme previsão contida no art. 914, § 1º, do CPC:

Art. 914. O executado, independentemente de penhora, depósito ou caução, poderá se opor à execução por meio de embargos.

§ 1º Os embargos à execução serão distribuídos por dependência, autuados em apartado e instruídos com cópias das peças processuais relevantes, que poderão ser declaradas autênticas pelo próprio advogado, sob sua responsabilidade pessoal.(...)

ii) Causa de pedir

Nos termos da legislação em vigor, art. 319, inciso III do CPC, é obrigação da parte interessada, no caso, do embargante, declinar a causa de pedir da demanda.

Em regra, a causa de pedir contemplará os fatos e os fundamentos do pedido e, nos embargos à execução variarão conforme os motivos arrolados no art. 917 do CPC.

iii) Pedido

O pedido, nos embargos à execução, consiste basicamente em declarar a inexistência do crédito e eliminar, por conseguinte, a eficácia executória do título.

No conjunto, porém, os embargos ostentarão eficácia desconstitutiva, cabendo ao autor formular ao juiz pedido de desfazimento do título executivo.[540]

Nada obstante, o pedido nos embargos à execução constitui outro elemento essencial da petição inicial que estará umbilicalmente ligado aos fundamentos da própria ação. Ora, se o fundamento dos embargos for a nulidade da citação ou o excesso de execução, ou mesmo a desconstituição do título executivo, o pedido variará conforme essa variável.

iv) Valor da causa

O valor da causa, de regra, corresponderá ao valor da própria execução.

Essa obrigatoriedade cessa, todavia, quando o objeto dos embargos for parcial e não colocar em causa todo o crédito. Assim, versando os embargos à execução, por exemplo, sobre excesso de execução, o valor atribuído à causa deve ser a diferença entre o valor cobrado e o valor reconhecido pelo devedor.

De outra parte, relevante destacar que socorre ao embargado o direito de opor impugnação ao valor da causa, conforme dispõe o art. 293 do CPC: "O réu poderá impugnar, em preliminar da contestação, o valor atribuído à causa pelo autor, sob pena de preclusão, e o juiz decidirá a respeito, impondo, se for o caso, a complementação das custas".

v) Produção de provas

Segue a mesma sistemática do procedimento comum ordinário, exceção feita à prova documental, desde logo produzida pelo embargante por força da incidência do art. 914, § 1º, do CPC.

vi) Chamamento do embargado

Com efeito, um dos requisitos essenciais da petição inicial é o pedido de citação do réu. Tal medida justifica-se pela necessidade de formação da relação jurídica processual.

Nos embargos à execução, todavia, mesmo tendo natureza da ação autônoma, essa regra é relativizada, na medida em que o art. 920 do CPC determina a intimação do embargado, e não a sua citação. Realiza-se o chamamento na pessoa do advogado.

> Art. 920. Recebidos os embargos:
> I – o exequente será ouvido no prazo de 15 (quinze) dias;
> II – a seguir, o juiz julgará imediatamente o pedido ou designará audiência;
> III – encerrada a instrução, o juiz proferirá sentença.

vii) Efeitos da propositura dos Embargos e efeito suspensivo

A interposição da Ação de Embargos à Execução, em regra, produz os efeitos indicados nos artigos 59 e 240 do CPC em vigor: prevenção; litispendência; litigiosidade do direito; prescrição e mora.

> Art. 59. O registro ou a distribuição da petição inicial torna prevento o juízo.

---

[540] ASSIS, Araken de. *Manual da Execução*, op. cit., p. 1.315.

Art. 240. A citação válida, ainda quando ordenada por juízo incompetente, induz litispendência, torna litigiosa a coisa e constitui em mora o devedor, ressalvado o disposto nos arts. 397 e 398 da Lei nº 10.406, de 10 de janeiro de 2002 (Código Civil).

§ 1º A interrupção da prescrição, operada pelo despacho que ordena a citação, ainda que proferido por juízo incompetente, retroagirá à data de propositura da ação.

§ 2º Incumbe ao autor adotar, no prazo de 10 (dez) dias, as providências necessárias para viabilizar a citação, sob pena de não se aplicar o disposto no § 1º.

§ 3º A parte não será prejudicada pela demora imputável exclusivamente ao serviço judiciário.

§ 4º O efeito retroativo a que se refere o § 1º aplica-se à decadência e aos demais prazos extintivos previstos em lei.

O fato é que, inegavelmente, o principal efeito pretendido pelo devedor com o ajuizamento dos Embargos à Execução diz respeito à suspensão da execução que, conforme já observado, não ocorre de maneira automática.

A regra estabelecida indica que a interposição de Embargos à Execução não garante suspensão do feito executivo. Muito pelo contrário, o art. 919 do CPC em vigor é expresso ao indicar que: *"os embargos do executado não terão efeito suspensivo"*.[541]

As condições necessárias para a concessão do efeito suspensivo do processo de execução encontram-se elencadas nos parágrafos do art. 919 do CPC.

Em linhas gerais, são elementos essenciais para a concessão do efeito suspensivo em sede de Embargos à Execução:

Efeito suspensivo nos Embargos do Executado		
Relevante fundamentação apresentada pelo Embargante em sede de Ação de Embargos à Execução.[542] A ideia é que o Embargante fundamente o pedido a partir dos requisitos legais para a concessão da tutela provisória	Manifesta possibilidade de a execução causar ao executado grave dano de difícil ou incerta reparação.[543]	Garantia do juízo da execução através da penhora, depósito ou caução suficientes.[544]

---

[541] Nas palavras de Humberto Theodoro Júnior, "os embargos, de tal sorte, não afetarão a sequência dos atos executivos". (THEODORO JÚNIOR, Humberto. *Curso de direito processual civil* – Processo de Execução e Cumprimento de Sentença, Processo Cautelar e Tutela de Urgência, op. cit., p. 427)

[542] Quanto a esse aspecto, tanto Cássio Scarpinella Bueno, como Fredie Didier, por exemplo, indicam que na rele-vante fundamentação o Embargante deve apontar os pressupostos genéricos das ações cautelares: fumus boni juris e periculum in mora. (BUENO, Cassio Scarpinella. Curso sistematizado de direito processual civil: tutela jurisdicional executiva, op. cit., p. 634 e DIDIER JÚNIOR, Fredie Souza; CUNHA, Leonardo José Ribeiro Coutinho Berardo Car-neiro da; BRAGA, Paula Sarno; OLIVEIRA, Rafael Santos de. *Curso de Direito Processual Civil*, op. cit., p. 357).

[543] Sobre o tema, assim se posiciona Humberto Theodoro Júnior: "o prosseguimento da execução deverá represen-tar manifestamente risco de dano grave para o executado, de difícil ou incerta reparação; o que corresponde, em linhas gerais, ao risco do dano causador da tutela cautelar em geral" (THEODORO JÚNIOR, Humberto. *Curso de direito processual civil – Processo de Execução e Cumprimento de Sentença, Processo Cautelar e Tutela de Urgência*, op. cit., p. 428).

Relevante salientar, outrossim, que o deferimento do efeito suspensivo é provisório e reversível, conforme se observa da redação do art. 919, § 2º, do CPC.

Cumprindo salientar, nesse sentido, que tanto o deferimento, quando eventual revogação do efeito suspensivo devem ser plenamente fundamentos, conforme preconiza o art. 93, inc. IX da Constituição da República e o art. 419, § 1º, do CPC.

Por fim, quanto à suspensão dos embargos, importante anotar que o alcance do efeito suspensivo encontra previsão legal expressa no art. 923 do CPC.

> Art. 923. Suspensa a execução, não serão praticados atos processuais, podendo o juiz, entretanto, salvo no caso de arguição de impedimento ou de suspeição, ordenar providências urgentes.

16.3.8. Indeferimento (rejeição) liminar dos embargos

O indeferimento ou rejeição liminar dos embargos ocorre, sobretudo, na forma do art. 919 do CPC. Para fins de melhor observação, transcreve-se o dispositivo:

> Art. 918. O juiz rejeitará liminarmente os embargos:
> I – quando intempestivos;
> II – nos casos de indeferimento da petição inicial e de improcedência liminar do pedido;
> III – manifestamente protelatórios.
> Parágrafo único. Considera-se conduta atentatória à dignidade da justiça o oferecimento de embargos manifestamente protelatórios.

O regramento atual traz ligeira modificação na regra outrora vigente no CPC/73. Quanto à intempestividade prevista no inciso I do art. 918 do CPC, repete-se a regra do antigo CPC (art. 739, inc. I), entretanto, o recentemente publicado CPC, no inciso II do art. 918, traz a figura da *"improcedência liminar do pedido"* juntamente com o indeferimento da petição inicial.

O indeferimento da inicial, no CPC em vigor, encontra previsão nos arts. 295 e 330.

Já, a *"improcedência liminar do pedido"*, novidade na rejeição liminar dos embargos, encontra-se prevista no art. 332 do CPC, abaixo transcrito:

> Art. 332. Nas causas que dispensem a fase instrutória, o juiz, independentemente da citação do réu, julgará liminarmente improcedente o pedido que contrariar:
> I – enunciado de súmula do Supremo Tribunal Federal ou do Superior Tribunal de Justiça;
> II – acórdão proferido pelo Supremo Tribunal Federal ou pelo Superior Tribunal de Justiça em julgamento de recursos repetitivos;
> III – entendimento firmado em incidente de resolução de demandas repetitivas ou de assunção de competência;

---

[544] Nas palavras de Humberto Theodoro Júnior, "a segurança do juízo não foi, propriamente eliminada da disciplina dos embargos à execução. Mudou, porém, de papel. Em lugar de procedibilidade passou a ser requisito do efeito suspensivo, quando pleiteado pelo embargante (art. 739, § 1º)" (THEODORO JÚNIOR, Humberto. op. cit., p. 418).

IV – enunciado de súmula de tribunal de justiça sobre direito local.

Por fim, a regra do inc. III do art. 739 do CPC/73 em vigor é plenamente reproduzida no art. 918, inc. III, do atual CPC.

16.3.9. Resposta do embargado

Fundamentada, especialmente, nos princípios constitucionais do contraditório, da ampla defesa e do devido processo legal, a resposta do embargado em relação ao ajuizamento dos embargos à execução encontra expressa previsão legal no art. 920 do CPC.

Nesse sentido, importante salientar que eventual supressão dessa fase de intimação do embargo para apresentar sua resposta importa em nulidade processual.

Outrossim, é facultado ao executado, além de se opor mediante impugnação aos embargos, apresentar alegação incompetência, impedimento e suspeição, sendo, todavia, vedado o ingresso de reconvenção.[545] Evidentemente, tais alegações não ocorrem por meio de exceção ou incidente processual, mas dentro a própria peça dos embargos à execução.

16.3.10. Revelia do embargado

A esse respeito leciona Araken de Assis que a revelia (tal qual é concebida no processo de conhecimento) inexistiria no processo de execução.[546] O que se verificaria seriam os efeitos da revelia e, o principal deles, para o caso do embargado que, devidamente intimado, não tenha oposto impugnação, seria a presunção de veracidade dos fatos alegados na inicial da ação de embargos à execução.

Nesse cenário, o embargado que, tendo sido intimado a responder os embargos de devedor, deixa passar em branco seu prazo processual de 15 (quinze) dias, terá contra si a presunção de veracidade, conforme redação do art. 344 do CPC.

> Art. 344. Se o réu não contestar a ação, será considerado revel e presumir-se-ão verdadeiras as alegações de fato formuladas pelo autor.

16.3.11. Julgamento dos embargos

Sabida e incontroversamente, a decisão que julga a ação de embargos à execução é sentença, portanto, recorrível por meio de apelação (art. 1.009 do CPC).

---

[545] ASSIS, Araken de. *Manual da Execução*, op. cit., p. 1.315.
[546] Ibid., p. 1.315.

No âmbito do processo civil, o conceito de sentença encontra-se demarcado no art. 203, § 1º, do CPC, constituindo-se no pronunciamento do juiz que implica uma das situações previstas nos artigos 485 e 487 do CPC.

> Art. 203. Os pronunciamentos do juiz consistirão em sentenças, decisões interlocutórias e despachos.
>
> § 1º Ressalvadas as disposições expressas dos procedimentos especiais, sentença é o pronunciamento por meio do qual o juiz, com fundamento nos arts. 485 e 487, põe fim à fase cognitiva do procedimento comum, bem como extingue a execução.

De uma forma ou de outra, a ação de embargos será decidida através de uma sentença que resolverá o seu mérito ou extinguirá a mesma sem julgamento do mérito.

Aqui importa salientar alguns dos efeitos no caso de procedência e improcedência dos embargos:

Efeitos do julgamento dos Embargos à Execução	
Procedência	Declaração de inexistência do título ou do credito (nulidade da citação); redução da obrigação (excesso de execução); desfazimento dos atos executivos; revogação da prisão do devedor de alimentos; reconhecimento da responsabilidade do credor; substituição do título (em caso de transação); averbação do registro da dívida; extinção da execução (em caso de procedência total dos embargos).[544]
Improcedência ou Extinção sem julgamento do mérito	Regular prosseguimento do feito executivo, definitividade da execução, condenação do embargante por dolo processual.[545]

Por fim, quanto aos efeitos do recebimento de eventual recurso de apelação, reporta-se ao conteúdo do art. 1.012, § 1º, inc. III do CPC.

16.4. Impugnação ao Cumprimento de Sentença (Impugnação do Executado)

16.4.1. Natureza da impugnação do executado

Essa impugnação, ao contrário do que ocorre em sede de ação de embargos do executado, constitui-se mero incidente processual da fase executiva (de título executivo judicial) de um processo sincrético (fase de cumprimento de sentença), não remetendo, pois, à instauração de processo autônomo.[549]

Trata-se de meio processual pelo qual o executado pode-se opor ao cumprimento de sentença (a partir da perspectiva do indelével direito ao contradi-

---

[547] ASSIS, Araken de. *Manual da Execução*, op. cit., p. 1349.
[548] Ibid., p. 1349.
[549] CÂMARA, Alexandre Freitas. *Lições de Direito Processual civil*, op. cit., p. 435.

tório), a fim de alegar exceções substantivas (art. 525, § 1º, do CPC) e objeções pessoais.

Dessa forma, considerando-se tratar de fase dentro do mesmo processo (sincretismo processual), o fato de já ter havido um modelo processual (anterior) de conhecimento faz com que tenha de se estabelecer uma série de limitações às matérias arguíveis pelo executado. Por essa razão é que o art. 515, § 1º, do CPC enumera, exaustivamente, as matérias cabíveis em sede de impugnação.[550]

> Art. 525. Transcorrido o prazo previsto no art. 523 sem o pagamento voluntário, inicia-se o prazo de 15 (quinze) dias para que o executado, independentemente de penhora ou nova intimação, apresente, nos próprios autos, sua impugnação.
>
> § 1º Na impugnação, o executado poderá alegar:
>
> I – falta ou nulidade da citação se, na fase de conhecimento, o processo correu à revelia;
>
> II – ilegitimidade de parte;
>
> III – inexequibilidade do título ou inexigibilidade da obrigação;
>
> IV – penhora incorreta ou avaliação errônea;
>
> V – excesso de execução ou cumulação indevida de execuções;
>
> VI – incompetência absoluta ou relativa do juízo da execução;
>
> VII – qualquer causa modificativa ou extintiva da obrigação, como pagamento, novação, compensação, transação ou prescrição, desde que supervenientes à sentença.

16.4.2. Fundamentos da impugnação do executado

Conforme acima referido, nessa modalidade impugnativa, o executado somente pode apontar as matérias previstas no art. 525, § 1º, do CPC.

Relevante salientar que essa impugnação terá uma cognição de caráter sumário, exigindo que o executado se limite compulsoriamente às matérias arroladas no próprio dispositivo legal (art. 525, § 1º, do CPC).

Assim sendo, sob a roupagem da impugnação à fase de cumprimento de sentença, o devedor poderá arguir as seguintes matérias:

I – Falta ou nulidade da citação (art. 525, § 1º, inciso I, do CPC)

Poderá o devedor alegar ausência ou nulidade da citação, nas hipóteses em que o processo correu à sua revelia. Convém alertar, entretanto, que escapam a essa incidência alguns títulos executivos previstos no art. 515 do CPC:

(a) sentença penal condenatória: não compete ao juiz cível invalidar processo penal, matéria que poderia ser objeto de revisão criminal;

(b) sentença estrangeira: uma vez que a análise quanto à existência, eficácia e validade desse tipo de sentença compete ao STJ (art. 105, inc. I, alínea *i*, da Constituição da República);

---

[550] CÂMARA, Alexandre Freitas. *Lições de Direito Processual Civil*, op. cit., p. 435.

(c) sentença homologatória de transação e de conciliação: uma vez que pressupõe a ciência do executado;

(d) acordo extrajudicial homologado: porque não existe processo judicial anterior capaz de se verificar revelia.

II – Ilegitimidade das partes (art. 525, § 1º, inc. II, do CPC)

É possível questionar-se a legitimidade ativa (do exequente) ou mesmo a legitimidade passiva (do executado).

Todavia, revela-se essencial anotar sobre a impossibilidade de se renovar eventual discussão a respeito de suposta ilegitimidade de alguma das partes, se a matéria já foi objeto de discussão na decisão transitada em julgado.

III – Inexequibilidade do título ou inexigibilidade da obrigação (art. 525, § 1º, inc. III, do CPC)

Conforme já salientado por ocasião do estudo dos embargos à execução, reputa-se que o legislador age com correção ao adotar o termo *"inexequibilidade"* para indicar que na impugnação ao cumprimento de sentença o devedor poderá arguir a inexistência de título líquido, certo e exigível.

A ideia nesse fundamento é apontar que o título posto em execução não é executivo e, portanto, não pode aparelhar o pedido de cumprimento de sentença.

IV – Penhora incorreta ou avaliação errônea (art. 525, § 1º, inc. IV, do CPC)

Conforme já salientado em capítulo sobre o tema, os defeitos atinentes à penhora podem ser alegados em sede de embargos à execução de título executivo extrajudicial e de impugnação à fase de cumprimento de sentença, quando se tratar de título executivo judicial. A impenhorabilidade do bem constrito indevidamente e excesso de penhora são hipóteses em que tem cabimento essa modalidade de oposição à execução. A avaliação equivocada do bem penhorado também é matéria a ser discutida, tanto em sede de embargos, como em impugnação à fase de cumprimento de sentença.

V – Excesso de execução ou cumulação indevida de execuções (art. 525, § 1º, inc. V, do CPC)

Acerca dessa matéria, remete-se o leitor ao item específico tratado nos embargos à execução, constante do item 16.3.3, nº III.

VI – incompetência absoluta ou relativa do juízo da execução (art. 525, § 1º, inc. VI, do CPC

Conforme já verificado no processo de conhecimento (art. 337, inc. II do CPC), as alegações das partes quanto à eventual incompetência absoluta ou relativa podem ser arguidas de imediato, sem a necessidade de promover o incidente processual da exceção, conforme ocorrido no regime anterior.

V – qualquer causa modificativa ou extintiva da obrigação, como pagamento, novação, compensação, transação ou prescrição, desde que supervenientes à sentença (525, § 1º, inc. VI, do CPC)

Nesse momento, o executado poderia indicar e comprovar o pagamento, novação do débito exequendo, compensação, transação e até mesmo prescrição que, verificados após a sentença, ainda não puderam ser arguidos e decididos pelo juiz.

16.4.3. Pressupostos gerais e específicos da impugnação

16.4.3.1. Prazo

O devedor poderá oferecer a impugnação ao cumprimento de sentença no prazo estabelecido no art. 525 do CPC:

> Art. 525. Transcorrido o prazo previsto no art. 523 sem o pagamento voluntário, inicia-se o prazo de 15 (quinze) dias para que o executado, independentemente de penhora ou nova intimação, apresente, nos próprios autos, sua impugnação.

O art. 523 do CPC, por sua vez, prevê expressamente que o devedor tem o prazo de 15 (quinze) dias para cumprir a obrigação estabelecida na sentença, sob pena de incidência de multa de 10% (dez) por cento:

> Art. 523. No caso de condenação em quantia certa, ou já fixada em liquidação, e no caso de decisão sobre parcela incontroversa, o cumprimento definitivo da sentença far-se-á a requerimento do exequente, sendo o executado intimado para pagar o débito, no prazo de 15 (quinze) dias, acrescido de custas, se houver.
>
> § 1º Não ocorrendo pagamento voluntário no prazo do caput, o débito será acrescido de multa de dez por cento e, também, de honorários de advogado de dez por cento.

Em resumo: o devedor será intimado para, no prazo de 15 (quinze) dias, pagar o débito, sob pena de multa. Após o fim desse prazo, inicia-se novo prazo – que independe de nova intimação – de 15 (quinze) para que o executado, independentemente de penhora, oponha impugnação ao cumprimento de sentença.

Eventual não oferecimento da impugnação ao cumprimento de sentença, no prazo legal, induz à preclusão.

Não se aplica, outrossim, a regra do art. 229 do CPC quanto à dobra do prazo, conforme já explicado no item correspondente aos embargos à execução.

16.4.3.2. Competência

A impugnação ao cumprimento de sentença processa-se, de regra, no juízo da execução. A competência para processar e julgar o pedido de cumprimento de sentença e, consequentemente, a sua impugnação, encontra-se no art. 516 do CPC:

Art. 516. O cumprimento da sentença efetuar-se-á perante:

I – os tribunais, nas causas de sua competência originária;

II – o juízo que decidiu a causa no primeiro grau de jurisdição;

III – o juízo cível competente, quando se tratar de sentença penal condenatória, de sentença arbitral, de sentença estrangeira ou de acórdão proferido pelo Tribunal Marítimo.

16.4.3.3. Legitimidade

A impugnação ao cumprimento de sentença pode ser oposta em relação àquele de propôs o pedido de cumprimento.

Em regra, abstraindo-se a ideia da chamada *"execução invertida"*, em que o próprio devedor faria o pedido de cumprimento de sentença, a legitimidade para opor-se a impugnação, de regra, cabe ao executado.

16.4.3.4. Constrição patrimonial

Se, na vigência do CPC/73, a regra indicava que o prazo para a oposição da impugnação contava-se da data da intimação da penhora, no CPC agora em vigor, o executado pode se opor ao cumprimento de sentença, por meio de impugnação, *"independentemente de penhora ou nova intimação"*.

Por esse novo modelo adotado pelo CPC atual, o devedor é intimado para pagar o débito consignado na decisão transitada em julgado no prazo de 15 (quinze) dias; transcorrido esse prazo, sem nova intimação e sem a necessidade de penhora, inicia-se novo prazo de 15 (quinze) dias para que seja apresentada a impugnação à fase de cumprimento de sentença.

A penhora, nesse caso, somente será essencial para a concessão do efeito suspensivo, conforme se infere do art. 525, § 6º, do CPC:

> A apresentação de impugnação não impede a prática dos atos executivos, inclusive os de expropriação, podendo o juiz, a requerimento do executado e desde que garantido o juízo com penhora, caução ou depósito suficientes, atribuir-lhe efeito suspensivo, se seus fundamentos forem relevantes e se o prosseguimento da execução for manifestamente suscetível de causar ao executado grave dano de difícil ou incerta reparação.

16.4.4. Procedimento da impugnação

(a) Requisitos da petição inicial

O executado deve encaminhar a impugnação por escrito, em peça autônoma e de acordo com os requisitos do art. 319 do CPC em vigor. É necessário produzir prova documental (art. 320, CPC).

(b) Cognição

A cognição na impugnação ao cumprimento de sentença, ainda que seja sumária (em face das matérias arguíveis), é ilimitada na sua profundidade (exauriente).

Assim, a prova é plena, cabendo prova testemunhal ou depoimento pessoal, por exemplo, especialmente nos casos em que o impugnante alega pagamento ou outra causa extintiva ou modificativa da obrigação, como uma novação ou pagamento.

(c) Valor da causa

O impugnante deve atribuir valor da causa, correspondente ao proveito econômico pretendido (art. 291 do CPC em vigor).

> Art. 291. A toda causa será atribuído valor certo, ainda que não tenha conteúdo econômico imediatamente aferível.

Esse valor da causa, entretanto, não guarda equivalência obrigatória com o valor do pedido de cumprimento de sentença, uma vez que a impugnação pode referir-se a parte do valor executado.

(d) Indeferimento liminar da impugnação

O indeferimento liminar da impugnação deve ocorrer nas seguintes hipóteses: (i) inépcia da petição inicial; (ii) não indicação das matérias arguíveis, conforme art. 525, § 1º, do CPC; (iii) intempestividade.

(e) Recurso cabível quando do julgamento

Da decisão que resolver a impugnação ao cumprimento de sentença caberá agravo de instrumento, salvo quando a decisão importar em extinção da execução, caso em que o recurso cabível será a apelação.

> Art. 1.015. (...)
> Parágrafo único. Também caberá agravo de instrumento contra decisões interlocutórias proferidas na fase de liquidação de sentença ou de cumprimento de sentença, no processo de execução e no processo de inventário.

16.4.5. Atitudes do impugnado

Tanto o art. 475-M do CPC/73, como o art. 525 do CPC em vigor não indicam o prazo ou o procedimento que deve ser adotado pelo credor/impugnado ao ser intimado sobre os termos da impugnação à fase de cumprimento de sentença.

Isso não significa, todavia, que o credor não possa se manifestar ou apresentar oposição à impugnação oposta pelo devedor.

Nesse sentido, seguem as palavras de Araken de Assis, para quem "no terreno da ampla defesa, toda avareza se afigura reprovável e contraproducente;

por conseguinte, a última solução – prazo de quinze dias para a resposta do(s) impugnado(s) – revela-se mais consentânea aos valores constitucionais".[551]

É evidente, portanto, o direito do credor/impugnado poder opor-se à impugnação, em igual prazo àquele concedido ao devedor/impugnante, quer seja, 15 (quinze) dias.

Essa oposição deve ser apresentada de maneira escrita, na forma de defesa ou contestação, conforme dispõe o art. 336 do CPC.

Também poderá oferecer exceções processuais de impedimento e suspeição, de maneira integrada à peça de defesa à impugnação.

Deixando o credor/impugnado de contestar a impugnação, opera-se o efeito material da revelia, presumindo-se verdadeiros os fatos, arguidos pelo impugnante e não refutados.

16.4.6. Efeitos do julgamento da impugnação

A impugnação – ainda que não se trate de ação própria ou de algum módulo autônomo de oposição à execução – analogicamente ao que ocorre na ação de embargos à execução, comporta julgamento com ou sem exame do mérito[552] e, sendo caso, decretando-se a procedência ou improcedência do pedido.

Os efeitos de eventual acolhimento dessa impugnação, todavia, dependerão dos fundamentos utilizados pelo impugnante e, evidentemente, estarão diretamente relacionados às matérias elencadas no art. 525, § 1º, do CPC.

O não acolhimento da impugnação ou a sua extinção determinará o regular prosseguimento do cumprimento de sentença na forma em que se iniciou.

Efeitos do julgamento da Impugnação à Fase de Cumprimento de Sentença	
Acolhimento	Declaração de inexistência do título ou do credito (nulidade da citação); extinção da execução (ilegitimidade das partes); nulidade da execução (inexequibilidade do título); desfazimento dos atos de penhora ou constrição judicial (penhora incorreta ou avaliação errônea); redução da obrigação (excesso de execução ou cumulação indevida de execuções); desfazimento dos atos executivos; (incompetência).
Desacolhimento ou Extinção sem julgamento do mérito	Regular prosseguimento do feito executivo, nos termos em que se iniciou, seja definitiva seja provisória, sem prejuízo da condenação do impugnante ao pagamento de custas judiciais e honorários de sucumbência.

Apenas uma nota final, considerando que a impugnação ao cumprimento de sentença (*execução de título judicial dentro de um processo de conhecimento*), diferentemente da ação de embargos à execução, não se constitui numa ação própria, seria inadequado falar-se em "procedência" ou "improcedência" do

---

[551] ASSIS, Araken de. *Manual da Execução*, op. cit., p. 1.368.
[552] Ibid., p. 1.369.

pedido. Não há pedido, propriamente dito. A impugnação ao cumprimento de sentença é meio de oposição à execução, dentro dos próprios autos do processo de conhecimento. Esse sincretismo processual, por vezes, causa confusões terminológicas. Mas, considerando que o devedor tem o direito assegurado de se opor à fase executiva (através da impugnação), analogicamente, utilizam-se os mesmos procedimentos preconizados para os embargos à execução (*título executivo extrajudicial, sem fase de conhecimento anterior*). Destarte, apenas para evitar-se confusões terminológicas, entende-se mais adequado tratar de "acolhimento" e "desacolhimento" desse meio de defesa.

16.4.7. Objeto da impugnação ao cumprimento de sentença contra a Fazenda Pública (art. 535, CPC em vigor)

O art. 535 do CPC em vigor estabelece os motivos que justificam eventual oposição à execução movida contra a Fazenda Pública.

Eventual impugnação em face de cumprimento de sentença contra a Fazenda Pública, de regra, apresentam cognição sumária, sendo que o disposto no art. 535 do CPC estabelece limites ao conhecimento do juiz e à liberdade das partes na delimitação do objeto litigioso.[553]

Assim, forçoso concluir que a impugnação ao cumprimento de sentença (em caso de título executivo judicial erigido contra a Fazenda Pública) tem seu cabimento limitado às hipóteses expressamente previstas em lei.

O art. 535 do CPC dispõe da seguinte forma as matérias arguíveis pela Fazenda Pública em sede de impugnação ao cumprimento de sentença:

Art. 535. A Fazenda Pública será intimada na pessoa de seu representante judicial, por carga, remessa ou meio eletrônico, para, querendo, no prazo de 30 (trinta) dias e nos próprios autos, impugnar a execução, podendo arguir:
I – falta ou nulidade da citação se, na fase de conhecimento, o processo correu à revelia;
II – ilegitimidade de parte;
III – inexequibilidade do título ou inexigibilidade da obrigação;
IV – excesso de execução ou cumulação indevida de execuções;
V – incompetência absoluta ou relativa do juízo da execução;
VI – qualquer causa modificativa ou extintiva da obrigação, como pagamento, novação, compensação, transação ou prescrição, desde que supervenientes ao trânsito em julgado da sentença.

Nessa senda, na impugnação ao cumprimento de sentença que reconheça a exigibilidade de obrigação de pagar quantia certa pela Fazenda Pública, as matérias de oposição arguíveis são:

I – falta ou nulidade da citação, se o processo na fase de conhecimento correu à revelia

Incidentalmente, o art. 535, I, do CPC em vigor suscita controvérsia em torno da natureza do vício da sentença proferida sem a citação do réu ou através de ato nulo, no caso de revelia no processo de conhecimento.

---
[553] ASSIS, Araken de. *Manual da Execução*, op. cit., p. 1.251.

De todo o modo, o executado prejudicado pela inexistência ou pelo vício da citação dispõe de três medidas processuais: (i) Ação Rescisória (art. 966 do CPC em vigor); (ii) Ação Anulatória (art. 966, § 4º, do CPC em vigor); iii) Impugnação ao cumprimento de sentença (art. 735 do CPC).

II – ilegitimidade de parte

É possível questionar-se a legitimidade ativa (do exequente) ou mesmo a legitimidade passiva (do executado).

Com efeito, leciona Araken de Assis que a legitimidade passível de controvérsia é aquela concernente à pretensão de executar. Assim, eventual ilegitimidade para figurar no processo do qual resultou o título executivo judicial, alegada ou não na contestação, encontra-se superada pela coisa julgada material.[554]

Por fim, relevante salientar que a parte citada na execução como executada, ainda que indevidamente, integra a relação jurídica processual enquanto não for expressamente excluída através de decisão judicial.

III – inexequibilidade do título ou inexigibilidade da obrigação

Aponta a doutrina que a palavra *inexigibilidade* deveria ser substituída por *inexequibilidade* do título, providência que fora adotada pelo CPC em vigor que, expressamente, adota essa terminologia.

IV – excesso de execução ou cumulação indevida de execuções

O art. 780 do CPC vigente estabelece os requisitos para a cumulação de execuções, sendo que eventual desrespeito a esse dispositivo legal pode ser arguido por meio de embargos.

Quanto ao excesso de execução, tal matéria é conceituada no art. 917, § 2º, do CPC. Sendo assim, haverá excesso de execução nos seguintes termos:

Art. 917. § 2º Há excesso de execução quando:
I – o exequente pleiteia quantia superior à do título;
II – ela recai sobre coisa diversa daquela declarada no título;
III – ela se processa de modo diferente do que foi determinado no título;
IV – o exequente, sem cumprir a prestação que lhe corresponde, exige o adimplemento da prestação do executado;
V – o exequente não prova que a condição se realizou.

V – incompetência absoluta ou relativa do juízo da execução

No CPC recentemente em vigor, a arguição da competência relativa e absoluta é matéria do inc. V do art. 535. Quanto ao impedimento ou suspeição, a previsão consta do § 1º também do art. 535 do CPC: "§ 1º A alegação de impedimento ou suspeição observará o disposto nos arts. 146 e 148".

---

[554] ASSIS, Araken de. *Manual da Execução*, op. cit., p. 1.256.

Observe-se, nesse sentido, a diferença de procedimentos verificados no CPC/1973 em vigor e no CPC/2015:

	Incompetência Relativa e Absoluta	Impedimento e Suspeição
CPC 1973	Deve ser oposta na forma do art. 742, ou seja, oferecida juntamente com a peça dos embargos à execução	Segue a mesma regra.
CPC 2015	É matéria arguível em sede de Impugnação ao Cumprimento de Sentença contra a Fazenda Pública	Segue o rito dos arts. 146 e 148 do CPC

Para fins didáticos, transcrevem-se os artigos 146 e 148 do CPC:

Art. 146. No prazo de 15 (quinze) dias, a contar do conhecimento do fato, a parte alegará o impedimento ou a suspeição, em petição específica dirigida ao juiz do processo, na qual indicará o fundamento da recusa, podendo instruí-la com documentos em que se fundar a alegação e com rol de testemunhas.

§ 1º Se reconhecer o impedimento ou a suspeição ao receber a petição, o juiz ordenará imediatamente a remessa dos autos a seu substituto legal, caso contrário, determinará a autuação em apartado da petição e, no prazo de 15 (quinze) dias, apresentará suas razões, acompanhadas de documentos e de rol de testemunhas, se houver, ordenando a remessa do incidente ao tribunal.

§ 2º Distribuído o incidente, o relator deverá declarar os seus efeitos, sendo que, se o incidente for recebido:

I – sem efeito suspensivo, o processo voltará a correr;

II – com efeito suspensivo, o processo permanecerá suspenso até o julgamento do incidente.

§ 3º Enquanto não for declarado o efeito em que é recebido o incidente ou quando este for recebido com efeito suspensivo, a tutela de urgência será requerida ao substituto legal.

§ 4º Verificando que a alegação de impedimento ou de suspeição é improcedente, o tribunal rejeitá-la-á.

§ 5º Acolhida a alegação, tratando-se de impedimento ou de manifesta suspeição, o tribunal condenará o juiz nas custas e remeterá os autos ao seu substituto legal, podendo o juiz recorrer da decisão.

§ 6º Reconhecido o impedimento ou a suspeição, o tribunal fixará o momento a partir do qual o juiz não poderia ter atuado.

§ 7º O tribunal decretará a nulidade dos atos do juiz, se praticados quando já presente o motivo de impedimento ou de suspeição.

Art. 148. Aplicam-se os motivos de impedimento e de suspeição:

I – ao membro do Ministério Público;

II – aos auxiliares da justiça;

III – aos demais sujeitos imparciais do processo.

§ 1º A parte interessada deverá arguir o impedimento ou a suspeição, em petição fundamentada e devidamente instruída, na primeira oportunidade em que lhe couber falar nos autos.

§ 2º O juiz mandará processar o incidente em separado e sem suspensão do processo, ouvindo o arguido no prazo de 15 (quinze) dias e facultando a produção de prova, quando necessária.

§ 3º Nos tribunais, a arguição a que se refere o § 1º será disciplinada pelo regimento interno.

§ 4º O disposto nos §§ 1º e 2º não se aplica à arguição de impedimento ou de suspeição de testemunha.

VI – qualquer causa impeditiva, modificativa ou extintiva da obrigação, como pagamento, novação, compensação, transação ou prescrição, desde que superveniente à sentença

Nesse momento, a Fazenda Pública poderia indicar e comprovar o pagamento, novação do débito exequendo, compensação, transação e até mesmo prescrição que, verificados após a sentença, ainda não puderam ser arguidos e decididos pelo juiz.

16.5. Quadro-sinótico: defesas e procedimentos

Uma vez conhecidas as principais defesas do executado, o panorama geral dos procedimentos executivos pode ser apreciado em um contexto geral, tanto da execução de título extrajudicial do dever de pagar quantia certa como do cumprimento da sentença. Assim, vale registro dos quadros-sinóticos a seguir expostos e que didaticamente identificam tais procedimentos.[555]

---

[555] Os quadros-sinóticos foram elaborados a partir de aulas ministradas na disciplina referente à matéria de Execução e posteriormente compilados pela acadêmica Tania Rosenblum (do Centro Universitário FADERGS), responsável pela arte, que fica com o nosso agradecimento.

16.5.1. Execução de título extrajudicial – Quantia certa (arts. 824-909)

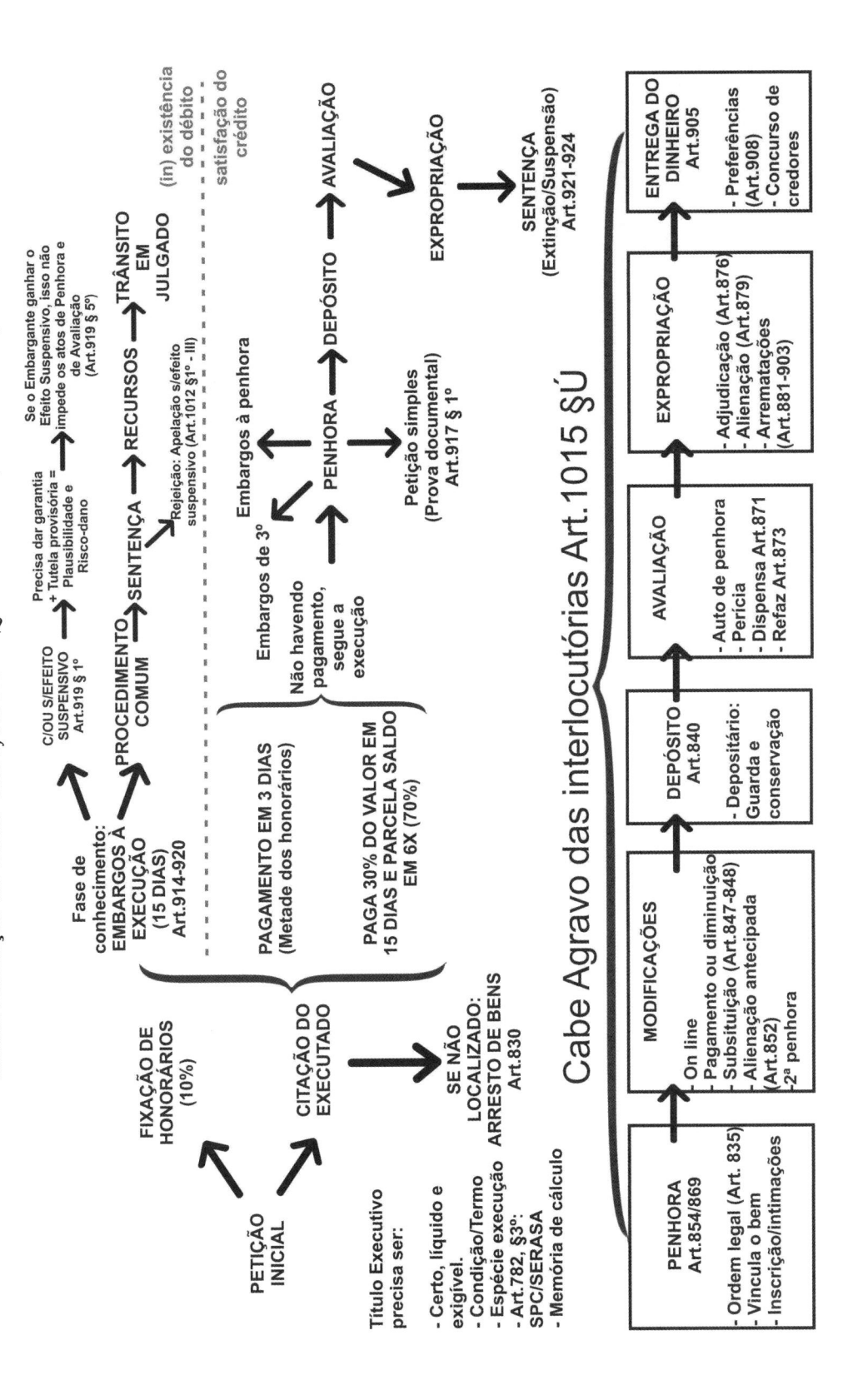

PETIÇÃO INICIAL

Título Executivo precisa ser:
- Certo, líquido e exigível.
- Condição/Termo
- Espécie execução
- Art. 782, §3º:
- SPC/SERASA
- Memória de cálculo

→ **FIXAÇÃO DE HONORÁRIOS** (10%)

→ **CITAÇÃO DO EXECUTADO**

→ **SE NÃO LOCALIZADO: ARRESTO DE BENS** Art. 830

Fase de conhecimento: EMBARGOS À EXECUÇÃO (15 DIAS) Art. 914-920

- **PAGAMENTO EM 3 DIAS** (Metade dos honorários)
- **PAGA 30% DO VALOR EM 15 DIAS E PARCELA SALDO EM 6X** (70%)

C/OU S/EFEITO SUSPENSIVO Art. 919 §1º

Precisa dar garantia + Tutela provisória = Plausibilidade e Risco-dano

→ **PROCEDIMENTO COMUM** → **SENTENÇA** → **RECURSOS** → **TRÂNSITO EM JULGADO**

Rejeição: Apelação s/efeito suspensivo (Art. 1012 §1º - III)

Se o Embargante ganhar o Efeito Suspensivo, isso não impede os atos de Penhora e de Avaliação (Art. 919 § 5º)

(in) existência do débito / satisfação do crédito

Embargos de 3º
Não havendo pagamento, segue a execução

PENHORA ↔ **DEPÓSITO** → **AVALIAÇÃO** → **EXPROPRIAÇÃO** → **SENTENÇA** (Extinção/Suspensão) Art. 921-924

Embargos à penhora
Petição simples (Prova documental) Art. 917 §1º

Cabe Agravo das interlocutórias Art. 1015 §Ú

PENHORA Art. 854/869
- Ordem legal (Art. 835)
- Vincula o bem
- Inscrição/intimações

→ **MODIFICAÇÕES**
- On line
- Pagamento ou diminuição
- Substituição (Art. 847-848)
- Alienação antecipada (Art. 852)
- 2ª penhora

→ **DEPÓSITO** Art. 840
- Depositário: Guarda e conservação

→ **AVALIAÇÃO**
- Auto de penhora
- Perícia
- Dispensa Art. 871
- Refaz Art. 873

→ **EXPROPRIAÇÃO**
- Adjudicação (Art. 876)
- Alienação (Art. 879)
- Arrematações (Art. 881-903)

→ **ENTREGA DO DINHEIRO** Art. 905
- Preferências (Art. 908)
- Concurso de credores

16.5.2. Cumprimento da sentença (arts. 523-527)

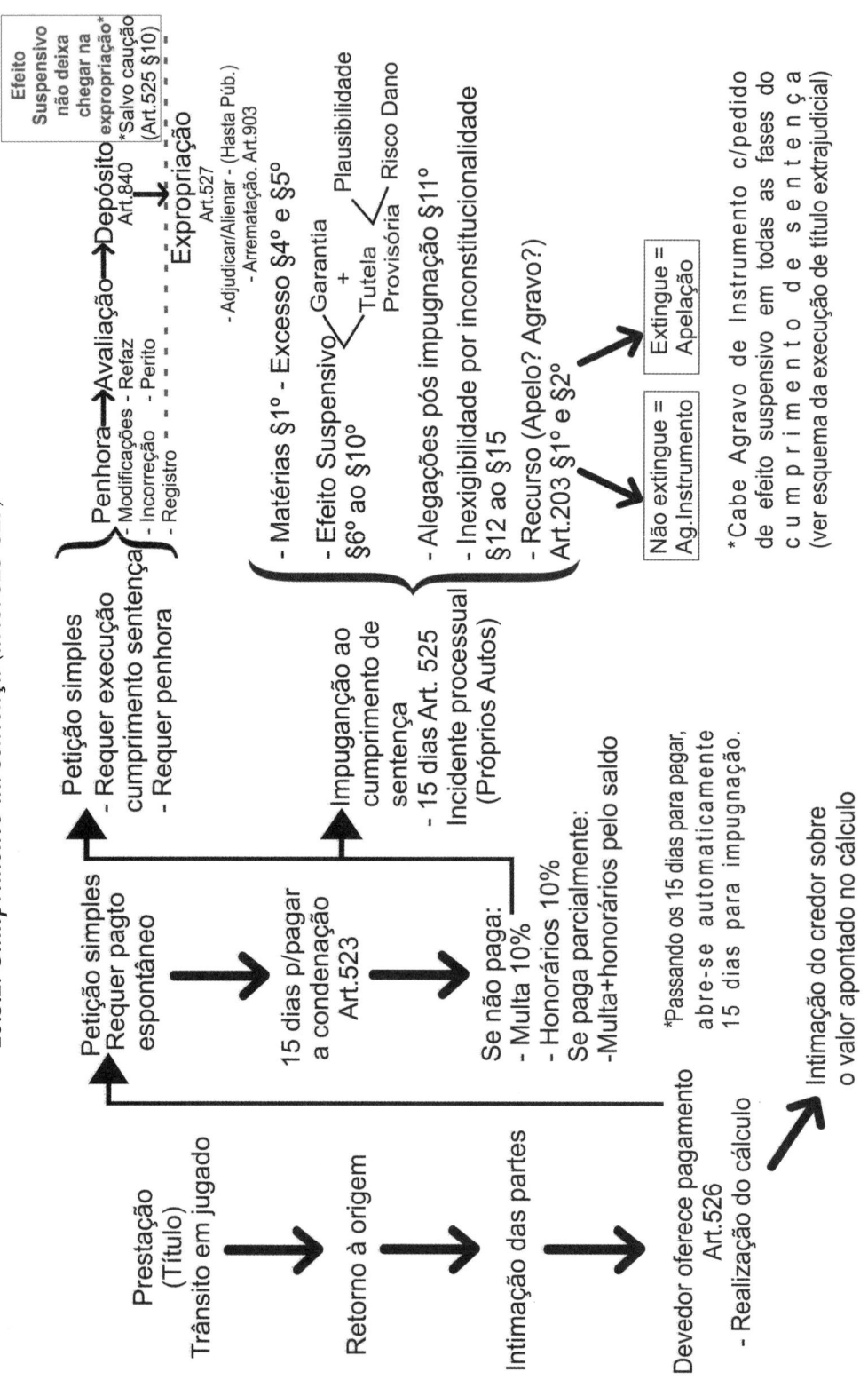

Prestação (Título)
Trânsito em julgado → **Retorno à origem** → **Intimação das partes** → **Devedor oferece pagamento Art.526** - Realização do cálculo → **Intimação do credor sobre o valor apontado no cálculo**

↓

Petição simples
Requer pagto espontâneo

↓

15 dias p/pagar a condenação Art.523

↓

Se não paga:
- Multa 10%
- Honorários 10%

Se paga parcialmente:
- Multa+honorários pelo saldo

*Passando os 15 dias para pagar, abre-se automaticamente 15 dias para impugnação.

→ **Petição simples**
- Requer execução cumprimento sentença
- Requer penhora

→ **Penhora** → **Avaliação** → **Depósito Art.840** → **Expropriação Art.527**

Penhora:
- Modificações
- Incorreção
- Registro

Avaliação:
- Refaz
- Perito

Expropriação:
- Adjudicar/Alienar - (Hasta Púb.)
- Arrematação. Art. 903

Efeito Suspensivo não deixa chegar na expropriação*
*Salvo caução (Art.525 §10)

→ **Impugnação ao cumprimento de sentença**
- 15 dias Art. 525
Incidente processual (Próprios Autos)

- Matérias §1º - Excesso §4º e §5º
- Efeito Suspensivo §6º ao §10º — Garantia + Tutela Provisória — Plausibilidade / Risco Dano
- Alegações pós impugnação §11º
- Inexigibilidade por inconstitucionalidade §12 ao §15
- Recurso (Apelo? Agravo?) Art.203 §1º e §2º

→ Não extingue = Ag.Instrumento
→ Extingue = Apelação

*Cabe Agravo de Instrumento c/pedido de efeito suspensivo em todas as fases do cumprimento de sentença (ver esquema da execução de título extrajudicial)

Referências bibliográficas

ABELHA, Marcelo. *Manual de execução civil*. 2. ed. Rio de Janeiro: Forense Universitária, 2007.
ALEXY, Robert. *Teoria dos direitos fundamentais*. Tradução de Virgílio Afonso da Silva. São Paulo: Malheiros, 2008.
ANTUNES DA CUNHA, Guilherme. *Tutelas de urgência satisfativas autônomas no processo civil*. Porto Alegre: Verbo Jurídico, 2014.
——; REIS, Maurício Martins. Por uma teoria dos precedentes obrigatórios conformada dialeticamente ao controle concreto de constitucionalidade. *Revista de Processo*, v. 235, p. 263-292, 2014.
——; SCALABRIN, Felipe. Execução de alimentos: técnicas processuais e procedimentos. *Novatio Iuris*, v. 08, p. 94-111, 2012
ARENHART, Sérgio Cruz. A penhorabilidade de imóvel de família de elevado valor e de altos salários. *Revista Forense*, Rio de Janeiro, v.398, p.617-626, jul. 2008.
——. *A tutela inibitória da vida privada*. Coleção temas atuais de direito processual civil, v. 2. São Paulo: Revista dos Tribunais, 2000.
ASSIS, Araken de. *Da execução de alimentos e prisão do devedor*. 4. ed. São Paulo: Revista dos Tribunais, 1998.
——. *Manual da Execução*. 12. ed. São Paulo: Revista dos Tribunais, 2009.
——. *Manual da Execução*. 13. ed. São Paulo: Revista dos Tribunais, 2010.
——. *Cumprimento da sentença*. 3. ed. Rio de Janeiro: Forense, 2010.
——. *Manual da Execução*. 14. ed. São Paulo: Revista dos Tribunais, 2012.
——; ALVIM, Arruda; ALVIM, Eduardo Arruda. *Comentários ao código de processo civil*. 2. ed. São Paulo: Revista dos Tribunais, 2012.
BAPTISTA DA SILVA, Ovídio A. *Jurisdição e execução na tradição romano-canônica*. 2. ed. São Paulo: Revista dos Tribunais, 1997.
——. *Curso de Processo Civil*. v. 1. 5. ed. São Paulo: Revista dos Tribunais, 2001.
——. *Da função à estrutura*. In: STRECK, Lenio Luiz; MORAIS, Jose Luis Bolzan de (organizadores). *Constituição, sistemas sociais e hermenêutica*. Programa de Pós-Graduação em Direito da Unisinos: mestrado e doutorado. Anuário 2008, n. 5. Porto Alegre: Livraria do Advogado, 2009.
——. *Sentença Mandamental*. In SILVA, Ovídio Araújo Baptista da. *Sentença e coisa julgada*. 4. ed. Rio de Janeiro: Forense, 2003.
——. *Curso de Processo Civil*: execução obrigacional, execução real, ações mandamentais. v. 2. 5. ed. São Paulo: Revista dos Tribunais, 2002.
——. *Da sentença liminar à nulidade da sentença*. Rio de Janeiro: Forense, 2002.
——. *Teoria Geral do processo civil*. Ovídio Araújo Baptista da Silva, Fábio Luiz Gomes; Jacqueline Mielke Silva, Luiz Fernando Baptista, atualizadores de Ovídio Baptista. 6. ed. rev. e atual. – São Paulo: Revista dos Tribunais, 2011.
BEDAQUE, José Roberto dos Santos. *Tutela cautelar e tutela antecipada: tutelas sumárias e de urgência (tentativa de sistematização)*. São Paulo: Malheiros, 1998.
——. *Efetividade do processo e técnica processual*. 2. ed. São Paulo: Malheiros, 2007.

BUENO, Cassio Scarpinella. *Curso sistematizado de direito processual civil*. v. 3. São Paulo: Saraiva, 2010.
——. *Curso sistematizado de direito processual civil*. v. 3. 3. ed. São Paulo: Saraiva, 2011.
——. *Curso sistematizado de processo civil, vol. 4: tutela antecipada, tutela cautelar e procedimentos cautelares específicos*. 6. ed., rev. e atual. São Paulo: Saraiva, 2014.
BUZAID, Alfredo. *Exposição de Motivos*. In: BRASIL. Código de processo civil: histórico da lei. v.1. t.1, Brasília: Senado Federal, Subsecretaria de Edições Técnicas, 1974.
CAHALI, Yussef Said. *Dos alimentos*. 5. ed. São Paulo: Revista dos Tribunais, 2007.
——. *Fraudes contra credores*. 4. ed. São Paulo: Revista dos Tribunais, 2009.
CÂMARA, Alexandre Freitas. *A nova execução de sentença*. 2. ed. Rio de Janeiro: Lumen Juris, 2006.
——. *Lições de Processo civil:* volume 2. 21. ed. São Paulo: Atlas, 2012.
——. *Lições de Direito Processual Civil*, volume 2. 22. ed. Rio de Janeiro: Atlas, 2013.
——. *Lições de direito processual civil*, volume 1. 25. ed. São Paulo: Atlas, 2014.
——. *Lições de direito processual civil, volume 2*. 23. ed. São Paulo: Atlas, 2014.
CANOTILHO, José Joaquim Gomes. *Direito Constitucional e Teoria da Constituição*. 7. ed. Coimbra: Almedina, 2003.
COELHO, Fabio Ulhoa. *Manual de Direito Comercial*. 21. ed. São Paulo: Saraiva, 2009.
COSTA, Miguel do Nascimento. *Poderes do juiz, processo civil e suas relações com o direito material*. Porto Alegre: Verbo Jurídico, 2013.
——. Direito Fundamental à Resposta Adequada à Constituição. *Revista da Academia Brasileira de Direito Constitucional*, v. 8, p. 170-189, 2014.
CUNHA, Leonardo Carneiro da. *A Fazenda Pública em Juízo*. 10. ed. São Paulo: Dialética, 2012.
——. A competência na teoria geral do direito. In: *Teoria do Processo – panorama doutrinário mundial*. Fredie Didier Jr. E Eduardo Jordão (coord.). Salvador: JusPodivm, 2008.
DI MAJO, Adolfo. *La tutela civile dei diritti*. 2. ed. Milão: Giuffrè, 1993.
DIDIER JÚNIOR, Fredie Souza; CUNHA, Leonardo José Ribeiro Coutinho Berardo Carneiro da; BRAGA, Paula Sarno; OLIVEIRA, Rafael Santos de. *Curso de Direito Processual Civil*. v. 5. 4. ed. Salvador: Jus Podivm, 2012.
DINAMARCO, Cândido Rangel, *Execução Civil*. 5. ed. São Paulo: Malheiros, 1997.
——. *Instituições de Direito Processual Civil*, volume 4. São Paulo: Malheiros, 2004.
——. *Instituições de Direito Processual Civil*, volume 4. 3. ed. São Paulo: Malheiros, 2009.
FARIAS, Cristiano Chaves de; ROSENVALD, Nelson. *Curso de Direito Civil*. v.1. 10. ed. Salvador: Jus Podivm, 2012.
FAZZALARI. Elio. *Valori Permanenti del Processo*. In: Diritto Naturale Verso Nuove Prospettive, Quaderni di Iudistia nº 39, 1977.
FUX, Luiz. *O novo processo de execução: o cumprimento da sentença e a execução extrajudicial*. Rio de Janeiro: Forense, 2008.
GAJARDONI, Fernando da Fonseca. Reflexões sobre o novo regime de expropriação de bens introduzido pela Lei 11.382/2006. In: SHIMURA, Sérgio (Coord.). *Execução civil e cumprimento da sentença*. v. 2. São Paulo: Método, 2007.
GAGLIANO, Pablo Stolze; PAMPLONA FILHO, Rodolfo. Novo curso de direito civil: parte geral. v. 1. 16. ed. São Paulo: Saraiva, 2014.
GUERRA, Marcelo Lima. *Direitos fundamentais e a proteção do credor na execução civil*. São Paulo: Revista dos Tribunais, 2003.
GOMES, Fábio Luiz. *Responsabilidade objetiva e antecipação de tutela* (direito e pós-modernidade). 2. ed., rev. Porto Alegre: Livraria do Advogado , 2014.
LACERDA, Galeno. *O Código como Sistema legal de Adequação do Processo*. in: Revista do Instituto dos Advogados do Rio Grande do Sul — Comemorativa do Cinqüentenário. Porto Alegre, 1976.
LANDAU, Charlotte (*et al.*). *Variação geográfica do tamanho dos módulos fiscais no Brasil*. Sete Lagoas: Embrapa, 2012.
LIEBMAN, Enrico Tullio. *Processo de execução*. São Paulo: Saraiva, 1946.

MARINONI, Luiz Guilherme. *Tutela inibitória: individual e coletiva*. 4. ed. São Paulo: Revista dos Tribunais, 2006.
——. *Teoria geral do processo*. 2. ed. rev. e atual. São Paulo: Revista dos Tribunais, 2007.
——. *Técnica processual e tutela dos direitos*. 3. ed. rev. e atual. São Paulo: Revista dos Tribunais, 2010.
——. *Abuso de defesa e parte incontroversa da demanda*. 2. ed. São Paulo: Revista dos Tribunais, 2011.
——; ARENHART, Sérgio Cruz. *Curso de processo civil: execução*. São Paulo: Revista dos Tribunais, 2007.
——; MITIDIERO, Daniel. *Código de processo civil comentado artigo por artigo*. São Paulo: Revista dos Tribunais, 2008.
——; ——. *Código de Processo Civil: comentado artigo por artigo*. 3.ed. São Paulo: Revista dos Tribunais, 2010.
——; ——. *O projeto do CPC: crítica e propostas*. São Paulo: Revista dos Tribunais, 2010.
——. ——. *Código de processo civil comentado artigo por artigo*. São Paulo: Revista dos Tribunais, 2012.
MARMITT, Arnaldo. *Pensão alimentícia*. Rio de Janeiro: Aide, 1993.
MIRANDA, Pontes de. *Tratado das ações, tomo I: ação, classificação e eficácia*. Atualizado por Vilson Rodrigues Alves. Campinas: Bookseller, 1998.
MITIDIERO, Daniel. *Antecipação de tutela: da tutela cautelar à técnica antecipatória*. São Paulo: Revista dos Tribunais, 2013.
——. *O processualismo e a formação do Código Buzaid*. In: JOBIM, Geraldo Cordeiro; JOBIM, Marco Félix; TELLINI, Denise Estrela (organizadores). *Tempestividade e efetividade processual: novos rumos do Processo Civil Brasileiro*. Caxias do Sul: Plenum, 2010.
MOREIRA, José Carlos Barbosa. *O novo processo civil brasileiro: exposição sistemática do procedimento*. 28. ed. rev. e atual. Rio de Janeiro, Forense, 2010.
NEVES, Daniel Amorim Assumpção. *Manual de Direito Processual Civil: volume único*. 5. ed. São Paulo: Método, 2013.
NUNES, Elpídio Donizetti. *Curso Didático de Direito Processual Civil*. 17. ed. São Paulo: Atlas, 2013.
OLIVEIRA, Carlos Alberto Alvaro de. *Teoria e prática da tutela jurisdicional*. Rio de Janeiro: Forense, 2008.
——; MITIDIERO, Daniel. *Curso de processo civil: volume 1: teoria geral do processo civil e parte geral do direito processual civil*. São Paulo: Atlas, 2010.
PASSOS DE FREITAS, Dario Almeida. *O que é, qual a atribuição e como funciona o Tribunal Marítimo*. Disponível em < http://www.conjur.com.br/2008-dez-08>. Acesso em 14.03.2015.
PICARDI, Nicola. *Appunti di Diritto Processuale Civile – I Processi Speciali, Esecutivi e Cautelari*. Milão: Giuffrè, 2002.
——. *Direito processual civil contemporâneo: introdução ao processo civil*. Volume II. – São Paulo: 2012.
PINHO, Humberto Dalla Bernardina de. *Os princípios e as garantias fundamentais no Projeto de Código de Processo Civil: breves considerações acerca dos artigos 1º a 11 do PLS 166/10*. In: *Revista Eletrônica de Direito Processual* (Periódico Semestral da Pós-Graduação *Stricto Sensu* em Direito Processual da UERJ), Rio de Janeiro, v. 4, n. 6, p. 60, jul./dez. 2010.
PISCITELLI, Tathiane. *Direito Financeiro Esquematizado*. 2. ed. São Paulo: Método, 2012.
PONTES DE MIRANDA, Francisco Cavalcanti. *Tratado de Direito Privado*. v. 8. 4. ed. São Paulo: Revista dos Tribunais, 1983.
PORTO, Sérgio Gilberto. *Coisa julgada civil*. 3. ed., revista, atualizada e ampliada. São Paulo: Revista dos Tribunais, 2006.
RIBEIRO, Darci Guimarães. *Provas atipicas*. Porto Alegre: Livraria do Advogado, 1998.
——. *La sentencia ejecutiva como garantia constitucional del princípio de la efetividad*. In: *Da tutela jurisdicional às formas de tutela*. Porto Alegre: Livraria do Advogado, 2010.

ROCHA, Mauro Antonio. *O regime da afetação patrimonial na incorporação imobiliária*. Disponível em: <http://www.irib.org.br/html/biblioteca >. Acesso em 28.02.2015.

RODRIGUES, Marcelo Abelha. *A terceira etapa da reforma processual civil*. São Paulo: Saraiva, 2006.

SANTANNA, Gustavo. *Administração Pública em Juízo*. Porto Alegre: Verbo Jurídico, 2013.

——. *Direito Administrativo*. 2. ed. Porto Alegre: Verbo Jurídico, 2011.

SARLET, Ingo Wolfgang. *A eficácia dos direitos fundamentais*. 3. ed. rev., atual. e ampl. Porto Alegre: Livraria do Advogado, 2003.

SCALABRIN, Felipe. *Causa de Pedir e Atuação do Supremo Tribunal Federal*. Porto Alegre: Verbo Jurídico, 2014.

——. Arrematação por preço vil na execução civil. *Revista Brasileira de Direito Processual*, Belo Horizonte, ano 22, n. 88, p. 29-50, out./dez. 2014.

——. RAATZ, Igor. O Processo Civil no Estado Democrático de Direito na Superação do Modelo de Processo do Estado Liberal: da Garantia do Devido Processo Legal ao Direito Fundamental ao Processo Justo e Democrático. *Direitos Fundamentais & Justiça*, v. 14, p. 269-296, 2011.

SILVA, Jaqueline Mielke. *Tutela de Urgência: de Piero Calamandrei a Ovídio Araújo Baptista da Silva*. Porto Alegre: Verbo Jurídico, 2009.

SILVA, João Calvão da. *Cumprimento e sanção pecuniária compulsória*. 2.ed. 2. Reimpressão. Coimbra: Almedina, 1997, p. 152.

STRECK, Lenio Luiz. *Hermenêutica jurídica e(m) crise: uma exploração hermenêutica da construção do direito*. 7. ed. rev. e atual. Porto Alegre: Livraria do Advogado, 2007.

——. *Verdade e consenso*: constituição, hermenêutica e teorias discursivas. Da possibilidade à necessidade de respostas corretas em direito. 3. ed. Rio de Janeiro: Lumen Juris, 2009.

——; MORAIS, Jose Luis Bolzan de. *Ciência Política e Teoria Geral do Estado*. 7. ed. Porto Alegre: Livraria do Advogado, 2010.

TALAMINI, Eduardo. Prisão civil e penal e "execução indireta". (garantia do art.5º, LXVII, da Constituição Federal), *Revista de Processo*, São Paulo, Revista dos Tribunais, 1998, v. 92, p.37-51.

——. *Tutela relativa aos deveres de fazer e de não fazer e sua extensão aos deveres de entrega de coisa (CPC, arts. 461, 461-A, CDC, art. 84)*. 2. ed. Rev., atual. e ampl. São Paulo: Revista dos Tribunais, 2003.

TARTUCE, Flávio. *Manual de Direito Civil: volume único*. São Paulo: Método, 2011.

THEODORO JÚNIOR, Humberto. *Curso de direito processual civil – processo de execução e cumprimento da sentença, processo cautelar e tutela de urgência* – vol. II. Rio de Janeiro: Forense, 2014.

——. *Curso de direito processual civil – Processo de Execução e Cumprimento de Sentença, Processo Cautelar e Tutela de Urgência* – vol. II – Rio de Janeiro: Forense, 2012.

——. *Curso de Direito Processual Civil*. v. 2. 48. ed. Rio de Janeiro: Forense, 2013.

TRIBUNAL MARÍTIMO. *80 anos do Tribunal Marítimo*. Rio de Janeiro: O Tribunal, 2014.

VENOSA, Sílvio de Salvo. *Direito civil: teoria geral das obrigações e teoria geral dos contratos*. 5. ed. São Paulo: Atlas, 2005.

WALD, Arnoldo. *O novo direito de família*. 16. ed. São Paulo: Saraiva, 2005.

WAMBIER, Luiz Rodrigues (coordenação); ALMEIDA, Flávio Renato Correia de; TALAMINI, Eduardo. *Curso avançado de processo civil, volume 2: processo de execução*. 8. ed. rev., atual. e ampl. São Paulo: Revista dos Tribunais, 2006.

——. A crise da execução e alguns fatores que contribuem para a sua intensificação: proposta para minimizá-la, *Revista de Processo*, n. 109, 2003.

——. TALAMINI, Eduardo. *Curso avançado de processo civil, volume 2: execução*. 12. ed., rev., atual. e ampl. São Paulo: Revista dos Tribunais, 2012.

WATANABE, Kazuo. *Da cognição no processo civil*. 2. ed. Campinas: Bookseller, 2000.

ZAVASCKI, Teori Albino. *Antecipação da tutela*. 7. ed. São Paulo: Saraiva, 2009.

——. *Antecipação da tutela*. São Paulo: Saraiva, 1997, p. 64.

ZOLO, Danilo. Teoria e crítica do Estado de Direito. In: COSTA, Pietro; ZOLO, Danilo (organizadores). *O Estado de Direito: história, teoria, crítica*. Tradução Carlo Alberto Dastoli. Com colaboração de Emilio Santoro. São Paulo: Martins Fontes, 2006.

Impressão:
Evangraf
Rua Waldomiro Schapke, 77 - POA/RS
Fone: (51) 3336.2466 - (51) 3336.0422
E-mail: evangraf.adm@terra.com.br